Afifa Khazri

Microéconomie intermédiaire : cours et exercices corrigés

Connaissances et Savoirs

Cet ouvrage a été réalisé par les éditions
Connaissances et Savoirs
175, boulevard Anatole France – 93200 Saint-Denis
Tél. : 01 84 74 10 10 – Fax : 01 41 684 594
contact@connaissances-savoirs.com
www.connaissances-savoirs.com

Imprimé en France

Dépôt légal.

Je dédie ce manuscrit à mon père et à toute ma famille

Préface

Suite à une carrière d'enseignement en microéconomie sur plusieurs années, j'ai constaté que les professeurs et les étudiants francophones n'ont pas à leur disponibilité une diversité d'ouvrages en microéconomie surtout pour le niveau intermédiaire/avancé. Le but de cet ouvrage est de contribuer à limiter cette lacune.

Pour analyser et résoudre quantitativement les problèmes économiques et pour en tirer les conclusions, les étudiants en économie devraient être capables de modéliser la réalité économique en utilisant des équations et des graphiques. Pour cette raison, dans ce manuel, j'ai mis l'emphase non seulement sur l'aspect théorique mais aussi sur l'aspect modélisation et résolution mathématique pour fournir aux enseignants et aux étudiants en sciences économiques et sociales du matériel sous forme de cours et d'exercices corrigés.

Le manuel est organisé comme suit. Le premier chapitre est un rappel des principales règles mathématiques liées aux concepts économiques qui sont des outils nécessaires pour l'assimilation des chapitres subséquents. Chacun des chapitres suivants contient un rappel de cours suivi par des exercices et de leurs corrigés. Le deuxième chapitre est une introduction générale des concepts liés à l'économie en tant que science sociale. Les trois chapitres subséquents traitent, respectivement, l'étude de la demande, de l'offre et de l'équilibre du marché ; les élasticités de la demande et de l'offre ; et les effets de l'intervention du gouvernement sur les équilibres du marché. Pour comprendre les origines de la demande et de l'offre du marché, les deux chapitres qui suivent portent sur la théorie du consommateur et celle du producteur. Afin de compléter l'analyse, les trois chapitres suivants traitent les équilibres du marché selon différentes structures du marché à savoir la concurrence pure et parfaite, le monopole, la concurrence monopolistique et l'oligopole. Finalement, le dernier chapitre est axé sur les déficiences du marché.

Rappel mathématique

La théorie économique essaye d'expliquer et de représenter la réalité. Comment peut-on expliquer l'effet de l'augmentation des taxes sur la consommation ou sur l'investissement et par conséquent sur le produit intérieur brut ? Comment peut on expliquer l'effet de la variation du taux d'intérrêt sur l'investissement et du taux de change sur la balance commerciale ? Toutes ces questions et beaucoup d'autres nous mênent à définir des relations de causalité entre les différentes variables. Pour simplifier ces relations et pour modéliser la réalité complexe, les économistes font recours aux outils mathématiques. Le premier outil nécessaire est celui des fonctions.

Fonctions

Une fonction est une relation entre deux variables : une variable dépendante (endogène) et une variable indépendante (exogène). Soient x la variable indépendante et y la variable dépendante. La relation entre x et y peut être représentée par la fonction suivante $y=f(x)$. On peut avoir plusieurs variables indépendantes (exogènes) alors la relation est donnée par $y=f(x_1,x_2,...x_n)$ où y est une variable dépendante (endogène) et $x_1, ...x_n$ sont les variables indépendantes (exogènes). Dans ces types de relation la variable y est dite l'image de la variable x. Les fonctions peuvent être écrites de façon explicite ou implicite.

- Une fonction est dite **explicite** si la relation entre x et y est clairement définie. Par exemple y = 2x +3 ou $y = e^{5-3x}$
- Une fonction est dite **implicite**, si la relation entre x et y n'est pas clairement définie. Par exemple $x^2 + y = 64$.

Application : Trouvez la relation explicite entre y et x définie implicitement par l'équation suivante:

$y^2 - x^2 + 9 = 0$

Réponse : y= $\mp\sqrt{x^2 - 9}, \; pour\ tout -3 \leq x \leq 3$

Fonctions algébriques

Une fonction algébrique est une fonction qui peut être exprimée en termes de polynômes finis et/ou de racines de polynômes finis.

1. Les monômes sont des fonctions de la forme : $y = ax^n$, où a est le coefficient du monôme et n le degré du monôme. Par exemple on a, $y = 4x^5$, $y = -15x^2$

2. Les fonctions polynômes à une seule variable, sont les fonctions qui peuvent être écrites sous la forme suivante : $y = a + a_1x^1 + a_2x^2 .... a_nx^n$. Un polynôme est la somme des monômes. Le degré d'un polynôme est celui du monome le plus élevé. Par exemple, $y = 4x^5 - 15x^2$, le degré du polynôme est égal à 5.

3. Les fonctions rationnelles sont les fonctions qui peuvent être écrites comme un ratio de fonction polynômes : $y = \frac{10x^3 + 5x^2 + 30}{x^2 + 10}$

Fonctions non algébriques

Les fonctions non algébriques sont des fonctions transcendantes. Les exemples les plus connus des fonctions non algébriques sont :

1 Fonctions exponentielles, où la variable indépendante apparaît en exposant par exemple : $y = ae^x$ $ou\ y = ae^{(x^2-b)}$avec a et b des constantes positives.
2 Fonctions logarithmiques, la variable indépendante et/ou la variable dépendante apparaissent comme logarithme : $\ln y = x\ et\ y = 10 \ln x^2$
3 Fonctions trigonométriques, la variable dépendante ou indépendante ou les deux apparaissent sous forme de sinus, cosinus ou d'autres relations trigonométriques

Fonction à une seule variable

Une fonction est dite à une seule variable si la variable endogène (y) est expliquée par une seule variable exogène (x), elle est de la forme $y = f(x)$. On sait que le revenu disponible d'un consommateur affecte sa consommation. Lorsque le revenu augmente, la consommation de biens normaux augmente. Il s'agit d'une relation positive et croissante. Cependant, lorsque le prix de certains biens augmente la demande de ces biens diminue parce que le consommateur se dirige vers des substituts. La relation qui existe entre le prix d'un bien et sa demande est alors négative ou décroissante. Pour traduire ces relations entre la variable dépendante et la variable indépendante, on définit les fonctions ainsi :

- La fonction *f* est dite **croissante** sur l'intervalle *I*, si :

$\forall x_1$ et $x_2 \in I$ / si $x_2 \geq x_1 \Leftrightarrow f(x_2) \geq f(x_1)$

- La fonction *f* est dite **strictement croissante** sur l'intervalle *I*, si :

$\forall x_1$ et $x_2 \in I$ / si $x_2 \rangle x_1 \Leftrightarrow f(x_2) \rangle f(x_1)$

- La fonction *f* est dite **décroissante sur l'intervalle** *I*, si :
  $\forall x_1$ et $x_2 \in I$ / si $x_2 \geq x_1 \Leftrightarrow f(x_2) \leq f(x_1)$

- La fonction *f* est dite **strictement décroissante** sur l'intervalle *I*, si :
  $\forall x_1$ et $x_2 \in I$ / si $x_2 \rangle x_1 \Leftrightarrow f(x_2) \langle f(x_1)$
- Une fonction f est dite **constante** sur l'intervalle I, si
  $\forall x_1$ et $x_2 \in I$/ $f(x_1) = f(x_2)$

Exemple de fonctions	Représentation graphique
Fonction linéaire : $y = ax$ La pente $= \dfrac{\Delta y}{\Delta x} = a$ - Si a est positive alors la fonction *f* est dite croissante. - Si a est négative alors la fonction *f* est dite décroissante.	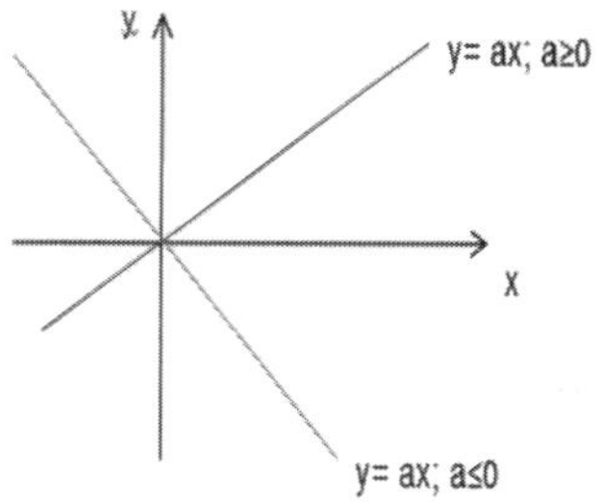

<table>
<tr>
<td>

Fonction affine : $y = ax + b$

La pente $= \dfrac{\Delta y}{\Delta x} = a$

- Si a est une constante positive, la fonction f est dite croissante.
- Si a est négative, la fonction f est dite décroissante.
- Une fonction affine ne passe jamais par le point (0,0) si b $\neq 0$

</td>
<td>

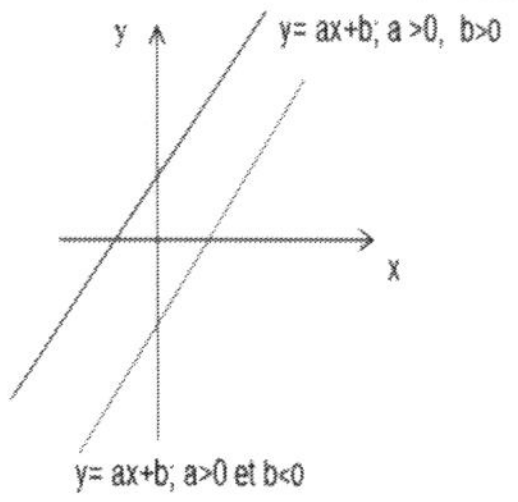

</td>
</tr>
<tr>
<td>

Fonctions inverses : $y = \dfrac{a}{x}$; $a>0$

La fonction ne touche jamais les axes

</td>
<td>

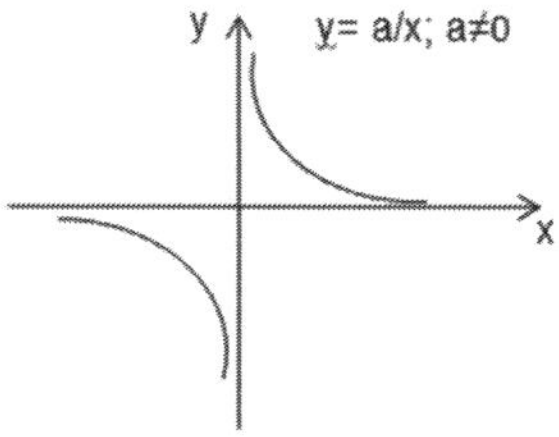

</td>
</tr>
<tr>
<td>

Fonctions exponentielles : $y = e^x$

La représentation graphique de la fonction exponentielle est toujours située audessus de la première bissectrice.

</td>
<td>

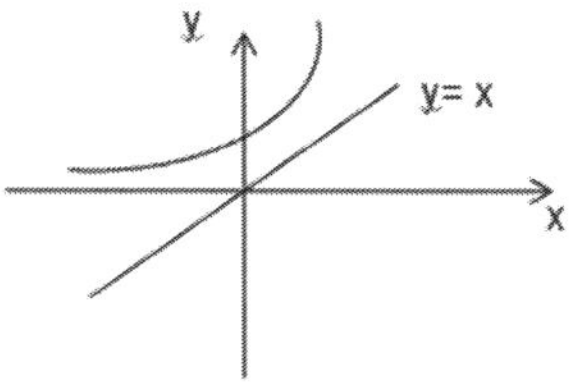

</td>
</tr>
</table>

Application en économie

En économie, la demande du marché ou l'offre du marché sont représentées souvent par une relation linéaire entre le prix (P) et la quantité (Q). Généralement, plus le prix augmente plus la quantité demandée diminue, on dit alors qu'il y a une relation négative (décroissante) entre le prix et la quantité demandée. Cependant, plus le prix augmente plus la quantité offerte augmente. Il existe dans ce cas une relation positive (croissante) entre ces deux variables. Ces deux fonctions de la demande et de l'offre du marché peuvent être représentées par :

1. La demande du marché : $Q = a - bP$, avec a et b deux constantes positives non nulles. Pour chaque valeur du prix correspond une quantité demandée Q.
2. L'offre du marché : $Q = c + dP$, avec c et d des constantes positives non nulles.

Ainsi, les courbes de la demande et de l'offre du marché peuvent être représentées par deux relations linéaires explicites entre les deux variables, le prix la quantité comme suit :

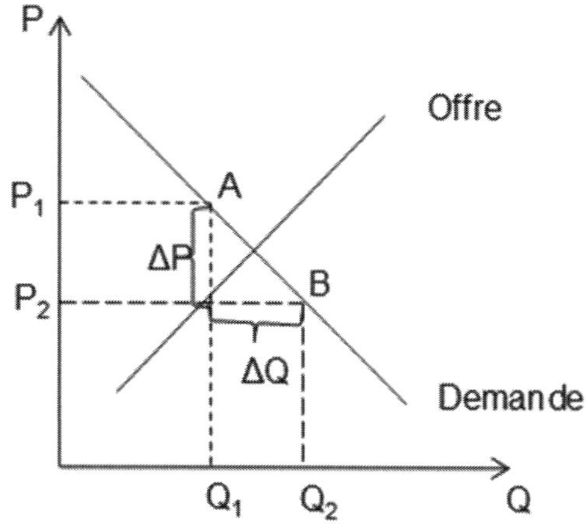

- La courbe de la demande est décroissante parce qu'il y a une relation négative entre le prix et la quantité demandée.
- La courbe de l'offre est croissante parce qu'il y a une relation positive entre le prix et la quantité offerte.
- La pente d'une courbe est le rapport de la variation de la variable endogène sur la variation de la variable exogène.
  $pente\ de\ la\ courbe\ de\ demande = \frac{-\Delta P}{\Delta Q}$

Dérivée

Comme on peut le constater dans la section précédente, il y a des fonctions linéaires et des fonctions non linéaires. Pour calculer la variation de la variable endogène suite à la variation de la variable exogène, on calcule la pente qui est facile dans le cas des relations linéaires. Cependant pour des relations non linéaires, on fait recours au calcul de la ***dérivée***.

La dérivée d'une fonction est un concept mathématique très important en économie qui exprime le taux de variation de la variable endogène suite à une variation unitaire de la variable exogène. En économie, la valeur de cette variation est appelée veleur marginale. Par exemple, la recette marginale est le taux de variation de la recette totale suite à une variation de la quantité produite d'une unité. De même le coût marginal est le taux de variation du coût total suite à une variation de la production d'une unité additionelle.
Soit la fonction *y=f(x)*. Suite à une augmentation de la variable *x* de Δx , la variable *y* augmente aussi de Δy comme suit :

$$\Delta y = y_1 - y = f(x+\Delta x) - f(x) \Rightarrow \frac{\Delta y}{\Delta x} = \frac{f(x+\Delta x) - f(x)}{\Delta x}$$

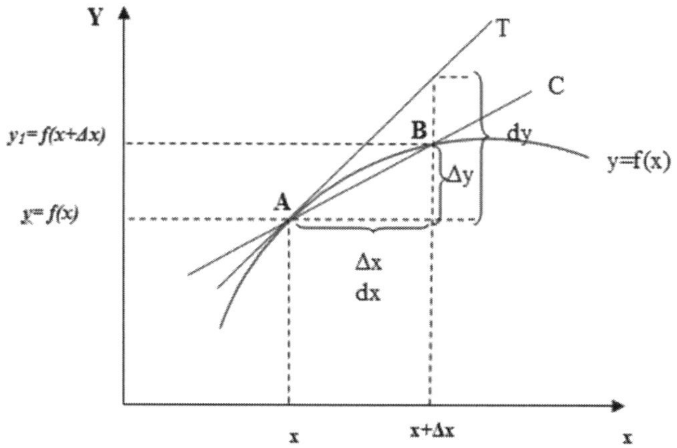

Le taux de variation de *f(x)* est égal à la pente de la droite C qui passe par A et B. Si on considère des très petites variations de x, alors la pente de la courbe C, va tendre vers la pente de la droite de tangence, T au point A.

$$f'(x) = \frac{dy}{dx} = \lim_{\Delta x \to 0} \frac{f(x+\Delta x) - f(x)}{\Delta x}$$

La dérivée est une approximation du calcul de la pente d'une fonction non linéaire en un point.

Dérivées usuelles d'une fonction

Fonctions	dérivées	Exemples de fonctions	dérivées
$f(x) = a$	$f'(x) = 0$	$f(x) = 10$	$f'(x) = 0$
$f(x) = ax+b$	$f'(x) = a$	$f(x) = 10x+20$	$f'(x) = 10$
$f(x) = ax^n+b$	$f'(x) = anx^{n-1}$	$f(x) = 10x^4+20$	$f'(x) = 40x^3$
$f(x) = \frac{a}{x}$	$f'(x) = -\frac{a}{x^2}$	$f(x) = \frac{10}{x}$	$f'(x) = -\frac{10}{x^2}$
$f(x) = \frac{a}{x^n}$	$f'(x) = -\frac{an}{x^{n+1}}$	$f(x) = \frac{10}{x^2}$	$f'(x) = -\frac{20}{x^3}$
$f(x) = \ln\|u(x)\|$	$f'(x) = \frac{u'(x)}{u(x)}$	$f(x) = \ln(10x^2+20)$	$f'(x) = \frac{20x}{10x^2+20}$
$f(x) = \ln\|u(x).v(x)\|$	$f'(x) = \frac{u'(x)}{u(x)} + \frac{v'(x)}{v(x)}$	$F(x)=\ln(10x^2.x^3)$	$f'(x) = \frac{20x}{10x^2} + \frac{3x^2}{x^3}$
$f(x) = ln\left\|\frac{u(x)}{v(x)}\right\|$	$f'(x) = \frac{u'(x)}{u(x)} - \frac{v'(x)}{v(x)}$	$f(x)=\ln\frac{10x^2}{x^3}$	$f'(x) = \frac{20x}{10x^2} - \frac{3x^2}{x^3}$
$f(x) = e^{u(x)}$	$f'(x) = u'(x)e^{u(x)}$	$f(x) = e^{10x^2+20}$	$f'(x) = 20xe^{10x^2+20}$
$f(x) = e^x$	$f'(x) = e^x$	$f(x) = e^5$	$f'(x) = e^5$

Propriétés des dérivées

1. La dérivée de la somme de deux fonctions dérivables est la somme des dérivées de chaque fonction :

$$(f+g)' = f' + g'$$

2. La dérivée du produit de deux fonctions dérivables est :

$$(f.g)' = f'.g + f.g'$$

3. La dérivée d'un rapport de deux fonctions est :

$$\left(\frac{f}{g}\right)' = \frac{f'g - fg'}{g^2}$$

4. Règle de chaîne :

$$[f(g(x))]' = \frac{d[f(g)]}{dg} \cdot \frac{d[g(x)]}{dx} = f'(g).g'(x)$$

L'utilité de la dérivée

La dérivée permet de déterminer le sens de variations d'une fonction. Soit une fonction *f* définie sur un intervalle *I*.

Proposition 1 : $\forall x \in I$, si $f'(x) = 0$, alors f *est* constante sur I

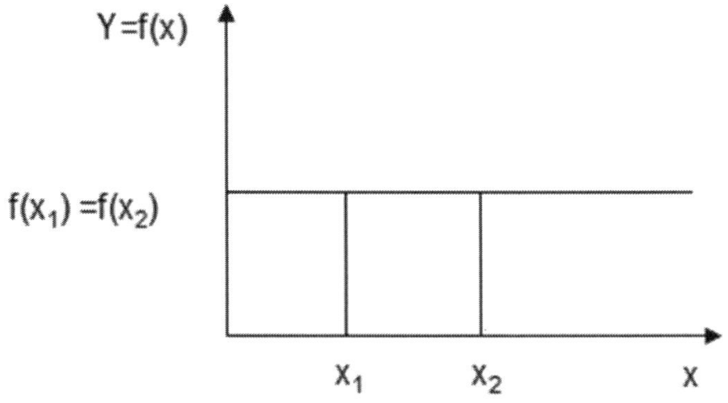

Proposition 2 : $\forall x \in I$, si $f'(x) \geq 0$, alors f *est* croissante sur I

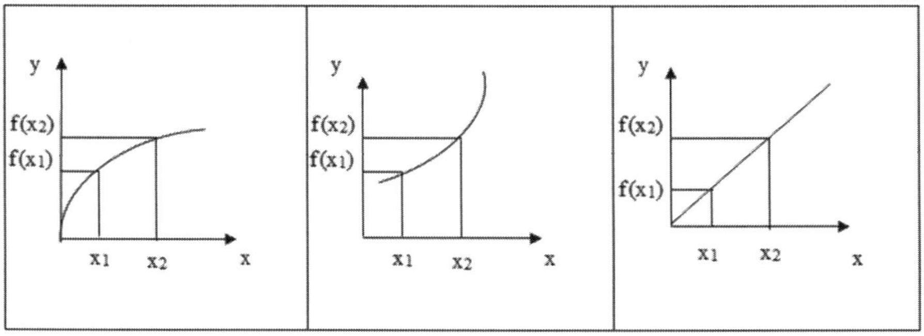

Proposition 3 : $\forall x \in I$, si $f'(x) \leq 0$, alors f est décroissante sur I

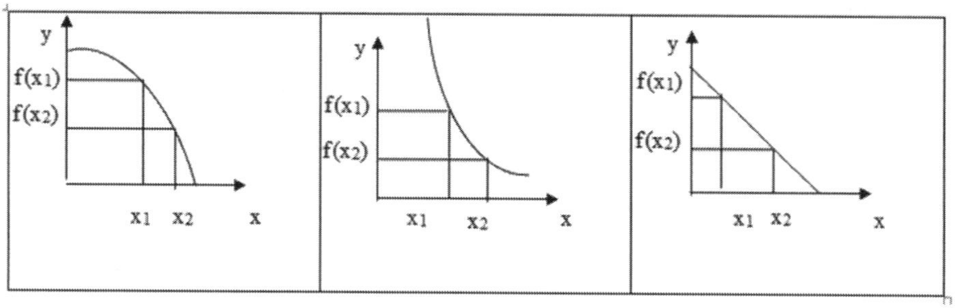

Fonctions concaves et convexes

La notion de concavité et de convexité joue un rôle important en économie et surtout dans les problèmes d'optimisation. Une fonction à rendements croissants est une fonction convexe, par contre une fonction à rendements décroissants est une fonction concave.

Fonctions concaves

Une fonction *f* est dite **concave** sur un intervalle I, si pour tous points x_1 et x_2 de I, elle vérifie :

$$\forall (x_1, x_2) \epsilon I^2, x_1 \neq x_2, \forall \alpha \epsilon [0,1], f(\alpha x_1 + (1-\alpha)x_2) \geq \alpha f(x_1) + (1-\alpha) f(x_2)$$

Si la fonction *f* est dérivable sur l'intervalle *I* et si sa dérivée *f'* est aussi dérivable sur I, la dérivée de *f'* est appelée dérivée seconde de *f* et est noté *f''(x)*.

Une fonction f dérivable sur l'intervalle I est concave sur I si et seulement si sa dérivée f' est décroissante. La dérivée seconde est négative ou nulle en tout point de I

Une fonction *f* est **strictement concave** sur un intervalle *I*, si pour tous points x_1 et x_2 de *I*, elle vérifie :

$$\forall (x_1, x_2) \epsilon I^2, x_1 \neq x_2, \forall \alpha \epsilon [0,1], f(\alpha x_1 + (1-\alpha)x_2) > \alpha f(x_1) + (1-\alpha) f(x_2)$$

Une fonction f dérivable sur l'intervalle I est strictement concave sur I si et seulement si sa dérivée f' est strictement décroissante : La dérivée seconde est négative en tout point deI.

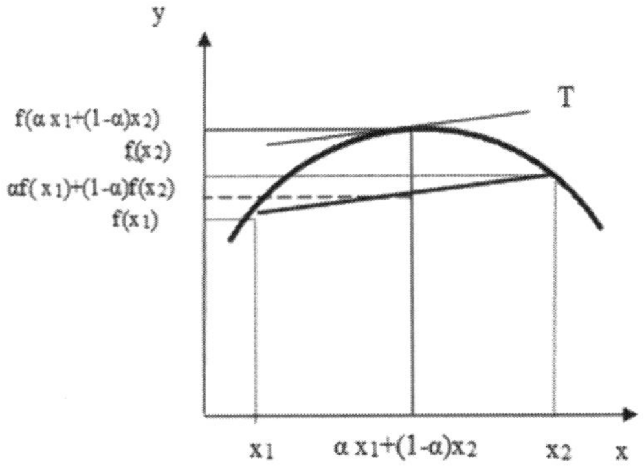	- f''(x) est négative - la courbe est située au dessous de sa tangente T. - Une fonction strictement concave ne peut pas comporter une partie plate par opposition à une fonction concave.

Une fonction f est dite **quasi-concave** sur un intervalle I, si pour tous points x_1 et x_2, elle vérifie :

$$\forall(x_1, x_2)\epsilon I^2, x_1 \neq x_2, \forall\alpha\epsilon[0,1], f(\alpha x_1 + (1-\alpha)x_2) \geq min\{f(x_1), f(x_2)\}$$

Propriétés d'une fonction concave

- La somme de deux fonctions concaves sur un intervalle I est une fonction concave sur I.
- $\forall$ une constante a positive ou nulle, $a \geq 0$, le produit $af(x)$ est une fonction concave sur I.
- $\forall$ une constante négative, $a < 0$, le produit $af(x)$ est une fonction convexe sur I.

Fonctions convexes

Une fonction f est dite **convexe** sur un intervalle I si pour tous points x_1 et x_2 de I, elle vérifie :

$$\forall(x_1, x_2)\epsilon I^2, x_1 \neq x_2, \forall\alpha\epsilon[0,1], f(\alpha x_1 + (1-\alpha)x_2) \leq \alpha f(x_1) + (1-\alpha)f(x_2)$$

Une fonction f dérivable sur l'intervalle I est convexe sur I si et seulement si sa dérivée f' est croissante : La dérivée seconde est positive ou nulle en tout point de I

Une fonction f **est dite strictement convexe** sur un intervalle I, si pour tous points x_1 et x_2, elle vérifie :

$$\forall(x_1, x_2)\epsilon I^2, x_1 \neq x_2, \forall\alpha\epsilon[0,1], f(\alpha x_1 + (1-\alpha)x_2) < \alpha f(x_1) + (1-\alpha)f(x_2)$$

Une fonction f dérivable sur l'intervalle I est strictement convexe sur I si et seulement si sa dérivée f' est strictement croissante sur I : La dérivée seconde est strictement positive en tout point de I.

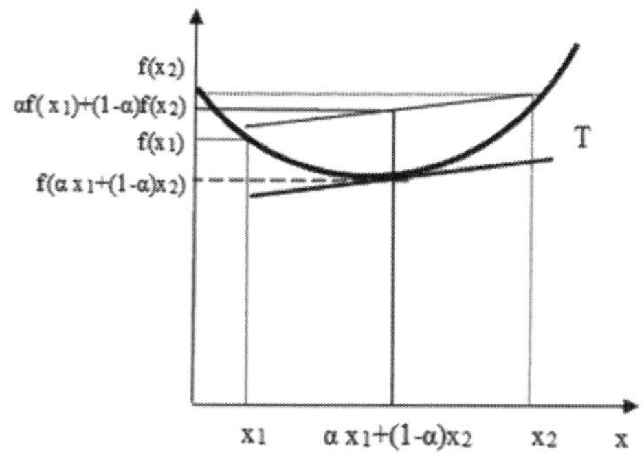

- Une courbe convexe est située au dessus de sa tangente T.
- Une fonction convexe peut comporter une partie linéaire.
- f''(x) est positive ou nulle

Un ensemble *E* est convexe si pour tout couple de points appartenant à *E*, le segment qui les joint est inclus dans *E*.

Une fonction *f* est dite **quasi-convexe** sur un intervalle *I*, si pour tous points x_1 et x_2 elle vérifie :

$$\forall (x_1, x_2) \epsilon I^2, x_1 \neq x_2, \ \forall \alpha \epsilon [0,1], f\ (x_1) \leq f(x_2) alors\ f(\alpha x_1 + (1-\alpha)x_2) \leq f(x_2)$$

Une fonction f est concave (ou convexe) sur un intervalle I, si et seulement si l'ensemble des points situés en dessous (en dessus) de la courbe représentative est convexe.

Récapitulatif

Le signe de la dérivée d'une fonction *f* renseigne sur sa croissance et sa décroissance :

- Si *f'>0* sur un intervalle, alors *f* est croissante sur cet intervalle
- Si *f' < 0* sur un intervalle, alors *f* est décroissante sur cet intervalle
- Si *f' = 0* en un point x_0, en ce point il s'agit d'un extremum soit un minimum ou un maximum.

La dérivée seconde *f''* renseigne sur la concavité et la convexité de la fonction *f* :

- Si *f''>0* sur un intervalle, alors *f* est convexe sur cet intervalle.
- Si *f''<0* sur un intervalle alors *f* est concave sur cet intervalle
- *Si f''= 0* en un point x_0, en ce point, on a un point d'inflexion

Différentielle

La différentielle d'une fonction *f* en un point *x* est une approximation linéaire de *f* au voisinage de *x*. Soit $y = f(x)$, alors $dy = f'(x).dx$ est la différentielle totale de *y*.

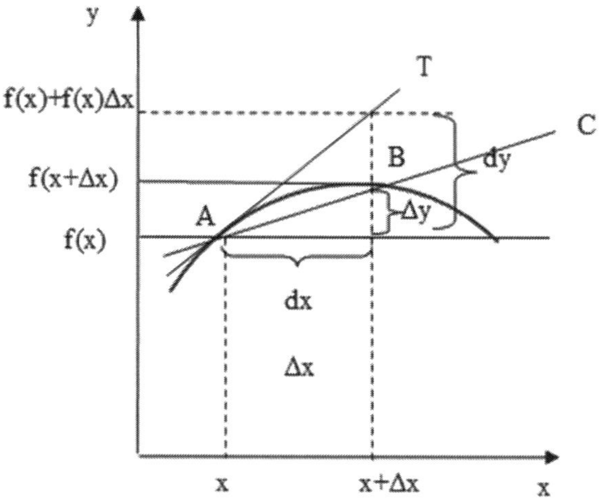

dy est la variation de *y* par rapport à la droite de la tangente T qui passe par le point *x* :

$$dy = f(x) + f(x)\Delta x - f(x) = f(x)\Delta x$$

Δy est la variation de y par rapport à la droite C qui passe par le point x: $\Delta y = f(x+\Delta x) - f(x)$

$$La\ pente\ de\ la\ tangente\ T = \frac{dy}{dx}$$

$$La\ pente\ de\ la\ \ droite\ C = \frac{\Delta y}{\Delta x}$$

Au point A, les deux pentes doivent être égales :

$$\frac{dy}{dx} = \frac{\Delta y}{\Delta x} \Rightarrow \frac{dy}{dx} = \frac{f(x+\Delta x) - f(x)}{\Delta x}$$

On sait que :

$$f'(x) = \lim_{\Delta x \to 0} \frac{f(x+\Delta x) - f(x)}{\Delta x}$$

Alors

$$f'(x) = \frac{dy}{dx} \Rightarrow dy = f'(x)dx$$

Ainsi nous pouvons constater que la dérivée est une bonne approximation linéaire d'une fonction.

Règle en chaine

Supposons que y dépend de x ; $y = f(x)$, mais x dépend d'une autre variable z, $x=g(z)$. Toute variation de z entraîne une variation de x qui à son tour va entraîner une variation de y. Ainsi y dépend de z telle que : $y = f(g(z)) = F(z)$. La fonction F est une fonction composite. La dérivée de F est alors :

$$F'(z) = \frac{dy}{dz} = \frac{dy}{dx}\frac{dx}{dz} = f'(x)g'(x)$$

Exemple :

1. Soit $y = x^3$ *et* $x = z + z^2$.

$$\frac{dy}{dz} = (3x^2)(2z+1) = 3(z+z^2)^2(2z+1) = 3(z^2+2z^3+z^4)(2z+1)$$

$$= 3z^2 + 12z^3 + 15z^4 + 6z^5$$

2. Soit $y = (u)^n$ et $u = ax+b$ *alors*

$$\frac{dy}{dx} = \frac{dy}{du}\frac{du}{dx} = nu^{n-1}a = an(\mathrm{ax}+\mathrm{b})^{n-1}$$

Propriétés

$$y = F(x) \ et \ F(x) = f(x).g(x) \Rightarrow \frac{dy}{dx} = f\frac{dg}{dx} + g\frac{df}{dx}$$

$$y = F(x) et \ F(x) = \frac{f(x)}{g(x)} \Rightarrow \frac{dy}{dx} = \frac{g\frac{df}{dx} - f\frac{dg}{dx}}{g^2}$$

Série de taylor

Soit f une fonction dérivable. On peut faire une approximation de f par un polynôme de la forme :

$$f(x) = a_0 + a_1x + a_2x^2 + a_3x^3 + \cdots + a_nx^n$$

La série de Taylor de f en un point x_0, est la série entière suivante :

$$f(x) = f(x_0) + \frac{f'(x_0)}{1!}(x - x_0) + \frac{f''(x_0)}{2!}(x - x_0)^2 + \frac{f'''(x_0)}{3!}(x - x_0)^3 + \cdots$$

$$+ \frac{f^n(x_0)}{n!}(x - x_0)^n$$

On peut réécrire la série de Taylor comme suit :

$$f(x) = \sum_{n=0}^{\infty} \frac{f^n(x_0)}{n!}(x - x_0)^n$$

$n!$ est la factorielle de n et $f^{(n)}(x_0)$ désigne la dérivée $n$ième de f au point x_0.

Application en économie : calcul de l'élasticité

L'élasticité d'une courbe mesure la variation en pourcentage de la variable endogène suite à une variation en pourcentage de la variable exogène. Par exemple, l'élasticité de la demande détermine la sensibilité de la demande à une variation en pourcentage des prix. Si la demande d'un marché est définit par $Q=f(P)$, l'élasticité de la demande sera :

$$\epsilon = \lim_{\Delta P \to 0} \frac{dQ/_Q}{dP/_P} = \lim_{\Delta P \to 0} \frac{dQ}{dP}\frac{P}{Q} = \frac{P}{Q}\frac{dQ}{dP}$$

Si $|\varepsilon| > 1 \Rightarrow$ la demande est élastique ; la variation relative de la quantité est plus grande que la variation relative des prix.

Si $0 < |\varepsilon| < 1 \Rightarrow$ la demande est inélastique ; la variation relative de la quantité demandée est inférieure à la variation relative des prix.

Si $|\varepsilon| = 1 \Rightarrow$ la demande est à élasticité unitaire ; la variation relative de la quantité demandée est égale à la variation relative des prix.

Si $\varepsilon = 0 \Rightarrow$ la demande est parfaitement inélastique.

Exemple : Soit la fonction de demande suivante : $Q = a - bP$

L'élasticité de demande sera :

$$\varepsilon = \frac{dQ}{dP}\frac{P}{Q} = -b\frac{P}{a - bP} = -\frac{bP}{a - bP} = -\frac{P}{a/_b - P}$$

Si $\varepsilon = 0$; la demande est parfaitement inélastique ; la quantité demandée ne varie pas suite à une variation des prix.

Si $\varepsilon \rightarrow -\infty$; la demande est parfaitement élastique ;

Si $\varepsilon = -1$; la demande est à élastiscité unitaire.

Interprétation : *Si le prix varie de 1 %, la quantité demandée varie de ε. L'élasticité mesure la sensibilité de la demande (de l'offre) à une variation de 1 % du prix. Il y a des demandes (offres) plus élastiques que d'autres. Plus une courbe est élastique plus sa pente est grande. Cependant, en économie, la variable indépendante, le prix, est sur l'axe vertical (par convention), alors l'élasticité de la demande (de l'offre) est l'inverse de la pente usuelle. Plus une demande (offre) est élastique plus, la courbe est plate.*

Résolution des équations

Simples équations linéaires

∀ a, *b*, *c*, d, e, f des constantes positives non nulles,

- $ax + b = c \Rightarrow \mathrm{x} = \dfrac{\mathrm{c - b}}{\mathrm{a}}$
- $ax + b = cx + d \Rightarrow (a - c)x = d - b \Rightarrow x = \dfrac{d - b}{a - c}$
- $\dfrac{ax + b}{cx + d} = f \Rightarrow ax + b = f(cx + d) \Rightarrow x = \dfrac{fd - b}{a - fc}$

$$\begin{cases} C = ax + b \\ I = dx + e \\ Y = C + I \end{cases} \Rightarrow Y = (a + d)x + b + e \Rightarrow x = \frac{Y - (b + e)}{a + d}$$

Équations au second degré

Une équation du second degré est de la forme :$ax^2 + bx + c = 0$ où *a*, *b* et *c* sont des nombres réels et $a \neq 0$. Pour trouver les valeurs de *x* :

1. Il faut calculer delta, noté Δ :$\Delta = b^2 - 4ac$
2. Si $\Delta < 0$, l'équation n'admet pas de solutions
3. Si $\Delta = 0$, l'équation admet une solution double :

$$x_1 = x_2 = \frac{-b}{2a}$$

4. Si $\Delta > 0$, l'équation admet deux solutions ou racines :

$$x_1 = \frac{-b + \sqrt{\Delta}}{2a}$$

$$x_2 = \frac{-b-\sqrt{\Delta}}{2a}$$

Exemple :*trouvez les racines des polynômes de second degré suivants :*

$$3x^2+5x-8=0\ ;\ x^2-4=0\ ;\ 5x^2-2x=0\ et\ 2x^2+1=0$$

Réponses

1. $\Delta = 5^2-4(3)(-8) = 121 > 0 \Rightarrow il\ y\ a\ deux\ racines$

$$x_1 = \frac{-5+\sqrt{121}}{9} = \frac{2}{3}$$

$$x_2 = \frac{-5-\sqrt{121}}{9} = \frac{-16}{9}$$

2. $\Delta = -4(1)(-4) = 16 > 0 \Rightarrow il\ y\ a\ deux\ racines$

$$x_1 = \frac{+\sqrt{16}}{2} = 2$$

$$x_2 = \frac{-\sqrt{16}}{2} = -2$$

3. $\Delta = 2^2-4(5)(0) = 4 > 0 \Rightarrow il\ y\ a\ deux\ racines$

$$x_1 = \frac{2+\sqrt{4}}{10} = \frac{2}{5}$$

$$x_2 = \frac{2-\sqrt{4}}{10} = 0$$

4. $\Delta = -4(2)(1) = -8 < 0 \Rightarrow l'équationn'admet\ pas\ de\ solutions$

Factorisation d'un polynôme du second degré

Si Δ est positif ou nul alors on peut donner la forme factorisée d'un polynôme :

$$ax^2+bx+c = a(x-x_1)(x-x_2)$$

Exemple *factorisez les polynômes suivants :*$3x^2+5x-8=0\ ;\ x^2-4=0\ ;\ 5x^2-2x=0$

Réponses

$$x_1 = \frac{2}{3} et x_2 = \frac{-16}{3} \Rightarrow 3\left(x-\frac{2}{3}\right)\left(x+\frac{16}{9}\right)$$

$$x_1 = 2\ et x_2 = -2 \Rightarrow (x-2)(x+2)$$

$$x_1 = \frac{2}{5} et x_2 = 0 \Rightarrow 5x\left(x - \frac{2}{5}\right)$$

Problème d'optimisation

soit la fonction $y = f(x)$ ayant la forme suivante :

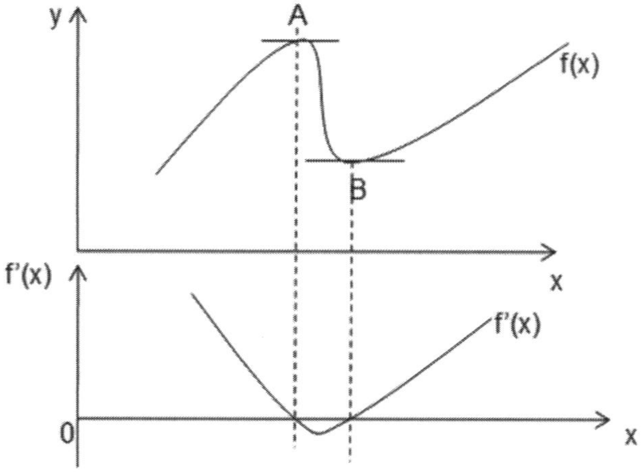

1. **Conditions de premiers ordre (C .P .O)**

A et *B* sont des points extremums. Aux points *A* et *B*, la pente de la fonction *f* est nulle. **Donc une *condition nécessaire* pour avoir un extremum est que la dérivée première soit nulle :**

C.P.O : $\boldsymbol{f'(x_0) = 0}$

2. **Conditions de seconds ordre(C.S.O)**

Aux alentours d'un point maximum, *A*, la fonction est croissante atteint un maximum et ensuite elle devient décroissante. Ceci implique qu'à gauche de *A*, $f'(x)>0$, au point A, $f'(x)=0$ et à droite de *A*, $f'(x)<0$. **Pour un maximun *f'(x)* *change de signe, du positif au négatif donc f'(x) est* décroissante**. Au point minimum *B*, c'est le contraire, *f'(x)* est négative à gauche de *B*, s'annule en *B* et ensuite elle devient positive, donc ***f'(x)* pour un point minimum est croissante.**

1. Dans le cadre des fonctions en une seule variable, la condition nécessaire pour un extremum local est lorsque la dérivée première en ce point est égale à zéro. La condition secondaire pour un minimum est que la dérivée seconde soit positive, *f''(x)>0. La condition secondaire pour un maximum est que la dérivée seconde soit négative, f''(x)<0.*

2. $\begin{cases} f' > 0 \Rightarrow la\ fonction\ f\ est\ croissante \\ f' < 0 \Rightarrow la\ fonction\ f\ est\ décroissante \end{cases}$

$\begin{cases} f'' > 0 \Rightarrow la\ pente\ de\ la\ courbe\ est\ croissante \\ f'' < 0 \Rightarrow la\ pente\ de\ la\ courbe\ est\ décroissante \end{cases}$

3. *Au point maximum, A, la fonction f est concave*
4. *Au point B, en un point minimum, la fonction f est convexe.*
5. *Si en un point on a : f'(x) =0 et f''(x)=0, la fonction peut avoir un minimum ou un maximum ou rien en ce point.*

Exemple

1. $f(x) = x^2 - 5x + 10 \Rightarrow$

$$\begin{cases} C.P.O: f'(x) = 0 \Rightarrow 2x - 5 = 0\ donc\ x = \frac{5}{2} \\ C.S.O: f''(x) = 2 > 0\ \ donc\ il\ s'agit\ d'un\ minimum \end{cases}$$

2. $f(x) = -x^2 - 5x + 10 \Rightarrow$

$$\begin{cases} C.P.O: f'(x) = 0 \Rightarrow -2x - 5 = 0\ donc\ x = -\frac{5}{2} \\ C.S.O: f''(x) = -2 < 0\ donc\ il\ s'agit\ d'un\ maximum \end{cases}$$

Remarque

Lorsque nous avons des formes quadratiques de la forme : $ax^2 + bx + C$, *le signe de la constante a détermine si la fonction admet un minimum, si a >0 ou un maximum, si a <0 maximisation du profit d'une entreprise en concurrence parfaite*

Exemple :

Soit une entreprise qui veut déterminer le niveau de production,*Q*, qui maximise son profit. Le profit qu'on note Π, est égal aux recettes totales de l'entreprise *(RT)* moins ses coûts totaux(CT). Les recettes sont égales au produit de la quantité par le prix. Les CT dépendent de la quantité vendue

$$RT=PQ\ et\ CT=C(Q)$$

$$\underset{Q}{\text{Max}}\,\Pi = \text{RT} - \text{CT} = \text{PQ} - \text{C(Q)}$$

la condition de premier ordre est de trouver le point extremum :

$$\Pi' = \frac{\partial \Pi}{\partial Q} = 0 \Rightarrow \frac{\partial RT}{\partial Q} - \frac{\partial CT}{\partial Q} = 0 \Rightarrow Rm = Cm$$

Pour maximiser son profit, l'entreprise doit égaliser ses recettes marginales à son coût marginal. On concurrence parfaite, le prix est donné pour l'entreprise alors, elle ne peut ajuster que sa quantité.

$$Rm = \frac{\partial RT}{\partial Q} = P$$

$$\Rightarrow P = Cm$$

Pour maximiser son profit, l'entreprise en concurrence parfaite, doit choisir le niveau de production *Q*, pour lequel le prix est égal au coût marginal.

La condition de second ordre pour un maximum :

$$\Pi'' = \frac{\partial^2 \Pi}{\partial Q^2} = -\frac{\partial Cm}{\partial Q} < 0$$

Il faut que la fonction de coût soit croissante, Cm'> 0

Exemple : soit la demande du marché est $P = 500 - 3Q$, la fonction du coût de l'entreprise est$C(Q) = 2q^2$

- La fonction de profit est :

$$\pi = PQ - C(Q) = (500 - 3Q)Q - 2Q^2 = 500Q - 5Q^2$$

- La C.P.O :

$$\Pi' = \frac{\partial \Pi}{\partial Q} = 0 \Rightarrow 500 - 10Q = 0 \Rightarrow Q *= 50 \Rightarrow P *= 350$$

- La C.S.O : $\Pi'' = \frac{\partial^2 \Pi}{\partial Q^2} = -10 < 0$

Les règles usuelles des exposants :

Règles	Exemples
$X^a . X^b = X^{a+b}$	$X^4 . X^3 = X^7$
$(X^a)^b = X^{ab}$	$(X^4)^3 = X^{12}$
$\frac{1}{X^a} = X^{-a}$	$\frac{1}{X^4} = X^{-4}$
$\frac{X^a}{X^b} = X^{a-b}$	$\frac{X^4}{X^3} = X^1 = X$
$X^{1/n} = \sqrt[n]{X}$	$X^{1/3} = \sqrt[3]{X}$
$X^0 = 1$	
$X^a Y^a = (XY)^a$	$X^4 Y^4 = (XY)^4$

Fonctions à plusieurs variables

Les fonctions de plusieurs variables permettent, en économie, de représenter le comportement d'un agent économique. Par exemple, la fonction de production d'un producteur est représentée comme la relation entre l'output et les différents inputs :

Y=f (K, L, T), où *Y* est le niveau de production, *K* est le facteur capital, *L* est le facteur travail et *T* est la terre. De même pour le consommateur, sa fonction d'utilité dépend de la consommation des différents biens, de sa richesse… Pour la représentation graphique d'une fonction de plusieurs variables, on se limite au cas de deux variables.

Les dérivées

Quand une variable indépendante, y, est fonction de plusieurs variables,x_1, x_2, x_3 ... alors :

$$y = f(x_1, x_2, \dots, x_n).$$

Dérivée partielle

Une dérivée partielle est lorsqu'on dérive la fonction par rapport à une seule variable, en maintenant les autres constantes.

$$y'_{x_i} = \frac{\partial f(x_1, x_2, \dots, x_n)}{\partial x_i}, i = 1, \dots n$$

$$y'_{x_1} = \frac{\partial f(x_1, x_2, \dots, x_n)}{\partial x_1}, i = 1$$

.

.

.

$$y'_{x_n} = \frac{\partial f(x_1, x_2, \dots, x_n)}{\partial x_n}, i = n$$

Les règles de dérivation de fonctions d'une seule variable peuvent être utilisées pour des fonctions à plusieurs variables. En effet, pour dériver des fonctions de *n* variables, on ne fait varier qu'une seule des *n* variables à la fois et on garde les autres fixes.

Exemple : *Supposons une entreprise ayant une fonction de production de la forme Cobb-Douglas :*

$$Y = F(K, L) = K^a L^b$$

où *K* est le facteur capital, *L* est le facteur travail. Les dérivées premières de cette fonction de production sont :

$$\frac{\partial Y}{\partial K} = F'(K, L) = aK^{a-1}L^b$$

$$\frac{\partial Y}{\partial L} = F'(K, L) = bK^a L^{b-1}$$

Ces dérivées mesurent la variation de la production suite à une variation d'un facteur en supposant l'autre facteur constant. Dans la première équation, il s'agit de la productivité marginale du capital et dans la seconde, il s'agit de la productivité marginale du travail.

Dérivées secondes

Une dérivée seconde est lorsqu'on dérive une deuxième fois les dérivées partielles par rapport à la variable elle-même ou par rapport aux autres variables.

$$y''_{x_i} = \frac{\partial^2 f(x_1, x_2, \dots, x_n)}{\partial x_i x_j}, \qquad i,j = 1, \dots n$$

Il y a donc n^2 possibles dérivées de second ordre de la fonction *f.*

E**xemple** *les dérivées secondes de la fonction de production Cobb-Gouglas seront*

$$Y_{KK} = F''(K,L) = a(a-1)K^{a-2}L^b$$

$$Y_{KL} = F''(K,L) = abK^{a-1}L^{b-1}$$

$$Y_{LL} = F''(K,L) = b(b-1)K^aL^{b-2}$$

$$Y_{LK} = F''(K,L) = abK^{a-1}L^{b-1}$$

Différentielle d'une fonction à plusieurs variables

Soit une fonction à deux variables :$Y = f(x_1, x_2)$; alors le différentiel totale sera :

$$dY = \frac{\partial f(x_1, x_2)}{\partial x_1} dx_1 + \frac{\partial f(x_1, x_2)}{\partial x_2} dx_2$$

$$dY = f'_1 dx_1 + f'_2 dx_2$$

Pour une fonction à plusieurs variables :

$$dY = f'_1 dx_1 + f'_2 dx_2 + f'_3 dx_3 + \dots + f'_n dx_n$$

$$dY = \sum_{i=1}^{n} f'_i dx_i$$

Exemple : *soit Z une fonction de x et y, tel que :* $Z = 10xy + 2x + 3$
Le différentiel total :

$$dZ = \frac{\partial f(x,y)}{\partial x}dx + \frac{\partial f(x,y)}{\partial y}dy$$

$$dZ = (10y + 2)dx + 10xdy$$

Système d'équations linéaires et matrice

Soit le système d'équations linéaires suivant, avec a et b sont des constantes :

$$a_{11}x_1 + a_{12}x_2 + \cdots + a_{1m}x_m = b_1$$
$$a_{21}x_1 + a_{22}x_2 + \cdots + a_{2m}x_m = b_2$$
$$a_{31}x_1 + a_{32}x_2 + \cdots + a_{3m}x_m = b_3$$
$$\vdots$$
$$a_{n1}x_1 + a_{n2}x_2 + \cdots + a_{nm}x_m = b_n$$

on peut réécrire ce système sou forme matricielle:

$$\begin{bmatrix} a_{11} & \mathrm{a}_{12} \; ...\mathrm{a}_{1n} \\ a_{21} & \mathrm{a}_{22} \; ....\mathrm{a}_{2n} \\ . & \\ . & \\ . & \\ a_{n1} & \mathrm{a}_{2n}......a_{nm} \end{bmatrix} \begin{bmatrix} x_1 \\ x_2 \\ . \\ . \\ . \\ x_m \end{bmatrix} = \begin{bmatrix} b_1 \\ b_2 \\ . \\ . \\ . \\ b_n \end{bmatrix}$$

$$A \otimes X = B$$

où A est une matrice de dimension $(n \times m)$, X est un vecteur de dimension $(m \times 1)$ et B est un vecteur de dimension $(n \times 1)$. n, désigne le nombre de lignes de la matrice A et le nombre de lignes du vecteur B. m désigne le nombre de colonnes de la matrice A et aussi le nombre de lignes du vecteur X

Lorsque n = m, on dit que la matrice A est une matrice carrée, c'est à dire le nombre de lignes est égal au nombre de colonnes.

Calculs matriciels

1. La transposée d'une matrice $A(n\times m)$ est la matrice $A^{'}(m\times n)/\ a^{'}_{ij}=a_{ji}$. En d'autres mots, la transposée d'une matrice A admet les colonnes de A comme lignes et les lignes de A comme colonnes.

$$\underset{(3\times3)}{A}=\begin{bmatrix}4&3&1\\2&5&6\\7&8&9\end{bmatrix}\Rightarrow\underset{(3\times3)}{A^{'}}=\begin{bmatrix}4&2&7\\3&5&8\\1&6&9\end{bmatrix}$$

2. La somme de deux matrice $\mathbf{C}=\mathbf{A}+\mathbf{B}$ est définit si est seulement si $\mathbf{A}$ et $\mathbf{B}$ ont les mêmes dimensions/ $c_{ij}=a_{ij}+b_{ij}$

$$\underset{(3\times3)}{A}=\begin{bmatrix}4&3&1\\2&5&6\\7&8&9\end{bmatrix},\ \underset{(3\times3)}{B}=\begin{bmatrix}2&1&0\\0&5&7\\4&0&6\end{bmatrix}\Rightarrow\qquad\underset{(3\times3)}{C}=A+B=\begin{bmatrix}6&4&1\\2&10&13\\11&8&15\end{bmatrix}$$

3. Le produit scalaire de A par une constante λ, est définit comme $\lambda\left(a_{ij}\right)\ \forall i,j$

$$\underset{(3\times3)}{A}=\begin{bmatrix}4&3&1\\2&5&6\\7&8&9\end{bmatrix},\lambda=2\qquad\Rightarrow C=\lambda A=\begin{bmatrix}8&6&2\\4&10&12\\14&16&18\end{bmatrix}$$

4. Le produit de deux matrices : $C=A\otimes B$ est défini si A est $(n\times m)$ et B est $(m\times s)$.

$$\underset{(n\times s)}{C}=\underset{(n\times m)}{A}\otimes\underset{(m\times s)}{B}$$

5. Le produit d'une matrice A avec une matrice zéro (dont tous les termes sont nuls) est égal à une matrice zéro.

6. La transposée de $A\bullet B$ est le produit des transposées dans un ordre inverse :

$$(AB)'=B^{'}A^{'}$$

7. La transposée d'une somme de deux matrices est égale à la somme des transposées

$$(A+B)' = A' + B'$$

8. La transposée de $\lambda \mathbf{A}$ est égale à $\lambda \mathbf{A}'$

9. La multiplication des matrices est associative : $(A \otimes B) \otimes C = A \otimes (B \otimes C)$

10. La multiplication des matrices est distributive avec l'addition $A \otimes (B + C) = (A \otimes B) + (A \otimes C)$

11. En général, la multiplication des matrices n'est pas commutative : $A \otimes B \neq B \otimes A$

12. **La matrice identité** est une matrice carré*(n,m)* où seulement la diagonale est égale à 1 et le reste sont nuls : $\begin{cases} a_{ij} = 1 \; \forall i = 1, 2, \ldots, n \\ a_{ij} = 0 \; pour \; i \neq j \end{cases}$

13. Une matrice A est **non singulière** s'il existe une matrice A^{-1} (inverse de A) tel que :

$$AA^{-1} = A^{-1}A = I = \begin{bmatrix} 1\,0\,0 \;\ldots\; 0 \\ 0\,1\,0 \;\ldots\; 0 \\ 0\,0\,1 \;\ldots 0 \\ . \\ . \\ . \\ 0\,0\,0 \;\ldots 1 \end{bmatrix}$$

est une matrice identité. En d'autres termes A admet une matrice inverse.

14. Une matrice singulière est une matrice carrée avec det A=0
15. Une matrice orthogonale est une matrice avec AA'=I
16. Une matrice diagonale est une matrice carrée avec $a_{ij}=0 \; \forall i \neq j$ et $a_{ii} \neq 0$
17. Une matrice symétrique est une matrice carrée, avec A'=A
18. Si A est non singulière alors elle est carré et son inverse A^{-1} est unique.

Calcul du déterminant d'une matrice

La méthode des déterminants est efficace pour résoudre un système d'équations linéaires à n inconnues. Pour une matrice carrée (2, 2) le déterminant est simple à calculer.

Soit la matrice carrée $A = \begin{bmatrix} a_{11} & a_{12} \\ a_{21} & a_{23} \end{bmatrix}$

Le *det A* est égal à : $\begin{vmatrix} a_{11} & a_{12} \\ a_{21} & a_{23} \end{vmatrix} = a_{11}a_{23} - a_{21}a_{12}$

Pour un système d'équations linéaires à plusieurs inconnus, x_1, x_2,...et x_n, nous aurons besoin de réécrire le système sous une forme matricielle. Pour calculer le déterminant, nous allons utiliser la méthode des **mineurs principaux.**

Soit le système de trois équations et trois inconnus suivant :

$$a_{11}x_1 + a_{12}x_2 + \cdots + a_{13}x_3 = b_1$$
$$a_{21}x_1 + a_{22}x_2 + \cdots + a_{23}x_3 = b_2$$
$$a_{31}x_1 + a_{32}x_2 + \cdots + a_{33}x_3 = b_3$$

On réécrit le système d'équations sous forme matricielle : $A \otimes X = B$

$$\begin{bmatrix} a_{11} & a_{12} & a_{13} \\ a_{21} & a_{22} & a_{23} \\ a_{31} & a_{32} & a_{33} \end{bmatrix} \otimes \begin{bmatrix} x_1 \\ x_2 \\ x_3 \end{bmatrix} = \begin{bmatrix} b_1 \\ b_2 \\ b_3 \end{bmatrix}$$

Le déterminant de la matrice$A$ s'écrit:

$$det(A) = \begin{vmatrix} a_{11} & a_{12} & a_{13} \\ a_{21} & a_{22} & a_{23} \\ a_{31} & a_{32} & a_{33} \end{vmatrix}$$

pour calculer le déterminant de A, on a besoin de définir le mineur M_{ij}et le cofacteur d'un élémenta_{ij}.**Le mineur** M_{ij} d'un élément a_{ij} est obtenu en supprimant la ligne$i$ et la colonne j correspondant à l'élément a_{ij}. Les mineurs correspondants à a_{11}, a_{12}, et a_{13} de la matrice$A$ sont:

$$M_{11} = \begin{bmatrix} a_{22} & a_{23} \\ a_{32} & a_{33} \end{bmatrix} \qquad M_{12} = \begin{bmatrix} a_{21} & a_{23} \\ a_{31} & a_{33} \end{bmatrix} \qquad M_{13} = \begin{bmatrix} a_{21} & a_{22} \\ a_{31} & a_{32} \end{bmatrix}$$

Le cofacteur d'un élément a_{ij} est :

$$A_{ij} = (-1)^{i+j} M_{ij}$$

Les cofacteurs correspondants à a_{11}, a_{12} et a_{13} sont :

$$A_{11} = (-1)^{1+1}M_{11} = M_{11}$$
$$A_{12} = (-1)^{1+2}M_{12} = -M_{12}$$

$$A_{13} = (-1)^{1+3} M_{13} = M_{13}$$

Ainsi le déterminant de$A$ sera égal à :

$$\begin{vmatrix} a_{11} & a_{12} & a_{13} \\ a_{21} & a_{22} & a_{23} \\ a_{31} & a_{32} & a_{33} \end{vmatrix} = a_{11}A_{11} + a_{12}A_{12} + a_{13}A_{13}$$

Exemple *soit* $A = \begin{bmatrix} 1 & 2 & 3 \\ 8 & 6 & 2 \\ 0 & 5 & 7 \end{bmatrix}$, Calculer le $\det A$ en choisissant la troisième ligne.

$$\det A = \begin{bmatrix} 1 & 2 & 3 \\ 8 & 6 & 2 \\ 0 & 5 & 7 \end{bmatrix} = 0 + 5(-1)^{3+2} \begin{vmatrix} 1 & 3 \\ 8 & 2 \end{vmatrix} + 7(-1)^{3+3} \begin{vmatrix} 1 & 2 \\ 8 & 6 \end{vmatrix} = 40$$

Remarque

1. Pour calculer le déterminant d'une matrice, on choisit la ligne ou la colonne qui contient le plus de zéro. On peut aussi faire des transformations pour faire apparaître des éléments nuls dans le déterminant.

2. Lorsqu'on multiplie les éléments d'une ligne ou d'une colonne par une constante commune, le déterminant est aussi multiplié par cette constante.
3. Lorsqu'on ajoute à une ligne ou à une colonne une combinaison linéaire des autres lignes ou colonnes, la valeur du déterminant ne change pas.

Exemple : soit une matrice A dont le déterminant est : det $A = \begin{vmatrix} 3 & -2 & 5 \\ 3 & -2 & 2 \\ 6 & 2 & 1 \end{vmatrix}$

Faisons apparatre des zéros dans la ligne 2 en lui soustrayant la ligne 1 :

$$det\ A = \begin{vmatrix} 3 & -2 & 5 \\ 0 & 0 & -3 \\ 6 & 2 & 1 \end{vmatrix} = (-3) \begin{vmatrix} 3 & -2 \\ 6 & 2 \end{vmatrix} = (-3)[(3*2)-(6*(-2))] = -54$$

Résolution du système linéaire

Le système linéaire AX=B est dit homogène si le vecteur B = 0 (b_i =0 ∀ i = 1,…m). Il est non homogène lorsque le vecteur B n'est pas nul, B≠0 (il existe au moins b_i ≠0)

Les solutions du système linéaire AX=B, sont obtenues selon la relation suivante :

$$x_j = \frac{\det(A_j)}{\det(A)}$$

Où A_j est la matrice carrée obtenue en remplaçant la j[ième]colonne de *A* par le vecteur colonne *B*

Proposition *Le système linéaire admet une solution lorsque le déterminant de la matrice A est non nul. Le système admet une infinité de solutions si le det A =det A_j ($\forall j = 1 \ldots n$). Le système n'admet pas de solution si le det A=0*

Exemple : *Soit le système d'équations suivant :*

1. $$\begin{cases} a_{11}x_1 + a_{12}x_2 = b_1 \\ a_{21}x_1 + a_{22}x_2 = b2 \end{cases} \Rightarrow \begin{bmatrix} a_{11} & a_{12} \\ a_{21} & a_{22} \end{bmatrix} \begin{bmatrix} x_1 \\ x_2 \end{bmatrix} = \begin{bmatrix} b_1 \\ b_2 \end{bmatrix}$$

$$\Rightarrow x_1 = \frac{\begin{vmatrix} b_1 & a_{12} \\ b_2 & a_{22} \end{vmatrix}}{\begin{vmatrix} a_{11} & a_{12} \\ a_{21} & a_{22} \end{vmatrix}} = \frac{b_1a_{22} - b_2a_{12}}{a_{11}a_{22} - a_{21}a_{12}} \quad ; \; x_2 = \frac{\begin{vmatrix} a_{11} & b_1 \\ a_{21} & b_2 \end{vmatrix}}{\begin{vmatrix} a_{11} & a_{12} \\ a_{21} & a_{22} \end{vmatrix}} = \frac{a_{11}b_2 - a_{21}b_1}{a_{11}a_{22} - a_{21}a_{12}}$$

2. $$\begin{cases} a_{11}x_1 + a_{12}x_2 + a_{13}x_3 = b_1 \\ a_{21}x_1 + a_{22}x_2 + a_{23}x_3 = b_2 \\ a_{31}x_1 + a_{31}x_2 + a_{33}x_3 = b_3 \end{cases} \Rightarrow \begin{bmatrix} a_{11} & a_{12} & a_{13} \\ a_{21} & a_{22} & a_{23} \\ a_{31} & a_{32} & a_{33} \end{bmatrix} \begin{bmatrix} x_1 \\ x_2 \\ x_3 \end{bmatrix} = \begin{bmatrix} b_1 \\ b_2 \\ b_3 \end{bmatrix}$$

$$x_1 = \frac{\begin{vmatrix} b_1 a_{12} a_{13} \\ b_2 \; a_{22} a_{23} \\ b_3 a_{32} a_{33} \end{vmatrix}}{\begin{vmatrix} a_{11} a_{12} \; a_{13} \\ a_{21} a_{22} a_{23} \\ a_{31} a_{32} a_{33} \end{vmatrix}} \qquad x_2 = \frac{\begin{vmatrix} a_{11} \; b_1 a_{13} \\ a_{21} \; b_2 \; a_{23} \\ a_{31} \; b_3 a_{33} \end{vmatrix}}{\begin{vmatrix} a_{11} a_{12} \; a_{13} \\ a_{21} a_{22} a_{23} \\ a_{31} a_{32} a_{33} \end{vmatrix}}$$

$$x_3 = \frac{\begin{vmatrix} a_{11}\, a_{12} b_1 \\ a_{21} a_{22} b_2 \\ a_{31} a_{32} b3 \end{vmatrix}}{\begin{vmatrix} a_{11}\, a_{12} a_{13} \\ a_{21} a_{22} a_{23} \\ a_{31} a_{32} a_{33} \end{vmatrix}}$$

3. $$\begin{cases} x_1 + 2x_2 = 5 \\ 2x_1 + x_3 = 3 \\ 3x_1 + x_2 + x_3 = 6 \end{cases} \Rightarrow \begin{bmatrix} 1 & 2 & 0 \\ 2 & 0 & 1 \\ 3 & 1 & 1 \end{bmatrix} \begin{bmatrix} x_1 \\ x_2 \\ x_3 \end{bmatrix} = \begin{bmatrix} 5 \\ 3 \\ 6 \end{bmatrix}$$

on calcule ledet $A = (-1)^{1+1}.1.\begin{vmatrix} 0 & 1 \\ 1 & 1 \end{vmatrix} + (-1)^{1+2}.2.\begin{vmatrix} 2 & 1 \\ 3 & 1 \end{vmatrix} = 1$

$$x_1 = \frac{\begin{vmatrix} 5\ 2\ 0 \\ 3\ 0\ 1 \\ 6\ 1\ 1 \end{vmatrix}}{1} = (-1)^{1+1}.5.\begin{vmatrix} 0 & 1 \\ 1 & 1 \end{vmatrix} + (-1)^{1+2}.2.\begin{vmatrix} 3 & 1 \\ 6 & 1 \end{vmatrix} = 1\ ;$$

$$x_2 = \frac{\begin{vmatrix} 1\ 5\ 0 \\ 2\ 3\ 1 \\ 3\ 6\ 1 \end{vmatrix}}{1} = (-1)^{1+1}.1.\begin{vmatrix} 3 & 1 \\ 6 & 1 \end{vmatrix} + (-1)^{1+2}.5.\begin{vmatrix} 2 & 1 \\ 3 & 1 \end{vmatrix} = 2$$

$$x_3 = \frac{\begin{vmatrix} 1\ 2\ 5 \\ 2\ 0\ 3 \\ 3\ 1\ 6 \end{vmatrix}}{1} = (-1)^{2+1}.2.\begin{vmatrix} 2 & 5 \\ 1 & 6 \end{vmatrix}$$
$$+(-1)^{2+3}.3.\begin{vmatrix} 1 & 2 \\ 3 & 1 \end{vmatrix} = 1$$

Formes Quadratiques

Une fonction *f(x)* à *n* variables est une forme quadratique lorsqu'on peut l'écrire sous cette forme :

$$f(x) = \sum_{i=1}^{n} \sum_{j=1}^{n} a_{ij} x_i x_j$$

où a_{ij} sont des constantes.

Soit $f(x_1, x_2, x_3) = x_1^2 + x_2^2 + 4x_1x_2 + x_3$, on peut réécrire cette fonction sous la forme matricielle suivante :

$$f(x_1,x_2,x_3) = \underset{(1,3)}{\begin{bmatrix} x_1 & x_2 & x_3 \end{bmatrix}} \underset{(3,3)}{\begin{bmatrix} 1 & 2 & 0 \\ 2 & 1 & 0 \\ 0 & 0 & 1 \end{bmatrix}} \underset{(3,1)}{\begin{bmatrix} x_1 \\ x_2 \\ x_3 \end{bmatrix}}$$

$$f(x_1, x_2, x_3) = X'AX$$

Ainsi une fonction quadratique peut s'écrire sous la forme :*X'AX*, où *X* est le vecteur des variablesx_i / *i= 1,2, ...,n*, et de dimension*(n,1)*. *A* est une matrice carrée (n,n) et est **symétrique**.

Théorème de Sylvester : *Une forme quadratique X'AX est **définie positive** si et seulement si tous les principaux mineurs successifs de la matrice **A sont positifs**. Une forme quadratique X'AX**est définie négative** si et seulement si tous les principaux mineurs successifs de la matrice **A alternent en signe, le premier étant négatif**. Une forme quadratique est **semi-définie positive** lorsque tous les mineurs principaux sont positifs. Une forme quadratique est **semi-définie négative,** lorsque tous les mineurs principaux d'ordre impair soient négatifs et que tous les mineurs principaux d'ordre pair soient positifs.*

Exemple : Soit la matrice suivante : $A=\begin{bmatrix} a_{11} & a_{12} & a_{13} \\ a_{21} & a_{22} & a_{23} \\ a_{31} & a_{32} & a_{33} \end{bmatrix}$

1) *A* est définie positive $\Rightarrow a_{11} > 0$, $\begin{vmatrix} a_{11} & a_{12} \\ a_{21} & a_{22} \end{vmatrix} > 0$ *et* $\begin{vmatrix} a_{11} & a_{12} & a_{13} \\ a_{21} & a_{22} & a_{23} \\ a_{31} & a_{32} & a_{33} \end{vmatrix} > 0$

2) *A* est définie négative $\Rightarrow a_{11} < 0$, $\begin{vmatrix} a_{11} & a_{12} \\ a_{21} & a_{22} \end{vmatrix} > 0$ *et* $\begin{vmatrix} a_{11} & a_{12} & a_{13} \\ a_{21} & a_{22} & a_{23} \\ a_{31} & a_{32} & a_{33} \end{vmatrix} < 0$

3) *A* est semi-définie positive

$\Rightarrow a_{11} \geq 0, a_{22} \geq 0, a_{33} \geq 0, \begin{vmatrix} a_{11} & a_{12} \\ a_{21} & a_{22} \end{vmatrix} \geq 0 ; \begin{vmatrix} a_{11} & a_{13} \\ a_{31} & a_{33} \end{vmatrix} \geq 0 ;$

$$\begin{vmatrix} a_{22} & a_{23} \\ a_{32} & a_{33} \end{vmatrix} \geq 0 \text{ et } \begin{vmatrix} a_{11} & a_{12} & a_{13} \\ a_{21} & a_{22} & a_{23} \\ a_{31} & a_{32} & a_{33} \end{vmatrix} \geq 0$$

A est semi-définie négative

$$\Rightarrow a_{11} \leq 0, a_{22} \leq 0, a_{33} \leq 0, \begin{vmatrix} a_{11} & a_{12} \\ a_{21} & a_{22} \end{vmatrix} \geq 0 \, ; \begin{vmatrix} a_{11} & a_{13} \\ a_{31} & a_{33} \end{vmatrix} \geq 0 \, ;$$

$$\begin{vmatrix} a_{22} & a_{23} \\ a_{32} & a_{33} \end{vmatrix} \geq 0 \text{ et } \begin{vmatrix} a_{11} & a_{12} & a_{13} \\ a_{21} & a_{22} & a_{23} \\ a_{31} & a_{32} & a_{33} \end{vmatrix} \leq 0$$

Problèmes d'optimisation

Maximisation et minimisation sans contrainte

Dans le cadre de fonctions à deux variables, $f(x,y)$, les conditions de premieres ordre restent les mêmes pour toutes les variables comme dans le cas d'une seule variable.

Une fonction $f(x, y)$ admet un maximum ou um minimum lorsqu'il existe un point staionnaire (x_0, y_0) qui satisfait les conditions de premier-ordre :

$$\begin{cases} f'_{x_0} = 0 \\ f'_{y_0} = 0 \end{cases}$$

Cependant, les conditions de second ordre changent. On définit la matrice hessienne suivante :

$$H = \begin{bmatrix} f_{xx} & f_{xy} \\ f_{yx} & f_{yy} \end{bmatrix}$$

- La matrice Hessienne est toujours symétrique : $f_{xy} = f_{yx}$; le $det\ (H) = f_{xx}f_{yy} - f^2_{xy}$
- H est définie négative : $f_{xx} < 0$; $f_{yy} < 0$ et $f_{xx}f_{yy} - f^2_{xy} > 0$
- H est définie positive : $f_{xx} > 0$; $f_{yy} > 0$ et $f_{xx}f_{yy} - f^2_{xy} > 0$
- H est semi-définie positive : $f_{xx} \geq 0$; $f_{yy} \geq 0$ et $f_{xx}f_{yy} - f^2_{xy} \geq 0$
- H est semi-définie négative : $f_{xx} \leq 0$; $f_{yy} \leq 0$ et $f_{xx}f_{yy} - f^2_{xy} \geq 0$

Exemple

a. $H_1 = \begin{bmatrix} 5 & 6 \\ 6 & 2 \end{bmatrix} \Rightarrow \det H_1 = -2 < 0$;

H_1 est non définie.

$$H_2 = \begin{bmatrix} -5 & 3 \\ 3 & -2 \end{bmatrix} \Rightarrow \begin{cases} \det H_2 = 1 > 0 \\ diagonale\ negative,\ \ a = -5 < 0, d = -2 < 0 \end{cases}$$

H_2 est définie négative

$$H_3 = \begin{bmatrix} 5 & 5 \\ 5 & 5 \end{bmatrix} \Rightarrow \begin{cases} \det H_3 = 0 \\ diagonale\ positive,\ \ a = 5 > 0, d = 5 > 0 \end{cases}$$

H_3 est semi-défine positive

$$H_4 = \begin{bmatrix} 2x^2 & 0 \\ x^2 & 2y^2 \end{bmatrix}$$

$$\Rightarrow \begin{cases} \det H_4 = 4x^2y^2 \geq 0 \\ diagonale\ positive\ ou\ nul, \\ a = 2x^2 \geq 0, d = 2y^2 \geq 0 \end{cases}$$

H_4 est semi-définie positive

$$H_5 = \begin{bmatrix} 5 & 3 \\ 3 & 2 \end{bmatrix} \Rightarrow \begin{cases} \det H_2 = 4 > 0 \\ diagonale\ positive,\ \ a = 5 > 0, d = 2 > 0 \end{cases};$$

H_5 est définie positive

Soit $A(x_0, y_0)$ est un point extremum (stationnaire) de la fonction $f(x,y)$:

- Si la matrice Hessienne de f est défini positif en A, alors A est un minimum local
- Si la matrice Hessienne de f est défini négatif en A, alors A est un maximum local

b. Supposons une entreprise ayant une fonction de production suivante : $Y=f(K,L)$. Soit r, le prix du capital (K), w est le prix du facteur travail (L). L'entreprise veut déterminer sa demande en capital et en travail qui maximise son profit, π. On suppose que le marché est concurrentiel.

$$\max_{K,L} \pi = PY - CT = Pf(K,L) - wL - rK$$

C.P.O

$$\frac{\partial \pi}{\partial K} = 0 \Rightarrow P\frac{\partial f}{\partial K} - r = 0 \Rightarrow f_K = \frac{r}{P}$$

$$\frac{\partial \pi}{\partial L} = 0 \Rightarrow P\frac{\partial f}{\partial L} - w = 0 \Rightarrow f_L = \frac{w}{P}$$

Les conditions de premier ordre veulent dire que l'entreprise va continuer à demander du capital et du travail jusqu'à ce que la productivité marginale de chaque facteur est égale à son prix réel.

Pour avoir un maximum il faut, **C.S.O**

- $\frac{\partial^2 \pi}{\partial K^2} = \frac{\partial^2 f}{\partial K^2} = f_{KK} < 0 \Rightarrow$

La productivité marginale du capital est décroissante.

- $\frac{\partial^2 \pi}{\partial L^2} = \frac{\partial^2 f}{\partial L^2} = f_{LL} < 0 \Rightarrow$

La productivité marginale du travail est décroissante.

- $f_{KK} f_{LL} - f_{LK}{}^2 > 0$

Pour un maximum, on a besoin de ces troix conditions de second ordre, la loi des rendements décroissants (les deux premières conditions) n'est pas suffisante, il faut ajouter la troisième condition.

1. Dans le cas de *n* variables, $f(x_1, x_2, \ldots, x_n)$ on obtient la matrice Hessienne suivante :

$$H = \begin{bmatrix} f_{11}\, f_{12} \cdots f_{1n} \\ f_{21}\, f_{22} \cdots f_{2n} \\ \cdot \\ \cdot \\ \cdot \\ f_{n1}\, f_{n2} \cdots f_{nn} \end{bmatrix}$$

- *H est **définie positive** si et seulement si tous les principaux mineurs successifs de H **sont positifs**.*
- *H**est définie négative** si et seulement si tous les principaux mineurs successifs de H **alternent en signe, le premier étant négatif**.*
- *H est **semi-définie positive** lorsque tous les mineurs principaux sont positifs ou nuls.*
- *H est**semi-définie négative,** lorsque tous les mineurs principaux d'ordre impair soient négatifs ou nuls et que tous les mineurs principaux d'ordre pair soient positifs ou nuls.*

Concavité et Convexité

- Une fonction *f* est concave si et seulement sa matrice hessienne, H, est semi-définie négative.

- f est strictement concave si H est définie négative.
- f est convexe si et seulement si sa matrice hessienne est semi-definie positive.
- f est strictement convexe si H est définie positive.

Maximisation et minimisation avec contrainte

L'objectif est d'optimiser une fonction $f(x,y)$ sous une contrainte $g(x,y)=0$. Pour cela, nous utilisons la **Méthode de Lagrange** qui consiste en quatre étapes :

1. Former la fonction de Lagrange :

$$L = f(x,y) + \lambda g(x,y) \ avec \ \lambda > 0$$

2. Calculer les conditions de premier ordre (C.P.O)

$$\frac{\partial L(x,y,\lambda)}{\partial x} = 0 \Rightarrow f_x^{'}(x,y) + \lambda g_x^{'}(x,y) = 0$$

$$\frac{\partial L(x,y,\lambda)}{\partial y} = 0 \Rightarrow f_y^{'}(x,y) + \lambda g_y^{'}(x,y) = 0$$

$$\frac{\partial L(x,y,\lambda)}{\partial \lambda} = 0 \Rightarrow g(x,y) = 0$$

3. Résoudre le système d'équations et chercher (x^*,y^*, λ)

4. Vérifier les conditions de second ordre (CSO) pour déterminer si le point stationnaire (x^*,y^*, λ) représente un minimum ou maximum… Pour cela il faut trouver le signe du déterminant de la matrice Hessienne bordée obtenue à partir des dérivées secondes de la fonction de Lagrange :

$$H = \begin{bmatrix} \frac{\partial^2 L}{\partial x^2} & \frac{\partial^2 L}{\partial x \partial y} & \frac{\partial^2 L}{\partial x \partial \lambda} \\ \frac{\partial^2 L}{\partial y \partial x} & \frac{\partial^2 L}{\partial y^2} & \frac{\partial^2 L}{\partial y \partial \lambda} \\ \frac{\partial^2 L}{\partial \lambda \partial x} & \frac{\partial^2 L}{\partial \lambda \partial y} & \frac{\partial^2 L}{\partial \lambda^2} \end{bmatrix} =$$

$$\begin{bmatrix} \frac{\partial^2 L}{\partial x^2} & \frac{\partial^2 L}{\partial x \partial y} & \frac{\partial g}{\partial x} \\ \frac{\partial^2 L}{\partial y \partial x} & \frac{\partial^2 L}{\partial y^2} & \frac{\partial g}{\partial y} \\ \frac{\partial g}{\partial x} & \frac{\partial g}{\partial y} & 0 \end{bmatrix}$$

Dans le cas de *n* variables la matrice Hessienne devient :

$$H_b = \begin{bmatrix} L_{11} \ldots L_{1n} g_1 \\ L_{21} \ldots L_{2n} g_2 \\ . \\ . \\ . \\ L_{n1} \ldots L_{nn} \quad g_n \\ g_1 \ldots g_n \quad 0 \end{bmatrix}$$

La matrice hessienne est dite **bordée,** si le determinant est positif il s'agit d'un maximum et s'il est négatif il s'agit d'un minimum

Exemple *Soit une fonction d'utilité de la forme :* $U(x,y) = x^2 y^2$, *est la fonction objective qu'on cherche à maximiser, la contrainte budgétaire est* , $g(x,y) = 8 - x - 2y = 0$.

- on forme la fonction de Lagrange :

$$L = x^2 y^2 + \lambda(8 - x - 2y)$$

- Les C.P.O sont :

$$\frac{\partial L(x,y,\lambda)}{\partial x} = 0 \Rightarrow 2xy^2 - \lambda = 0 \Rightarrow 2xy^2 = \lambda \quad (1)$$

$$\frac{\partial L(x,y,\lambda)}{\partial y} = 0 \Rightarrow 2x^2 y - 2\lambda = 0 \Rightarrow 2x^2 y = 2\lambda \quad (2)$$

$$\frac{\partial L(x,y,\lambda)}{\partial \lambda} = 0 \Rightarrow 8 - x - 2y = 0 \quad (3)$$

En divisant (1) par (2) on obtient :

$$\frac{2xy^2}{2x^2y} = \frac{1}{2} \Rightarrow \frac{y}{x} = \frac{1}{2} \Rightarrow y = \frac{x}{2}$$

on remplace l'expression de y dans (3) on obtient

$$8 - x - 2\frac{x}{2} = 0 \Rightarrow 8 - 2x = 0 \Rightarrow x^* = 4 \rightarrow y^* = 2 \rightarrow \lambda^* = 32$$

Les C.S.O :la matrice hessienne bordée est :

$$H = \begin{bmatrix} f_{xx} & f_{xy} & g_x \\ f_{yx} & f_{yy} & g_y \\ g_x & g_y & 0 \end{bmatrix} = \begin{bmatrix} 2y^2 & 4xy & -1 \\ 4xy & 2x^2 & -2 \\ -1 & -2 & 0 \end{bmatrix}$$

les principaux mineurs sont :

$2y^2 > 0$

$$\begin{vmatrix} 2y^2 & 4xy \\ 4xy & 2x^2 \end{vmatrix} = 4x^2y^2\text{-}16x^2y^2 = -12x^2y^2 < 0$$

$$\begin{vmatrix} 2y^2 4xy & -1 \\ 4xy\ 2x^2 & -2 \\ -1\ -2\ 0 & \end{vmatrix} = 0 + (-1)^{3+2}.(-2)\begin{vmatrix} 2y^2 & -1 \\ 4xy & -2 \end{vmatrix} + (-1)^{3+1}.(-1).\begin{vmatrix} 4xy & -1 \\ 2x^2 & -2 \end{vmatrix}$$

$$= -8y^2 + 16xy - 2x^2 = 64 > 0$$

Les principaux mineurs alternent de signe, la matrice Hessienne bordée est semi-définie négative. La fonction f est concave.

Homogénéité des fonctions

Une fonction $f(x_1, x_2, \ldots x_n)$est homogène de degré r si et seulement si pour toute constante positive t

$$f(tx_1, tx_2, \ldots, tx_n) = t^r f(x_1, x_2, \ldots, x_n)$$

Fonction Cobb-Douglas

$$f(x, y) = x^a y^b$$
$$f(tx, ty) = t^{a+b} x^a y^b = t^{a+b} f(x, y)$$

- Si $a+b=1$, la fonction f est homogène de degré 1
- Si $a+b>1$, la fonction f est homogène de degré superieur à 1
- Si $a+b<1$, la fonction f est homogène de degré inférieur à 1

En économie, on peut utiliser l'homogénéité pour déterminer par exemple les rendements d'échelle d'une fonction de production.
Si f est une fonction de production de n variables : $f(x_1, x_2, ...x_n)$ où x sont les inputs

- Si f est homogène de degrè 1 cela implique que si on double tous les inputs alors la production double, une telle fonction est à rendements d'échelle constants
- Si f est homogène de degrè inférieur à 1, cela implique que si on double les inputs, l'output sera inférieur au double, on dit alors que les rendements d'échelle sont décroissants
- Si f est homogène de degrè supérieur à 1, cela implique que si on double les inputs, l'output sera plus que le double, on dit alors que les rendements d'échelle sont croissants

Exemples

1 $f(x_1, x_2) = {x_1}^3{x_2}^4$

$\forall t > 0, f(tx_1, tx_2) = (tx_1)^3(tx_2)^4 = t^7x^3x^4$

La fonction f est homogène et de degré 7

2 $f(x_1, x_2) = ax_1x_2$

$\forall t > 0, f(tx_1, tx_2) = a(tx_1)(tx_2) = t^2ax_1x_2$

La fonction f est homogène et de degré 2

3 $f(x_1, x_2) = {x_1}^{\frac{1}{2}}{x_2}^{\frac{1}{3}}$

$\forall t > 0, f(tx_1, tx_2) = (tx_1)^{\frac{1}{2}}(tx_2)^{\frac{1}{3}} = t^{\frac{5}{6}}x^{\frac{1}{2}}x^{\frac{1}{3}}$

La fonction f est homogène et de degré 5/6

Théorème d'Euler

Une fonction $f(x_1, x_2, ...x_n)$est homogène de degré r si et seulement si :

$$rf(x_1, x_2, x_3, \dots, x_n) = \sum_{i=1}^{n} \frac{\partial f(x_1, x_2, x_3, \dots, x_n)}{\partial x_i} x_i$$

Exemple : Trouver le degrè d'homogéneité de la fonctions

1. $f(x,y) = x^3y^4$.

$$f'_x = 3x^2y^4;\ f'_y = 4x^3y^3;$$
$$f'_x x + f'_y\, y = 7x^3y^4$$

La fonction f est homogène et de degré 7

2. $f(x,y) = x^{1/2}y^{1/3}$

$$f'_x = \frac{1}{2}x^{-1/2}y^{1/3};\ f'_y = \frac{1}{3}x^{1/2}y^{-2/3};$$
$$f'_x x + f'_y\, y = \frac{5}{6}x^{1/2}y^{1/3}$$

Donc f est homogène de degré 5/6.

Exercices

1. Trouver les dérivés premières par rapport à X_1 et X_2 des fonctions d'utilité suivantes :

a) $U_1 = X_1X_2$;
b) $U_2 = X_1^3X_2^3$
c) $U_3 = \log X_1^2 + X_2$
d) $U_4 = X_1^aX_2^b$
e) $U_5 = X_1^a + X_2^b$

2. Pour les mêmes fonctions d'utilités, calculer les dérivées secondes. Que constatez-vous ?

3. Soit la fonction de coût suivante d'une entreprise qui produit conjointement deux biens, x et y :

$$CT = f(x,y) = x^3 + x^2y^2 + 2xy + 10$$

a) Calculez les dérivées partielles de premier ordre de cette fonction de coût… Interprétez
b) Calculez les dérivées partielles de second ordre de cette fonction.

4. Déterminez le degré d'homogénéité des fonctions suivantes :

a) $f(x,y) = ax^\alpha y^\beta$

b) $f(x,y) = \frac{x+y}{xy}$
c) $f(x,y) = 4x^6y^4 + 3x^3 - 2y^2 - 5$

5. Soit les fonctions suivantes :$f(x) = x^2 - 2x$; $f(x.y) = x^2y^2 - 6x - 2y$
a) Trouvez les points stationnaires de ces fonctions
b) Déterminez le Hessien de ces fonctions
c) Ces fonctions sont elles concaves ou convexes

6. Trouvez les points stationnaires des fonctions suivantes :
a) $f(x,y) = 4x^2 + 2y^2 - 8x - 2y + 1$
b) $f(x,y) = -2x^2 + xy - 4y^2$
c) $f(x,y) = 5x^2 - 2x^2y + 4y^2$
7. Déterminez si les fonctions ci-dessus sont convexes, concaves ou ni l'un ni l'autre. Déterminer la nature de ces points extremums.

8. Trouver le différentiel des fonctions suivantes
a) $y=7x^3-5x^2+6x-3$
b) $y=(2x+2)(2x-4)$
c) $y = \frac{6x-2}{3x}$
d) $y = (7x + 5)^4$

9. Trouver le différentiel total des fonctions suivantes :
a) $z = 3x^4 + 6xy - 5y^5$
b) $z = 10x^4y^6$
c) $z = 4x^3(3x + 5y)$
d) $z = \frac{9x^3+5xy}{(xy)^4}$

10. Une entreprise produit un bien en utilisant du travail (L) et du capital (K). Le prix du capital est P_K et le prix du tavail st W.
a. Ecrivez la fonction du coût de l'entreprise.
a. Si le chef d'entreprise veut produire une quantité Q = 1000 unités en minimisant les coûts de production. . Écrivez le problème de minimisation du coût.
b. Quelles sont les variables exogènes et les variables endogènes.

11. Soit la fonction $f(x) = \frac{1-x}{x^2-4}$, pour tous x différent de$\{2,2\}$. Déterminer les réels a et b tels que $f(x) = \frac{a}{x+2} + \frac{b}{x-2}$

12. Soit la fonction $f(x) = \dfrac{2 + x^2}{1 - x}$, pour tout x différent de 1. Trouvez les réels a, b et c tels que $f(x) = ax + b + \dfrac{c}{1 - x}$ pour tout $x \neq 1$

13. Trouver les équilibres de la maximisation sous contrainte : $Z=2xy$ S.C $R= px+qy$

14. Trouver les équilibre de la minimisation sous contrainte suivante :
min $R= px + qy$ S.C $48 = 2xy$

Corrigés

1) Les utilités marginales sont :

a) $U_{m1} = \frac{\partial U_1}{\partial X_1} = X_2$; $\mathrm{U_{m2}} = \frac{\partial U_1}{\partial X_2} = X_1$

b) $U_{m1} = \frac{\partial U_2}{\partial X_1} = 3\mathrm{X_1^2X_2^3}$; $\mathrm{U_{m2}} = \frac{\partial U_2}{\partial X_2} = 3\mathrm{X_1^3X_2^2}$

c) $U_{m1} = \frac{\partial U_3}{\partial X_1} = \frac{2X_1}{X_1^2} = \frac{2}{X_1}$; $U_{m2} = \frac{\partial U_3}{\partial X_2} = 1$

d) $U_{m1} = \frac{\partial U_4}{\partial X_1} = aX_1^{(a-1)}X_2^b$; $U_{m2} = \frac{\partial U_4}{\partial X_2} = bX_1^aX_2^{(b-1)}$;

e) $U_{m1} = \frac{\partial U5}{\partial X_1} = aX_1^{(a-1)}$; $U_{m2} = \frac{\partial U_5}{\partial X_2} = bX_2^{(b-1)}$;

2) Il s'agit de calculer les dérivées partielles de l'utilité marginale d'un bien

a) $U''_{11} = \frac{\partial^2 U_1}{\partial \mathrm{X}_1^2} = 0$; $U''_{12} = \frac{\partial^2 U_1}{\partial X_1 \partial \mathrm{X}_2} = 1$; $U''_{22} = \frac{\partial^2 U_2}{\partial \mathrm{X}_2^2} = 0$; $\mathrm{U}''_{21} = \frac{\partial^2 U_2}{\partial X_2 \partial \mathrm{X}_1} = 1$

b) $U''_{11} = \frac{\partial^2 U_2}{\partial \mathrm{X}_1^2} = 6\mathrm{X_1X_2^3}$; $U''_{12} = \frac{\partial^2 U_2}{\partial X_1 \partial \mathrm{X}_2} = 9\mathrm{X_1^2X_2^2}$; $U''_{22} = \frac{\partial^2 U_2}{\partial \mathrm{X}_2^2} = 6\mathrm{X_1^3X_2}$; $\mathrm{U}''_{21} = \frac{\partial^2 U_2}{\partial X_2 \partial \mathrm{X}_1} = 9\mathrm{X_1^2X_2^2}$

c) $U''_{11} = \frac{\partial^2 \mathrm{U}_3}{\partial \mathrm{X}_1^2} = \frac{-2}{\mathrm{X}_1^2}$; $U''_{12} = \frac{\partial^2 U_3}{\partial X_1 \partial \mathrm{X}_2} = 0$; $U''_{22} = \frac{\partial^2 U_3}{\partial \mathrm{X}_2^2} = 0$; $\mathrm{U}''_{22} = \frac{\partial^2 U_3}{\partial X_2 \partial \mathrm{X}_1} = 0$

d) $U''_{11} = \frac{\partial^2 U_4}{\partial \mathrm{X}_1^2} = \mathrm{a(a-1)X_1^{a-2}X_2^b}$; $\mathrm{U}''_{12} = \frac{\partial^2 \mathrm{U}_4}{\partial X_1 \partial \mathrm{X}_2} = \mathrm{abX_1^{(a-1)}X_2^{(b-1)}}$; $U''_{22} = \frac{\partial^2 U_4}{\partial \mathrm{X}_2^2} = \mathrm{b(b-1)X_1^aX_2^{b-2}}$; $\mathrm{U}''_{21} = \frac{\partial^2 U_4}{\partial X_2 \partial \mathrm{X}_1} = \mathrm{baX_1^{a-1}X_2^{b-1}}$

Vous pouvez constater que les taux de variations de l'utilité marginale d'un bien par rapport à la consommation de l'autre bien sont les mêmes.

3) La fonction de coût : $CT = f(x, y) = x^3 + x^2y^2 + 2xy + 10$

a) $f_x = \frac{\partial CT}{\partial x} = 3x^2 + 2xy^2 + 2y$

La dérivée première indique de combien le coût total varie suite à une petite variation de x. Cette variation est positive.

$$f_y = \frac{\partial CT}{\partial y} = 2x^2y + 2x$$

La dérivée première indique de combien le coût total varie suite à une petite variation de y. Cette variation est positive

b) $f_{xx} = \frac{\partial^2 CT}{\partial x^2} = 6x + y^2$; $f_{yy} = \frac{\partial^2 CT}{\partial y^2} = 2x^2$;

$$f_{xy} = \frac{\partial^2 CT}{\partial x \partial y} = 4xy + 2 \; ; \; f_{yx} = \frac{\partial^2 CT}{\partial y \partial x} = 4xy + 2$$

4) Le degré d'homogénéité selon le théorème d'Euler :

a) $f(x,y) = ax^{\alpha}y^{\beta}$

$$f_x = a\alpha x^{\alpha-1}y^{\beta}; \; f_y = \beta a x^{\alpha}y^{\beta-1}$$
$$f_x x + f_y y = (\alpha+\beta)ax^{\alpha}y^{\beta} = (\alpha+\beta)f(x,y)$$

f est homogène de degré $(\alpha+\beta)$.

i.. si$(\alpha+\beta) = 1$, alors f est homogène de degré 1

ii.si$(\alpha+\beta) > 1$, alors f est homogène de degré supérieur à 1

iii.si$(\alpha+\beta) < 1$, alors f est homogène de degré inférieur à 1.

b) $f(x,y) = \frac{x+y}{xy}$

$$f_x = \frac{2xy + y^2}{(xy)^2}; \; f_y = \frac{2xy + x^2}{(xy)^2}$$

$$f_x x + f_y y = \frac{3(x+y)}{xy} = 3f(x,y)$$

La fonction f est homogène de degré 3

c) $f(x,y) = 4x^6y^4 + 3x^3 - 2y^2 - 5$

$$f_x = 24x^5y^4 + 9x^2; \; f_y = 16x^6y^3 - 4y$$

$$f_x x + f_y y = 40x^6y^4 + 9x^3 - 4y^2$$

La fonction f n'est pas homogène

5) Soit les fonctions suivantes : $f(x) = x^2 - 2x$; $f(x.y) = x^2y^2 - 6x - 2y$

a) Les points stationnaires

i. $f(x) = x^2 - 2x$, est une fonction d'une seule variable

$f_x = 2x - 2 = 0 \Rightarrow x^* = 1$

ii. $f(x.y) = x^2y^2 - 6x - 2y$, est une fonction à deux variables

$(1) f_x = 2xy^2 - 6 = 0$

$(2) f_y = 2x^2y - 2 = 0$

$$\frac{(1)}{(2)} \Rightarrow y = 3x$$

$$(2) \Rightarrow 2x^2(3x) = 2 \Rightarrow x^* = \sqrt[3]{\frac{1}{3}} et y^* = 3\sqrt[3]{\frac{1}{3}}$$

b) Le Hessien de la fonction $f(x.y) = x^2y^2 - 6x - 2y$ est :

$$H = \begin{bmatrix} 2y^2 & 4xy \\ 4xy & 2x^2 \end{bmatrix}$$

c) Ces fonctions sont elles concaves ou convexes

i. $f(x) = x^2 - 2x, \forall (x_1, x_2) \in I^2, x_1 \neq x_2, \forall \alpha \in [0,1]$

$$f(\alpha x_1 + (1-\alpha)x_2) = [\alpha x_1 + (1-\alpha)x_2]^2 - 2[\alpha x_1 + (1-\alpha)x_2]$$
$$= \alpha^2 x_1^2 + (1-\alpha)^2 x_2^2 + 2\alpha(1-\alpha)x_1x_2 - 2\alpha x_1 - 2(1-\alpha)x_2$$

$$\alpha f(x_1) + (1-\alpha)f(x_2) = \alpha(x_1^2 - 2x_1) + (1-\alpha)(x_2^2 - 2x_2)$$
$$= \alpha x_1^2 - 2\alpha x_1 + (1-\alpha)x_2^2 - 2(1-\alpha)x_2$$

$$f(\alpha x_1 + (1-\alpha)x_2) - \alpha f(x_1) - (1-\alpha)f(x_2) = -\alpha(1-\alpha)(x_1 - x_2)^2 \leq 0$$
$$\Rightarrow f(\alpha x_1 + (1-\alpha)x_2) \leq \alpha f(x_1) + (1-\alpha)f(x_2)$$

$\Rightarrow f$ est convexe

Remarque : On peut aussi démontrer ce résultat avec la dérivée seconde : $f''(x) = 2 > 0$, *la courbe est convexe.*

ii. La matrice Hessienne :

$$f_{xx} = 2y^2 > 0$$
$$f_{yy} = 2x^2 > 0$$
$$\det(H) = 4y^2x^2 - 16x^2y^2 = -12x^2y^2 < 0$$

H est non défini, la fonction est donc ni convexe, ni concave.

6) Les points stationnaires :

a) $f(x, y) = 4x^2 + 2y^2 - 8x - 2y + 1$

$f_x = 8x - 8 = 0 \Rightarrow x^* = 1\,;\, f_y = 4y - 2 = 0 \Rightarrow y^* = \frac{1}{2}$

il y a un point stationnaire $A(1, \frac{1}{2})$

b) $f(x,y) = -2x^2 + xy - 4y^2$

$f_x = -4x + y = 0 \Rightarrow x = \frac{1}{4}y$

$f_y = x - 8y = 0 \Rightarrow x^* = 0\; et y^* = 0$

Il y a un point stationnaire A(0,0)

c) $f(x,y) = 5x^2 - 2x^2y + 4y^2$

$f_x = 5x - 2xy = 0 \Rightarrow x = 0\; ou\; y = \frac{5}{2}$

$$f_y = -x^2 + 4y = 0 \Rightarrow x = \mp\sqrt{4y}$$

$$Si\; x^* = 0 \Rightarrow y^* = 0, \Rightarrow\; A(0,0)$$

$Si y^* = \frac{5}{2} \Rightarrow x^* = \mp\sqrt{10} \Rightarrow B\left(-\sqrt{10}, \frac{5}{2}\right) et\; C(\sqrt{10}, \frac{5}{2})$

Il y a trois points stationnaires : A(0,0), $B\left(-\sqrt{10}, \frac{5}{2}\right) et\; C(\sqrt{10}, \frac{5}{2})$

7) Déterminez si les fonctions ci-dessus sont convexes, concaves ou ni l'un ni l'autre.

a) f_{xx} =8 ; f_{yy}=4 ; f_{xy}=f_{yx}=0

$H = \begin{bmatrix} 8 & 0 \\ 0 & 4 \end{bmatrix}$⇒det H=32>0 ; et diagonale positive, *f* est strictement convexe pour tout point *(x,y)*. A est un minimum absolu.

b) f_{xx} =-4 ; f_{yy}=-8 ; f_{xy}=f_{yx}=1

$H = \begin{bmatrix} -4 & 1 \\ 1 & -8 \end{bmatrix}$⇒det H= 31 >0 ; et diagonale négative, *f* est strictement concave pour tout point *(x,y)*. A est un maximum absolu

c) $f_{xx} = 5 - 2y\,;\; f_{xy} = f_{yx} = -2x\,;\; f_{yy} = 4$

- $H(0,0) = \begin{bmatrix} 5 & 0 \\ 0 & 4 \end{bmatrix} \Rightarrow \det H = 20 > 0;$ et diagonale positive, *f* est strictement convexe au point *(0,0)*, A est un minimum local

- $H\left(-\sqrt{10},\frac{5}{2}\right)=\begin{bmatrix}0 & 2\sqrt{10}\\ 2\sqrt{10} & 4\end{bmatrix}\Rightarrow \det H=-40<0$; H est non défini, f est ni convexe ni concave au point B. B est un point singulier
- $H\left(\sqrt{10},\frac{5}{2}\right)=\begin{bmatrix}0 & -2\sqrt{10}\\ -2\sqrt{10} & 4\end{bmatrix}\Rightarrow \det H=40>0$, f est strictement convexe au point C. C'est un minimum local

8) Le differentiel

a) $y=7x^3-5x^2+6x-3$

$$dy = 21x^2dx-10x\,dx+6\,dx=dx(21x^2-10x+6)$$

b) $y=(2x+2)(2x-4)$

$$dy = 2(2x-4)dx+2(2x+2)dx=dx(8x-4)$$

c) $y=\frac{6x-2}{3x}$

$$dy=\frac{6.3x-3(6x-2)}{(3x)^2}dx=\frac{2}{3x^2}dx$$

d) $y=(7x+5)^4$

$$dy=4(7x+5)^3(7)dx=28(7x+5)^3dx$$

9) Le différentiel total est : $dz=z_x\,dx+z_y dy$

a) $z=3x^4+6xy-5y^5$

$$dz=(12x^3+6y)dx+(6x-25y^4)dy$$

b) $z=10x^4y^6$

$$dz=40x^3y^6dx+60x^4y^5dy$$

c) $z=4x^3(3x+5y)$

$$dz=(12x^2(3x+5y)+3.4x^3)dx+5.4x^3dy$$

d) $z=\frac{9x^3+5xy}{(xy)^4}$

$$dz=\frac{(27x^2+5y)(xy)^4-4x^3y^4(9x^3+5xy)}{(xy)^8}dx+\frac{5x(xy)^4-4x^4y^3(9x^3+5xy)}{(xy)^8}dy$$

10) Une entreprise produit un bien en utilisant du travail (L) et du capital (K). Le prix du capital est P_K et le prix du tavail st W.

a. La fonction du coût : $C = P_K K+WL$
b. Le problème de minimisation du coût :

$$\underset{K,L}{Min}\, P_K K + WL$$

$$s/c$$

$$Q = 1000$$

$$avec \ \mathrm{Q = F(K,L)}$$

$$\ell = P_K K + WL + \lambda(1000 - F(K,L)$$

c. Les variables exogènes (P_K, W, Q) et les variables endogènes (K, L).

10) Pour tout x différent de 2 et de -2 :

$$f(x) = \frac{1-x}{x^2-4} = \frac{a}{x+2} + \frac{b}{x-2}$$

$$\Rightarrow \frac{(x-2)a + b(x+2)}{(x+2)(x-2)} = \frac{(a+b)x + 2(b-a)}{x^2-4}$$

$$\Rightarrow \begin{cases} a+b=-1 \\ 2(b-a)=1 \end{cases} \Rightarrow b = \frac{-1}{4}, a = -\frac{3}{4}$$

11) Pour tout x différent de 1 :

$$f(x) = \frac{2+x^2}{1-x} = ax + b + \frac{c}{1-x}$$

$$\Rightarrow \frac{(1-x)ax + b(1-x) + c}{(1-x)} = \frac{-ax^2 + (a-b)x + b + c}{1-x}$$

$$\Rightarrow \begin{cases} a=-1 \\ a-b=0 \Rightarrow b=-1,\ c=3 \\ b+c=2 \end{cases}$$

12) Le lagrangien est : $L= 2xy +\lambda(R - px -qy)$

les C.P.O

$$\frac{\partial L}{\partial x} = 2y - \lambda p = 0$$

$$\frac{\partial L}{\partial y} = 2x - \lambda q = 0$$

$$\frac{\partial L}{\partial \lambda} = R - px - qy = 0$$

$$\Rightarrow \frac{y}{x} = \frac{p}{q} \Rightarrow y = \frac{px}{q}$$

$$R = px + q\frac{px}{q} = 2px \Rightarrow x^* = \frac{R}{2P}; \mathrm{y}^* = \frac{\mathrm{R}}{2\mathrm{q}}$$

13) L= px +qy +λ(48 - 2xy)

$$\frac{\partial L}{\partial x} = p - \lambda 2y = 0$$

$$\frac{\partial L}{\partial y} = q - \lambda 2x = 0$$

$$\frac{\partial L}{\partial \lambda} = 48 - 2xy = 0$$

$$\Rightarrow \frac{y}{x} = \frac{p}{q} \Rightarrow y = \frac{px}{q}$$

$$48 = 2xy = 2x\frac{px}{q} \Rightarrow x^* = \sqrt{\frac{24q}{P}}; \mathrm{y}^* = \sqrt{\frac{24\,\mathrm{p}}{\mathrm{q}}}$$

La Science économique

Pourquoi étudier l'économie ? Nous pouvons facilement penser à tort que la réponse consiste à avoir plus d'argent ou à maximiser les profits. La réponse réside plutôt dans le concept de la **rareté des ressources**. Si nous vivons dans un monde d'abondance, nous ne ferons pas des modèles économiques parce qu'il n' y aura pas de contraintes de ressources ni pour les consommateurs ni pour les producteurs et ni pour le gouvernement.

Cette rareté des ressources s'explique par le fait que les ressources disponibles sont limitées face à des besoins illimités, ainsi il faut choisir comment les utiliser. En d'autres termes, l'économie correspond à l'étude des choix dans un univers de rareté ; pour les économistes, il s'agit ici d'une réalité fondamentale de la vie économique de toutes les sociétés.

Nous sommes tous individuellement et collectivement contraints par cette réalité fondamentale de la rareté. Par exemple, une famille affronte le problème de la rareté des ressources lorsqu'elle décide d'optimiser la répartition de son revenu et de son temps. Ainsi, la rareté des ressources se traduit par un comportement rationnel.

Les besoins, les biens et services et les facteurs de production

L'étude de l'économique repose sur le fait que les individus, les groupes et les institutions qui composent la société ont des besoins mulitiples et de divers types à satisfaire.

Classification des besoins

Un besoin devient un besoin économique lorsqu'un bien ou un service doit être acheté pour le satisfaire. Les concepts de besoins, de biens et de ressources économiques seront expliqués afin de comprendre le processus de satisfaction d'un besoin. Les besoins ont une dimension temporelle, spatiale et individuelle.

On peut différencier les besoins selon leur nature, leur hiérarchie, leur caractéristique et leur dimension comme suit :

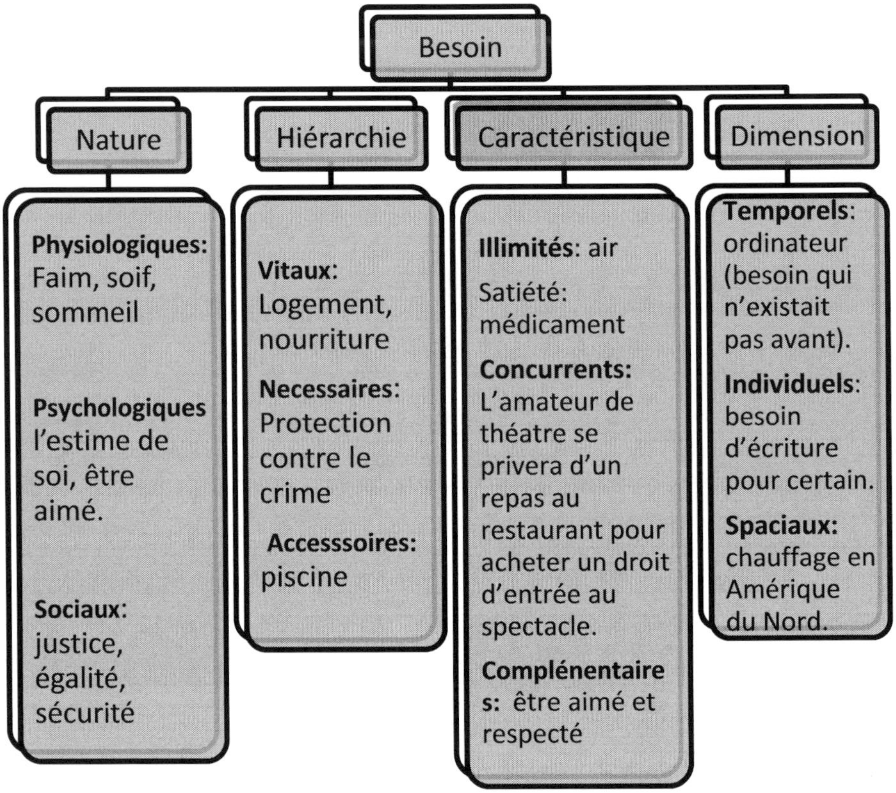

Les biens et services

Les individus et les institutions qui forment la société réussissent à satisfaire leurs besoins à l'aide de biens et de services. En d'autres mots, un bien satisfait un besoin quel que soit son type. De plus, le bien est produit en quantité limitée ce qui nous ramène au concept de la rareté des ressources. La respiration est un besoin physiologique, nécessaire, illimété a temporel et a spacial, cependant l'air (ou l'oxygène) est un bien libre. L'air est utile mais il n'est pas rare alors il n'a pas de prix. Il n'est pas un bien économique.

La production d'un bien ou un service final pour satisfaire un besoin, necessite la combinaison de biens de consommation intermédiaires et de biens de production.

Biens de consommation intermédiaires : les biens de consommation intermédiaires sont des biens utilisés dans le processus de production afin d'obtenir des biens finaux qui sont soit totalement ou partiellement transformés.

Biens indirects ou de production : les biens indirects ou de production sont des biens finaux qui seront utilisés dans un processus de production (on parle alors de biens d'équipement, de machinerie, d'outillage, de bâtiments).

Biens de consommation finale : les biens de consommation sont des biens finaux qui servent à satisfaire un besoin de consommation des individus. Ils peuvent être produits par le secteur privé ou le secteur public (on parle alors de biens privés ou publics). Nous pouvons les classer, entre autres, selon leur durabilité. Ainsi, il y a des biens durables (maison, voiture.), semi-durables (ordinateur, vêtement), non durables (nourriture périssable). La figure suivante présente les différentes catégories de biens[1] :

[1] Mauro-F. Malservisi et t. Mansour, l'environnement économique de l'entreprise, les éditions économiques enrg. 1997

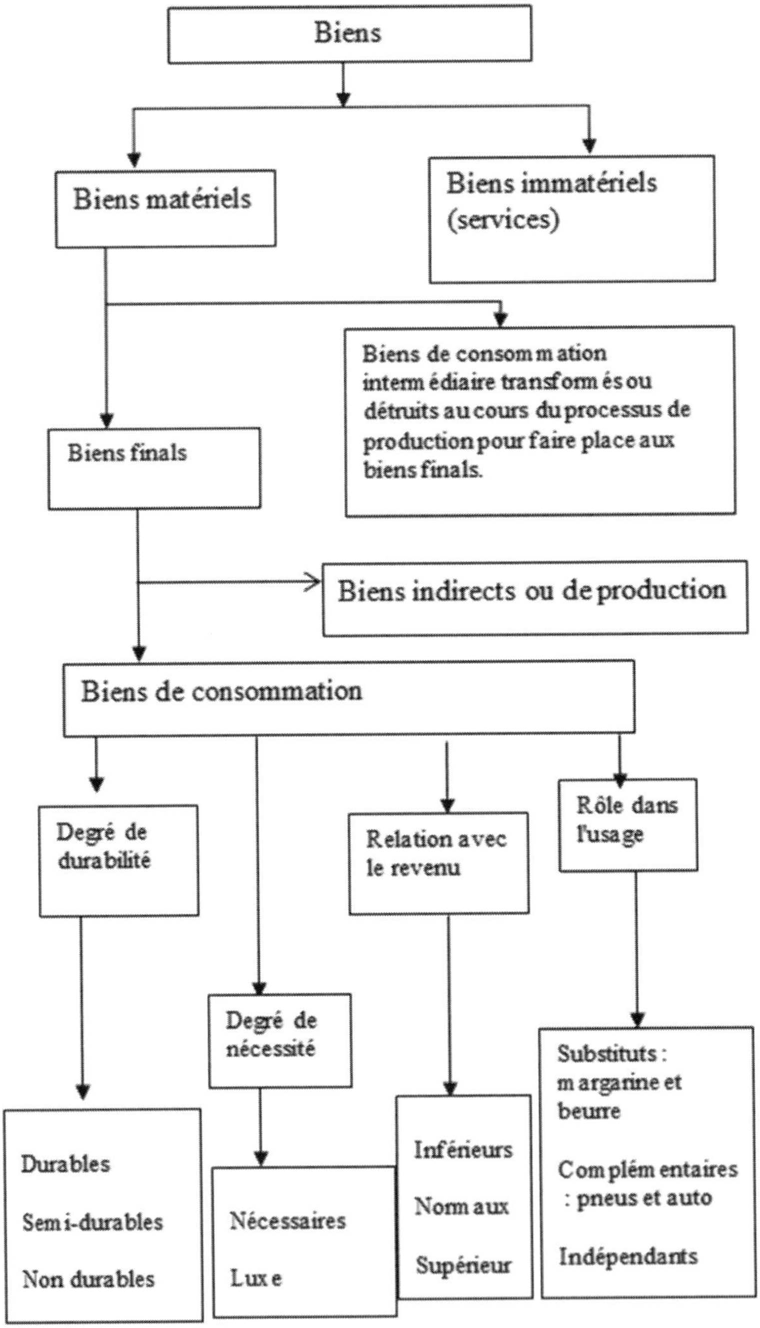
Biens
Biens matériels
Biens immatériels (services)
Biens de consommation intermédiaire transformés ou détruits au cours du processus de production pour faire place aux biens finals.
Biens finals
Biens indirects ou de production
Biens de consommation
Degré de durabilité
Degré de nécessité
Relation avec le revenu
Rôle dans l'usage
Durables
Semi-durables
Non durables
Nécessaires
Luxe
Inférieurs
Normaux
Supérieur
Substituts : margarine et beurre
Complémentaires : pneus et auto
Indépendants

Les facteurs de production

La production des biens et des services exige l'intervention conjointe de plusieurs éléments que l'on qualifie habituellement de ressources économiques ou facteurs de production. Les ressources économiques se divisent en trois catégories :

- Ressources naturelles : eau, terre ;
- Ressources humaines : facteur travail et aspects intellectuels ; capital humain
- Capital technique : instruments développés par l'homme servant à la production de biens et services.

Les ressources sont dites économiques parce qu'elles sont des ressources rares et utiles par rapport aux besoins qu'elles doivent satisfaire. L'adjectif « utile » signifie qu'une personne retire un avantage ou une satisfaction de la ressource utilisée quant à l'adjectif « rare » il sera définit dans la section qui suit.

Rareté des ressources et choix économiques

Dans cette section, nous allons répondre plus en profondeur à la question : pourquoi fait-on de l'économie ?

Rareté des ressources

Tout problème économique découle d'un fait simple et incontournable : l'impossibilité où nous sommes de satisfaire tous nos désirs. Nous vivons dans un monde de rareté. **L'économique définit la rareté comme une situation où les besoins et les désirs dépassent les ressources dont on dispose pour les satisfaire**.

La rareté force à faire des choix. Tout choix suppose la comparaison de deux termes. D'un côté, les avantages que présenterait la possession d'une quantité accrue de certains biens ou services et de l'autre côté, les inconvénients qu'entraînerait la diminution d'autres biens ou services.

La rareté a alors deux conséquences : le *coût de renonciation* et la *concurrence*. En effet, ayant effectué un choix optimal, on ne pourra plus simultanément tout avoir en grande quantité. Pour augmenter la quantité qu'on possède d'un bien, il faudra renoncer à une certaine quantité d'un autre bien : c'est le **coût de renonciation ou coût d'opportunité**. Par exemple, à cause de la rareté du temps disponible, vingt-quatre heures par jour, une personne qui fait le choix d'aller voir un film dans une salle de cinéma, renonce à une autre alternative telle qu'étudier pendant cette même période de temps ou avoir plus d'heures de sommeil. En faisant ce choix, l'individu a dû calculer le coût et l'avantage marginal de chaque alternative pour prendre la décision optimale.

Lorsque les coûts d'opportunité varient, l'individu fera une substitution entre les différentes alternatives pour choisir celle qui a le coût le moins élevé. C'est la même chose lorsque les prix des biens varient, le consommateur substitue le bien devenu cher par un bien moins cher.

Définition *Le coût d'opportunité se définit comme étant la valeur de l'option la plus avantageuse n'ayant pas été retenue lors d'une prise de décision.*

La rareté a aussi une deuxième conséquence : **la concurrence**. Lorsque les besoins excèdent les ressources, il y a un conflit entre les besoins à satisfaire avec les ressources disponibles. Par exemple, les travailleurs ayant les mêmes qualifications se font concurrence sur le marché du travail pour décrocher un emploi.

Nous pouvons résumer en ces quelques mots : étant donné que les besoins sont illimités et que les ressources sont rares, un comportement rationnel d'un individu nécessite que ce dernier fasse un choix entre les différentes possibilités qui s'offrent à lui, en faisant à chaque fois, le calcul du coût et de l'avantage marginal de chaque décision.

Choix économiques

Faire des choix économiques est un mécanisme qui permet de répartir les ressources rares en vue d'utilisations concurrentes. Ce mécanisme doit résoudre trois questions essentielles : quoi ?, comment ?, pour qui ?.

1. **Quoi ?** Quels besoins satisfaire ? Quels biens et quels services faut-il produire et en quelle quantité ? La courbe des possibilités de production répondra à cette question.

2. **Comment ?** Quelles ressources utiliser et comment les utiliser ? Quelles méthodes appliquer dans la production des biens et des services ? Le rôle des *prix relatifs* des ressources est fondamental dans la décision d'utiliser une ressource plutôt qu'une autre.

3. **Pour qui ?** Cette question permet de définir pour qui l'économie produit les biens et les services. Dans une *économie marchande*, les besoins qui seront satisfaits sont ceux des agents qui détiennent un pouvoir d'achat acquis en échange de leurs services utilisés par les producteurs.

Ces questions démontrent que l'économie est un mécanisme permettant de répartir les ressources rares en déterminant quels biens et services produire, comment les produire et pour qui les produire.

Activité économique et efficacité économique

L'activité économique est l'ensemble des actions entreprises pour contrer la rareté face des besoins illimités. Ainsi définie, elle a pour objectif l'étude d'un éventail très large de problèmes parmis lesquels on trouve :

- Comment les consommateurs choisissent les biens et les services qu'ils consomment.
- Comment les producteurs choisissent les facteurs de production qu'ils utilisent ? En quoi ces choix sont-ils tributaires des nouvelles découvertes et des nouvelles techniques ?
- Qu'est ce qui détermine le revenu de chacun ?
- Quelles sont les causes du chômage ?
- Pourquoi les prix montent-ils ?
- Quelles sont les répercussions des impôts et des dépenses publiques sur la vie économique d'un pays ?
- Quels sont les facteurs qui déterminent la structure et le volume des échanges entre les pays ?
- À quoi attribuer les différences de niveau de vie entre les nations ?
- Qu'est ce qui explique les variations du taux d'intérêt et du taux de change ?
- Quelles sont les politiques adéquates pour faire sortir le pays d'une récession ?

Éfficacité économique

Comme les besoins de la société sont nombreux et concurrents tandis que les ressources nécessaires à la satisfaction de ces besoins sont pour leur part rares où limitées, une utilisation efficace doit être faite des ressources afin d'en tirer le meilleur parti possible.

Pour l'économie dans son ensemble, l'efficacité économique est réalisée lorsque toute la capacité de production est pleinement utilisée. Il ne doit pas y avoir de capacité de production excédentaire reflétée par la non utilisation des facteurs de production disponibles.

Composantes d'une économie

Les agents économiques

Les agents économiques sont les individus qui font des choix économiques. Toute personne ou tout groupe organisé capable d'effectuer des choix et de prendre des décisions est qualifié de *décideur*. Il existe trois catégories de décideurs : les ménages, les entreprises et les gouvernements.

1. **Les ménages :** toute personne vivant seule ou tout groupe de personnes vivant ensemble qui agit comme unité de prise de décision de consommation. Les rôles économiques d'un ménage sont la *consommation* de biens et services et l'*épargne.*

2. **Les entreprises** : Les organismes dont les rôles principaux sont la *production* des biens et des services et l'*investissement.*

3. **Le gouvernement** : organisme remplissant principalement deux fonctions : la fourniture de *biens et de services publics* aux ménages et aux entreprises, et la *redistribution des revenus* et de la richesse entre les citoyens.

Le circuit économique

Un circuit économique est une représentation simplifiée des relations entre les agents économiques et de ces derniers avec les différents marchés.

Le graphique, ci-dessous, est une représentation simplifiée de l'interrelation entre les agents économiques (les ménages, les entreprises et le gouvernement) et les deux marchés(le marché des biens et services et le marché des facteurs de production). Une représentation plus complexe introduirait en plus le reste du monde et les institutions financières comme le marché monétaire. Sur chaque marché, il y a une offre et une demande. Sur le marché de biens et services, les entreprises privées et publiques offrent leurs biens et services. Les acheteurs sur ce marché sont les ménages qui payent un prix en contre partie. Sur le marché des facteurs de production, les ménages offrent leur force de travail, leurs connaissances, le capital et les ressources naturelles dont ils disposent. Les entreprises publiques et privées demandent ces facteurs de production. Le salaire est la rémunération de la force de travail sur le marché du travail. Le profit, dividende et intérêt sont les rémunérations du facteur capital. La rente est la rémunération des ressources naturelles telle que la terre.

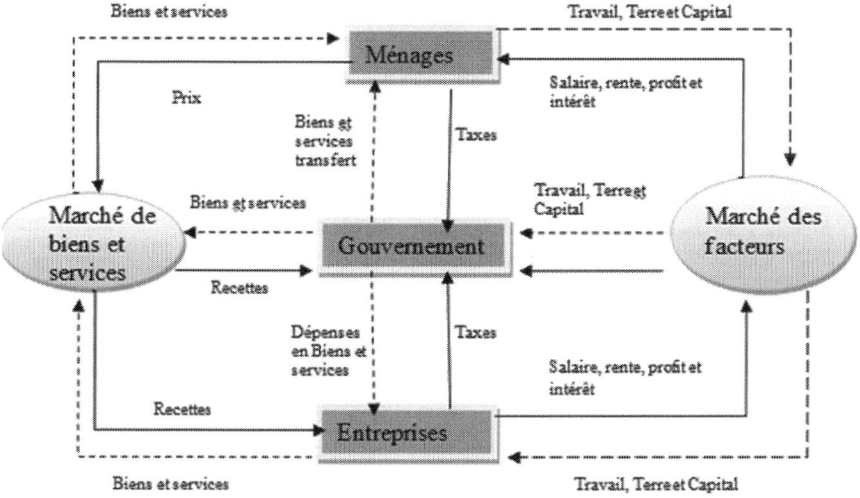

Dans un circuit économique il y a des flux réels, c'est à dire des mouvements qui portent sur les biens, services et ressources productives ; et des flux monétaires qui sont la contrepartie des flux réels. À chaque transaction réelle correspond une transaction monétaire.

Les mécanismes de coordination

Les mécanismes de coordination sont les processus qui font en sorte que les choix décidés par chaque personne ou groupe de personnes soient compatibles avec les choix des autres individus. Donc ces mécanismes font la concordance entre les vendeurs et les acheteurs.

Il existe fondamentalement trois moyens d'assurer la coordination entre les décisions économiques des individus ou groupes : la coordination par directives, la coordination par le marché et la coordination mixte.

- **La coordination par directives** : elle consiste à confier à une autorité centrale (gouvernement ou organisme de pouvoir) le soin de déterminer par directives plus ou moins détaillées, la nature et le volume des biens et des services à produire, la façon de les produire et la clientèle à qui les offrir. Il s'agit d'une organisation verticale de l'économie. La coordination par directives est le système de planification économique centralisé.
- **La coordination par le marché** : elle constitue un mode de coordination horizontale, où la détermination du quoi ? comment ? et pour qui ? repose sur des transactions volontaires entre individus. Le mot **marché** en économique est l'ensemble des dispositions prises en vue de faciliter l'achat et la vente de biens, de services. Il existe autant de marchés différents qu'il existe de biens et de services. Le marché peut avoir une existence réelle,

matérielle où se rencontrent les demandeurs et les offreurs, par exemple le marché Jean talon à Montréal. Il peut aussi être immatériel comme les transactions qui se font par Internet.

- **La coordination mixte** : dans la plupart des économies modernes, la coordination par directives et la coordination par le marché jouent simultanément chacune un rôle important. On parle alors de coordination mixte.

L'organisation horizontale est une structure où les paliers de commandement sont réduits au minimum. L'organisation verticale est une structure où les niveaux hiérarchiques dans laquelle chaque chef dépend de son supérieur.

La science économique

Dans cette section, nous allons démontrer que la science économique est une science sociale. Toute science exacte ou sociale est caractérisée par un objet de connaissance et une démache scientifique. Par exemple, la médecine a pour objet le corps humain et sa méthode est l'expérimentation. L'économie aussi admet un sujet de connaissance qui est la société ou le réel et une démarche scientifique qui peut être déductive (classique)ou inductive-déductive(marxiste). Dans le cadre de ce livre, nous allons nous concentrer seulement sur la première démarche, soit la démarche scientifique déductive, mais ayez à l'esprit qu'il existe une autre lecture de la réalité qui est la démarche inductive-déductive.

La démarche déductive consiste à aller du général au particulier. La démarche inductive-déductive consiste à aller du particulier au général

L'objet de connaissance

« L'économie est la science qui étudie le comportement humain en tant que relation entre des fins et des moyens rares à usages alternatifs. » Définition populaire de l'analyse économique provenant de Robbins[2]

La science économique s'intéresse donc à l'étude du comportement des individus et explique les différentes interrelations entre les sujets économiques. Cette définition classe l'analyse économique dans la famille des **sciences sociales** puisqu'elle étudie le comportement humain.

---

[2]ROBBINS, Lionel. Essai sur la nature et la signification de la science économique. Paris, Librairie Médicis, 1947.

La méthodologie

L'observation

L'économiste est un observateur des phénomènes de la réalité. Par exemple, d'après ses observations, il remarque que lorsque le prix de pétrole augmente, les coûts de productions augmentent et donc les producteurs offrent moins. Il remarque aussi que lorsque les salaires augmentent, les gens ont tendance à augmenter leurs dépenses. De plus, il note que lorsque l'offre de monnaie augmente, les taux d'intérêt diminuent.

L'abstraction

Contrairement aux autres disciplines telles que la physique, la chimie, la biologie, la médecine, l'économie ne peut pas garantir les conditions d'un travail de laboratoire. En termes simples, un travail de laboratoire consiste à maintenir constants tous les éléments sauf un pour étudier l'effet de sa modification sur le phénomène à étudier. Ceci signifie que dans un contexte de laboratoire, on peut endogénéiser ou exogénéiser à discrétion les variables du modèle.

À partir de l'observation des phénomènes nationaux ou internationaux, l'économiste va construire des hypothèses. Par opposition aux autres sciences exactes, l'économiste ne peut pas faire de l'expérimentation. Par exemple, il lui est impossible de provoquer une inflation dans une économie pour voir ses effets sur le chômage. Il recourt alors à **l'abstraction.**

L'abstraction désigne la simplification de la réalité, c'est à dire le fait d'enlever ce qui est secondaire pour en retenir l'essentiel. Voici un exemple d'abstraction. Imaginons qu'un professeur propose à ses étudiants de dessiner un pommier. Un étudiant dessine alors les composantes essentielles d'un arbre, soient les racines, le tronc et les branches. Tandis qu'un autre, au contraire, va essayer de représenter le plus de détails possibles dans son dessin. Dans les deux cas, il y a un risque que le dessin ne reproduise pas l'objet. Dans le cas présent, le premier a trop simplifié la réalité tandis que le deuxième a complexifié la réalité en ne mettant pas l'accent sur les caractéristiques essentielles du pommier. Cet exemple démontre le rôle important de l'abstraction dans l'élaboration d'une théorie.

L'élaboration de concepts et d'hypothèses

Après l'étape de l'abstraction, l'économiste construit les concepts et les hypothèses. La consommation, le revenu, la demande, l'offre sont des exemples de concepts. En supposant que l'individu est rationnel, que l'économie est fermée, qu'il existe que deux biens dans l'économie sont des exemples d'hypothèses.

L'hypothèse la plus utilisée en économie : toutes choses étant égales par ailleurs. Cette hypothèse est fondamentale parce qu'elle permet au chercheur de dégager la cause de l'effet. Par exemple pour voir l'effet de l'augmentation du prix des pommes sur la demande des pommes, il faut supposer que les autres prix sont constants ainsi que le revenu sinon l'effet sera une résultante de tous ces phénomènes.

Le modèle économique et théorie économique

Une fois que l'essence du problème économique est isolé, l'économiste élabore un modèle capable de rendre compte des principaux mécanismes qui le régissent.

Un modèle économique est en quelque sorte une économie artificielle ou imaginaire. Il constitue une représentation schématique de l'économie ou d'une partie de celle-ci. **Une théorie économique** est un ensemble d'énoncés positifs qui permet de comprendre et de prévoir les décisions économiques des ménages, des entreprises et des gouvernements.

Tous les modèles microéconomiques utilisent essentiellement quatre outils analytiques :

1. Le principe d'optimisation

L'optimisation est utilisée quant le décideur doit choisir la meilleure décision en prenant en considération les contraintes dont il fait face. Il s'agit d'un problème d'optimisation sous contrainte qui comporte une fonction objective que le décideur veut maximiser ou minimiser et les contraintes.

Exemple *Toute personne veut maximiser son utilité tirée de la consommation de biens et services. Cependant, elle doit travailler pour satisfaire ses besoins, alors un autre choix à faire entre le nombre d'heures du travail, qui est une désutilité, et le nombre d'heures de loisir qui au contraire lui procure une utilité. L'utilité totale d'un consommateur est alors une combinaison de son utilité tirée de la consommation de biens et services et de son utilité de loisir. La fonction objective que le consommateur veut maximise est alors :* $\underset{C,l}{Max}\, U\ (C,l)$*, où C désigne la consommation et l désigne le loisir. Le consommateur est contraint par son revenu, R il ne peut pas acheter tous ce qu'il désire. Il doit faire un choix entre les différentes consommations,* C_i*, i=1,2,...n, étant donné leurs prix,* P_i*, pour tirer le maximum d'utilité. En outre, le consommateur est contraint par la disponibilité du temps, le nombre d'heure du travail et de loisir ne doivent pas dépasser 24 heures. Il doit alors allouer efficacement son temps pour travailler, H, et maximiser son utilité de loisir, l. On peut représenter le problème d'optimisation du consommateur par ces trois équations :*

$$\underset{C,l}{Max}\, U(C,l)$$

Sous contrainte :

$$\begin{cases} \sum_{i=1}^{n} P_i C_i = R \\ l + H = 24 \end{cases}$$

Ainsi, la modélisation consiste à traduire les relations en équations. Dans un modèle, il y a des variables *exogènes* et des variables *endogènes*. Les premières sont des variable indépendantes du modèle, c'est à dire qu'elles sont des donnés. Dans notre exemple, les prix et le revenu sont des variables qui varient de façon indépendante des autres variables. Alors que la consommation et le nombre d'heure du travail sont des variables endogènes, parce qu'elles dépendent de la variation des prix et du revenu. La consommation, le loisir et le nombre d'heure du travail sont déterminés par le modèle.

2. L'analyse à la marge

L'analyse à la marge signifie que le décideur regarde les effets d'un peu plus ou d'un peu moins d'un facteur sur son bien être. Par exemple le producteur analyse les effets d'un travailleur de plus sur sa production et sur ses coûts. On parlera alors de la productivité marginale et du coût marginal. De la même façon, le consommateur regarde l'utilité additionnelle procurée de la consommation d'une unité additionnelle d'un bien ou service. On parle dans ce cas de l'utilité marginale. Tous ces concepts seront analysés en profondeur dans les chapitres correspondants.

3. L'analyse de l'équilibre

L'équilibre est une situation qui continue indéfiniment aussi longtemps que les facteurs exogènes au système ne change pas. Comme dans les sciences exactes, lorsqu'on dit que l'eau bouille à 100 degré, cette loi est toujours vrai si l'environnement exogène est respecté. En économie, lorsque toutes variations ou choc exogène est écartée, l'équilibre se tiendra.

Exemple *Sur un marché, il y a des offreurs et des demandeurs. On représente la volonté des producteurs d'offrir la quantité Q pour chaque niveau du prix, P par une courbe d'offre. La volonté des consommateurs d'acheter la quantité Q, pour chaque niveau du prix et représentée par une courbe de demande.*

4. L'analyse comparative

L'analyse comparative est un autre outil utilisé pour analyser les effets de la variation de certaines variables exogènes sur les variable endogènes. L'analyse comparative permet de comparer deux situations avant le choc et après le choc.

Exemple *analyser les effets de la taxe de pollution sur le marché des entreprises polluantes. Ou encore, analyser l'effet des attentats du 11 septembre sur le marché de transport aériens américain et mondial. Quels sont les effets de la guerre en Iraq sur le prix du pétrole.*

Confrontation

Le modèle économique doit être confronté à la réalité qu'il est censé expliquer afin d'être valide. Si le modèle explique la réalité, on le retient sinon on le rejette. Si le modèle est rejeté, il faut refaire l'étape de l'abstraction parce que l'erreur provient de cette étape, soit le chercheur a trop simplifié la réalité, dès lors il doit retenir d'autres éléments pertinents, soit qu'il a trop complexifié, il doit alors éliminer les éléments secondaires.

Analyse positive et analyse normative

Les désaccords entre les économistes portent sur leur perception du fonctionnement du monde, sur la façon dont ils décrivent l'économie et sur les conséquences qu'ils anticipent de certaines actions. Les économistes n'évaluent pas ces conséquences sur la base des mêmes jugements de valeur. Lorsqu'ils décrivent l'économie et construisent des modèles destinés à prévoir soit l'évolution de l'économie, soit les effets des différentes politiques, ils font ce que l'on appelle **l'analyse positive**. L'économie positive se préoccupe de ce **qui « est »** en décrivant comment l'économie fonctionne. De son côté, **l'économie normative** traite de ce qui « devrait être » en formulant des jugements sur le caractère plus ou moins désirable de divers types d'actions.

Microéconomie et macroéconomie : deux branches de la science économique

La microéconomie (du terme grec *micro*, signifie petit) s'intéresse au comportement des unités (entreprises, ménages et marché) de base de l'économie. Elle étudie comment ces unités individuelles prennent des décisions et les facteurs qui influent sur ces décisions.

À l'inverse, la macroéconomie (du terme grec *macro*, signifie grand) s'intéresse au comportement de l'économie dans son ensemble. Elle étudie notamment le comportement des grands agrégats tels que le taux de chômage, l'inflation, la croissance économique et la balance commerciale.

Production, croissance et échange

Dans ce chapitre, nous allons répondre aux questions quels biens et services produire ? et quelle combinaison de production choisir ? Comment répartir nos ressources rares pour satisfaire le maximum de besoins.

La Production

Les entreprises sont confrontées à des contraintes, elles doivent faire des choix compte tenu de leur domaine de choix possibles. Les quantités de biens qu'une entreprise ou qu'une société peut produire, pour les quantités données de terre, de travail, de capital et d'autres facteurs de production, constituent ses possibilités de production.

Voici un modèle économique simple permettant de comprendre les possibilités de production. Le modèle économique comprend les suppositions suivantes :

- Robinson Crusoé vit seul sur une île.
- Il dispose de 10 heures de travail par jour (contrainte physiologique).
- Il produit deux biens à partir des ressources de l'île (maïs et tissu).
- Il consomme ce qu'il produit. Il n'y a ni augmentation ni diminution du stock du capital.

Le tableau ci-dessous. montre les différentes possibilités de production du maïs et du tissu par Robinson étant donnée le nombre d'heure de travail dont il dispose. Robinson cherche à satisfaire ses besoins de nourriture et de vêtement.

Possibi lités	Durée du travail H	Récolte du maïs (kg/moi) M	Fabricati on du tissu (m/mois)	Productivité Marginale Maïs	Productivité Marginale Tissus	Coût d'opportun ité du maïs en terme du tissu	Coût d'opportu nité du tissu en terme du maïs
A	0	0	0	-	-	-	-

B	2	6	1	3	1/2	1/6	6
C	4	11	2	2.5	1/2	1/5	5
D	6	15	3	2	1/2	1/4	4
E	8	18	4	3/2	1/2	1/3	3
F	10	20	5	1	1/2	1/2	2

La deuxième, troisième et quatrième colonnes indiquent que lorsque Robinson ne travaille pas, il ne produit pas de tissu ni de maïs (A). Pour deux heures de travail, il peut produire soit 6 kg de maïs par mois, soit 1 m de tissu (B). En dix heures de travail, il peut produire 20 kg de maïs par mois, soit 5 m de tissu par mois (F).

Définition *La productivité marginale d'un facteur de production correspond à la variation du produit total obtenu en augmentant d'une unité la quantité d'un facteur de production utilisé lorsque l'autre facteur est maintenu constant.*

Exemple *La productivité marginale du travail de Robinson en* maïs *de A à B est égale à la variation de la production totale du* maïs *divisée par la variation d'heure de travail :*

$$\frac{\Delta M}{\Delta H} = \frac{M_B - M_A}{H_B - H_A} = \frac{6-0}{2-0} = 3.$$

La productivité marginale du maïs diminue, par conséquent la quantité de maïs produite diminue à chaque heure supplémentaire de travail. Cette décroissance de la productivité s'explique par le fait que Robinson doit utiliser un sol de moins en moins propice à la culture du maïs. Au départ, il ensemençait une terre fertile et plane, mais une fois la surface arable exploitée, il doit se contenter de collines rocailleuses. Ainsi, la décroissance de la productivité du travail dans le secteur de production du maïs est due aux **rendements marginaux décroissants**.

La courbe des possibilités de production

Pour calculer les possibilités de production de Robinson dans les deux secteurs, il suffit de calculer les quantités produites de tissu et de maïs en respectant le temps dont Robinson dispose. Voici quelques possibilités de production de Robinson :

Possibilités	Production du maïs	Production du tissu
A	0	5
B	6	4
C	11	3
D	15	2
E	18	1
F	20	0

- S'il utilise tout son temps disponible pour produire du tissu, en dix heures la production sera de 5 m par mois. C'est la production maximale de production du tissu de Robinson par mois selon ses ressources. Dans ce cas, la production du maïs est nulle. Cette situation est illustrée par la possibilité A.
- S'il utilise toutes ses ressources dans la production du maïs, Robinson pourra produire 20 kg de maïs par mois. Il ne lui reste donc pas de temps pour fabriquer du tissu. La production de tissu sera alors nulle. cette situation est illustrée par la possibilité F.
- Robinson a besoin des deux biens pour se nourrir et se vêtir donc il pourra produire n'importe quelle combinaison intermédiaire. Par exemple, s'il dépense deux heures dans la production du maïs, il obtiendra 6 kg, les huit heures restantes de travail dans le tissu, il obtiendra 4 m. C'est la possibilité de production B.

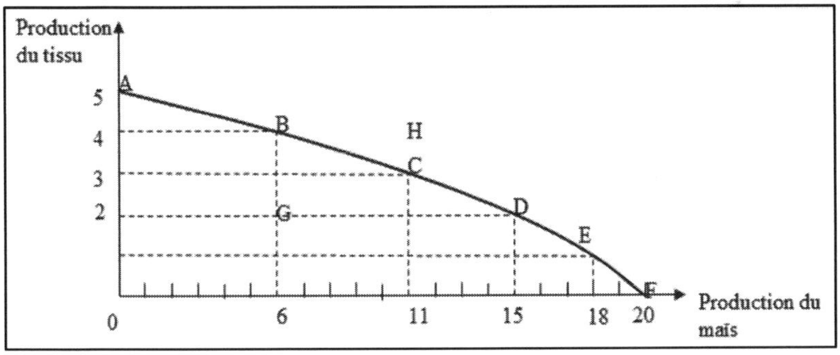

Définition *La courbe des possibilités de production (CPP) trace la frontière entre le niveaux de production qu'on peut atteindre et ceux qui demeurent irréalisables. L'ensemble des diverses possibilités de production que décrit la courbe sont des situations de production optimales parce qu'il est impossible d'accroître la production de l'un des deux biens sans diminuer la production de l'autre bien.*

Voici quelques éléments importants à observer dans le graphique :

- Toutes les combinaisons de production à l'intérieur de la courbe sont réalisables mais non efficaces. Au point G, Robinson pourra produire, 2 m de tissu et le restant du temps lui permettra de produire 15 kg de maïs. Au point G, il y a un gaspillage de ressources, car Robinson utilise 4 h de son temps pour produire 2 m de tissu, il lui reste alors 6 h, il pourrait produire 15 kg de maïs, mais il n'en produit que 6 kg qui nécessitent seulement 2 h de travail. Par conséquent, la différence de temps équivalant à 4 h de travail reste inexploitée.
- Toutes les combinaisons de production à l'extérieur de la courbe sont irréalisables. Pour produire la combinaison H, 4 m de tissu et 11 kg de maïs, Robinson a besoin de 12 h de travail, or il ne dispose que de dix heures.

Tout comme dans la réalité, les ressources naturelles et le capital sont disponibles en quantités limitées, créant ainsi une limite à la production des biens et services et une frontière entre les niveaux de production réalisables et ceux qui demeurent inaccessibles. Par conséquent, cette limite représenterait la courbe des possibilités de production de l'économie mondiale, car lorsqu'on augmente la production d'un bien, on doit réduire celle d'un ou de plusieurs autres biens.

Coût d'opportunité

Définition *Si les ressources d'une nation sont pleinement utilisées et de manière efficaces, on ne peut pas accroître la production d'un bien sans renoncer à la production d'un autre bien.*

Le coût d'opportunité correspond au coût de renonciation d'une meilleure alternative offerte. Par exemple, si Robinson veut augmenter sa production de maïs en passant de la situation A à B, il doit renoncer à 1 m de tissu pour gagner 6 kg de maïs. Le rapport 1/6 mesure le coût d'opportunité unitaire du maïs en terme de tissu. En d'autres termes, Robinson devrait renoncer à 1/6 de mètre de tissu pour avoir 1 kg de maïs.

Voici le calcul du coût d'opportunité de A à B :

$$\frac{-\Delta T}{\Delta M} = \frac{-(T_B - T_A)}{(M_B - M_A)} = \frac{-(4-5)}{(6-0)} = \frac{1}{6}$$

Dans le cas présent, le signe moins (de soustraction) devant le numérateur indique le nombre d'unité de tissu auquel il faut renoncer pour obtenir une unité additionnelle de maïs.

La sixième colonne du tableau indique les différents coûts d'opportunité du maïs en terme du tissu. Ainsi, au fur et à mesure que Robinson accroît sa production de maïs au détriment de tissu, il subit un coût croissant. **La concavité de la courbe des possibilités de production indique que les coûts sont croissants.** Il est possible d'imaginer des courbes des possibilités de production illustrant des coûts d'opportunité constants ou décroissants. Si la courbe est une droite, le coût d'opportunité est constant. Cependant, il est plus fréquent de rencontrer la situation des coûts d'opportunité croissants parce que les ressources économiques ne sont pas toutes aptes à répondre avec la même efficacité à la production de biens ou services différents. En effet, dans la situation de Robinson nous avons supposé que les facteurs de production étaient transférables d'un secteur à un autre. Comme le fait que Robinson peut travailler indifféremment dans les deux secteurs. Cependant, dans la réalité, si nous voulons, par exemple, augmenter la production de biens d'équipement alors que la main d'oeuvre disponible est rare, le transfert d'un travailleur du secteur agricole (maïs) à un secteur industriel (tissu) est coûteux. Le travailleur du secteur agricole n'a pas la connaissance et le savoir-faire du nouveau secteur, il lui faut alors de la formation. Ainsi le coût d'opportunité d'un bien industriel en termes d'un bien de consommation immédiate est de plus en plus élevé puisque cela nécessite le transfert des facteurs de production d'un secteur où il sont productifs à un secteur où ils le sont moins.

Remarque *La lecture du graphique dans l'autre sens est possible, mais elle ne traduit pas la même chose. En effet, la lecture de F vers A désigne le coût d'opportunité d'accroissement de la production du tissu au détriment du* maïs. *La septième colonne du tableau indique les coûts d'opportunité du tissu en termes de* maïs.

Croissance économique

La croissance économique est l'accroissement sur une longue période des quantités de biens et services produites dans une économie.

Le choix de Robinson

Quelle combinaison de production Robinson va t-il choisir ? La réponse à cette question dépend des besoins de Robinson. S'il est satisfait, il va continuer de produire les mêmes quantités et mener une vie stagnante. Par contre s'il veut accroître sa production pour faire de l'échange avec les îles avoisinantes, Robinson réduira sa production de maïs et de tissu pour fabriquer des outils, il accroîtra ainsi ses moyens de production, ce qui augmentera sa productivité. En effet, au lieu de dépenser toutes les ressources dont il dispose (10 h) dans la fabrication de biens de consommation, Robinson peut sacrifier une partie de sa consommation présente pour allouer du temps à la fabrication d'outils. Ces outils lui permettront d'être plus productif et donc de jouir d'une consommation future plus grande. **Par conséquent, le**

coût d'opportunité de l'accroissement de la consommation future se traduira par une diminution de la consommation immédiate afin d'augmenter l'inventaire d'outils qui serviront à augmenter la production de maïset de tissu.

La courbe des possibilités de production de Robinson se déplacera traduisant une croissance de production, car avec les mêmes ressources, il produira plus de maïs et de tissu grâce aux biens d'équipement qu'il aura fabriqués, comme le montre le graphique ci-dessous :

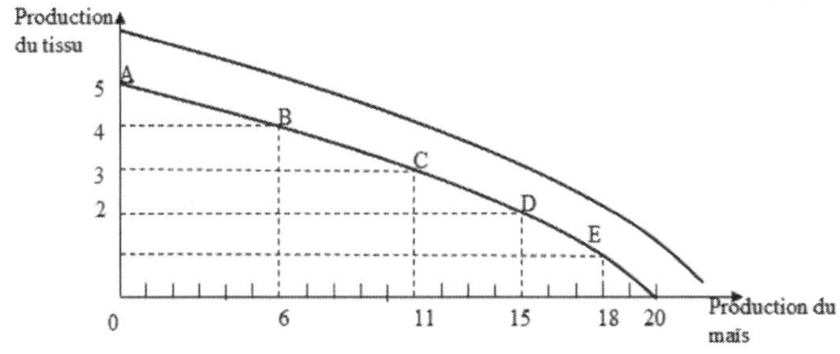

Sources de la croissance économique

L'expansion soutenue des possibilités de production s'appelle croissance économique. Pour avoir une croissance économique, il faut réduire la production de biens et services destinés à la consommation immédiate. Il est possible alors de consacrer de plus importantes ressources, non seulement à l'accumulation du capital mais aussi à la recherche et au développement.**La croissance économique a un coût d'opportunité qui est lié à la nécessité de réduire la production des biens de consommation immédiate.**

Les deux moteurs de la croissance économique sont **l'accumulation de capital** et **le progrès technologique**. L'accumulation de capital correspond à l'augmentation des quantités de biens d'équipement ou à l'augmentation des stocks de moyens de production. De son côté, le progrès technologique correspond à la mise au point de nouvelles méthodes plus efficaces pour produire des biens et services. L'accumulation de capital et le progrès technologique augmentent la productivité du travail. Ainsi avec le même nombre d'heure du travail, Robinson sera plus productif lorsqu'il utilise une machine pour fabriquer le tissu ou lorsqu'il utilise un tracteur pour labourer la terre. Ce qui est vrai pour un individu est vrai pour une société. L'organisation du travail de Ford a été adoptée par toute les entreprises parce qu' avec la spécialisation et le travail à la chaîne la productivité du travail augmente. Autres sources de la croissance économique sont la **recherche et développement**et **le libre échange.**

Développement des échanges

Pour saisir les avantages du commerce international, nous continuons avec l'exemple de Robinson. Nous supposons qu'il y a une autre personne, Étranger, qui vit sur une autre île. Le modèle économique comprend les hypothèses suivantes :

- En autarcie, Robinson et Étranger consomment ce qu'ils produisent.
- La productivité est constante pour les deux producteurs dans les deux secteurs
- Les deux ont la même contrainte, 10 heures de travail par jour
- Il n'y a pas des coûts de transport et les biens sont échangeables

Les productivités du travail de Robinson et de l'Étranger dans les deux secteurs sont :

	Quantité produite en 1h	
	Maïs	Tissus
Robinson	3	1/2
Étranger	2	1

En autarcie, Robinson alloue 5 h à la production de tissu et 5 h à la production de maïs. Il produit 15 kg de maïs et 2.5 m de tissu. S'il alloue les 10 h de travail dans la production de maïs, il produira 30 kg. S'il les consacre à la production du tissu, il produira 5 m.

L'Étranger, alloue aussi le même nombre d'heures dans la production de maïs et du tissu, il produit alors 10 kg de maïs et 5 m de tissu. S'il alloue la totalité des heures dans la production du maïs, il obtiendra 20 kg de maïs ou 10 m de tissu.

Avantage comparatif et spécialisation

Robinson détient un avantage comparatif dans la production du maïs parce que sa productivité est plus grande que celle de l'autre producteur dans la production du maïs (Robinson produit 3 kg de maïs par heure tandis que l'autre producteur en produit 2 kg). Cependant l'étranger détient un avantage comparatif dans la production du tissu parce que sa productivité est plus grande que celle de Robinson (l'autre producteur produit 1 m de tissu par heure tandis que Robinson en produit 0.5 m). Aucun d'eux ne détient un **avantage absolu**, c'est à dire un avantage dans la production des deux biens. Par conséquent, Robinson a intérêt à se spécialiser dans la production du maïs étant donné son avantage comparatif dans la production de ce bien tandis que l'étranger a un intérêt à se spécialiser dans la production de tissu où il détient un avantage comparatif.

Gain de l'échange

En autarcie, le coût d'opportunité du maïs en termes de tissu est égal à 1/6 pour Robinson et 1/2 pour l'Étranger. Si le prix d'échange se situait entre 1/6 et 1/2, supposons qu'il s'établissait à 1/3. Sans échange, pour Robinson 6 kg de maïs équivaudrait à 1 m de tissu. En se spécialisant dans la production de maïs et avec l'échange, Robinson achètera 1 m de tissu pour 3 kg de maïs. Ainsi, il gagnera 1 m de tissu pour chaque 3 kg de maïs. De la même façon, en se spécialisant dans la production de tissu, l'Étranger échangera 1 m de tissu pour 3 kg de maïs, alors qu'en autarcie le mètre de tissu rapportait seulement 2 kg de maïs. Ainsi il gagnera 1 kg de maïs pour chaque mètre échangé.

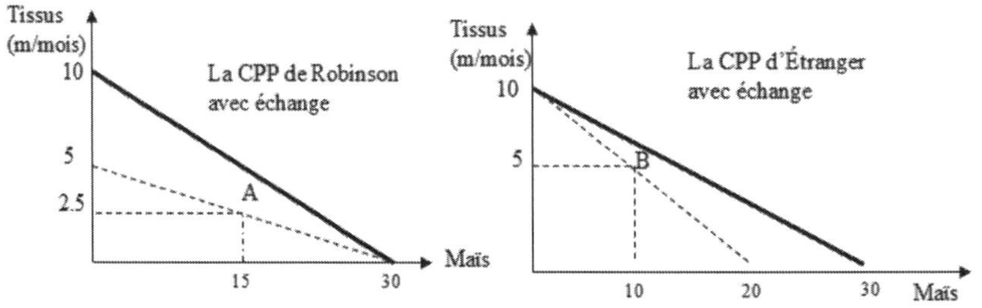

Le graphique représente le fait que les possibilités de production de Robinson et de l'étranger augmentent avec l'échange. En effet, en se spécialisant dans la production du maïs, Robinson peut produire 30 kg de maïs et il peut les échanger, étant donné le prix international de 1/3, contre 10 m de tissu. En autarcie il ne peut avoir que 5m de tissu, ainsi suite à l'échange il augmente ses possibilités de consommation et de production de 5m. La même logique s'applique à l'étranger qui, suite à l'échange, peut avoir 10 kg de maïs de plus qu'en autarcie. *C'est le principe du gain à l'échange suite à l'avantage comparatif développé par David Ricardo.*

Exercices

Encerclez la bonne réponse

1. Un point situé à l'intérieur de la courbe des possibilités de production :

a. indique que des ressources ne sont pas pleinement utilisées ;
b. est plus avantageux qu'un point situé sur la courbe des possibilités de production ;
c. indique que toutes les ressources sont utilisées ;
d. est une illustration du coût d'opportunité.

2. Un point situé sur la courbe des possibilités de production indique

a. qu'il est possible de produire plus d'un bien sans réduire la production d'un autre bien
b. qu'il n'est pas possible de produire plus d'un bien sans réduire la production d'un autre bien
c. il est pas possible d'améliorer la situation de quelqu'un sans détériorer la situation de l'autre
d. certaines ressources restent sous employées.

3. Le coût de renonciation ou coût d'opportunité traduit :

a. ce qu'on doit sacrifier pour faire le meilleur autre usage possible de quelque chose ;
b. les coûts en argent d'une entreprise ;
c. le meilleur taux de rendement que peut offrir un investissement ;
d. ce que procure l'utilisation la plus rentable de quelque chose.

4. Quel principe de base est illustré par la courbe des possibilités de production :

a. la capacité de production d'une économie crot proportionnellement à l'augmentation de sa population;
b. dans une économie de plein emploi on doit nécessairement renoncer à une certaine quantité d'un bien si on veut produire d'avantage d'un autre bien ;
c. une économie atteint automatiquement le plein emploi des ressources ;
d. l'augmentation de la production d'un bien va exiger de moins en moins de sacrifices pour produire un autre bien

5. Le coût d'opportunité d'une ressource :

a. indique les divers usages possibles de cette ressource dans les processus de production ;
b. est très différent selon que le taux de chômage est élevé ou faible ;

c. dépend des autres ressources qui doivent être utilisées simultanément avec elle dans le processus de production ;
d. est égal à la valeur de la production non réalisée par suite de l'utilisation de la ressource en question à une autre fin.

6. Le principe de base qu'illustre la courbe des possibilités de production est le suivant :

a. lorsqu'une économie fonctionne à sa pleine capacité productive, l'augmentation de la production d'un bien nécessite la renonciation à une certaine quantité d'un autre bien.
b. l'économie fonctionne au dessous de ces capacités productives.
c. l'économie fonctionne au dessus de ses ressources.
d. le coût de renonciation augmente au fur et à mesure qu'on augmente la production d'un bien.
e. a et d sont vrais

7. Le coût d'opportunité d'un bien X en terme d'un bien Y :

a. représente le nombre d'unités sacrifiées du bien X pour augmenter la production d'une unité additionnelle du bien Y.
b. est égal au rapport en valeur absolue de la variation de la quantité du bien Y sur la variation de la quantité du bien X
c. représente le nombre d'unités sacrifiées du bien Y pour augmenter la production d'une unité additionnelle de X
d. est égal au rapport en valeur absolue de la variation de la quantité du bien X sur la variation de la quantité du bien Y
e. b et c sont vrais

8. La courbe des possibilités de production permet

a. d'illustrer l'allocation efficace des ressources productives
b. d'illustrer qu'il y a rareté des ressources, qu'il faut faire des choix et qu'il y a des coûts d'opportunité.
c. illustre la frontière entre les productions réalisables de celles non réalisables
d. illustre qu'il n'y a pas de gaspillage des ressources rares
e. Toutes les réponses sont vraies

9. La courbe des possibilités de production se déplace vers la droite lorsque :

a. l'économie connaît une croissance économique
b. il y a accumulation du capital
c. la population augmente

d. il y a développement du libre échange
e. toutes ces réponses

10. Pour atteindre un point à l'extérieur de la courbe des possibilités de production

a. il faut investir en bien capital
b. il faut investir en recherches et développement
c. il faut subventionner les entreprises exportatrices
d. il faut augmenter le salaire minimum
e. a et b sont vrais

Énoncé 1 *En une heure, Jean peut écrire avec ordinateur 10 pages d'un document ou faire la reliure de 5 livres. Hedy est capable de relier 6 livres en une heure ou taper 8 pages d'un document.*

11. D'après l'énoncé 1,

a. Le coût d'opportunité d'écriture d'une page est de $\frac{1}{2}$ de livre pour Jean et de $\frac{3}{4}$ de livre pour Hedy.
b. Le coût d'opportunité d'écriture d'une page est de $\frac{3}{4}$ de livre pour Jean et de $\frac{1}{2}$ pour Hedy
c. Le coût d'opportunité d'écriture d'une page pour Jean est plus faible que celui pour Hedy.
d. a et c sont vrais.
e. Le coût d'opportunité d'écriture d'une page pour Jean est plus élevé que celui pour Hedy.

12. D'après l'énoncé 1,

a. Le coût d'opportunité de reliure d'un livre est de 2 pages d'écriture pour Hedy et de $\frac{4}{3}$ de pages pour Jean
b. Le coût d'opportunité de reliure d'un livre est de 2 pages pour Jean et de $\frac{4}{3}$ de pages pour Hedy
c. Le coût d'opportunité de reliure d'un livre de Jean est plus faible que celui de Hedy.
d. Le coût d'opportunité de reliure d'un livre de Jean est plus élevé que celui de Hedy.
e. b et d sont vrais.

13.D'après l'énoncé1,

a. Jean a un avantage absolu dans la reliure et dans l'écriture.
b. Hedy a un avantage absolu dans la reliure et dans l'écriture.
c. Hedy a un avantage comparatif dans la reliure et Jean a un avantage comparatif dans l'écriture.
d. Hedy a un avantage comparatif dans l'écriture et Jean a un avantage comparatif dans la reliure.
e. (e) aucune de ces réponses

14.D'après l'énoncé 1,

a. l'échange sera avantageux si Hedy se spécialise dans la reliure des livres et Jean se spécialise dans l'écriture sur ordinateur.
b. l'échange sera avantageux si Hedy se spécialise dans l'écriture et Jean se spécialise dans la reliure des livres.
c. quelque soit la spécialisation de Hedy et de Jean, l'échange est toujours avantageux pour les deux.
d. l'échange n'est pas avantageux parce que ni Hedy ni Jean a un avantage absolu
e. l'échange n'est pas avantageux parce que Hedy et Jean ont des avantages comparatifs différents.

15.D'après l'énoncé 1, pour qu'il y ait spécialisation totale dans la production du bien pour lequel Jean et Hedy ont un avantage comparatif il faut que le prix du marché de l'écriture en terme de reliure soit

a. égal à 1/2 et supérieur à 3/4
b. inférieur à 1/2 et 3/4
c. supérieur à 1/2 et égal à 3/4
d. compris entre les 1/2 et 3/4
e. supérieur à 1/2 et 3/4

Vrai ou faux

1. La concavité de la courbe des possibilités de production illustre la diminution du coût d'opportunité au fur et à mesure que la production de deux biens augmente.
2. Le commerce international n'est pas avantageux lorsqu'un pays n'a pas un avantage comparatif dans la production des deux biens.
3. La diminution de la quantité d'une ressource naturelle non renouvelable ne peut que réduire le nombre de productions réalisables et la courbe des possibilités de production se déplace vers l'origine.

4. Pour augmenter la consommation future, il faut augmenter la production du bien capital aujourd'hui.
5. La productivité marginale du travail est toujours constante.
6. Le coût d'opportunité des biens d'équipement en termes de biens de consommation signifie combien faut il céder de biens d'équipement pour avoir une unité additionnelle d'un bien de consommation.
7. Il y a toujours un avantage à faire du commerce.
8. L'avantage comparatif d'un pays dans la production d'un bien implique que son coût d'opportunité de ce bien est inférieur à celui des autres pays échangistes.
9. Les coûts d'opportunités sont croissants parce que les rendements marginaux sont décroissants.
10. Les coût d'opportunités sont toujours croissants.

Coût d'opportunité et échange

Soit les possibilités de production suivantes des pays A et B. Les deux pays produisent des oranges et des tomates.

Pays A		Pays B	
Oranges	Tomates	Oranges	Tomates
0	40	0	20
5	30	5	15
10	20	10	10
15	10	15	5
20	0	20	0

1. Calculez les coûts d'opportunité de production des oranges au pays A et au pays B.
2. Calculez les coûts d'opportunité de production des tomates au pays A et au pays B
3. Quel pays a un avantage dans la production de tomates et dans la production des oranges.
4. Tracez les courbes des possibilités de production de A et B.
5. Pourquoi la courbe des possibilités de production correspond à une droite linéaire

Supposons qu'en autarcie, le pays A produit 20 unités de Tomates et 10 unités d'oranges.Le pays B produit 10 unités de tomates et 10 unités d'oranges. Si les deux pays signent alors un accord de libre échange, quel sera le bien de spécialisation de chaque pays ?

6. Quel bien sera exporté et quel bien sera importé par le pays A et le pays B ?

7. Quelle quantité de tomates et d'oranges les deux pays peuvent-ils produire si chacun se spécialise uniquement dans l'activité où il a un avantage comparatif.

8. Calculer les gains à l'échange pour chaque pays si le prix relatif international des tomates est de 1.

Corrigés

Choix multiples

1-a ; 2-b ; 3-a ; 4-b ; 5-d ; 6-e ; 7-e ; 8-e ; 9-e ; 10-e ; 11-d ; 12-e 13-c ; 14-a ; 15-d

Vrai ou Faux

1. Faux	4. Vrai	7. Faux	10. Faux
2. Faux	5. Faux	8. Vrai	
3. vrai	6. Faux	9. Vrai	

Coût d'opportunité et échange

1. Le coût d'opportunité des oranges dans le pays A est égal à $\frac{-\Delta T}{\Delta O} = \frac{-(30-40)}{(5-0)} = 2$;pour produire une unité additionnelle d'orange, le pays A doit renoncer à 2 unités de tomates. Ce coût est le même tout au long des possibilités de production. Ainsi la CPP du pays A est une droite linéaire.

Le coût d'opportunité des oranges dans le pays B est égal à $\frac{-\Delta T}{\Delta O} = \frac{-(15-20)}{(5-0)} = 1$; pour produire une unité additionnelle d'orange, le pays B doit renoncer à 1 unités de tomates. Ce coût est le même tout au long des possibilités de production. Ainsi la CPP du pays B est une droite linéaire.

2. Le coût d'opportunité de production de tomate dans le pays A est égal à : $\frac{-\Delta O}{\Delta T} = \frac{-(15-20)}{(10-0)} = \frac{1}{2}$;pour produire une unité additionnelle de tomates, le pays A doit renoncer à $\frac{1}{2}$ unités de tomates. Ce coût est le même tout au long des possibilités de production.

Le coût d'opportunité de production de tomate dans le pays B est égal à : $\frac{-\Delta O}{\Delta T} = \frac{-(15-20)}{(5-0)} = 1$; pour produire une unité additionnelle de tomates, le pays B doit renoncer à 1 unités de tomates. Ce coût est le même tout au long des possibilités de production.

3. Le coût d'opportunité de production des tomate est plus faible dans le pays A, alors ce dernier a un avantage comparatif dans la production des tomates.Le coût d'opportunité de production des oranges est plus faible dans le pays B ; ce dernier il a un avantage comparatif dans la production des oranges.

4. Les courbes des possibilités de production

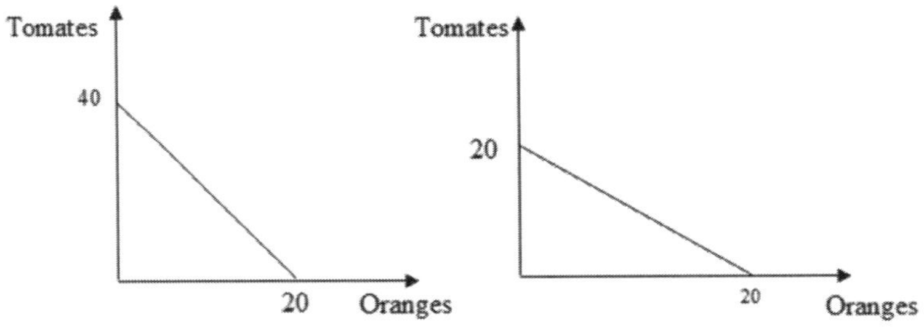

5. Parce qu'il s'agit de coûts d'opportunité constants.
6. Chaque pays se spécialise dans la production de bien où il a un avantage comparatif. Le coût d'opportunité des tomates au pays A (1/2) est plus faible que celui du pays B(1). Le pays A se spécialisera alors dans la production des tomates. Quant au pays B, il a un avantage comparatif dans la production des oranges. Par conséquent, le pays B se spécialisera dans la production des oranges.Le pays A exporte les tomates, il importera les oranges alors que l'inverse sera vrai pour le pays B.
7. Si le pays A se spécialise totalement dans la production des tomates, la production sera de 40. Si le pays B se spécialisedans la production des oranges, la production sera de 20.
8. Les gains à l'échange pour le pays A : En autarcie le paysA échange une unité de tomates contre 1/2 unité de oranges. Avec échange, une unité de tomates s'échange avec une unité d'oranges. Si le pays A se spécialise totalement dans la production des tomates, il produira 40 unités qu'il peut les échanger contre 40 unités d'oranges au lieu de 20 unités seulement en autarcie. Le pays A réalise un gain de 20 unités de oranges avec l'échange. Le même raisonnement s'applique pour le pays B.

Offre et Demande

La demande

La quantité demandée d'un bien ou d'un service représente la quantité que les consommateurs envisagent d'acheter à un prix déterminé au cours d'une période donnée. La rareté démontre que la plupart des désirs des consommateurs ne seront jamais satisfaits. Par conséquent, la quantité demandée ne correspond pas nécessairement à la quantité que les consommateurs achètent. La quantité réellement achetée et vendue correspond à la notion de quantité échangée.

Les facteurs qui influencent la quantité demandée de bien

La quantité demandé d'un bien X, $\left(Q_x^d\right)$,dépend de son prix, P_x, du prix des autres biens P_y, du revenu moyen du ménage R, et d'autre facteurs telsque : les goûts, les anticipations sur les prix, le revenu et l'inflation.

$$Q_x^d = F\left(P_x, P_y, R, \text{goûts}, \text{anticipations....}\right)$$

Le prix du bien

Toutes choses étant égales par ailleurs, la quantité demandée d'un bien diminue au fur et à mesure que son prix augmente. C'est *la loi de la demande*. À mesure que le prix d'un bien augmente, les consommateurs achètent moins ce bien et se tournent davantage vers un bien substitut qui satisfait pratiquement le même besoin. Il y a une relation inverse entre la quantité demandée d'un bien, x et son prix, P_x.

Les prix des autres biens

La quantité d'un bien que le consommateur désire acheter dépend du prix d'autres biens qui peuvent appartenir à deux catégories : *les biens substituts* et *les biens complémentaires*.

Un bien substitut est un bien qui peut être utilisé à la place d'un autre bien et qui satisfait le même besoin. Par exemple, prendre le train ou l'autobus, manger un hamburger ou un hot dog, manger une poire ou une pomme. Soit l'exemple de beurre et de la margarine. Si le prix de beurre augmente, selon la loi de la demande, la quantité demandée de beurre diminue et le consommateur substituera le beurre par la margarine dont le prix est resté constant. Ainsi la quantité demandée de la margarine augmente. *Il y a une relation positive entre le prix d'un bien et la quantité demandée de son substitut.*

Un bien complémentaire est un bien qui est consommé conjointement avec un autre bien. Par exemple acheter un cellulire et des écouteurs, manger des frites avec du 'Ketchup', manger des spaghettis avec une sauce rouge ou blanche. Si le prix d'un bien, diminue, sa quantité demandée augmente et par conséquent la quantité demandée du bien complémentaire augmente aussi. Par exemple, si le prix des cellulaires diminue, la quantité demandée augmente ainsi que la quantité des demandée pour les écouteurs. Si le prix des voitures augmente, la quantité demandée de voitures diminue ainsi que la quantité d'essence. Ce comportement est dû à l'importance des prix relatifs dans les décisions des consommateurs. *Il y a une relation négative entre le prix d'un bien et la quantité demandée du bien complément.*

Le revenu des consommateurs

Une hausse des revenus accroît la demande des biens. Les biens pour lesquels la demande augmente avec le revenu sont appelés les biens normaux tandis que les biens pour lesquels la demande diminue lorsque le revenu augmente sont appelés les biens inférieurs.

Les préférences des consommateurs

Les préférences désignent l'attitude ou les goûts des consommateurs face aux biens et services. La différence par rapport aux facteurs précédents est que les préférences ne sont pas directement observables. Les économistes tiennent pour acquis qu'à court terme, les préférences changent lentement ou pas du tout et qu'elles sont indépendantes des autres facteurs qui influencent la demande.

Les anticipations

Les anticipations jouent un rôle important dans les substitutions intertemporelles de consommation. En effet, si les consommateurs anticipent que les prix vont augmenter dans le futur, ils vont acheter plus aujourd'hui. À l'opposé, s'ils anticipent que les prix vont diminuer dans le future, ils vont acheter moins aujourd'hui.

Les interventions du gouvernement

Le gouvernement peut affecter par ses lois ou ses politiques fiscales les décisions d'achat des consommateurs et par conséquent la demande d'un bien ou service. La taxe est une forme de redistribution du revenu ; elle a pour effet d'influencer la demande de biens et services. Une augmentation de la taxe entraîne une diminution du revenu disponible et donc une diminution de la demande de tous les biens et services.

La population

Plus la population augmente et plus la demande des biens et services accrot, l'inverse est aussi vrai. La croissance de population affecte positivement la quantité demandée d'un bien.

La courbe de demande

La courbe de demande est un graphique qui représente la relation entre la quantité demandée d'un bien ou service et son prix pendant que tous les autres facteurs qui affectent les intentions d'achat des consommateurs sont maintenus constants. Pour un niveau de prix donné, *la courbe de demande détermine la quantité maximale d'un bien ou d'un service qu'un consommateur désire acquérir au cours d'une période donnée.* La demande désigne l'ensemble de la relation entre le prix et la quantité. La quantité demandée n'est qu'un point précis de la courbe de demande

Exemple La figure suivante présente la courbe de demande de Hot dog:

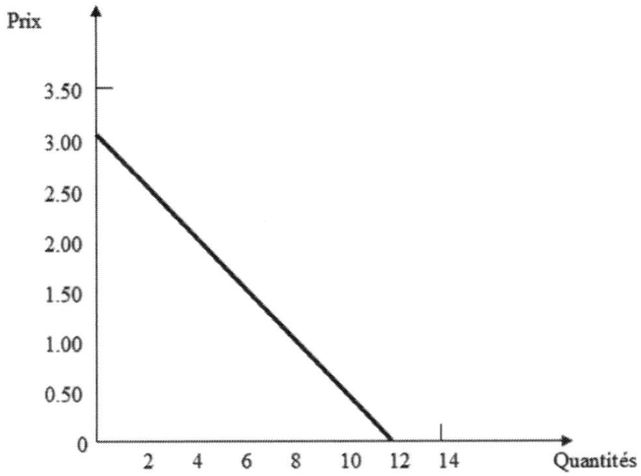

La courbe de demande montre comment la quantité demandée de hot dog varie avec la variation du prix. Lorsque le prix est égal à $3.00, la quantité demandée est

nulle. Plus le prix du Hot dog diminue plus sa quantité demandée augmente[3]. C'est pourquoi la courbe de demande est décroissante. Dans cet exemple, la courbe de demande est linéaire mais elle peut être aussi courbée. Toutefois, elle a toujours une pente négative en raison de la loi de la demande : *plus le prix diminue plus la quantité demandée augmente.*

La courbe de demande peut aussi être représentée par une fonction qui relie la quantité demandée d'un bien ou service pour chaque niveau de prix. Selon la loi de la demande, la quantité demandée varie négativement à la variation du prix. L'équation de la courbe de demande pour un bien x est alors de la forme :

$$Q_x^d = a - bP_x$$

avec a et b des constantes quelconques positives. La pente de la courbe est : $\frac{\partial P}{\partial Q} = -\frac{1}{b}$

La demande du marché est la somme des demandes des différents individus qui composent l'économie. La demande du marché est dérivée de la demande individuelle, elle dépend alors de tous les facteurs qui influencent cette dernière. La demande du marché dépend aussi du nombre d'acheteurs.

La courbe de demande de marché est également décroissante de gauche à droite. Cette décroissance s'explique à la fois par le caractère décroissant de la courbe de demande individuelle et par le fait que puisque le prix augmente certains individus n'achèteront plus. Supposons que dans une économie il y a 1000 personnes ayant la même fonction de demande, la courbe de demande du marché sera :

$$Q_x^{dT} = \sum_{i=1}^{1000} Q_{ix}^d = 1000(a - bp_x)$$

<u>Mouvement le long de la courbe</u>

L'influence des facteurs qui affectent la demande d'un bien se manifeste par des variations de la quantité demandée et de la courbe de demande. **Si le prix d'un bien varie et que tous les autres facteurs restent constants, le déplacement se fera le long de la courbe de demande**. En effet, si le prix des hots dog augmente, d'après la loi de la demande la quantité diminuera. Par contre, si le prix des hots dog diminue, la quantité demandée sera plus élevée. Par conséquent, il y a un mouvement sur la courbe vers le haut quand le prix augmente et un déplacement sur la courbe vers le bas quand le prix diminue.

---

[3]Par convention, pour tracer une courbe de demande, il faut placer le prix sur l'axe vertical et les quantités sur l'axe horizontal.

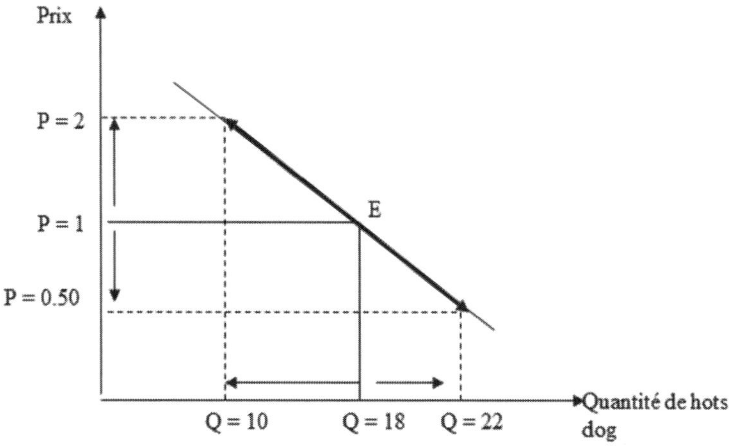

Déplacement de la courbe de demande

Si une étude démontre que la consommation des hot dogs n'est pas bénéfique pour la santé, quel serait l'effet de cette découverte sur la demande de ce bien ? Même si le prix reste constant, cette conception négative de hot dog aurait pour effet de diminuer la demande de ce dernier. Ainsi pour un prix constant de Hot dog, la courbe de demande se déplacera vers la gauche. Cependant, si une autre étude vante les effets positifs de la consommation de hot dog, pour un même prix la courbe de demande se déplacera vers la droite. **Si le prix du bien est maintenu constant alors qu'un facteur influençant la demande varie, cela aura une répercussion sur la demande du bien. Ce changement dans la demande s'exprime graphiquement par un déplacement de la courbe de demande vers la droite ou vers la gauche.**

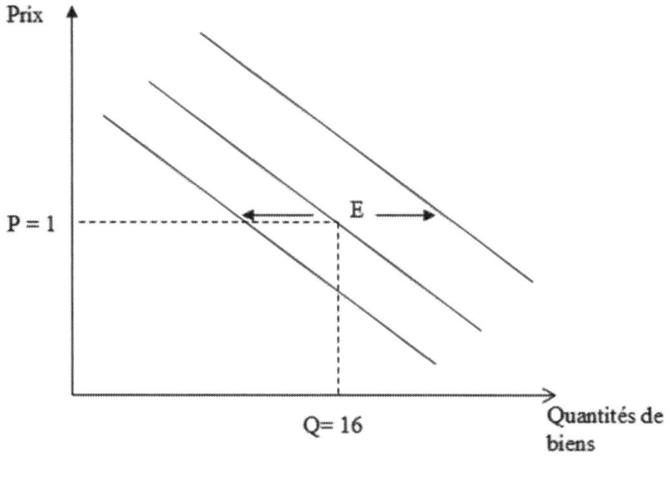

Le tableau suivant résume l'effet de certains facteurs qui peuvent déplacer la courbe de demande :

Variation des variables	Déplacement de la courbe de demande
Revenu des consommateurs augmente	Déplace la courbe de demande vers la droite
Prix des biens substituts diminue	Déplace la courbe de demande vers la gauche
Prix des biens compléments diminue	Déplace la courbe de demande vers la droite
Préférences des consommateurs changent	Déplace la courbe de demande
Population	Déplace la courbe de demande
Anticipations	Déplace la courbe de demande

L'offre

L'offre décrit la quantité d'un bien ou d'un service qu'une entreprise souhaite vendre à un prix donné.

La courbe d'offre d'une entreprise

La courbe d'offre indique la quantité d'un bien qu'une entreprise est disposée à produire à chaque niveau de prix. Lorsque le prix augmente, l'entreprise souhaite produire davantage. C'est pour cette raison que la courbe d'offre est croissante. *La courbe d'offre est un indicateur du prix minimal auquel une entreprise est prête à offrir la dernière unité du bien. La loi de l'offre indique que, toutes choses étant égales par ailleurs, plus le prix d'un bien est élevé, plus la quantité offerte de ce bien est élevée.*

Nous pouvons aussi représenter la courbe d'offre[4] par une fonction qui relie la quantité offerte pour chaque niveau de prix. Selon la loi de l'offre, la quantité offerte est reliée positivement au prix. L'équation de la courbe d'offre du bien x est alors de la forme :

$$Q_x^o = a + bP_x$$

[4] *Il ne faut pas oublier que pour tracer la courbe d'offre tous les autres facteurs qui influencent l'offre sont maintenus constants.*

avec a et b des constantes quelconques positives. La pente de la courbe d'offre est égale à $\frac{1}{b}$.

L'offre du marché représente la quantité d'un bien que toutes les entreprises présentent sur le marché sont prêtent à offrir pour chaque niveau de prix. Comme pour la demande, l'offre du marché est la somme de toutes les offres des entreprises individuelles. Pour chaque niveau de prix, nous additionnons horizontalement les quantités que chaque entreprise est disposée à offrir.

Supposons que dans une économie il y a 50 entreprises ayant la même fonction d'offre, alors la courbe d'offre du marché sera :

$$Q_x^{oT} = \sum_{i=1}^{50} Q_{xi}^{o} = 50(a + bP_x)$$

Mouvements le long de la courbe d'offre

Lorsque le prix du bien considéré varie, tous les autres facteurs susceptibles d'influencer les décisions de production de l'entreprises sont maintenus constants, le déplacement se fait le long de la courbe d'offre. Lorsque le prix augmente, cela signifie un profit plus élevé pour le producteur. Des profits plus importants incitent les producteurs à augmenter leur offre mais aussi attire d'autres entreprises sur le marché. Lorsque le prix diminue, le profit du producteur diminue, il diminue alors la quantité produite.

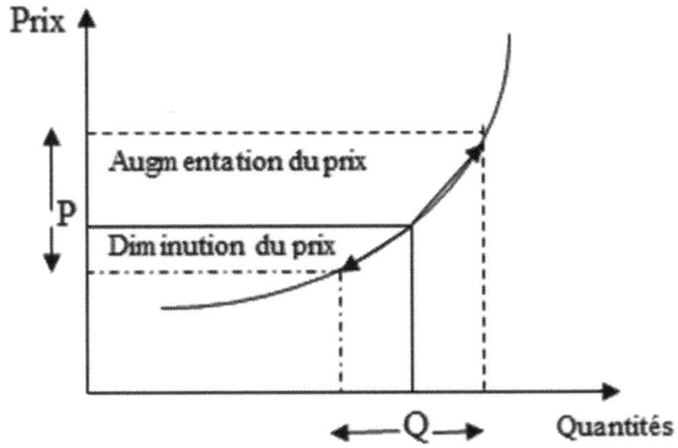

Déplacement de la courbe d'offre

Si le prix d'un bien reste inchangé et qu'un facteur ayant une incidence sur les plans de vente des offreurs varie, il y aura une modification de l'offre et un déplacement de la courbe. Parmi les facteurs qui peuvent affecter l'offre et par conséquent déplacer la courbe de l'offre se trouvent :

La variation du prix des facteurs de production : lorsque le prix du blé devient cher, la courbe d'offre de pain se déplace vers la gauche, car les coûts de production du pain sont plus chers et les entreprises sont disposées à offrir moins, et ce pour tout niveau de prix. La même chose si les salaires diminuent, les coûts de production diminuent et la courbe d'offre se déplace vers la droite.

Le changement technologique : Une innovation technologique fait augmenter la productivité, ainsi pour chaque niveau de prix l'offre est plus élevée. La courbe d'offre se déplace vers la droite.

Les conditions climatiques : Dans le secteur agricole, les conditions climatiques font déplacer la courbe d'offre des produits agricoles soit vers la droite, en cas d'une bonne saison climatique, ou vers la gauche en cas de mauvaise saison climatique.

Les anticipations : les anticipations des conditions économiques défavorables rendent instables les conditions politiques et sociales. Donc elles font déplacer la courbe d'offre vers la gauche. À l'opposé, des anticipations favorables déplacent la courbe d'offre vers la droite.

La fiscalité : La fiscalité affecte l'offre par le biais des subventions et les taxes. Les subventions déplacent la courbe de l'offre vers la droite alors que les taxes font déplacer la courbe d'offre vers la gauche.

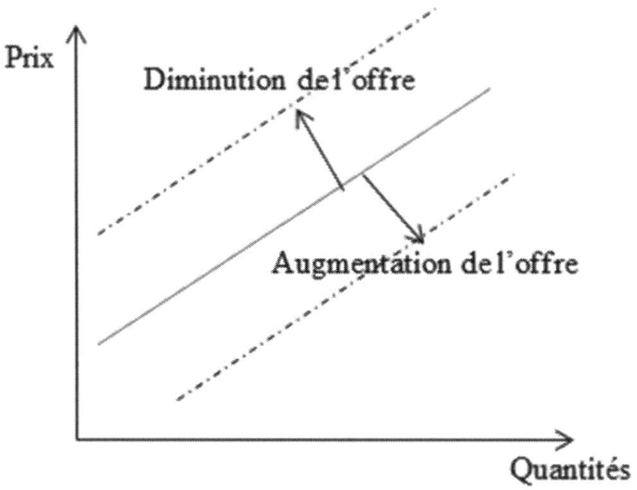

Équilibre du marché

Ayant analysé l'offre et la demande séparément, nous allons maintenant les combiner pour voir comment ils déterminent la quantité du bien vendue sur le marché et son prix. Les mécanismes d'un marché concurrentiel poussent le prix vers le niveau où la quantité demandée est égale à la quantité offerte.

La figure suivante réunit dans le même graphique une courbe d'offre du marché et une courbe de demande du marché pour montrer comment le prix et la quantité seront déterminés.

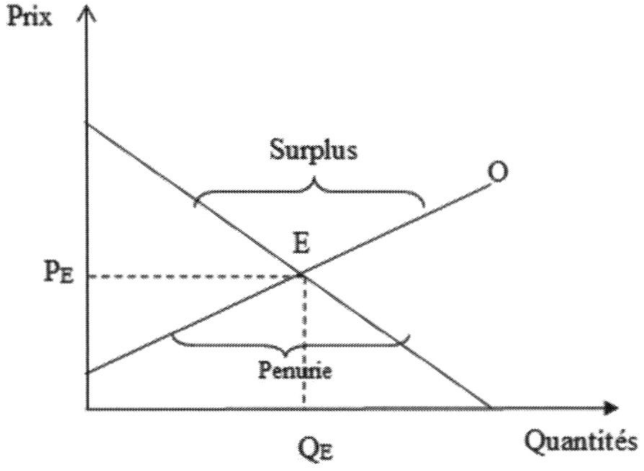

Le prix effectivement payé et perçu sur le marché sera déterminé par l'intersection des deux courbes. La quantité Q_E et le prix P_E sont appelés quantité d'équilibre et prix d'équilibre. Pour tout prix en dessous de P_E , la quantité demandée est supérieure à la quantité offerte, le marché sera en déséquilibre, c'est une situation de pénurie, et possibilité de création d'un marché noir. Les consommateurs sont prêts à offrir un prix plus élevé pour avoir le bien. Plus les prix augmentent, les producteurs sont incités à produire plus. Ainsi les forces du marché vont pousser la quantité et le prix à rejoindre le point d'équilibre.

Si le prix est plus élevé que celui de l'équilibre, il y a un excédent d'offre. Lorsque les producteurs ne peuvent pas écouler leur production à ce prix, il y a formation des stocks. Certains vont commencer à baisser leur prix en espérant récupérer une partie de la clientèle des autres producteurs. Ainsi les concurrents seront aussi obligés de baisser leur prix. Lorsque les prix commencent à baisser, les consommateurs sont prêts à acheter davantage. Le processus se poursuivra jusqu'à ce que le marché atteigne le prix et la quantité d'équilibre.

Par conséquent, l'équilibre décrit une situation dans laquelle aucune force ne pousse au changement. L'équilibre représente une situation optimale pour trois raisons : 1) la courbe de demande correspond à l'ensemble des combinaisons qui maximisent la satisfaction des consommateurs, 2) la courbe d'offre correspond à l'ensemble des combinaisons qui maximisent les profits des producteurs. 3)Tout changement de cet équilibre entraîne la détérioration de la situation de l'un des deux agents.

La prédiction des variations dans les prix et les quantités échangées

La théorie de l'offre et de la demande permet d'expliquer pourquoi le prix d'un bien est élevé et pourquoi le prix d'un autre est faible. Elle permet aussi de prévoir les conséquences de certains changements et de confronter ces prévisions à la réalité. Les déplacements des courbes d'offre et de demande entraînent des variations du prix et de la quantité d'équilibre.

Une augmentation de la demande déplacera la courbe de demande vers la droite. Le nouvel équilibre sera atteint au point E_1, la quantité et le prix d'équilibre sont plus élevés. Une diminution de la demande fait déplacer la courbe de demande vers la gauche. La quantité et le prix d'équilibre diminuent.

Un déplacement de la demande fait varier le prix et la quantité dans le même sens.

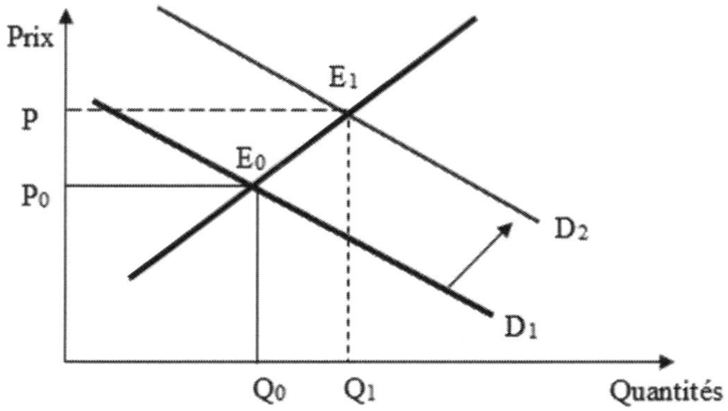

Une augmentation de l'offre causée par un facteur de production déplace la courbe d'offre vers la droite. La quantité d'équilibre augmente et le prix diminue. Une diminution de l'offre fait déplacer la courbe d'offre vers la gauche, la quantité d'équilibre diminue et le prix augmente.

Un déplacement de la courbe d'offre fait varier la quantité et le prix dans un sens opposé.

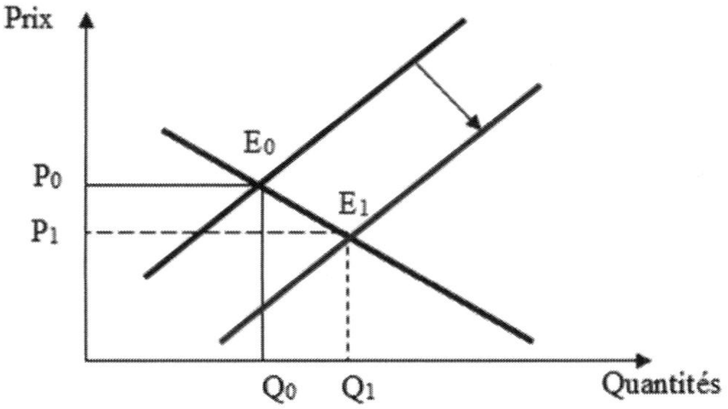

Déplacement simultané de l'offre et de la demande

Le tableau ci-dessous résume les effets sur la quantité et le prix des différentes variations de l'offre et de la demande. Le terme ambigu désigne que l'effet net sur le prix ou la quantité dépend de la prépondérance relative de la variation de la demande et de l'offre.

	Aucune variation de la demande	La demande diminue	La demande augmente

Aucune variation de l'offre	P constant, Q constante	P diminue Qdiminue	P augmente Q augmente
L'offre augmente	P diminue, Q augmente	P diminue Q ambigu	P ambigu, Q augmente
Diminution de l'offre	P augmente Q diminue	P ambigu Qdiminue	P augmente Q ambigue

Surplus du consommateur et du producteur

Nous pouvons redéfinir la courbe de demande comme une courbe qui relie le prix maximum que les ménages sont prêts à payer pour chaque quantité du bien ou service. De la même façon nous pouvons aussi redéfinir la courbe d'offre comme une relation entre le prix minimum que les producteurs sont prêts à offrir pour chaque niveau de production. Selon l'équilibre sur le marché des hots dog, l'équilibre est au prix égal à 2$ et la quantité d'équilibre est égale à 10. Pour toutes les quantités inférieures à dix, les ménages étaient prêts à payer plus que deux dollars, mais étant donné l'équilibre sur le marché, ils payent seulement 2$.

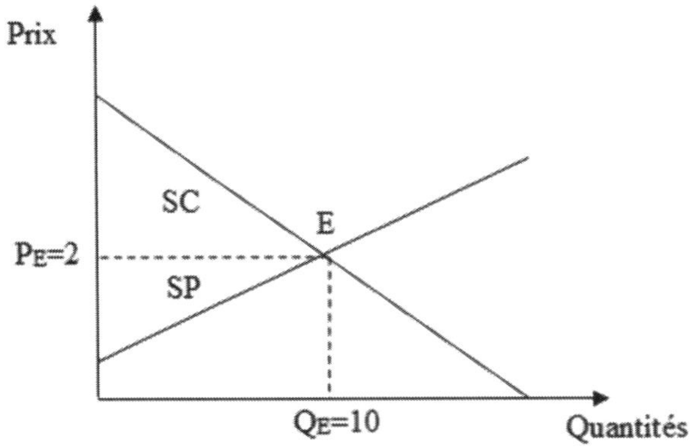

1. Le surplus des consommateurs correspond à la somme de la valeur excédentaire accordée à chaque unité par rapport au prix payé sur le marché pour l'obtenir. En effet, Le surplus du consommateur est la différence entre la volonté de payer du consommateur et le prix payé. Graphiquement, il est représenté par toute la surface

au-dessous de la demande et au-dessus du prix. Le surplus du consommateur est une mesure du bien-être des consommateurs.

2. Le surplus des producteurs correspond à l'aire délimitée par la courbe d'offre et la droite de prix. Le surplus du producteur est la différence entre le prix obtenu par le producteur sur le marché et le prix minimum qu'il aurait exigé pour chacune des unités vendues. Graphiquement, il est représenté par toute la surface au-dessus de l'offre et au-dessous du prix. Le surplus du producteur est une mesure du bien-être des producteurs, et non une mesure des profits.

3. Le surplus total ou le bien être collectif correspond à la somme du surplus du consommateur et du producteur. Lorsque le marché est en équilibre, le bien être social est maximisé.

Interventions du gouvernement

L'équilibre sur un marché libre a lieu quand la quantité demandée est égale à la quantité offerte. Cependant, le gouvernement peut intervenir dans certains cas pour contrôler les prix. Il peut intervenir de plusieurs façons : soit en fixant un prix inférieur au prix du marché, le prix plafond, ou en augmentant le prix par rapport à celui de l'équilibre, le prix plancher. Le gouvernement peut aussi agir sur les prix avec les taxes, les subventions, ou encore en imposant un quota.

Intervention sur les prix

Comme nous allons le voir dans cette section, toutes les interventions du gouvernement sur un marché donne naissance à une situation de déséquilibre. En effet, nous savons maintenant que dans un marché, la quantité demandée s'égalise à la quantité offerte et un prix d'équilibre s'établit. Même si l'offre ou la demande varie, les forces du marché font que le prix s'ajuste pour que l'équilibre se rétablisse. L'intervention du gouvernement donne naissance à une situation de déséquilibre, car lorsque le gouvernement intervient en fixant un prix plus faible que celui du marché, cela crée une situation de pénurie. Lorsque le gouvernement fixe un prix supérieur à celui de l'équilibre créant ainsi une situation de surplus.

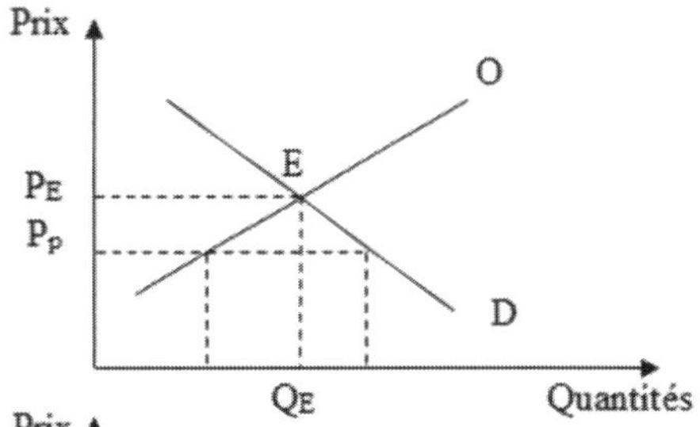

> Lorsque le prix est inférieur à celui de l'équilibre, il y a une pénurie sur le marché égale à (Q_D-Q_O), la quantité échangée sera égale à la quantité offerte Q_O

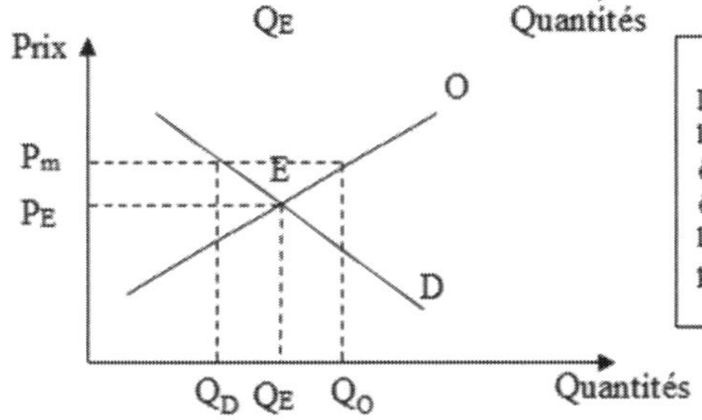

> Lorsque le prix est supérieur à celui de l'équilibre, il y a un surplus sur le marché égale à (Q_O-Q_D), la quantité échangée sera égale à la quantité demandée Q_D. Le reste de la production constituera les stocks du producteur

Le prix plafond

Pour certain biens et services, comme le prix de l'essence, du gaz naturel et le loyer, le gouvernement fixe parfois un prix maximum ou prix plafond. Le prix plafond doit être inférieur au prix d'équilibre sans intervention. C'est le prix le plus élevé que les vendeurs peuvent légalement imposer. Cette situation, crée un déséquilibre sur le marché du bien ou service. Cette situation de pénurie incite les individus qui possèdent le bien à le revendre à un prix plus élevé, d'où la création d'un marché noir.

Contrôle du loyer

Le gouvernement peut fixer un prix plafond pour le loyer. La théorie économique est utile pour comprendre la pratique du contrôle du loyer et en prévoir les conséquences.

À court terme, l'offre des logements est constante, la courbe d'offre est alors verticale comme le montre le graphique ci-dessous. Cette hypothèse est justifiée parce qu'à court terme même s'il y a de nouveaux investissements, cela nécessite du temps pour influer le marché.

À long terme, si les rendements sont significatifs, il y aura des nouveaux investissements dans la construction de nouvelles maisons et de nouveaux appartements. L'offre à long terme est alors plus élastique, plus le loyer augmente plus il y a incitation à de nouvelles constructions.

Le besoin d'avoir une maison ou un appartement est nécessaire, mais cela ne signifie pas que la demande est inélastique au prix. En effet lorsque le loyer varie, la demande varie inversement. Lorsque le loyer augmente, certaines personnes vont acheter plutôt que louer, vivront avec leurs parents, partageront le loyer. Ainsi la demande diminue lorsque le loyer augmente. La demande a alors une pente négative.

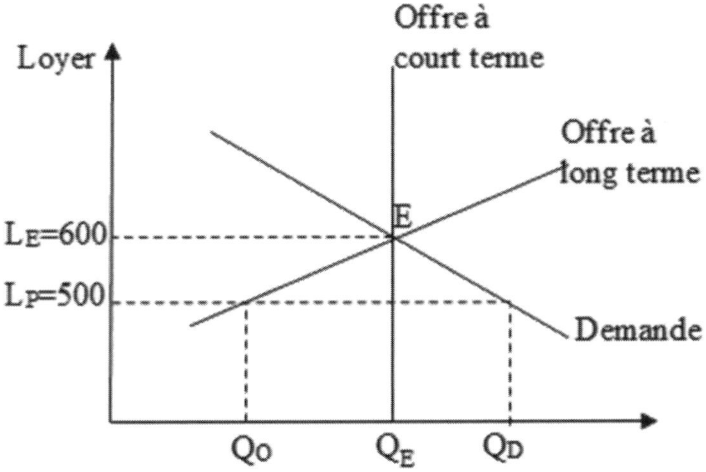

En partant d'une situation d'équilibre E, où la demande et l'offre sont égales et le loyer d'équilibre est P_E. Lorsque le gouvernement intervient et fixe un loyer plafond pour protéger les locataires,P_M, à court terme, il y aura une pénurie de logement et un marché noir se créera. En effet, la quantité offerte à court terme reste Q_o, la quantité demandée est Q_d, la pénurie est alors égale à $(Q_d - Q_o)$. Un marché noir peut se créer, par exemple si un propriétaire demande aux nouveaux locataires des frais supplémentaires et que la loi ne les protège pas. Le propriétaire peut aller jusqu'à obliger les locataires dont le contrat est échu de quitter afin de demander des frais d'entrée aux nouveaux locataires. Ce prix plafond peut aussi décourager les propriétaires à investir dans des nouvelles constructions ou à entretenir les logements existants. D'où la diminution de l'offre à long terme et la détérioration des conditions des logements à louer. Par conséquent, l'offre à long terme diminue et la quantité offerte sera de Q_o^{LT}. Ainsi la pénurie de logement à long terme $(Q_d - Q_o^{LT})$ sera plus grande que celle du court terme $(Q_d - Q_o^{CT})$.

Les prix planchers

Le gouvernement intervient pour fixer un prix supérieur à celui de l'équilibre pour protéger les offreurs, c'est le prix plancher. Cette intervention gouvernementale survient dans plusieurs secteurs dont celui de l'agriculture pour protéger les revenus des producteurs agricoles. Le revenu des producteurs agricoles varie beaucoup, car il dépend des conditions climatiques, des coûts de production et de la concurrence internationale. Pour protéger les producteurs agricoles le gouvernement fixe donc un prix planche.Le gouvernement fixe aussi un prix plancher pour les travailleurs. Le salaire minimum est un exemple de prix plancher. Le but est de protéger les offreurs du travail en leur assurant un revenu décent réduisant ainsi la pauvreté.

Le salaire minimum

Le marché du travail est similaire aux autres marchés puisqu'il y a une demande et une offre. La différence réside dans le fait qu'on parle maintenant de la quantité des travailleurs (L) et des salaires (S). De plus les offreurs de la force du travail sont maintenant les ménages, et les demandeurs sont les entreprises

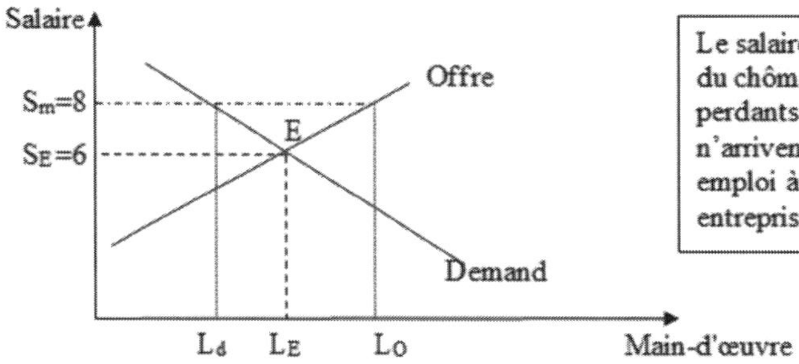

Le salaire minimum engendre du chômage (Ld -Lo). Les perdants sont ceux qui n'arrivent pas à trouver un emploi à ce salaire et les entreprises qui doivent payer un

Le salaire minimum est le prix le plus bas que le gouvernement autorise les entreprises à payer les travailleurs. Le salaire minimum est fixé à 8,00 $ dans notre exemple ci-dessus.

La fixation du salaire minimum par le gouvernement engendre le chômage parce que l'offre du travail est supérieure à la demande du travail. Une concurrence entre les travailleurs est créée, ce qui incite les individus à accepter du travail moins rémunéré d'où création d'un marché noir. Le salaire minimum aura aussi pour conséquence, la réduction des formations et stages par les entreprises. Aussi une période de chômage longue, créera des personnes découragées qui ne sont plus à la recherche d'emploi, fera perdre à certains leurs habilités et connaissances donc ils deviennent moins compétitifs d'où le retour à l'école.

Les quotas

Une autre manière de maintenir le prix au dessus de sa valeur d'équilibre, le gouvernement peut imposer un quota de production. Les entreprises seront obligées de produire une quantité inférieure à celle d'un marché sans intervention du gouvernement.

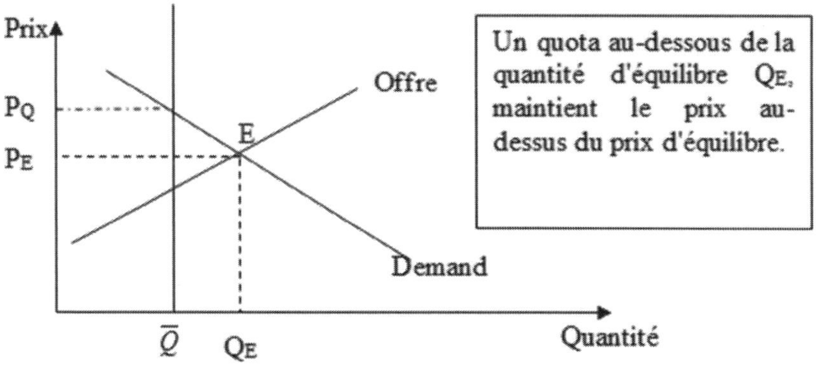

Exemple *Application d'un prix plancher et de quota dans le secteur agricole*

Supposons que le prix d'équilibre d'un produit agricole est P_E, à ce prix des producteurs agricoles jugent que leurs revenus sont faibles et instables à cause de la concurrence internationale. Pour stabiliser et augmenter leurs revenus, le gouvernement fixe le prix plancher à P_m. En plus, il doit acheter le surplus (Q_O - Q_D) ainsi créé. Par conséquent, cette situation augmente les revenus des producteurs et les dépenses du gouvernement.

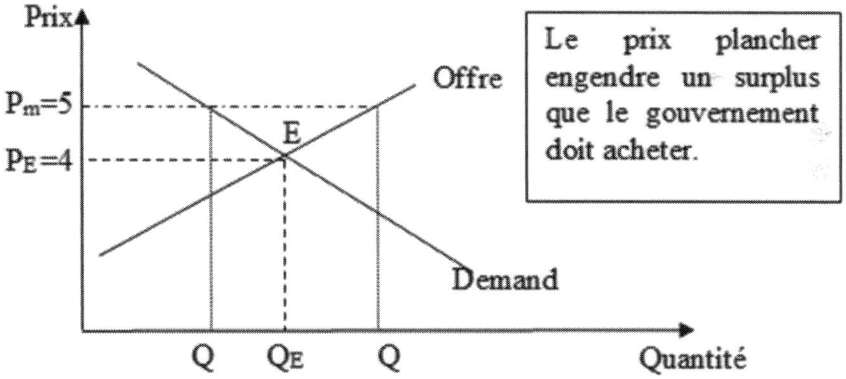

Un autre moyen que le gouvernement peut utiliser pour garder le prix au-dessus de sa valeur d'équilibre et d'augmenter les revenus des producteurs agricoles en imposant un quota. Cette pratique épargne au gouvernement de l'argent qui sert dans l'option précédente à racheter le surplus. Un quota impose aux producteurs agricoles de vendre uniquement la quantité demandée Q_D, comme le montre le graphique ci-dessous.

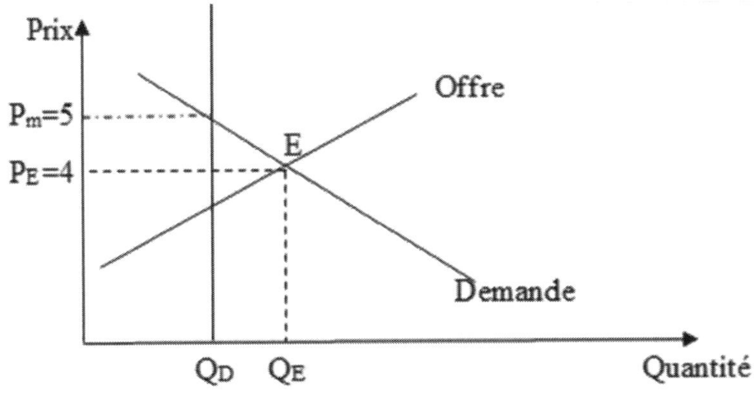

Sans quota, les agriculteurs étaient prêts à offrir la quantité Q_D à un prix inférieur à 4$, avec quota, ils vendent la même quantité au prix de 5$, ainsi ils réalisent des recettes additionnelles.

En plus, le système de quota protège le revenu des agriculteurs de fluctuer énormément. En effet, à court terme, la production des producteurs agricoles est soumise aux conditions climatiques. S'il y a une bonne récolte imprévue, les producteurs agricoles ne seront autorisés à vendre que la quantité du quota. Le reste sera détruit ou vendu sur un marché secondaire non couvert par le système de quota. Sans le système du quota, une bonne récolte ferait baisser le prix du bien et les revenus des producteurs agricoles diminueraient. Cependant, une mauvaise récolte ferait en sorte que la quantité produite serait inférieure à celle du quota par conséquent le prix augmenterait et les producteurs agricoles en profiteraient généralement.

Ainsi un système de quota garantit que les producteurs recevront le prix plancher si la quantité est supérieure ou égale à celle du quota, et un prix plus élevé si la quantité produite est inférieure au quota.

Intervention par la taxe

En plus de fixer un prix plafond, un prix plancher et un quota, le gouvernement peut imposer une taxe de vente. La taxe peut prendre deux formes : la taxe forfaitaire ou la taxe ad-valorem.

La taxe forfaitaire est un montant fixe levé par unité vendue ou achetée. Par exemple, le gouvernement impose à une entreprise une taxe de 50 cents sur chaque unité vendue. Le prix de vente de ce produit, P_V, sera égal au prix initial, P_0 plus la taxe forfaitaire, T , ainsi

$$P_V = P_0 + T$$

La taxe ad-valorem correspond à un pourcentage de la valeur du produit, soit un pourcentage de son prix, la TPS et la TVQ sont des exemples de taxe ad-valorem. Les deux combinées représentent approximativement 15 % du prix initial. Ainsi le prix de vente est égal à la somme du prix initial plus le pourcentage de la taxe :

$$P_V = P_0 + tP_0 = (1+t)P_0$$

Il existe quelques raisons d'être des taxes. La première étant le fait que les taxes (impôt indirect) constituent la deuxième importante composante des recettes fiscales du gouvernement après l'impôt direct sur le revenu. Ces recettes permettent au gouvernement de financer ses dépenses budgétaires telles que la construction d'hôpitaux et de barrages. La deuxième raison d'être des taxes réside dans le changement des comportements des individus. Par exemple le gouvernement impose une taxe aux entreprises polluantes pour diminuer la pollution.

L'effet de la taxe

Lorsque le gouvernement impose une taxe de vente, l'entreprise considère cette taxe comme un coût supplémentaire. Pour le même prix, l'entreprise diminue la quantité produite. La courbe d'offre de l'entreprise se déplace alors vers la gauche.

La taxe divise le prix d'un produit en deux, l'un avant taxe correspondant à ce que reçoit le producteur et l'autre après taxe correspondant à ce que paye le consommateur. Les consommateurs sont alors sensibles au prix final. La quantité demandée dépend de ce prix final, soit après taxe.

La courbe de demande ne se déplace pas. Il s'agit d'un mouvement le long de la courbe de demande. Les deux graphiques suivants présentent l'effet de la taxe sur l'équilibre du marché.

Effet de la taxe forfaitaire sur l'équilibre du marché :

Comme le montre le graphique ci-dessous, l'équilibre initial sur le marché, E_0, correspond à la quantité d'équilibre, Q_E et au prix d'équilibre, P_E. Après l'imposition d'une taxe forfaitaire T, le producteur reçoit P_0 et le consommateur paye P_d. La différence constitue le montant de la taxe que reçoit le gouvernement. Les recettes du gouvernement sont égales à la quantité achetée Q_d, fois le montant de la taxe, T, soit la surface du rectangle (P_0, P_d , E_1, J).

L'effet d'une taxe forfaitaire déplace la courbe d'offre de façon parallèle. La pente de la courbe d'offre ne change pas. Par exemple, si la courbe d'offre initiale est $Q_0 = 5 + P_0$ Après la taxe, la courbe d'offre initiale devient $Q_0 = 5 + P_0 - T = (5-T) + P_0$ Ainsi, le point à l'origine change, mais la pente reste la même.

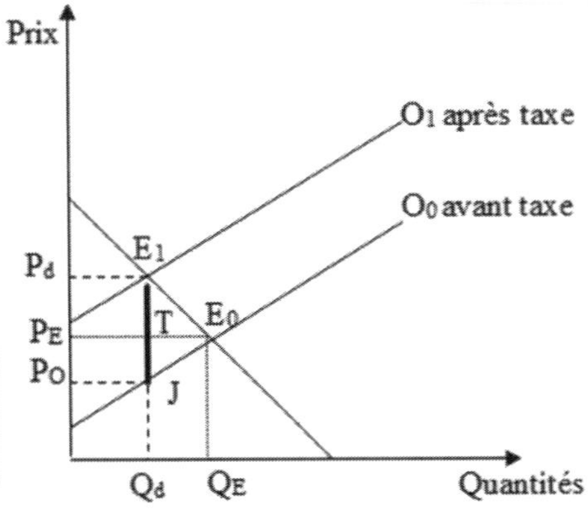

Effet d'une taxe ad-valorem sur l'équilibre du marché :

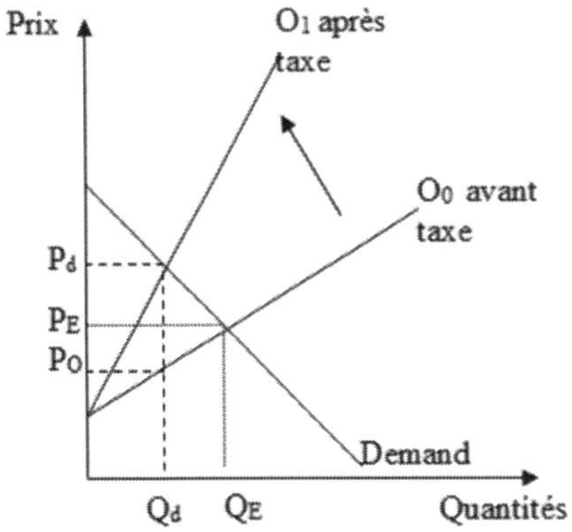

L'effet d'une taxe ad-valorem est de faire pivoter la courbe d'offre. La pente de la courbe d'offre change puisque la taxe correspond à un pourcentage ajouté au prix. Par exemple, si la courbe d'offre initiale est $Q_0 = 5 + P_0$ après la taxe, elle devient: $Q_0 = 5 + (1\text{-}t)P_0$ Ainsi, le point à l'origine ne change pas et la pente devient plus petite d'où le pivotement -de la courbe d'offre vers la gauche.

Taxe et bien être

La question qui se pose maintenant est de savoir si la taxe est bénéfique pour les agents économiques. Pour répondre à cette question, nous allons nous intéresser seulement à l'effet d'une taxe forfaitaire sur le surplus du consommateur, du producteur et du gouvernement. Il est possible de faire la même chose pour une taxe ad-valorem.

Supposons que le gouvernement imposent une taxe de 1 $ sur chaque unité vendue d'une entreprise polluante de la ville. Le graphique ci-dessous montre l'effet de cette taxe forfaitaire sur le surplus du consommateur et de producteur.

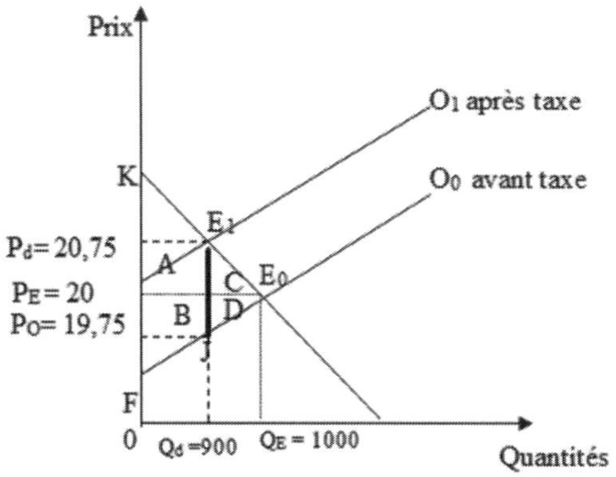

	Surplus du consommateur	Surplus du producteur	Recettes du gouvernement
Avant taxe	Aire (K, P_E, E_0)	Aire (F, P_E, E_0)	0
Après taxe	Aire (K, P_d, E_1)	Aire (F, J, P_0)	Aire (P_0, J, P_d, E_1)
Variation	Perte = A+C	Perte = B+ D	Gain = A+B

Avec la taxe, il y a une perte du surplus du consommateur de toute la surface du trapèze (A+C) et du surplus du producteur ayant la surface du trapèze (B+D). De plus, le gouvernement récupère une partie de la perte du consommateur et une partie de la perte du producteur (A+B). Le triangle représenté par (C+D) constitue alors une perte sèche qui n'a pas été récupérée par aucun agent économique.

La perte sociale nette est la somme de l'effet net sur le surplus du consommateur, de l'effet net sur le surplus du producteur et de la recette fiscale du gouvernement.

Les politiques du gouvernement peuvent affecter soit le prix d'équilibre soit la quantité d'équilibre d'un marché libre. Ses interventions par les taxes, les subventions ou les quota de production ou d'importation donnent naissance à une situation non efficace par rapport à une situation sans intervention. Dans les différents cas que nous avons traité, l'intervention gouvernementale entrane une pénurie ou un surplus, en outre elle détériore la situation d'un ou des deux agents économiques. Sur le plan social, il y a création de perte nette.

L'exemple ci-dessus démontre que la taxe n'est pas bénéfiques pour les consommateurs et pour les producteurs, les deux agents voient leur surplus diminué par rapport à la situation d'un marché libre. Selon cet exemple, les producteurs et les consommateurs payent le montant de la taxe. Cependant, le fardeau de la taxe pour chacun dépendra de l'élasticité de la demande et de l'offre(objet du chapitre suivant).

Exercices

Vrai ou Faux

1. Sur un marché, la quantité échangée ne peut jamais être inférieure à la quantité demandée.
2. Si le prix d'un bien augmente, sa demande se déplacera vers la gauche.
3. Supposons que la fonction de demande pour un bien est donnée par $D(p) = 20 - 2p$. Si le prix passe de 3 à \$4, le surplus net au consommateur baissera de \$13.
4. Supposons que le thé et le café soient des biens substituts. On observe une baisse du prix du café et de très mauvaises conditions climatiques affectent à la baisse la récolte du thé. La théorie économique prédit que le prix du thé va augmenter.
5. Une augmentation du prix du boeuf devrait entraner une hausse de l'offre du cuir et de la quantité offerte du boeuf.

Problèmes

1. La demande d'un bien x de Hedy est : $x_1 = 10 - 2\ P_x + 5\ R_1 + 4\ P_y$. La demande de Sarah du même bien est : $x_2 = 5 - P_x + 3\ R_2 - 2\ P_y$.

a. Exprimer la demande totale de x en fonction des revenus et des prix.
b. Déterminer la fonction individuelle et totale du bien x lorsque $R_1 = R_2 = 5$ et $P_y =$ 5. Faites une représentation graphique des trois fonctions de demande.
c. Si $R_1 = 6$ et $R_2 = 4$ et $P_y = 5$, quelle seront les fonctions de demandes individuelles et totale. faites une représentation graphique. Comparer les résultats avec la question b)

d. Si $R_1 = R_2 = 5$ et $P_y = 7$, quelle seront les fonctions de demandes individuelles et totale. faites une représentation graphique. Comparer les résultats avec la question b)

2. Supposez que la demande d'un bien X est décrite par l'équation suivante : $Q^D = 100 - P$

a. Quelle est la quantité demandée du bien X lorsque le prix moyen est de 20 ? de \$30 ? et de \$40 ?
b. Est ce que la courbe de demande obéit à la loi de la demande ?

Supposez que l'offre du bien X est décrite par l'équation suivante : $Q^O = 10 + P$

c. Quelle est la quantité offerte de X lorsque le prix est égal à \$20 ? \$30 ? et \$40 ?
d. Est ce que la courbe d'offre obéit à la loi de l'offre ?
e. Déterminez le prix et la quantité d'équilibre sur le marché du bien X.
f. Expliquez pourquoi pour un prix moyen de \$35, le marché n'est pas en équilibre.

3. Déterminez la quantité et le prix d'équilibre selon les fonctions d'offre et de demande suivantes :

$$Q^D = 60 - 2P$$

$$Q^O = -10 + 5P$$

a. Tracez la courbe d'offre et de demande.
b. Supposons qu'après négociation, les producteurs obtiennent le droit d'augmenter leur prix à \$12. Quel sera l'effet de cette politique sur l'équilibre du marché ? sur le surplus du consommateur et celui du producteur ? Calculez la perte sociale nette ?

4. La demande et l'offre sur un marché sont respectivement représentées par les deux équations suivantes :

$$Q^d = 80 - 10P$$

$$Q^o = 6P$$

a. Représentez graphiquement l'offre et la demande.
b. Déterminez le prix et la quantité d'équilibre algébriquement et graphiquement.
c. Indiquez sur votre graphique tracé en (a) et calculez les surplus des consommateurs et des producteurs.
Jugeant que l'industrie est polluante, le gouvernement impose une taxe forfaitaire de .\$50 aux producteurs sur chaque unité vendue.
d. Calculez le nouvel équilbre sur ce marché ? Les recettes fiscales du gouvernement et la perte sèche.

5. Soit un marché pour un produit agricole décrit par les fonctions de l'offre et de la demande suivantes :

$$Q^o = -200 + 60P$$

$$Q^d = 600 - 20P$$

a. Déterminez le prix et la quantité d'équilibre.
b. Quels sont les recettes totales (RT)que réalisent l'ensemble des producteurs dans la situation d'équilibre déterminée en a) ?
c. Les recettes déterminées en b) étant insuffisantes pour permettre aux producteurs de vivre d'une façon décente, l'État intervient et fixe un prix de soutien de \$12 l'unité. Si les producteurs ajustent leur production en fonction de ce prix de soutien et que l'État achète la production non achetée par les consommateurs privés ?
Quelles sont les conséquences de cette décision sur les recettes totales des agriculteurs, sur les dépenses des consommateurs privés et sur les dépenses totales pour l'État
d. Si des difficultés budgétaires empêchent l'État d'acquérir les surplus et qu'il désire empêcher leur réalisation, à quel niveau de production devra-t-il fixer le quota de production ?

6. Soit un marché pour un produit agricole décrit par les fonctions d'offre et de demande suivantes : $Q^o= -60 + 20\ P$, $Q^d= 300 - 10\ P$

a. Déterminez le prix et la quantité à l'équilibre.

b. Quels sont les recettes que réalisent l'ensemble des producteurs

c. L'État, pour améliorer la situation des agriculteurs, décide de subventionner les agriculteurs pour chaque unité échangé de 0,5$; quelles en seront les conséquences sur le prix du marché, sur l'État, sur les producteurs, sur les consommateurs ?

7. Les équations d'offre et de demande sur un marché en concurrence pure est parfaite sont : $Q^o= -20 + 5P$, $Q^d= 70 - 4P$

a. Déterminez le prix et la quantité à l'équilibre.

b. Par une politique fiscale le gouvernement veut fixer le prix d'équilibre à 12$ quel sera le montant de la taxe sur les vente (T). Que sera le prix perçu par le producteur et celui par le consommateur ?

c. Supposons maintenant que le gouvernement veut subventionner cette entreprise pour atteindre un prix d'équilibre égal à 8. Quelle est la valeur de cette subvention par unité vendue. Quel est le prix reçu par le producteur et celui payé par les consommateurs.

Corrigés

Vrai ou faux

1. faux
2. faux : Il s'agit d'un déplacement le long de la courbe de demande
3. vrai :
4. Vrai
5. Vrai

Problèmes :

1. La demande d'un bien *x* de Hedy est : $x_1 = 10 - 2 P_x + 5 R_1 + 4 Py$. La demande de Sarah du même bien est : $x_2 = 5 - P_x + 3 R_2 - 2 P_y$.

a. $x = 15 - 3P_x + 5R_1 + 3R_2 + 2 P_y$

b. $x_1 = 55 - 2 P_x$; $x_2 = 10 - P_x$; $x = x_1 + x_2 = 65 - 3P_x$

La demande du marché est la somme des demandes individuelles.

c. $x_1 = 60 - 2P_x$; $x_2 = 7 - P_x$; $x = 67 - 3 P_x$

On constate que toutes les courbes se déplacent parallèlement à elle-même parce que la pente ne change pas.

d. $x_1 = 63 - 2P_x$; $x_2 = 6 - P_x$; $x = 69 - 3 P_x$

Il s'agit d'un déplacement paralléle de toutes les courbes parce que la pente (le coefficient lié au prix P_x) ne change pas.

2. Supposez que la demande d'un bien X est décrite par l'équation suivante : $Q^D = 100 - P$

a. $Q^D(20)=80$; $Q^D(30)= 70$, $Q^D(40)= 60$

b. Oui la courbe de demande obeit à la loi de la demande, plus le prix ogmente plus la quantité demandée diminue. La pente est égale à -1, elle est négative. c'est une droite linéaire décroissante.

Supposez que l'offre du bien X est décrite par l'équation suivante : $Q^O = 10 + P$

c. $Q^O(20)=30$; $Q^O(30)= 40$, $Q^O(40)= 50$

d. oui la courbe d'offre obeit à la loi de l'offre, plus le prix ogmente plus la quantité offerte augmente. La pente est positive et est égale à 1, c'est une droite linéaire croissante.

e. $P_E = 45$; $Q_E = 55$.

f. $Q^D(35) = 65$; $Q^O(35) = 45$; Il y a un excédent de demande sur le marché donc une pénurie du bien X.

3. Les fonctions d'offre et de demande : $Q^D = 60\text{-}2P$; $Q^O = -10 + 5P$
$P_E = 10$; $Q_E = 40$

a. courbe d'offre et de demande :

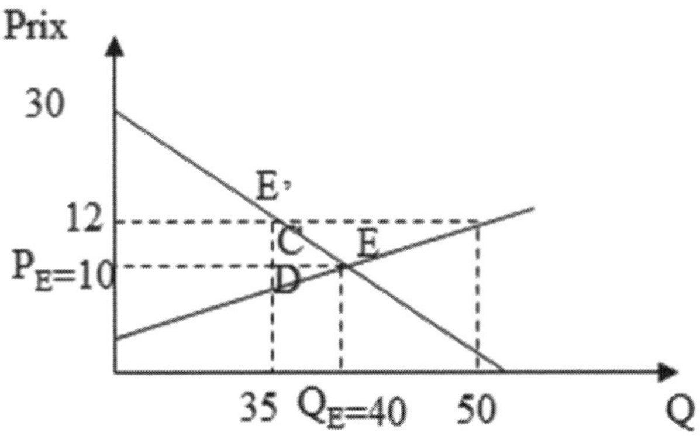

b. $Q^D = 36$, $Q^O = 50$,
Le marché est en déséquilbre. Le surplus du consommateur sera égal à la surface du triangle (30, 12, E'), la pertes du surplus du consommateur est égale à la surface du trapèze (12, E',E, 10). Le surplus du producteur augmente de la surface du rectangle (12, E', C, 10) mais il perd la suface du triangle (C, E, D). La perte sociale nette sera égale à la surface du triangle (E', E, D) = 1/2(4)(2,8)= 5,6

4. La demande et l'offre sur un marché sont respectivement représentées par les deux équations suivantes : $Q^d = 80 - 10P$, $Q^o = 6P$
a. repréentation graphique

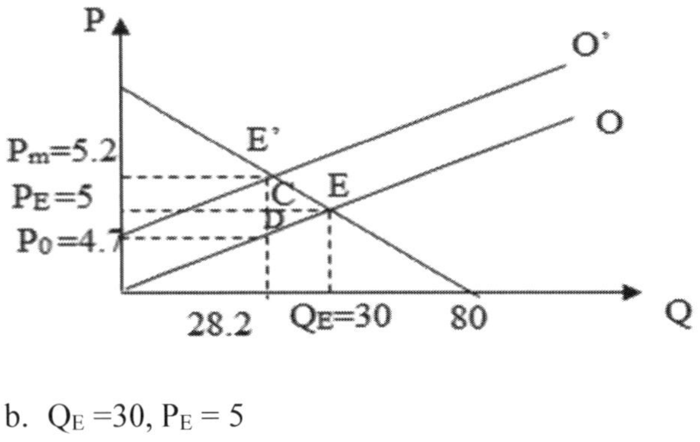

b. $Q_E = 30$, $P_E = 5$

c. Le SC= aire (5,E,8) = 45 ; Le SP = aire(0,E, 5) =75.

Jugeant que l'industrie est polluante, le gouvernement impose une taxe forfaitaire de .$50 aux producteurs.

d. Le nouvel équilbre sur ce marché :
La courbe d'offre est une relstion entre la quantité offerte sur le marché et le prix reçu par le producteur(P_o). P_m est le prix du marché.
$P_o = P_m - T$; $Q^o=6(P_m - T)= 6P_m - 6T= 6P_m - 3$,
Il s'agit d'un déplacement de la courbe d'offre vers le haut.
La courbe de demande est une relation entre le prix payé par le consommateur et la quantité demandée ; $Q^d = 80 - 10P_m$
À l'équilibre : $6P_m - 3= 80 - 10P_m$; $Q'_E = 28,2$; $P_m= P'_E = 5,2$
Les recettes fiscales du gouvernement = 0.5 * 28,2= 14,1 et la perte sèche =0.5(28,2)*(5,2-4,7)=7,05

5. Soit un marché pour un produit agricole décrit par les fonctions de l'offre et de la demande suivante

$$Q^o = -200 + 60P$$

$$Q^d = 600 - 20P$$

a. Le prix et la quantité d'équilibre, $P_E = 10$; $Q_E = 400$
b. Les recettes totales : RT = 10*400 = 4000
c. Les dépenses totales pour l'ensemble des consommateurs privés = 12*360 = 4320

Les dépenses totales pour l'État = 160*12= 1920
les recettes des agriculteurs RT' = 12*520= 6240 = 4320+1920

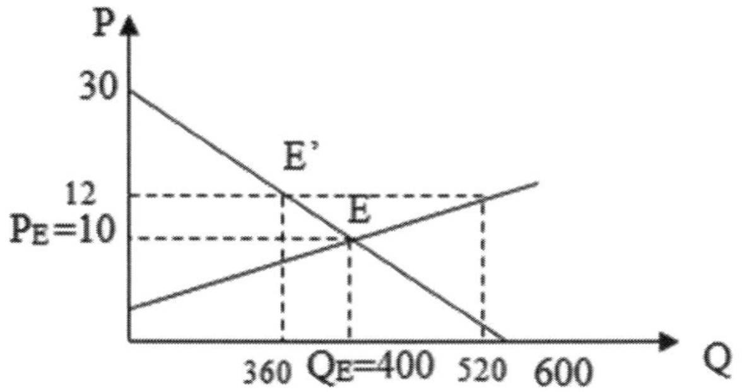

d. Le quota de production sera Q=360

6. Soit un marché pour un produit agricole décrit par les fonctions d'offre et de demande suivantes : $Q^o = -60+20P$; $Q^d = 300 -10P$

a. Le prix et la quantité à l'équilibre : $P_E = 12$; $Q_E = 180$
b. Les recettes que réalisent l'ensemble des producteurs RT =12*180=2160
c. Avec subvention, la nouvelle courbe d'offre sera : $P_o = P_m + s$;
$Q_o' = -60+20(P_m+s) = -50 + 20 P_m$
La courbe de demande reste la même : $Q^d = 300 - 10P_m$
le nouvel équilibre : $P_m = 35/3$; $Q_E = 550/3$

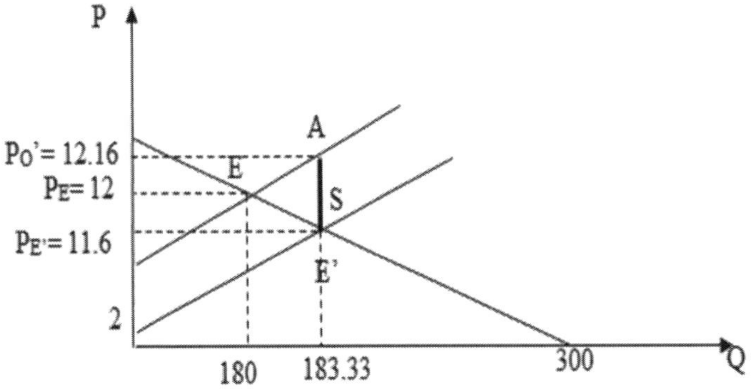

Le prix du marché diminue de 12 à 11,66. La quantité augmente de 180 à 183,33. Le surplus du consommateur augmente de l'aire du trapèze (12,E, E', 11.66). L'État doit débourser le montant de la subvention égal à l'aire du rectangle (11,66 ; E', A, 12,16). Le surplus net du producteur est égale à l'aire (2 ; E'; E ; 12,16).

7. Les équations d'offre et de demande sur un marché en concurrence pure est parfaite sont : $Q^o = -20 + 5 P$, $Q^d = 70 - 4 P$

a. Le prix et la quantité à l'équilibre : $P_E = 10$; $Q_E = 30$
b. On sait qu'avec une taxe de vente à l'unité, le prix perçu par le producteur est $P_o = P_m - T$. Le prix du marché d'équilibre est $P_m = 12$. Le consommateur paye le prix d'équilibre.
$Q^o = -20 + 5(P_m - T) = -20 - 5T + 5P_m$
$Q^d = 70 - 4 P_m$
À l'équilibre : $-20 - 5T + 5P_m = 70 - 4 P_m$ donc T= 3,6 ; P_o= 8,4

c. Avec une subvention de vente à l'unité, le prix perçu par le producteur est $P_o = P_m + S$.

Le prix du marché d'équilibre est $P_m = 8$. Le consommateur paye le prix d'équilibre.
$Q^o = -20 + 5(P_m + S) = -20 + 5S + 5P_m$
$Q^d = 70 - 4 P_m$
À l'équilibre : $-20 + 5S + 5P_m = 70 - 4 P_m$ donc S= 3,6 ; P_o= 11,6

L'élasticité

Les concepts d'offre et de demande font partie des principaux outils de l'analyse économique. La courbe d'offre croissante traduit toujours le comportement des producteurs tandis que la courbe de demande décroissante traduit le comportement des consommateurs. Le prix s'ajuste pour équilibrer la quantité offerte à la quantité demandée.

Dans la vie courante, les prix n'arrêtent pas de fluctuer, soit à la hausse soit à la baisse. Le concept d'élasticité permet de répondre aux questions suivantes : sur quelle base les gestionnaires d'entreprises décident de faire baisser ou augmenter les prix ? quel est l'effet de la variation des prix sur le comportement d'achat et vente ? quel est l'effet de la variation des prix sur les recettes des entreprises ? Par conséquent, le concept d'élasticité permet de mesurer la sensibilité des offreurs et des acheteurs aux conditions des marchés, en particulier à la variation des prix.

Élasticité de la demande

La maîtrise du concept d'élasticité permet aux gestionnaires d'entreprise de prendre de judicieuses décisions concernant la variation des prix. Pour comprendre l'importance de l'effet d'une modification de prix sur la demande, supposons qu'une entreprise vend son produit sur deux marchés A et B.

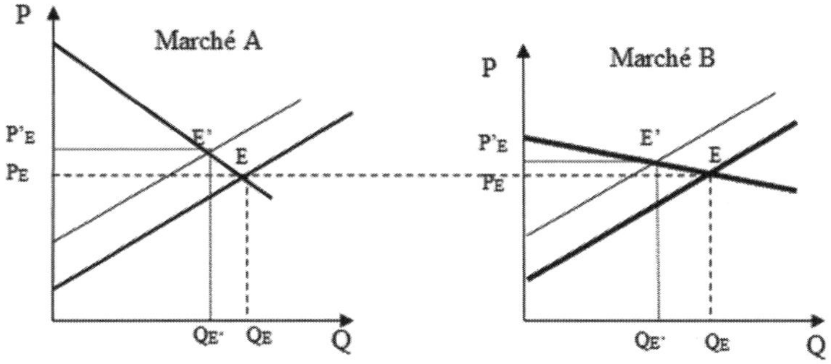

Sur le marché A et B la courbe d'offre est la même. Cependant sur le marché B, la courbe de demande est plus plate que sur le marché A. suite à une augmentation des coûts de production, l'offre de l'entreprise diminue. Les effets sur les prix et les quantités d'équilibre diffèrent d'un marché à l'autre. Sur le marché A, l'augmentation du prix est plus importante que sur le marché B, alors que la diminution de la quantité d'équilibre est plus importante sur le marché B que sur le marché A. Cette différence est due à la différence dans la sensibilité de la demande à la variation du prix. La demande sur le marché B est plus plate indiquant qu'elle est plus sensible à la variation des prix. À la suite d'une petite variation de prix, la quantité varie plus drastiquement sur le marché B que sur le marché A.

Élasticité de la demande par rapport au prix

L'élasticité prix de la demande correspond à la valeur absolue de la variation en pourcentage de la quantité achetée suite à une variation de 1 % du prix du bien. Ou encore, l'élasticité prix de la demande mesure la sensibilité de la quantité demandée d'un bien suite à une variation de 1 % du prix. L'élasticité prix de la demande est toujours négative(loi de la demande), on élimine le signe moins pour considérer uniquement la valeur absolue de l'élasticité.

On calcule l'élasticité prix de la demande d'un bien x par rapport à son prix selon la formule ci-dessous :

$$E_P = -\frac{\%\Delta Q_x}{\%\Delta P_x} = -\frac{\frac{\Delta Q_x}{Q_x}\times 100}{\frac{\Delta P_x}{P_x}\times 100} = -\frac{\Delta Q_x}{Q_x}\times\frac{P_x}{\Delta P_x} = \frac{\Delta Q_x}{\Delta P_x}\times\frac{P_x}{Q_x}$$

où Q_x est la quantité demandé d'un bien x et P_x est le prix du bien x. Dans le cas de fonctions de demande et d'offre continuent, nous remplaçons la variation relative par la dérivée :

$$E_P = \frac{\partial Q_X}{\partial P_X}\frac{P_X}{Q_X}$$

Par convention et pour éviter d'avoir deux élasticités différentes pour la même variation de prix à la hausse ou à la baisse, nous utilisons **l'élasticité d'arc.** Pour calculer le rapport du prix à la quantité (deuxième terme de l'équation) nous prenons le prix moyen et la quantité moyenne.

$$E_P = \frac{\partial Q}{\partial P}\times\frac{P_1 + P_2}{Q_1 + Q_2}$$

Les facteurs déterminant l'élasticité prix de la demande

Voici les facteurs qui influencent le degré d'élasticité de la demande par rapport au prix :

- **La présence de biens substituts disponibles** : Plus un bien a des substituts plus sa demande est sensible à la variation du prix. En effet, supposons que le prix du lait Québon 2 % diminue, la quantité demandée augmentera. Toutes choses étant égales, les acheteurs des autres marques de lait du même type vont substituer leur marque par Québon. En appliquant la même logique, si le prix de Québon augmente, les consommateurs de ce bien vont le substituer par d'autres marques. Ainsi la demande du lait Québon peut diminuer drastiquement, et ce pour une faible variation du prix.

- **La sorte du bien** : Il existe des biens de première nécessité tels que les médicaments et les biens alimentaires et des biens de luxe comme les produits cosmétiques. Les biens de luxe ont une demande présentant une élasticité plus grande que les biens de première nécessité dont la quantité demandée ne réagit que faiblement aux variations de prix. Ainsi la demande des biens de luxe est plus élastique que la demande des biens de première nécessité.

- **L'importance du bien dans le budget du consommateur** : Il y a des biens qui ont une part moins importante dans un budget tels que la part consacrée par mois à l'achat du riz. D'autres biens occupent une part plus importante dans un budget, par exemple l'achat d'une voiture. Supposons que le prix de ces deux biens augmentent de 2 %. L'augmentation de 2 % du prix du riz n'aura presque aucun effet sur la quantité demandée du riz alors que la même augmentation du prix des voitures fera baisser la quantité demandée de voitures. Ainsi la demande des biens qui ont une part importante dans le budget des consommateurs est plus élastique que la demande des biens qui ont une faible part dans leur budget.

- **La durée de la période de temps durant laquelle un changement de prix se maintient** : Lorsque les prix varient, à court terme les consommateurs n'ont pas encore eu le temps de s'ajuster à la variation des prix, il leur faut un certain temps pour trouver des biens substituts ou encore de changer leurs habitudes de consommation. À long terme, par contre la demanda va s'ajuster. Ainsi à long terme la demande est plus élastique qu'à court terme.

L'élasticité et la pente de la courbe de demande

L'élasticité de la demande et la pente de la courbe de demande sont deux choses distinctes mais interreliées. Voici une représentation graphique d'une courbe de demande à pente constante et égale à 1 :
$Q^d = 50 - P$

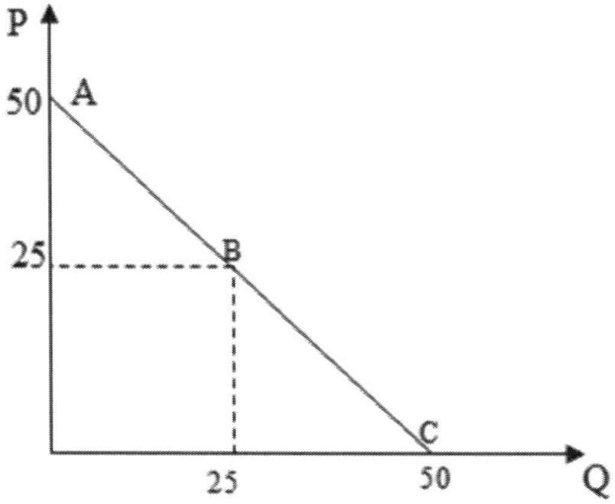

$$E_P = \frac{\partial Q}{\partial P}\frac{P}{Q} = -\frac{P}{50-P}$$

Au point A l'élasticité de la demande est parfaitement élastique. Au point B, l'élasticité de la demande est égale à l'unité et au point C, l'élasticité de la demande est égale à zéro.

Ainsi, l'élasticité le long d'une courbe de demande linéaire n'est pas constante. L'élasticité diminue quand le prix baisse et la quantité augmente. L'élasticité de la demande est unitaire au milieu de la droite de demande. Au-dessus de ce point, la demande est élastique (élasticité supérieure à 1 mais inférieure à l'infinie) et, au dessous de ce point, elle est inélastique (élasticité inférieure à 1 mais supérieure à 0). Le tableau suivant résume les interprétations et la valeur numérique de l'élasticité prix.

Nature de la demande	Valeur de l'élasticité en valeur absolue	Signification
Parfaitement élastique	infinie	La variation relative de 1 % du prix entraîne une très grande variation relative de la quantité demandée. Lorsque la demande est parfaitement élastique, elle est représentée par une droite horizontale.
Élastique	$1 < E_P < \infty$	La variation relative de 1 % du prix entraîne une variation relative de la quantité demandée plus que 1 %
Élasticité unitaire	$E_P = 1$	La variation relative de 1 % du prix entraîne une égale variation relative de la quantité demandée.

Inélastique	$0< E_P <1$	La variation relative de 1 % du prix entraîne une plus faible variation relative de la quantité demandée.
Parfaitement inélastique	$E_P=0$	La variation relative de 1 % du prix n'entraîne aucune variation relative de la quantité demandée. Lorsque la demande est parfaitement inélastique, elle est représentée par une droite verticale

<u>L'élasticité prix de la demande et les recettes</u>

Les gestionnaires des entreprises utilisent le concept d'élasticité pour décider la diminution ou l'augmentation d'un prix. Examinons la relation entre l'élasticité et les recettes.

Supposons qu'une entreprise fait face à une demande élastique pour son produit. Si le gestionnaire de l'entreprise suggère une augmentation du prix, quel sera l'effet sur les recettes ?

Lorsque la demande est élastique, une augmentation en pourcentage du prix entraîne une plus grande diminution en pourcentage de la quantité demandée (marché B). La même augmentation du prix sur le marché A, entraîne une moindre diminution de la quantité demandée (moins élastique).

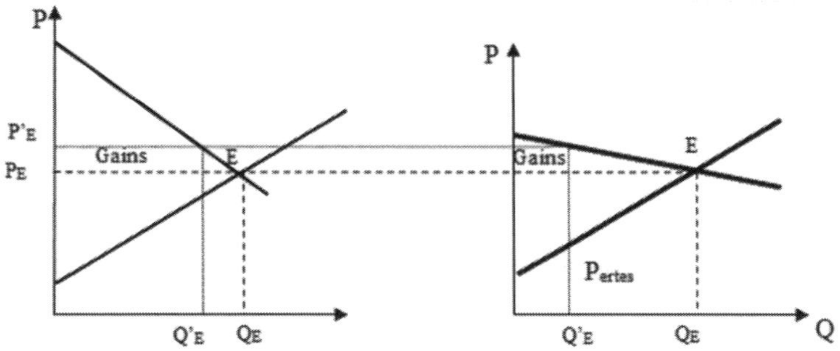

Les recettes de l'entreprise sont égales à la quantité vendue multipliée par le prix. La variation relative des recettes est par conséquent la somme de la variation relative des prix et des quantités : $RT = P \times Q \Rightarrow \frac{\Delta RT}{RT} = \frac{\Delta P}{P} + \frac{\Delta Q}{Q}$. Lorsque la demande est très élastique, les pertes en quantité sont plus grandes que les gains sur le prix, les recettes de l'entreprise vont diminuer à la suite de l'augmentation du prix. Par conséquent, le gestionnaire de l'entreprise commet une erreur s'il décide d'augmenter le prix lorsque la demande du produit est élastique.

Epreuve 1

$$E_P = -\frac{\Delta Q}{\Delta P} \times \frac{P_M}{Q_M} > 1 \Rightarrow -\frac{\Delta Q}{Q_M} > \frac{\Delta P}{P_M} \Rightarrow Pertes > gains$$

La variation relative de la quantité est supérieure à celle du prix. En augmentant le prix, la perte réalisée suite à la diminution de la quantité vendue est plus grande que le gain réalisé suite à l'augmentation du prix. Les recettes diminuent par conséquent.

Epreuve 2

$$E_P = -\frac{\Delta Q}{\Delta P} \times \frac{P_M}{Q_M} < 1 \Rightarrow -\frac{\Delta Q}{Q_M} < \frac{\Delta P}{P_M}$$

$$\Rightarrow Pertes < gains$$

Le tableau suivant résume les effets de l'augmentation ou la diminution du prix sur les recettes de l'entreprise selon les différentes élasticités de la demande.

	Prix diminue	Prix augmente
$E_P > 1$	Recettes totales augmentent	Recettes totales diminuent
$E_P = 1$	Recettes totales restent constantes	Recettes totales restent constantes
$E_P < 1$	Recettes totales diminuent	Recettes totales augmentent

L'élasticité croisée de la demande

L'élasticité croisée mesure la sensibilité de la quantité demandée d'un bien aux variations du prix d'un autre bien.

Supposons qu'il y a deux biens X (margarine) et Y (beurre). L'élasticité de la demande du bien X à la suite de la variation du prix du bien Y est :

$$E_{XY} = \frac{\Delta\% Q_X}{\Delta\% P_Y} = \frac{\frac{\Delta Q_X}{Q_X}}{\frac{\Delta P_Y}{P_Y}} = \frac{\Delta Q_X}{\Delta P_Y}\frac{P_Y}{Q_X}$$

$$E_{XY} = \frac{\partial Q_X}{\partial P_Y}\frac{P_Y}{Q_X}$$

Supposons que le prix du beurre affecte la quantité demandée de margarine de la façon suivante : lorsque le prix du beurre,P_Y, augmente de 10 à 11$ et que la quantité de la margarine,Q_X, augmente de 100 à 108. L'élasticité croisée de la demande de margarine à la suite de la variation du prix du beurre est :

$$E_{XY} = \frac{\Delta Q_X}{\Delta P_Y}\frac{P_Y}{Q_X} = \frac{108-100}{11-10}\frac{10+11}{100+108} = \frac{8}{1}\frac{21}{208} = 0.8$$

L'élasticité croisée de la demande de la margarine par rapport au prix du beurre est positive.

<u>Classification des élasticités croisées</u>

Pour les biens substituts, l'élasticité croisée est positive tandis que pour les biens complémentaires, elle est négative. Finalement pour les biens indépendants, l'élasticité croisée est nulle.

Nature des biens	Valeur de l'élasticité	Signification
Biens parfaitement substituables	infinie	Une augmentation (diminution) du prix d'un bien, entraîne une très grande variation positive de la quantité demandée de l'autre bien.
Biens substituts	$E_{XY} > 0$	Une augmentation(diminution) du prix d'un bien, entraîne une augmentation (diminution) de la quantité demandée de l'autre bien
Biens indépendants	$E_{XY} = 0$	La variation relative du prix n'entraîne aucune variation relative de la quantité demandée de l'autre bien.
Biens compléments	$E_{XY} < 0$	Une augmentation (diminution) du prix d'un bien, entraîne une diminution (augmentation) de la quantité demandée de l'autre bien.
Parfaitement complémentaires	$E_{XY} = -\infty$	Une augmentation (diminution) du prix d'un bien, entraîne une très grande diminution (augmentation) de la quantité demandée de l'autre bien.

L'élasticité-revenu

L'élasticité-revenu mesure la sensibilité de la quantité demandée d'un bien aux variations du revenu des consommateurs. L'élasticité revenu correspond au pourcentage de la variation de la quantité demandée divisée par le pourcentage de variation du revenu.

$$E_R = \frac{\Delta\% Q_X}{\Delta\% R} = \frac{\frac{\Delta Q_X}{Q_X}}{\frac{\Delta R}{R}} = \frac{\Delta Q_X}{\Delta R}\frac{R}{Q_X}$$

$$E_R = \frac{\partial Q_X}{\partial R}\frac{R}{Q_X}$$

Supposons que le revenu (R) affecte la quantité demandée de viande (Q) de la façon suivante : lorsque le revenu d'un consommateur augmente de \$20 000 à \$22 000, la quantité demandée de viande varie de 100 à 105.

$$E_R = \frac{\Delta Q_X}{\Delta R}\frac{R}{Q_X} = \frac{105-100}{22000-20000}\frac{22000+20000}{100+105} = 0.5$$

L'élasticité-revenu est égale à 0.5%. Ainsi la viande est un bien normal, car lorsque le revenu augmente de 1 %, la quantité demandée du bien augmente de 0.5 %. Un bien normal peut être un bien de première nécessité quand l'élasticité revenu de la demande est positive mais inférieure à 1. Lorsque l'élasticité-revenu est positive mais supérieure à 1, le bien sera dit bien de luxe. Il y a aussi des biens inférieurs lorsque la demande du bien diminue quand le revenu augmente. Dans ce cas, l'élasticité-revenu est négative.

Classification des élasticités revenues

L'élasticité-revenu, nous permet de classifier les biens selon leur nature. Il y a des biens normaux et des biens inférieurs.

Nature du bien	Valeur de l'élasticité	Signification
Biens normal de luxe	$E_R > 1$	Une augmentation (diminution) du revenu entraîne une grande variation positive de la quantité demandée.
Biens normal de première nécessité	$0 < E_R < 1$	Une augmentation (diminution) du revenu, entraîne une moindre augmentation (diminution) de la quantité demandée.
Biens inférieurs	$0 < E_R$	Une augmentation du revenu entraîne une dimintion de la quantité demandée.

Élasticité de l'offre

L'élasticité de l'offre mesure la sensibilité de la quantité offerte d'un bien aux variations du prix de ce bien. Nous la calculons à l'aide de la formule suivante :

$$E_O = \frac{\Delta\% Q_X}{\Delta\% P_X} = \frac{\frac{\Delta Q_X}{Q_X}}{\frac{\Delta P_X}{P_X}} = \frac{\Delta Q_X}{\Delta P_X}\frac{P_X}{Q_X}$$

$$E_O = \frac{\partial Q_X}{\partial P_X}\frac{P_X}{Q_X}$$

Supposons que la courbe d'offre est : $Qo = 100P - 500$. *Calculons l'élasticité de l'offre quand le prix augmente de 10 \$ à 11 \$.*

$$Q_1 = 100P_1 - 500 = 100(10) - 500 = 500$$

$$Q_2 = 100P_2 - 500 = 100(11) - 500 = 600$$
$$E_O = \frac{Q_2 - Q_1}{P_2 - P_1} \times \frac{P_1 + P_2}{Q_1 + Q_2} = \frac{600 - 500}{11 - 10} \times \frac{10 + 11}{500 + 600} = 1.9$$

Ainsi, lorsque le prix augmente de 1 %, la quantité offerte augmente de $1,9\%$. Dans ce cas, l'offre est élastique par rapport au prix.

Classification des élasticités d'offre

L'élasticité prix de l'offre peut être inélastique lorsque la valeur de l'élasticité est comprise ente 0 et 1. Elle peut être élastique ou à élasticité unitaire. Elle peut aussi être parfaitement inélastique ou parfaitement élastique.

Le tableau suivant résume toutes les valeurs possibles de l'élasticité d'offre.

Nature de l'offre	Valeur de l'élasticité	Signification
Parfaitement élastique	infinie	La variation relative de 1 % du prix entraîne une très grande variation relative de la quantité offerte. Lorsque l'offre est parfaitement élastique, elle est représentée par une droite horizontale.
Élastique	$E_O > 1$	La variation relative de 1 % du prix entraîne une variation relative de la quantité offerte plus que 1 %
Élasticité unitaire	$E_O = 1$	La variation relative de 1 % du prix entraîne une égale variation relative de la quantité offerte.
Inélastique	$0 < E_O < 1$	La variation relative de 1 % du prix entraîne une plus faible variation relative de la quantité offerte.
Parfaitement inélastique	$E_O = 0$	La variation relative de 1 % du prix n'entraîne aucune variation relative de la quantité offerte. Lorsque l'offre est parfaitement inélastique, elle est représentée par une droite verticale

Cas particuliers

Voici deux cas extrèmes de courbe d'offre. lorsque l'offre est parfaitement inélastique, elle est représentée par une droite verticale. Lorsque l'offre est parfaitement élastique, elle est représentée par une droite horizontale.

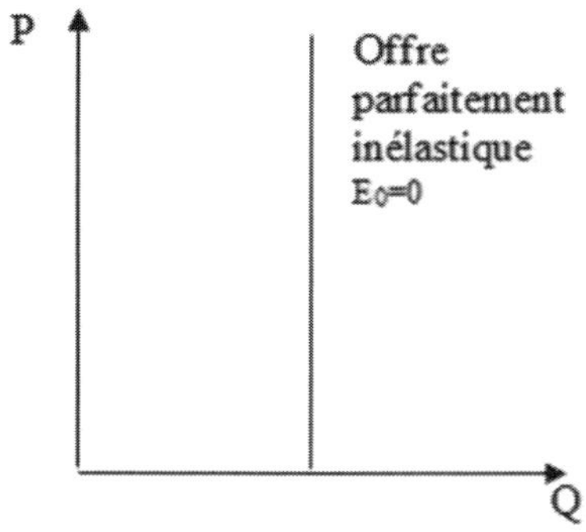

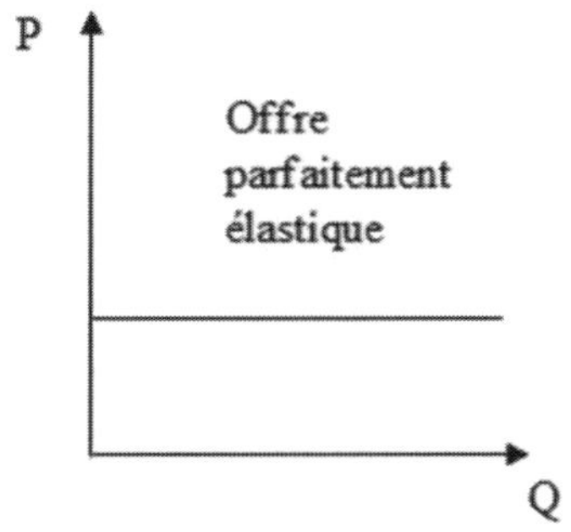

Les facteurs influençant l'élasticité prix d'offre

La valeur de l'élasticité de l'offre dépend de deux facteurs : la substituabilité des facteurs de production et le temps de réponse des producteurs aux variations de prix.

- **La substituabilité des facteurs de production :** La production de certains biens nécessite une technologie spécifique ; dans ce cas il est impossible de substituer un facteur de production par un autre. La courbe d'offre dans ce cas est inélastique. Il y a aussi des biens qui peuvent être produits par divers facteurs de production. Par exemple, des vêtements, car ils peuvent avoir été cousus à la main ou à la machine. Par conséquent, il est possible de substituer un travailleur par une machine. La courbe d'offre est donc élastique.

- **Le temps de réponse des producteurs aux variations de prix :** Comme pour la demande, les économistes distinguent les ajustements de l'offre au prix à court terme aux ajustements à long terme. La courbe d'offre instantanée est une verticale, car le producteur ne peut rien faire instantanément à la suite d'une variation de prix. La courbe d'offre à court terme se définit comme l'ajustement de l'offre lorsque le stock du capital est donné (le capital est sensé être stable à court terme). De son côté, la courbe d'offre à long terme suppose que les entreprises peuvent adapter leur stock du capital (K correspond à la variable à long terme). L'élasticité de l'offre à long terme est supérieure à l'élasticité de l'offre à court terme.

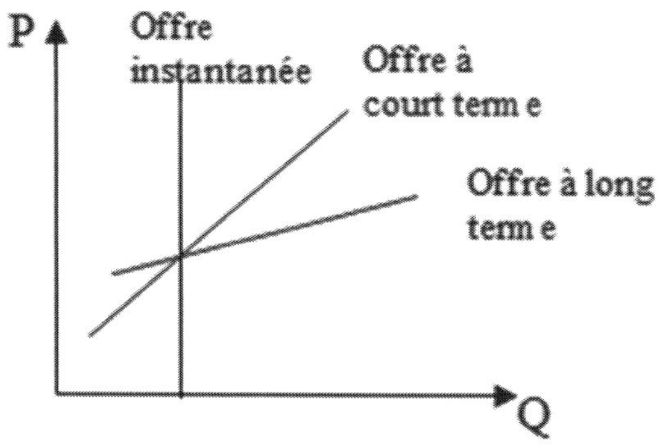

L'offre de logement constitue un cas typique de produits dont l'offre à court terme n'est pas très sensible aux variations de prix. la courbe d'offre est par conséquent fortement aigue (inélastique). cependant, à long terme si le prix des logements augmentent, ceci incite à faire des investissements pour construire des nouveaux logement, la quantité offerte augmente. la courbe d'offre à long terme est plus sensible à la variation du prix (élastique).

Effet de la taxe et élasticité

Les deux graphiques ci-dessous montrent deux cas extrêmes d'élasticité de la demande. Le premier graphique montre une demande parfaitement inélastique dont la courbe est verticale. Le deuxième graphique montre une demande parfaitement élastique dont la courbe est horizontale. Dans les deux cas, la courbe d'offre est élastique.

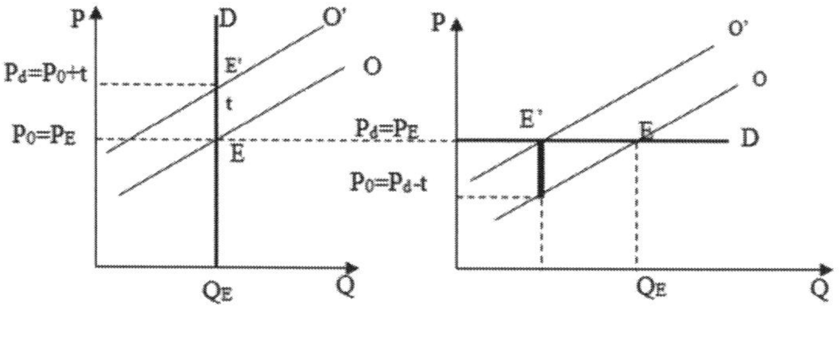

Lorsque l'élasticité de la demande est égale à zéro par conséquent inférieure à celle de l'offre, le surplus du consommateur diminue de l'aire du rectangle (P_d, P_E, E, E'). Lorsque la demande a une élasticité infinie supérieure à celle de l'offre, le surplus du producteur diminue du trapèze (P_d, P_o, E, E').

Par conséquent, l'incidence de la taxe dépend de l'élasticité relative par rapport au prix de la demande et de l'offre partageant ainsi dans différentes proportions le fardeau de la taxe entre consommateurs et producteurs. Lorsque l'élasticité de la demande est plus grande que l'élasticité de l'offre, le producteur supporte plus de taxe et lorsque la demande est parfaitement élastique, le producteur paiera la totalité de la taxe. Par contre, lorsque l'élasticité de l'offre est supérieure à l'élasticité de la demande, le consommateur supporte plus de taxe et lorsque la demande est parfaitement inélastique, le consommateur paiera la totalité de la taxe.

Exercices

Vrai, Faux, ou incertain

1. Pour un prix donné et pour un même bien, la courbe de demande d'une personne riche est moins élastique que celle d'une personne pauvre.
2. Le long d'une courbe de demande à pente constante, l'élasticité de la demande par rapport au prix augmente au fur et à mesure que les quantités augmentent
3. Lorsque la quantité demandée d'un bien augmente dans une proportion moindre que l'augmentation de revenu, on dit que le bien est un bien nécessaire
4. Plus la portion de revenu qu'un consommateur consacre à l'achat d'un bien est élevée, plus l'élasticité-prix de la demande de ce bien est élevée.
5. Si l'élasticité-prix de la demande est inférieure à 1, alors une entreprise qui veut augmenter sa recette totale doit diminuer son prix.
6. Si la part des dépenses alimentaires des canadiens dans les dépenses totales diminue alors que le revenu des canadiens s'est accru durant la même période, on peut en conclure que l'élasticité-revenu des biens alimentaires est inférieure à l'unité.
7. Le prix d'un bien A passe de \$18 à \$22 alors que sa quantité demandée chute de 1000 à 900 unités par semaine ; nous pouvons donc affirmer que la demande pour le bien A, dans cette intervalle, est élastique.
8. Si l'offre d'un bien est parfaitement inélastique, l'imposition d'une taxe de vente de ce bien n'entraînera aucune perte sèche.

Problèmes

1. Quatre personnes ont la même fonction de demande pour le bien x : $x_i = \dfrac{R_i P_y}{2P_x}$

avec i=1,2,3,4.

a. Déterminer la quantité totale du marché du bien x.

b. Calculer les élasticités de la demande totale par rapport au prix P_x, P_y, et du revenu R.

2. Un consommateur achète deux biens X et Y tous les mois. Son revenu disponible varie de mois en mois. On a pu observer en six occasions les quantités consommées de bien X alors que le prix de X, le prix de Y et le revenu disponible changeaient.

	Quantité de X (Q_x)	Prix de X (P_x)	Prix de Y (P_y)	Revenu disponible (R)
Mois 1	10	10	5	4000
Mois 2	10	11	6	4000
Mois 3	10	16	6	4300
Mois 4	12	10	6	4000
Mois 5	8	13	7	4300
Mois 6	12	16	6	4500

À l'aide des données, calculez l'élasticité prix, l'élasticité-revenu du bien X et la valeur de l'élasticité croisée de X par rapport à Y. Les biens X et Y sont-ils des biens substituables ou complémentaires ?

3. Vous êtes le seul vendeur d'un produit sur un marché. Si vous avez la certitude que la valeur absolue de l'élasticité prix de la demande pour ce produit est égale à 3 %, devriez-vous augmenter ou baisser votre prix si votre objectif est d'augmenter les recettes totales ?

4. La demande de marché d'un bien X est donnée par la relation suivante :

$$Q_x = 40 - 5P_x + 3R + 4P_y$$

où R est le revenu et P_y est le prix d'un autre bien.

a. Si $P_Y = 10$, R=100 calculez l'élasticité lorsque P_x passe de 5 à 10 ; interprétez le résultat.

b. Si $P_x = 5$, R=100 calculez l'élasticité lorsque P_y passe de 10 à 15 ; interprétez le résultat.

c. Si $P_x = 5$, $P_y = 10$, calculez l'élasticité lorsque R passe de 100 à 150 ; interprétez le résultat.

5. Le marché d'un bien X est représenté par les fonctions de demande et d'offre suivantes :

$Q_x^d = 200 - 2P_x$ et $Q_x^o = 100 + 2P_x$

a. Trouvez l'équilibre du marché et faites-en la représentation graphique.

b. On vous affirme que puisque la quantité demandée baisse de 3 lorsque le prix monte de 1, il faut donc que l'élasticité de la demande soit 3. Commentez cette affirmation.

c. Calculez l'élasticité de l'offre au point d'équilibre.

6. Soient $Q^D = 50 - 5P_x + 2P_y$, la demande de bien *x*, et $Q^o = -20 + 10P_x$ l'offre de bien *x*, où P_x est le prix de *x* et P_y est le prix du bien *y*. Soit $P_y = 10$

a. Calculez le prix et la quantité d'équilibre sur le marché du bien *x*.

b. Est-ce que le bien y est un bien substitut ou complément à *x* ?

c. Représentez graphiquement l'effet de l'augmentation du prix de *y* sur le prix et la quantité de *x*.

7. supposons que l'offre et la demande d'un bien sont :

$$Q^d = 500 - 3P \text{ et } Q^o = -25 + 2P$$

a. Calculez le prix et la quantité d'équilibre ? faites une représentation graphique.
b. Calculez le surplus du consommateur.
c. Calculez l'élasticité de la demande et de l'offre au point d'équilibre.
d. Quel sera l'effet d'un déplacement de la courbe d'offre à droite sur les recettes.

Corrigés

Vrai, Faux, ou incertain

1. Vrai
2. Faux
3. Vrai
4. Vrai
5. Faux
6. Vrai
7. Faux
8. Vrai

Problèmes

1. La demande totale du marché est :

a. $x = \sum_{i=1}^{4} x_i = \frac{(R_1 + R_2 + R_3 + R_4)P_y}{2P_x} = \frac{RP_y}{2P_x}$

b. $E_P = \frac{\partial x}{\partial P_x} \frac{P_x}{x} = -1$

La demande est à élasticité unitaire.

$$E_c = \frac{\partial x}{\partial P_y} \frac{P_y}{x} = 1 \rangle 0$$

x et y sont des biens substituts.

$$E_R = \frac{\partial x}{\partial R} \frac{R}{x} = 1$$

Le bien x est un bien normal.

2. L'élasticité de demande :

$$E_P = \frac{x_4 - x_2}{P_4 - P_2} \times \frac{P_2 + P_4}{x_2 + x_4} = \frac{22 - 20}{10 - 11} \times \frac{21}{42} = -1$$

$$E_c = \frac{x_4 - x_1}{P_4 - P_1} \times \frac{P_1 + P_4}{x_1 + x_4} = \frac{22 - 20}{16 - 15} \times \frac{31}{42} = \frac{31}{21} \rangle 0$$

Le bien x et y sont des substituts

$$E_R = \frac{x_6 - x_3}{R_6 - R_3} \times \frac{R_3 + R_6}{x_3 + x_6} = \frac{22 - 20}{3400 - 3300} \times \frac{6700}{42} = 3{,}19 \rangle 1$$

Le bien x est un bien normal et de luxe.

3. la demande est élastique (la valeur absolue de l'élasticité prix de la demande pour ce produit est égale à 3 %), il faut baisser le prix pour augmenter les recettes :

$$E_P = \frac{\frac{\Delta Q}{Q}}{\frac{\Delta P}{P}} \rangle 1 \Rightarrow \frac{\Delta Q}{Q} \rangle \frac{\Delta P}{P} \Rightarrow gains \rangle perte$$

Les pertes en prix seront inférieurs aux gains en quantité, donc les recettes augmentent.

4. La demande de marché d'un bien X est donnée par la relation suivante :
$Q_x=40-5P_x+3R+4P_y$

où R est le revenu et P_y est le prix d'un autre bien.

a. Si $P_Y = 10$, R=100, l'élasticité lorsque P_x passe de 5 à 10; interprétez le résultat.

$$Q_x = 380 - 5P_x$$

$$Q_x^1 = 355; \quad Q_x^2 = 330$$

$$E_P = \frac{Q_2 - Q_1}{P_2 - P_1} \times \frac{P_2 + P_1}{Q_2 + Q_1} = \frac{330 - 355}{10 - 5} \times \frac{15}{685} = -\frac{25}{5} \times \frac{15}{685} = -0.1$$

La demande est inélastque.

b. Si $P_x = 5$, R=100, l'élasticité lorsque P_y passe de 10 à 5

$$Q_x = 315 + 4P_y$$

$$Q_x^1 = 355; \quad Q_x^2 = 375$$

$$E_c = \frac{Q_2 - Q_1}{P_2 - P_1} \times \frac{P_2 + P_1}{Q_2 + Q_1} = \frac{375 - 355}{15 - 10} \times \frac{25}{685} = -\frac{22}{5} \times \frac{25}{730} = 0.15 \rangle 0$$

x et y sont des substituts

c. Si $P_x = 5$, $P_y = 10$, 'élasticité lorsque R passe de 100 à 150

$$Q_x = 55 + 3R$$

$$Q_x^1 = 355; \quad Q_x^2 = 505$$

$$E_R = \frac{Q_2 - Q_1}{R_2 - R_1} \times \frac{R_2 + R_1}{Q_2 + Q_1} = \frac{505 - 355}{150 - 100} \times \frac{250}{860} = -\frac{15}{5} \times \frac{25}{86} = 0 \langle 0.87 \langle 1$$

Le bien x est un bien normal de première necessité

5. Le marché d'un bien X est représenté par les fonctions de demande et d'offre suivantes :
$Q_x^d = 200 - 2P_x$ et $Q_x^o = 100 + 2P_x$

a. Équilibre : $P_E=25$; $Q_E = 150$
b. C'est faux, l'élasticité mesure la sensibilité relative de la quantité demandée suite à une variation relative du prix de 1 %.

$$\Delta Q_x = -3$$

$$\Delta P = 1$$

$$E_P = \frac{\Delta Q_x}{\Delta P_x} \times \frac{P_2 + P_1}{Q_2 + Q_1} = \frac{3}{1} \times \frac{26 + 25}{297} = -0.5$$

Lorsque le prix varie de 1 % la quantité demandée varis de 0.5 %.

c. Calculez l'élasticité de l'offre au point d'équilibre.

$$E_o = \frac{\partial Q_x}{\partial P_x} \times \frac{P_x}{Q_x} = 2 \times \frac{25}{150} = 0{,}33$$

L'offre est inélastique.

6. Soient $Q^D = 50 - 5P_x + 2P_y$, et $Q^o = -20 + 10P_x$; $P_y = 10$
a. $P_E = 6$; $Q_E = 40$
b. *y* est un substitut de *x*

$$E_c = \frac{\partial Q_x}{\partial P_y} \times \frac{P_y}{Q_x} = 2 \times \frac{10}{40} = 0.5$$

c. Il s'agit d'un déplaceent parallèle vers le haut de la courbe de demande du bien *x*.

7. $Q^d = 500 - 3P$ et $Q^o = -25 + 2P$
a. Le prix et la quantité d'équilibre : P_E.=105 et Q=185
b. Le surplus du consommateur =0.5(185-105)*185=26825
c. L'élasticité de la demande et de l'offre au point d'équilibre

$$E_d = \frac{\partial Q^d}{\partial P} \times \frac{P}{Q} = -3 \times \frac{105}{185} = -1{,}7$$

$$E_o = \frac{\partial Q^o}{\partial P} \times \frac{P}{Q} = 2 \times \frac{105}{185} = 1{,}13$$

d. Un déplacement de la courbe d'offre à droite fait baisser le prix d'équilibre et augmenter la quantité d'équilibre. Puisque la demande est élastique alors la variation relative de la quantité est supérieure à la variation relative des prix donc les recettes vont augmenter.

La théorie du consommateur

Ce chapitre se veut une étude du comportement du ménage concernant ses choix de consommation. Un ménage est considéré comme l'unité de consommation par les économistes.

Ce chapitre permettra de comprendre le comportement sous-jacent à la demande du marché. En effet, cette dernière correspond à la somme des demandes individuelles. Cette notion de demande du marché se répétera tout au long de ce livre d'où l'importance de connaître ses fondements.

Les préférences

Les préférences déterminent le niveau du plaisir que les individus tirent de leur consommation des biens et services. Les économistes supposent que le consommateur est capable de faire un classement des différents paniers de biens selon la satisfaction qu'ils lui procurent.

Les préférences ne dépendent pas du revenu, ni du prix. Le consommateur peut déterminer si un bien est strictement préféré à un autre ou s'il est indifférent entre les deux :

- $X(x_1, x_2) \succ Y(y_1, y_2)$: le consommateur préfère strictement X à Y. Il préfère nettement avoir le panier X que le panier. Entre les deux paniers, il choisira nécessairement le panier $X(x_{1,}x_2)$.

- $X(x_1, x_2) \succeq Y(y_1, y_2)$. Le consommateur préfère faiblement le panier X au panier Y.

- $X(x_1,x_2) \sim Y(y_1, y_2)$ Le consommateur est indifférent entre le panier X et le panier Y. Le consommateur atteint le même niveau de satisfaction qu'il consomme le panier $X(x_{1,}x_2)$ ou le panier $Y\left(y_1, y_2\right)$.

Il y a une dépendance logique entre ces trois relations. Par exemple si le consommateur dit qu'il préfère le panier X à Y ; et qu"au même temps il préfère Y à X, alors il est indifférent entre le panier X et le panier Y :

$$\begin{cases} X(x_1,x_2) \succsim Y(y_1,y_2) \\ Y(y_1,y_2) \succsim X(x_1,x_2) \end{cases} \Rightarrow X(x_1,x_2) \sim Y(y_1,y_2)$$

De la même façon si:

$$\begin{cases} X(x_1,x_2) \succsim Y(y_1,y_2) \\ X(x_1,x_2) \sim Y(y_1,y_2) \end{cases} \Rightarrow X(x_1,x_2) \succ Y(y_1,y_2)$$

Hypothèses sur les préférences

Les préférences sont soumises à essentiellement quatre hypothèses pour refléter la cohérence du comportement des consommateurs.

Axiome 1 *La relation de préférence est une relation complète, c'est à dire qu'on peut comparer tout paire quelconque de paniers :*

$\forall\ X,Y,$ on a soit $X(x_1,x_2) \succsim Y(y_1,y_2)$, soit $Y(y_1,y_2) \succsim X(x_1,x_2)$ ou soit $X(x_1,x_2) \sim Y(y_1,y_2)$

Axiome 2 *La relation de préférence est réflexive. Tout panier est au moins aussi désirable que lui même :*

$$X(x_1,x_2) \succsim X(x_1,x_2)$$

Axiome 3 *La relation de préférence est transitive ou de rationalité implique que si le consommateur préfère faiblement le panier X au panier Y et que Y est aussi désirable que le panier Z alors* le consommateur préfère faiblement X à Z:

$\forall\ X, Y$ et Z si :

$$\begin{cases} X(x_1,x_2) \succsim Y(y_1,y_2) \\ Y(y_1,y_2) \succsim Z(z_1,z_2) \end{cases} \Rightarrow X(x_1,x_2) \succsim Z(z_1,z_2)$$

Ces trois propriétés assurent un minimum de rationalité dans le comportement du consommateur.

Les courbes d'indifférence

Afin d'analyser de façon plus rigoureuse les choix ainsi que les conséquences des variations de prix, les économistes ont construit un outil, appelé courbe d'indifférence. *Une courbe d'indifférence indique toutes les combinaisons de panier en biens ou de services entre lesquelles le consommateur est indifférent à la consommation de l'une ou l'autre de ces combinaisons, car elles lui procurent un niveau d'utilité identique.*

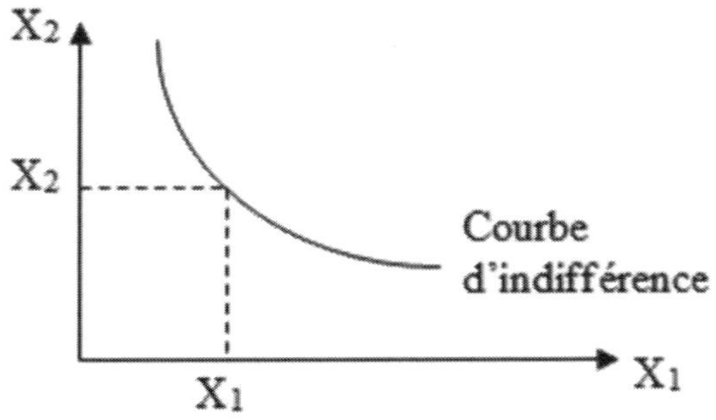

Exemple *Si Hedy établit un ordre de préférences pour le restaurant et le cinéma. D'après ses préférences, il s'avère que pour lui, aller* 4 *fois au cinéma et aller* 1 *fois au restaurant par semaine (point A sur la figure), lui procure le même plaisir que d'aller une seule fois au cinéma et 5 fois au restaurant (point B). Toutes les combinaisons de sorties au cinéma et au restaurant sur la courbe d'indifférence de Hedy, lui procurent le même niveau de satisfaction. Hedy est donc indifférent aux diverses combinaisons représentées dans le graphique suivant :*

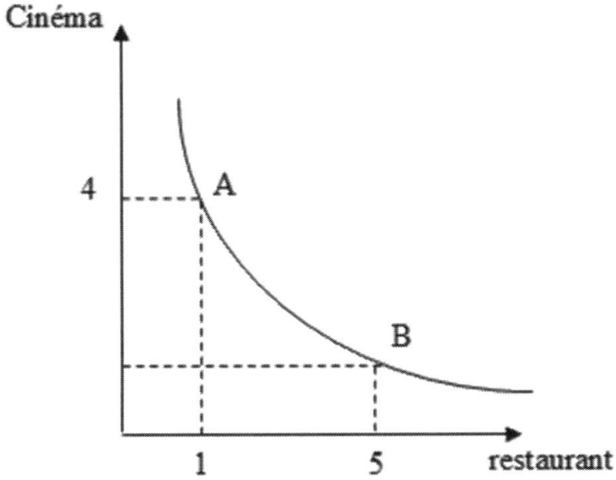

Axiome 4 *Une courbe d'indifférence est décroissante. Les biens et services sont substituables. Pour conserver le même niveau de satisfaction, le consommateur substitut le bien qui diminue par l'autre bien.*

Axiome 5 *Les courbes d'indifférence correspondant à des niveaux différents de satisfaction ne peuvent pas se croiser.*

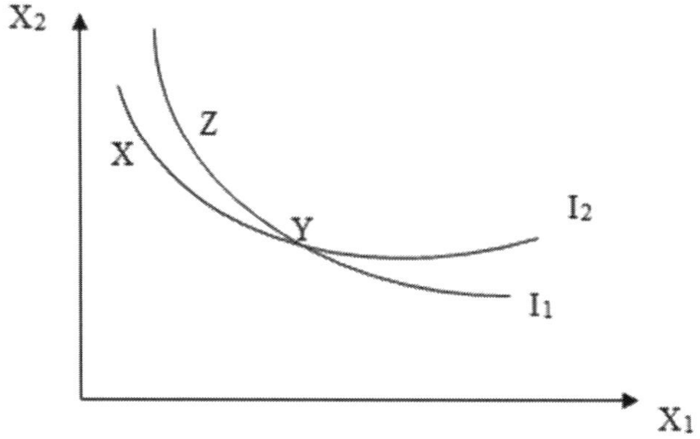

Épreuve

$$\begin{cases} X(x_1, x_2) \sim Y(y_1, y_2) \\ Y(y_1, y_2) \sim Z(z_1, z_2) \end{cases} \Rightarrow X(x_1, x_2) \sim Z(z_1, z_2)$$

ce qui n'est pas vrai car le panier Z est préféré à X. Alors deux courbes d'indifférences ne se croisent pas.

Axiome 6 *Pour des préférences normales, les courbes d'indifférences doivent être convexes, c'est à dire que le panier moyen est préféré aux paniers extrêmes :*
$Z = \alpha X + (1-\alpha)Y \succ X \sim Y$

Épreuve

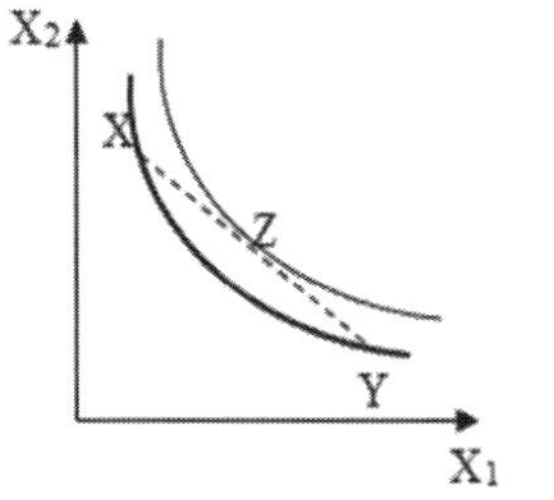	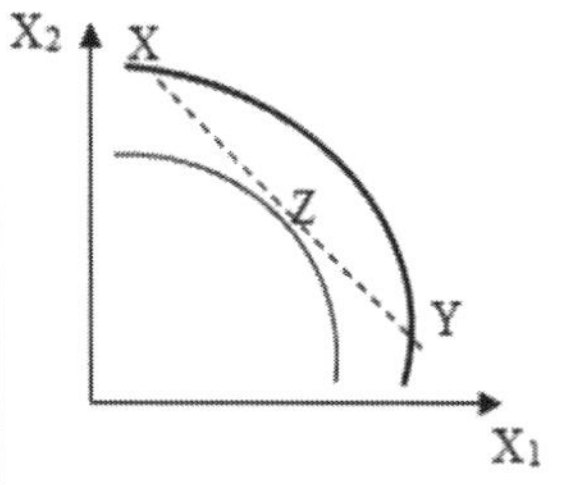	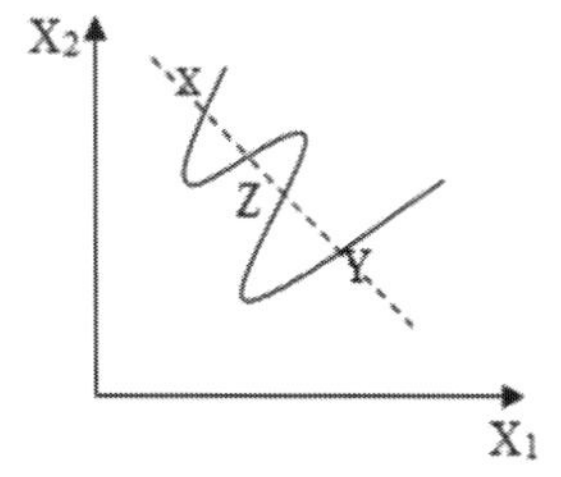
Préférences convexes: le panier moyen Z qui est une combinaison du panier X et Y se situe à un niveau de préférene plus élevé. Il procure plus de satisfaction au consommateur que le panier X et Y.	Lorsque l'ensemble des préférences est concave, le panier moyen est moins préféré que les paniers extrême	Lorsque l'ensemble des préférences est non convexe, le panier moyen est moins préféré que les paniers extrêmes.

Exemples de courbes d'indifférence

Les graphiques ci-dessous présentent quelques courbes d'indifférence en fonction des caractéristiques des biens.

1. **Bien neutre** : le bien neutre est un bien que le consommateur n'aime pas. Par exemple, le tabac pour le non-fumeur ou la viande pour le végétarien. Dans ce cas, la satisfaction ne dépend pas du bien non-désiré, elle dépend seulement de l'autre bien désiré. La satisfaction augmente avec l'augmentation de la consommation de l'autre bien. Si nous prenons le cas d'un végétarien, sa satisfaction dépend seulement de la consommation des fruits et légumes peu importe la quantité de viande sur le marché. Si la viande est en ordonnée et les fruits et légumes sont en abscisse, sa courbe d'indifférence est alors verticale. La satisfaction augmente avec l'augmentation des fruits et légumes, donc un niveau de satisfaction plus élevé correspond à un déplacement vers la droite de la courbe d'indifférence.

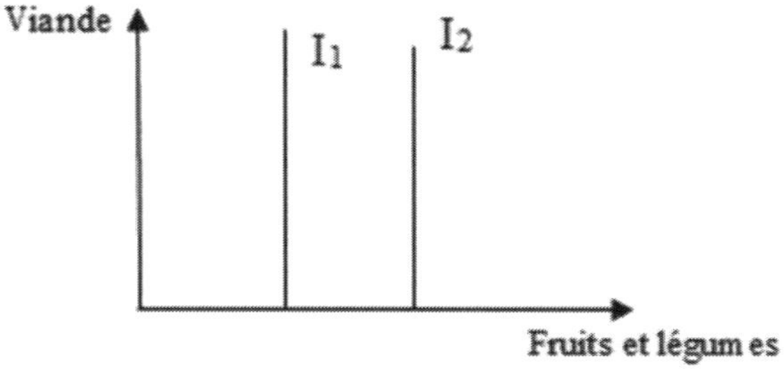

2. **Compléments parfaits :** les compléments parfaits sont des biens qui sont toujours consommés ensembles dans des proportions fixes. L'exemple typique est

celui du soulier droit avec le soulier gauche correspondant ; l'un ne va pas sans l'autre. Un autre exemple est celui de la roue et le pneu. L'utilité n'augmente pas avec l'augmentation d'un seul bien.

Aux points d'intersection, on retrouve les combinaisons significatives des courbes d'indifférences des compléments parfaits. La caractéristique fondamentale des compléments parfaits réside dans le fait que l'individu préfère consommer les biens dans des proportions fixes, mais pas nécessairement dans une proportion égale (1 pour 1). Les courbes d'indifférence sont par conséquents en forme de L.

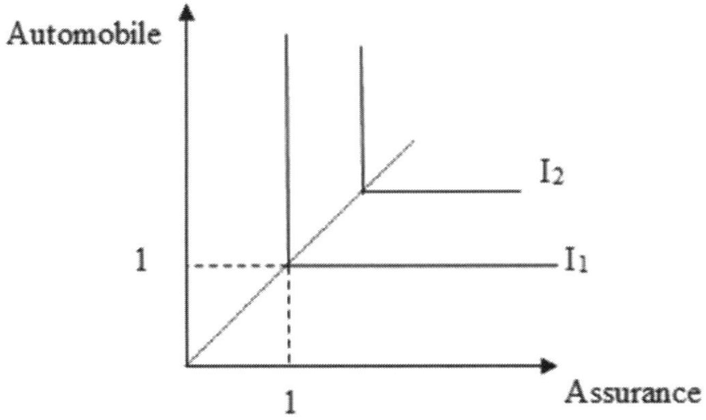

Pour une voiture le consommateur a besoin seulement d'une assurance, le consommateur est indifférent à toutes les quantités supérieures à 1, c'est pour cette raison que la courbe devient horizontale. Le même raisonnement pour une assurance, le consommateur a besoin d'une auto, il est indifférent à toutes les quantités de voitures supérieures à 1, la courbe est verticale à partir de ce point.

3. **Biens substituts parfaits** : les biens parfaitement substituables sont des biens pour lesquels le consommateur ne se préoccupe que de la quantité totale à consommer. Par exemple, le consommateur est indifférent à la marque d'essence Super de Esso ou de Shell, il est indifférent à la marque de lait (2 %) de Lactancia ou de Québon. Aux yeux du consommateur, les deux produits présentent les mêmes caractéristiques et satisfont le même besoin, leurs différences résident plutôt dans leur publicité.

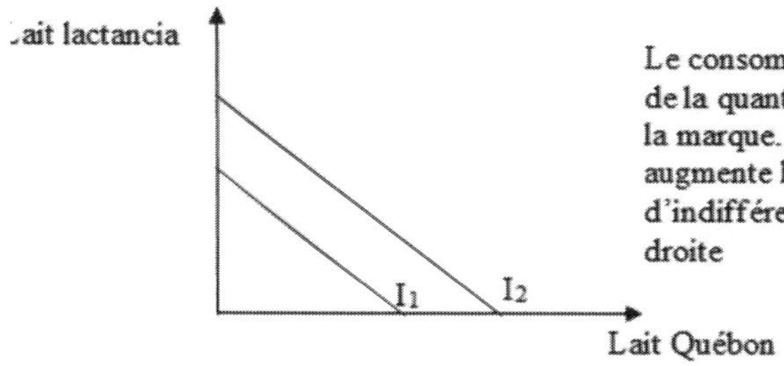

Le consommateur ne se préocupe que de la quantité totale du lait et non de la marque. Le niveau de satisfaction augmente lorsque les courbes d'indifférences se déplacent vers la droite

La constance de la pente des courbes d'indifférence constitue la caractéristique fondamentale des biens substituts parfaits. Le consommateur est disposé à substituer un bien à un autre à un taux constant.

4. **Biens indésirables :** un bien est indésirable lorsqu'il procure une désutilité, le consommateur atteint alors un niveaux d'utilité plus élevé en réduisant la quantité consommée de ce bien. Dans l'exemple ci-dessous, le travail est un bien indésirable. Pour un niveau de salaire w donné, plus le niveau de travail diminue plus la satisfaction du consommateur augmente.

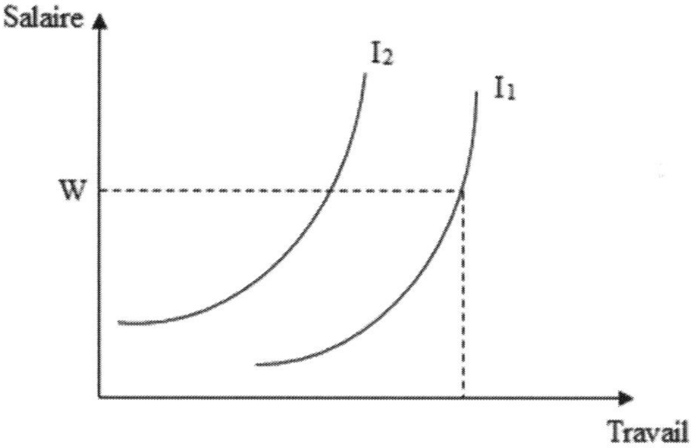

Taux marginal de substitution (TMS)

Le taux marginal de substitution mesure la pente de la courbe d'indifférence. Il mesure alors le taux auquel le consommateur est prêt à substituer un bien par un autre.

Pour les biens normaux, la courbe d'idifférence est convexe.

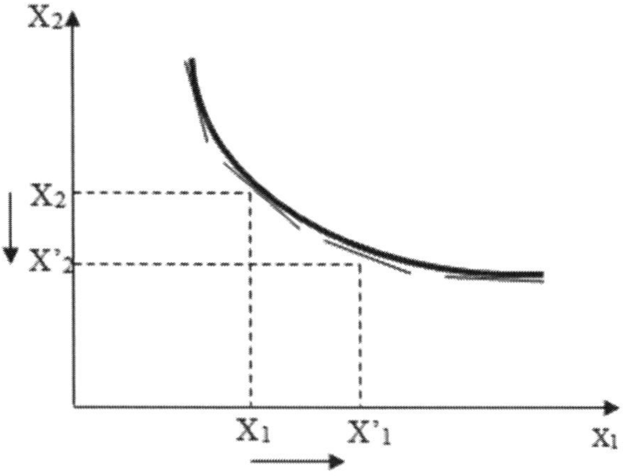

La pente de la courbe d'indifférence est égale à :

$$TMS_{1/2} = \left|\frac{dx_2}{dx_1}\right|$$

Le Taux marginal de substitution de bien 1 en termes du bien 2 mesure le nombre d'unités du bien 2 auquel il faut renoncer pour avoir une unité additionnelle du bien 1, tout en gardant le même niveau de satisfaction.

Le TMS est décroissant le long de la courbe d'indifférence ; plus le consommateur veut augmenter sa consommation du bien X_1, moins il doit renoncer au biens de X_2. En vertu de ce principe, la pente de la courbe d'indifférence devient plus faible lorsque l'on se déplace de la gauche vers la droite le long de la courbe. La décroissance du TMS est due à la forme de la courbe d'indifférence qui est convexes par rapport à l'origine. La courbure de la courbe d'indifférence indique le degré de substituabilité des biens, c'est à dire la possibilité de substituer un bien par un autre. Pour les biens parfaitement substituables le TMS est constant.

L'utilité

L'utilité correspond à l'avantage ou à la satisfaction qu'un individu retire d'une consommation d'un bien ou d'un service. L'utilité est conçue pour décrire les préférences du consommateur.

L'analyse du comportement du consommateur se trouve grandement facilitée par l'utilisation d'une fonction d'utilité qui donne une valeur ou un classement aux différents paniers. La théorie de **l'utilité cardinale** attribue une valeur numérique à l'utilité. Cependant, en connaissant les préférences du consommateur nous pouvons ordonnés les utilités associées à chaque préférence. **La théorie de l'utilité ordinale** s'intéresse plutôt au rang de l'utilité procurée par chaque panier de consommation.

Lorsque le consommateur préfère le panier X au panier Y, le niveau d'utilité du panier X doit être plus élevé que celui du panier Y. De même, si le consommateur est indifférent entre le panier X et le panier Y, le niveau d'utilité de X est égal alors à celui de Y. Ainsi nous avons :

- Si $X(x_1,x_2) \succ Y(y_1,y_2) \Rightarrow U(X) > U(Y).$
- Si $X(x_1,x_2) \succsim Y(y_1,y_2) \Rightarrow U(X) \geq U(Y)$
- Si $X(x_1,x_2) \sim Y(y_1,y_2) \Rightarrow U(X) = U(Y)$

L'utilité augmente continuellement avec la consommation d'un bien, mais le taux de satisfaction a tendance à diminuer à mesure que la consommation augmente. Lorsque la fonction d'utilité n'est plus croissante, elle devient presque plate, ce qui correspond au niveau de **satiété.** L'utilité additionnelle diminue au fur et à mesure que la consommation du bien X augmente.

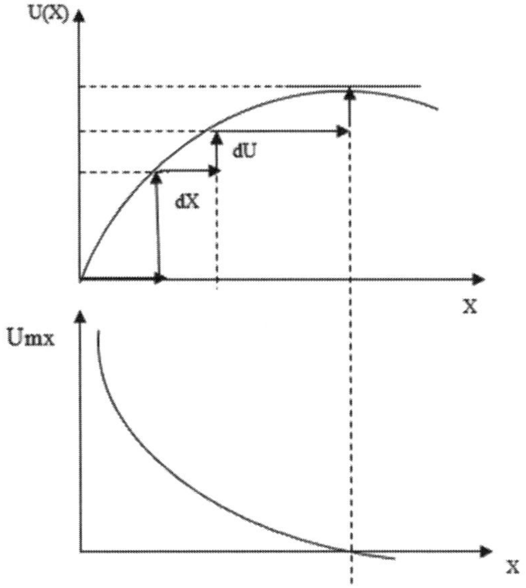

$$Umx = \frac{\partial U}{dx}$$

L'utilité marginale *correspond à l'augmentation de l'utilité totale qui résulte de la consommation d'une unité supplémentaire d'un bien ou d'un service. L'utilité marginale est décroissante, c'est-à-dire qu'à mesure que la consommation du bien augmente son utilité marginale diminue.*

$$Umx = U'_x = \frac{\partial U}{\partial X}$$

Les caractéristiques de la fonction d'utilité définies pour un consommateur et pour un bien (X), valent pour tout consommateur consommant une quantité croissante d'un bien homogène donné.

Imaginez....
Vous avez soif: le premier verre d'eau vous procure une utilité importante, mais vous avez encore soif, le deuxième verre augmente votre utilité totale le troisième verre aussi, mais le quatrième vous procure la même utilité que le précédent.
Maintenant si vous pensez en termes marginal, entre ne pas boire et le premier verre d'eau, l'utilité est très grande. Entre le deuxième et le premier verre d'eau, l'utilité additionnelle est importante mais inférieure que celle du premier verre, car vous avez déjà calmé votre soif. Entre le deuxième verre d'eau et le troisième, l'utilité supplémentaire est moindre que la précédente. Le quatrième verre ne procure pas une utilité additionnelle. Donc l'utilité marginale d'un verre d'eau supplémentaire est décroissante, elle s'annule et même elle peut procurer une désutilité si vous continuez à boire.

Exemple de fonctions d'utilité

1. La fonction d'utilité pour des substituts parfait est additive et est de la forme : $U(x_1, x_2) = ax_1 + bx_2$, avec a et b des constantes positives non nulles.

2. La fonction d'utilité des compléments parfaits est de la forme : $U(x_1, x_2) = Min(ax_1, bx_2)$, avec a et b des constantes positives non nulles.

3. La fonction d'utilité des biens normaux peut être de la forme Cobb Douglas : $U(x_1, x_2) = x_1^a x_2^b$, avec a et b des constante positives non nulles.

4. La fonction d'utilité quasi-linéaire peut être de la forme : $U(x_1, x_2) = \ln x_1 + x_2$.

5. Toute transformation monotone croissante $V(x_1, x_2)$, de la fonction d'utilité $U(x_1, x_2)$ doit avoir exactement les mêmes courbes d'indifférence que celle de $U(x_1,x_2)$, avec $V(x_1, x_2) = F(U(x_1, x_2)$ et $\frac{\partial F}{\partial U} \rangle 0$. En d'autres termes, U(x) peut être remplacée par n'importe quelle fonction V(x) qui est une transformation strictement croissante de U, sans que la solution du choix du consommateur change. Par exemple, $V(x_1, x_2) = [U(x_1, x_2)]^2$.

Calcul du TMS

Le *TMS* est égal au rapport des utilités marginales des deux biens qui est égal à la valeur absolue de la pente de la courbe d'indifférence. Le TMS est un **prix personnel** du consommateur pour le bien 1 en terme de l'autre bien 2.

Une courbe d'indifférence présente toutes les combinaisons du bien 1 et du bien 2 qui procurent le même niveau de satisfaction, $\overline{U}$, *au consommateur :*

$$\overline{U} = U(x_1, x_2)$$

En faisant le différentiel total de cette équation, nous obtenons :

$$d\overline{U} = \frac{\partial U}{\partial x_1} dx_1 + \frac{\partial U}{\partial x_2} dx_2$$

Puisque le niveau d'utilité est constant alors :

$$\begin{aligned} & d\overline{U} = 0 \\ & \Rightarrow \frac{\partial U}{\partial x_1} dx_1 + \frac{\partial U}{\partial x_2} dx_2 = 0 \\ & \Rightarrow Um_1 \times dx_1 + Um_2 \times dx_2 = 0 \\ & \Rightarrow TMS = \frac{dx_2}{dx_1} = -\frac{Um_1}{Um_2} \end{aligned}$$

Remarque *Une modification monotone de la fonction d'utilité ne modifie pas le TMS*

Soit $V(x_1, x_2) = f(U(x_1, x_2))$

$$TMS = \frac{\frac{\partial V}{\partial x_1}}{\frac{\partial V}{\partial x_2}} = \frac{\frac{\partial f}{\partial U}\frac{\partial U}{\partial x_1}}{\frac{\partial f}{\partial u}\frac{\partial U}{\partial x_2}} = \frac{\frac{\partial U}{\partial x_1}}{\frac{\partial U}{\partial x_2}} = \frac{Um_1}{Um_2}$$

Ainsi le TMS est indépendant de la valeur de l'utilité.

Exemple *Le TMS des fonctions d'utilités des biens* ***parfaitement substituables,*** $\forall a \rangle 0$ et $b \rangle 0$; soit la fonction d'utilité suivante : $U(x_1, x_2) = ax_1 + bx_2$

La pente de la courbe d'indifférence est :

$$U(x_1, x_2) = ax_1 + bx_2$$
$$\Rightarrow x_2 = \frac{U(x_1, x_2)}{b} - \frac{a}{b}x_1$$
$$\Rightarrow \frac{\partial x_2}{\partial x_1} = -\frac{a}{b}$$

Le Taux marginal de substitution est égal à la valeur absolue de la pente de la courbe d'indifférence et est égal au rapports des utilités marginaux : Le TMS des courbes d'indifférence des biens parfaitement substituables est constant.

$$TMS = \frac{dx_2}{dx_1} = -\frac{Um_1}{Um_2} = \frac{a}{b}$$

Exemple : *Le TMS des fonctions d'utilités des biens normaux :*

Soit la fonction d'utilité **Cobb douglas** suivante:

$$U(x_1, x_2) = x_1^a x_2^b$$
$$Um_1 = \frac{\partial U}{\partial x_1} = ax_1^{a-1}x_2^b$$
$$Um_2 = \frac{\partial U}{\partial x_2} = bx_1^a x_2^{b-1}$$

$$TMS = \frac{Um_1}{Um_2} = \frac{ax_1^{a-1}x_2^b}{bx_1^a x_2^{b-1}} = \frac{a}{b}\frac{x_2}{x_1}$$

Le taux marginal de substitution est positif et est décroissant :

$$\frac{\partial TMS}{\partial x_1} = \frac{-ax_2}{bx_1^2} \langle 0$$

La contrainte budgétaire

Les économistes supposent que les ménages choisissent les meilleurs biens parmi ceux qu'ils peuvent acquérir. Les choix de consommation d'un ménage sont limités par le revenu dont il dispose et par le prix des biens et services offerts. Il existe une infinité de biens que le ménage peut choisir d'acquérir. Cependant, pour faciliter l'analyse qui suivra, nous allons faire l'hypothèse qu'il existe seulement deux biens, le bien 1 et le bien 2. Le but de cette hypothèse est de représenter graphiquement le choix du consommateur.

Le panier de biens du consommateur, $X(x_1, x_2)$, est composé de deux biens, x_1 désigne la quantité du bien 1 et x_2 la quantité du bien 2. Les prix des biens sont respectivement P_1 pour le bien 1 et P_2 pour le bien 2. Le revenu disponible du consommateur est R. Ainsi, la contrainte budgétaire peut s'écrire de la façon suivante :

$$P_1x_1 + P_2x_2 \leq R$$

Dans la contrainte budgétaire, P_1x_1 correspond à la somme que le consommateur dépense pour le bien 1, P_2x_2 correspond donc à la part du bien 2 dans le budget.

La somme totale des dépenses d'un consommateur en biens et services ne doit pas dépasser son revenu disponible. Par conséquent, les paniers de biens accessibles au consommateur sont ceux dont le coût est inférieur ou égal à son revenu disponible, R.

Exemple *Supposons que Hedy consacre mensuellement un montant de 50$ pour aller au restaurant ou des billets de cinéma. Le prix du restaurant est de* 10$ *tandis que le prix d'un billet de cinéma est de* 8$. *Quelle est la contrainte budgétaire de Hedy ?*

Soit P_R le prix du restaurant et P_c le prix d'un billet de cinéma. Soit x_R le nombre de fois que Hedy peut aller au restaurant par mois et x_c la quantité de billets de cinéma qu'il peut s'acheter par mois. La contrainte du budget de Hedy est alors :

$$P_R x_R + P_C x_C \leq R \Rightarrow 10x_R + 8x_C \leq 50$$

La droite du budget

L'équation de budget décrit la relation entre les quantités maximales de biens et services qui peuvent être consommées avec un revenu donné selon des prix donnés. La droite du budget correspond donc à l'ensemble des paniers de biens (x_1, x_2) qui coûtent exactement R. Dans ce cas, l'inégalité dans l'équation précédente devient une égalité :

$$P_1 x_1 + P_2 x_2 = R \Rightarrow x_2 = \frac{R}{P_2} - \frac{P_1}{P_2} x_2$$

La pente de la droite budgétaire est : $\frac{\partial x_2}{\partial x_1} = -\frac{P_1}{P_2}$, la droite du budget est décroissante.

Exemple *Ainsi, Hedy peut choisir n'importe quelle quantité de films à voir et de sorties au restaurant qui respecte sa contrainte. L'équation peut être réécrite de la façon suivante :*

$$P_R x_R + P_C x_C = R \Rightarrow x_R = 5 - \frac{4}{5} x_C$$

Remarque *Il existe des biens divisibles et des biens indivisibles. Les **biens divisibles** sont des biens que nous pouvons acheter en quantité voulue par exemple, l'électricité. Les biens **indivisibles** sont des biens que nous pouvons acheter en quantité entière telle que les billets de cinéma (il est impossible d'acheter la moitié d'un billet). Pour étudier les possibilités de consommation d'un ménage, on doit supposer que tous les biens sont divisibles afin de faciliter l'analyse.*

Voici le graphique représentant la droite budgétaire de la situation de Hedy :

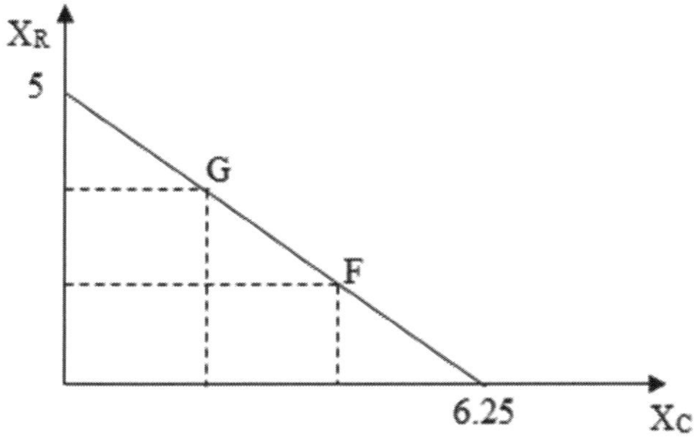

La pente de cette droite est $-\dfrac{P_C}{P_R} = -\dfrac{4}{5}$ ayant une ordonnée égale à $\dfrac{R}{P_R} = 5$ et une abscisse égale à $\dfrac{R}{P_C} = 6.25$.

Toutes les combinaisons qui se trouvent à l'intérieur de la droite sont possibles, puisqu'elles ne dépassent pas le revenu, alors que les combinaisons à l'extérieur de la contrainte sont impossibles puisqu'elles dépassent le budget. Toutes les combinaisons sur la droite du budget sont efficaces puisqu'elles permettent d'avoir le plus des deux biens selon le budget disponible. Par conséquent, la droite de budget indique la limite entre ce qui est accessible et ce qui ne l'est pas.

La contrainte budgétaire et l'identification des choix possibles entre les différents biens, constituent le point de départ de l'étude du comportement du consommateur. Quel sera son choix ? Chaque consommateur choisira un point le long de sa contrainte budgétaire. Le point choisi dépendra des préférences du consommateur. Dans l'exemple de l'application, si Hedy préfère plus voir des films, il pourra choisir le point F, s'il préfère plus aller au restaurant, il pourra choisir le point G.

Interprétation de la pente de la droite budgétaire

La pente d'une droite est égale à la variation de la variable mesurée sur l'axe vertical divisée par la variation de la variable mesurée sur l'axe horizontal. De manière générale, partons d'un panier initial et augmentons la consommation du bien 1 de $\Delta x_1 > 0$. Si nous voulons garder la même dépense, nous devons faire varier x_2 de Δx_2

$$x_2 = \frac{R}{P_2} - \frac{P_1}{P_2} x_1$$

$$\frac{\partial x_2}{\partial x_1} = -\frac{P_1}{P_2} \langle 0$$

C'est la quantité de bien 2 qu'on doit consommer en moins pour garder le même niveau de dépense avec une unité de bien 1 supplémentaire.

Exemple : *Si on reprend la situation de Hedy, la quantité de restaurant,* x_R *sur l'axe vertical et le nombre de billets de cinéma sur l'axe horizontal par* x_C *.*

$$\text{pente} = \frac{\partial x_R}{\partial x_C} = -\frac{P_C}{P_R} = -\frac{8}{10} = -0.8$$

Les économistes interprètent la valeur absolue de la pente de la droite de budget comme le coût d'opportunité. En effet, pour acheter une unité additionnelle de billets de cinéma, Hedy doit renoncer à 0.8 fois d'aller au restaurant. C'est le coût d'opportunité du cinéma en termes de restaurant.

Déplacement de la droite du budget

Quand les prix et les revenus varient, l'ensemble des biens que le consommateur peut acquérir varie également.

Variation du revenu nominal

Considérons tout d'abord une variation du revenu nominal. Le revenu nominal est le revenu monétaire en termes de dollars et cents. Un revenu plus élevé se traduirait par une plus grande consommation des deux biens[5]. Les proportions de l'augmentation dépendent des préférences de chaque consommateur. Toutes choses étant égales par ailleurs, un accroissement du revenu nominal augmente l'ordonnée à l'origine mais n'affecte aucunement la pente de la droite. **Dès lors, cet accroissement se traduit par un déplacement parallèle et vers le haut de la droite de budget. De même une diminution du revenu nominal entraîne un déplacement parallèle et vers le bas de la droite.**

[5] En faisant l'hypothèse que les biens sont normaux. Nous allons étudier ultérieurement le cas des biens inférieurs

$$P_1x_1 + P_2x_2 = R' \rangle R$$
$$\frac{\partial x_2}{\partial x_1} = -\frac{P_1}{P_2}$$

La pente de la nouvelle droite budgétaire est la même que l'ancienne droite budgétaire. Il s'agit alors d'un déplacement parallèle.

Exemple *supposons que Hedy dispose maintenant de 60 $ par mois au lieu de 50 $. Sa contrainte budgétaire devient :*

$$\Rightarrow x_R = \frac{R'}{P_R} - \frac{P_C}{P_R} x_B$$
$$\Rightarrow x_R = \frac{60}{10} - \frac{8}{10} x_C \Rightarrow x_R = 6 - \frac{4}{5} x_C$$

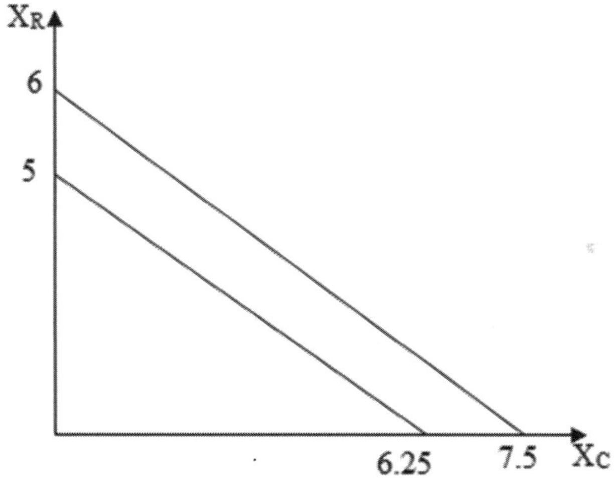

Une augmentation du revenu nominal fait augmenter le revenu réel lorsque les prix sont constants. Le revenu réel de Hedy est passé de 5 sorties au restaurant à 6 sorties et en terme de billets de cinéma, le revenu réel de Hedy est passé de 6.25 à 7.5 .

Variation du prix relatif

Lorsque le prix d'un bien varie, la pente de la droite budgétaire varie d'où un pivotement de cette dernière.

$$P_1 x_1 + P_2' x_2$$

$$\frac{\partial x_2}{\partial x_1} = -\frac{P_1}{P_2'}$$

Exemple [6]*Supposons que le prix de billet du cinéma augmente de 8 $ à 10 $. L'équation budgétaire de Hedy devient la suivante :*

$$P_R x_R + P_C' x_C = R$$

$$\Rightarrow x_R = \frac{50}{10} - \frac{10}{10} x_C \Rightarrow x_R = 5 - x_C$$

Le prix relatif devient égal à 1 (la pente varie), mais la quantité maximale de billet de cinéma ne varie pas et reste égale à 5 (l'ordonnée à l'origine ne change pas). Par contre la quantité maximale du service dont le prix a augmenté (billet du cinéma) diminue, (l'abscisse à l'origine diminue). La droite budgétaire va pivoter comme suit :

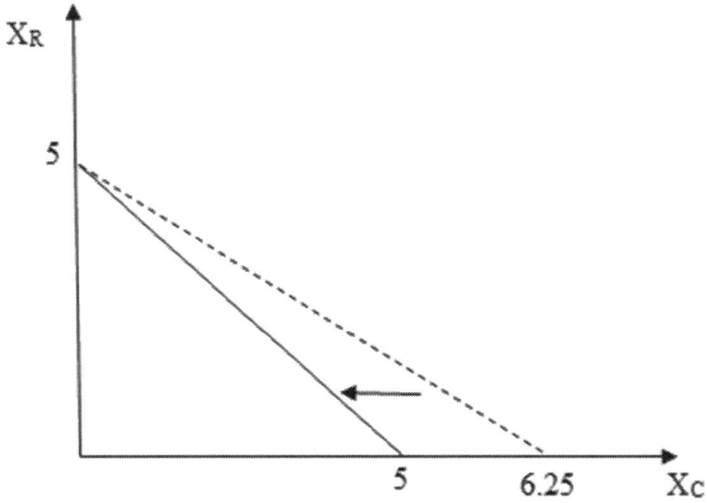

L'augmentation du prix du billet du cinéma rend l'activité plus chère donc Hedy diminue la consommation de ce service (il ira voir 5 films au lieu de 6 films par mois).

Si le prix du billet de cinéma diminue, Hedy augmentera la consommation de ce service. La droite budgétaire pivote vers la droite. La pente de la nouvelle droite budgétaire est plus plate.

---

[6]Vous pouvez faire le même exercice en supposons que le prix d'une sortie au restaurant diminue ou augmente et voir les déplacements de la droite budgétaire.

Variation de toutes les variables nominales

Lorsque les prix de tous les biens et le revenu d'un consommateur augmentent dans la même proportion, la contrainte budgétaire ne change pas. On dit alors qu'il n'y a pas d'illusion monétaire. Ce qui compte pour le consommateur c'est son pouvoir d'achat, ce dernier ne change pas lorsque les prix et le revenu augmentent de façon égale. Supposons que les prix et le revenus sont multipliés par une constante $t \neq 0$:

$$\begin{aligned} &(tP_1)x_1 + (tP_2)x_2 = (tR) \\ &\Leftrightarrow t(P_1x_1 + P_2x_2) = tR \\ &\Leftrightarrow P_1x_1 + P_2x_2 = R \end{aligned}$$

Ainsi la contrainte budgétaire ne change pas.

Le numéraire

Un bien numéraire est le bien dont le prix est posé égal à l'unité. Nous pouvons normaliser la contrainte budgétaire de telle façon qu'on aura moins de variables monétaires. On peut exprimer indifféremment la valeur réelle des biens en choisissant le prix du bien 1, le prix du bien 2 ou le revenu. Dans le premier cas, le bien 1 est le bien numéraire, dans le deuxième cas c'est le bien 2 qui joue le rôle de numéraire et dans le troisième cas c'est le revenu qui est le numéraire.

$$P_1x_1 + P_2x_2 = R \Leftrightarrow \begin{cases} x_1 + \dfrac{P_2}{P_1}x_2 = \dfrac{R}{P_1} \\ \dfrac{P_1}{P_2}x_1 + x_2 = \dfrac{R}{P_2} \\ \dfrac{P_1}{R}x_1 + \dfrac{P_2}{R}x_2 = 1 \end{cases}$$

Effet des politiques gouvernementales sur la contrainte budgétaire

Les politiques gouvernementales telles que la taxe, les subvention et les quotas affectent la contrainte budgétaire du consommateur.

Effet de la taxe

Dans le cas d'une taxe ad valorem[7], τ,le nouveau prix que doit payer le consommateur augmente alors du pourcentage de la taxe qu'il doit payer au gouvernement : $P' = P_0(1+\tau)$. Dans le cas d'une taxe à l'unité, t, le nouveau prix que le consommateur doit payer sur chaque unité acheté du bien est : $P' = P_0 + t$. Dans ces deux cas de taxe, la pente de la droite du budget change, il s'agit alors d'un pivotement de cette dernière.

Dans le cas d'une taxe forfaitaire[8], T , le revenu du consommateur diminue alors du montant de la taxe, il s'agit d'un déplacement parallèle et vers le bas de la droite budgétaire.

Effet de la subvention

Une subvention[9] à l'unité désigne que le gouvernement verse au consommateur un montant s, sur chaque unité acheté. Le prix payé par le consommateur est alors $P' = P_0 - s$. Dans le cas d'une subvention ad valorem, σ, qui est une subvention sur le prix du bien, le consommateur paye alors : $P' = P_0(1-\sigma)$

Dans ces deux cas, la subvention fait changer le rapport du prix entranant la variation de la pente de la droite budgétaire d'où son pivotement. Cependant, lorsque le gouvernement donne un montant fixe de subvention, le revenu du consommateur augmente du montant de la subvention, d'où un déplacement parallèle et vers le haut de la droite budgétaire.

Subvention en nature : Les bons alimentaires

Le gouvernement peut aussi recourir au système des bons alimentaires. Il s'agit de donner aux familles pauvres des bons leurs permettant d'acheter des produits alimentaires dans certains magasins de détail. Supposons qu'un ménage reçoit chaque mois des bons d'une valeur de 200$ en plus de son revenu de 500$. Il ne peut dépenser ces bons que dans l'achat de biens alimentaires. S'il consacre tout son revenu, les 500$, dans l'achat des autres biens, il lui reste 200$ pour acheter les produits alimentaires. Cependant, s'il consacre son revenu et la valeur de ses bons dans l'achat des biens alimentaires, il aura en tous 700$ à dépenser. L'ensemble des possibilités augmente de la surface B comme le montre le graphique suivant :

---

[7]Une taxe ad valorem est une taxe sur le prix d'un bien plutôt que sur la quantité achetée de ce bien. Elle est exprimée en pourcentage. La TPS et la TVQ sont des exemples de taxe ad valorem

[8]Le gouvernement prélève un montant fixe de taxe indépendamment du comportement du consommateur

[9]Une subvention est une aide que donne le gouvernement pour réduire le prix que doit payer le consommateur. Certains produits alimentaires et agricoles sont subventionnés tel que le lait.

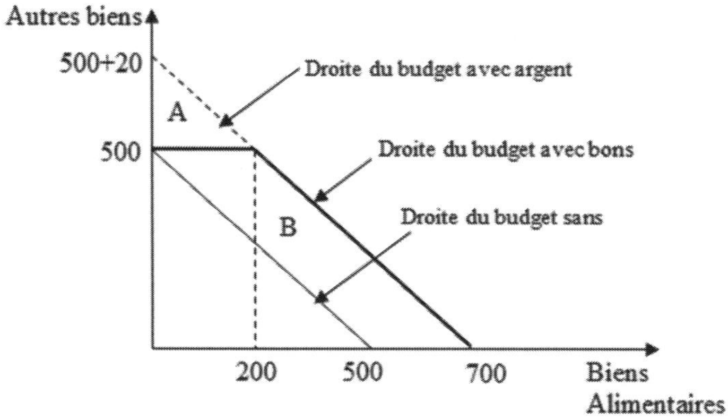

On peut se poser la question suivante : Est-il préférable pour le consommateur de recevoir la valeur du bon en argent liquide et de dépenser cet argent supplémentaire soit en nourriture soit dans les autres biens ? Lorsque le gouvernement transfère 200$ d'argent liquide aux ménages nécessiteux, la contrainte budgétaire se déplace parallèlement, ainsi l'ensemble des opportunités du consommateur augmente de la surface du triangle A.

De manière générale, supposons que le gouvernement accorde une subvention en nature de S unités du bien X. Le consommateur ne peut pas ni les échanger ni les vendre. L'équilibre du consommateur sera alors : avec $P_x = P_y = 1$

$$\begin{cases} Y = \dfrac{R}{P_y} & \text{Si } X \leq S \\ R = P_x(X - S) + P_y Y & \text{Si } X \rangle S \end{cases}$$

Effet de rationnement : le quota

Dans le cas d'un quota, le gouvernement rationne la consommation d'un bien, c'est à dire il fixe la quantité maximale que doit consommer chaque individu. Par exemple, lorsqu'il y a sécheresse, le gouvernement peut rationner la consommation de l'eau. Supposons que le bien 1 est rationné, la contrainte du budget du consommateur aura la forme suivante :

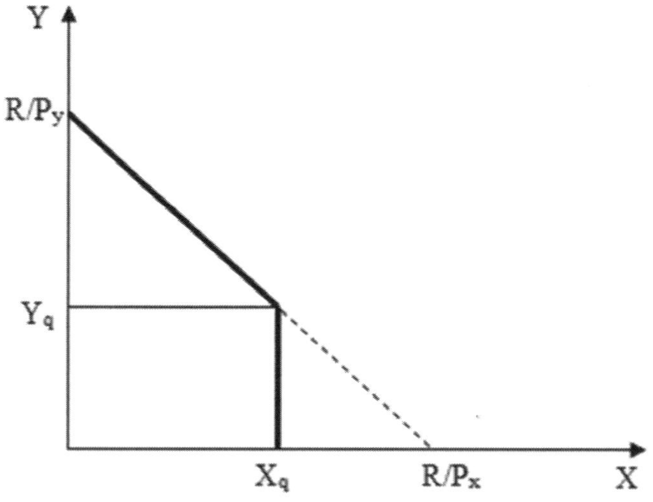

L'équilibre du consommateur est caractérisé par les équations suivantes :

$$\begin{cases} Y_q = \dfrac{R}{P_y} - \dfrac{P_x}{P_y} X_q & \text{Si } X = X_q \\ R = P_x X + P_y Y & \text{Si } X \langle X_q \end{cases}$$

Le comsommateur ne peut pas consommer une quantité supérieure X_q.

Équilibre du consommateur

Par définition, un individu ne se soucie pas de savoir où il se situe sur une courbe d'indifférence donnée, mais il préfère être sur la courbe d'indifférence la plus élevée possible. Plus la courbe d'indifférence s'éloigne de l'origine plus elle présente une utilité élevée.

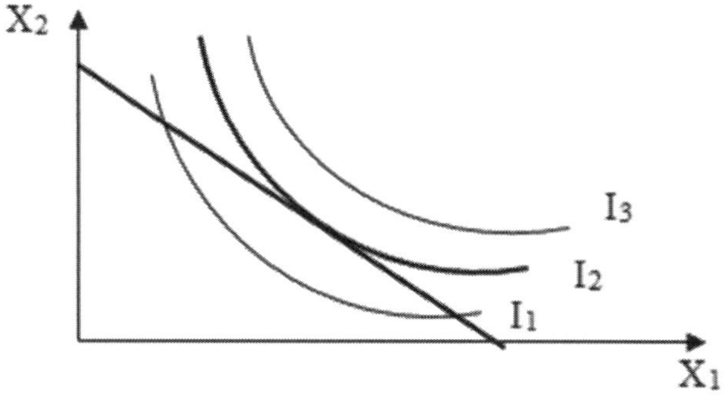

Pour les économistes, la combinaison de biens préférés par un individu est celle dont le degré d'utilité est supérieur aux autres combinaisons de biens qu'il aurait pu choisir compte tenu de son revenu et des prix des biens et services. Par conséquent, le consommateur va maximiser son utilité. Un ménage consomme au point qui correspond à la meilleure combinaison accessible. Ce point se trouve sur la droite de budget et sur la courbe d'indifférence accessible la plus élevée.

La courbe d'indifférence la plus élevée à laquelle il est possible d'accéder est celle qui est tangente à la contrainte budgétaire (la courbe I_2 sur la figure). Lorsqu'une courbe est tangente à une droite, la courbe et la droite ont la même pente au point de tangence. Ainsi la pente de la courbe d'indifférence (le TMS) est égale à la pente de la contrainte budgétaire (le prix relatif) au point de tangence. Les consommateurs choisissent le point où le taux marginal de substitution est égal au prix relatif.

$$TMS = -\frac{P_1}{P_2} \Rightarrow \frac{Um_1}{Um_2} = \frac{P_1}{P_2}$$

L'utilité totale est maximisée lorsque l'utilité marginale par dollar dépensé est la même pour tous les biens et que le consommateur dépense la totalité de son revenu :

$$\begin{cases} \frac{Um_1}{P_1} = \frac{Um_2}{P_2} \\ P_1 X_1 + P_2 X_2 = R \end{cases}$$

Épreuve

$$\max_{x_1, x_2} U(x_1, x_2)$$

sous contrainte

$$P_1 x_1 + P_2 x_2 = R$$

Lagrangien :

$$L = U(x_1, x_2) + \lambda(R - P_1x_1 - P_2x_2)$$

$C.P.O$

(1) $$\frac{\partial L}{\partial x_1} = 0 \Leftrightarrow \frac{\partial U}{\partial x_1} - \lambda P_1 = 0$$

(2) $$\frac{\partial L}{\partial x_2} = 0 \Leftrightarrow \frac{\partial U}{\partial x_2} - \lambda P_2 = 0$$

(3) $$\frac{\partial L}{\partial \lambda} = 0 \Leftrightarrow R - P_1x_1 - P_2x_2 = 0$$

À l'équilibre nous aurons :

$$\frac{(1)}{(2)} \Rightarrow \frac{Um_1}{Um_2} = \frac{P_1}{P_2} \Rightarrow TMS = \frac{P_1}{P_2}$$

$$R = P_1x_1 + P_2x_2$$

À l'équilibre on obtient les fonctions de demande du bien 1 et du bien 2 qui dépendent des prix et du revenu : $x_1 = f(P_1, P_2, R)$ et $x_2 = f(P_1, P_2, R)$. Ces fonctions ***sont homogènes de degré zéro*** par rapport au prix et au revenu. On peut aussi calculer les élasticités de la demande par rapport au prix et celles par rapport au revenu :

$$E_{11} = \frac{\partial x_1}{\partial P_1}\frac{P_1}{x_1}; \quad E_{12} = \frac{\partial x_1}{\partial P_2}\frac{P_2}{x_1}; \quad E_{22} = \frac{\partial x_2}{\partial P_2}\frac{P_2}{x_2}; \quad E_{12} = \frac{\partial x_2}{\partial P_1}\frac{P_1}{x_2}$$

$$E^1{}_R = \frac{\partial x_1}{\partial R}\frac{R}{x_1}; \qquad E^2{}_R = \frac{\partial x_2}{\partial R}\frac{R}{x_2}$$

Interprétation du multiplicateur de Lagrange

d'après les C.P.O nous avons :

$$Um_1 = \lambda P_1$$
$$Um_2 = \lambda P_2$$

La différentielle totale de la fonction totale est :

$$dU = Um_1 dx_1 + Um_2 dx_2$$
$$\Rightarrow dU = \lambda P_1 dx_1 + \lambda P_2 dx_2 = \lambda(P_1 dx_1 + P_2 dx_2)$$

La différentielle du revenu en supposant que les prix sont constants est :

$$dR = P_1 dx_1 + P_2 dx_2$$

Alors :

$$\lambda = \frac{dU}{dR}$$

Le multiplicateur de Lagrange est l'utilité marginale du revenu, il représente l'utilité additionnelle procurée par la dépense d'une unité supplémentaire du revenu.

Exemple *Jean dispose d'un revenu de* $12 *par semaine. Un sac de* maïs *soufflé coûte* $P_m = 3\$$ *et le prix d'un soda* $P_s = 3\ \$$.

a. Quel est le revenu réel de Jean exprimé en sodas ?
b. Quel est le prix relatif des sodas exprimé en sacs de maïs soufflé ?
c. Calculez l'équation de la droite de budget.
d. Tracez le graphique de la droite de budget de Jean .
e. Dans le graphique de la question d, quelle est la pente de la droite de budget ?
f. Supposons que la fonction d'utilité de Jean est la suivante : $U(x_m, x_s) = x_m^{1/2} x_s^{1/2}$, où x_m est la quantité de maïs et x_s est la quantité de soda. Combien de sacs de maïs soufflé et de sodas Jean achète-t-il ?

Réponses

a. Jean a un revenu nominal de 12\$ par semaine. Le revenu réel de Jean est égal à la quantité maximale de biens qu'il peut acheter avec son revenu nominal. Un soda coûte 3\$. Le revenu réel de Jean exprimé en sodas est égal à son revenu nominal divisé par le prix du soda. Par conséquent, son revenu réel est égal à 4 sodas(\$12/\$3 = \$ 4).

b. Un prix relatif correspond au prix d'un bien en termes d'un autre bien. $\frac{P_s}{P_m} = 1$ le prix relatif d'un soda correspond donc à un sac de maïs soufflé.

c. La droite du budget est:

$R = P_s x_s + P_m x_m$

$$\Rightarrow x_m = \frac{R}{P_m} - \frac{P_s}{P_m} x_s$$

$$\Rightarrow x_m = 4 - x_s$$

d. La droite du budget montre la frontière entre ce que Jean peut acheter et ce qu'il ne peut pas. S'il dépense tout son revenu en sodas, il obtient 4 sodas. S'il dépense tout son revenu dans l'achat de sacs de maïs soufflé, il obtient 4 sacs de maïs soufflé. Pour tracer une droite linéaire, il suffit d'avoir deux points de la droite et ensuite les joindre. Le point A correspond à : 4 sacs de maïs et 0 soda et le point B correspond à : 4 sodas et 0 sac de maïs :

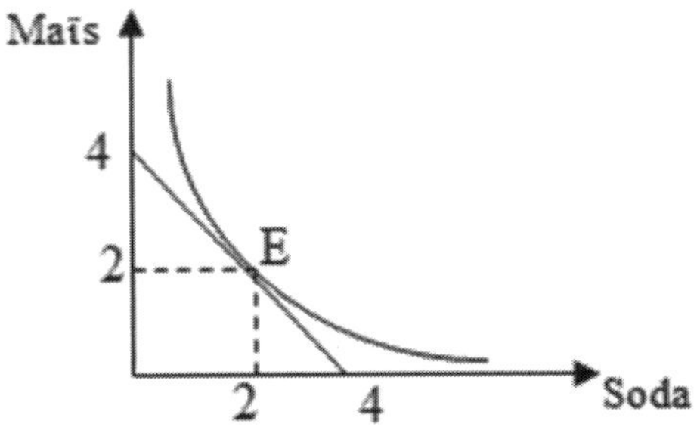

e. La pente est égale à la variation de la variable sur l'axe des ordonnées divisée par la variation de la variable sur l'axe des abscisses. Puisqu'il s'agit d'une droite linéaire, la pente est la même tout au long de la droite.

$$x_m = \frac{R}{P_m} - \frac{P_s}{P_m} x_s$$

$$\frac{dx_m}{dx_s} = -\frac{P_s}{P_m} = -1$$

La pente est donc égale au rapport du prix. La pente mesure le coût d'opportunité du soda en termes de mas, il faut renoncer à 1 sac de maïs pour avoir 1 soda de plus.

f. Il choisit un point sur sa droite budgétaire qui lui procure l'utilité la plus élevée.

Jean choisit le point de tangence entre la courbe d'indifférence atteignable et la droite budgétaire.

À l'équilibre :

$$\begin{cases} TMS = -\dfrac{P_s}{P_m} \\ P_s x_s + P_m x_m = 12 \end{cases} \Rightarrow \begin{cases} -\dfrac{Ums}{Umm} = -\dfrac{P_s}{P_m} = -1 \\ 3x_s + 3x_m = 12 \end{cases}$$

$$\Rightarrow \begin{cases} \dfrac{(1/2)x_s^{-\frac{1}{2}} x_m^{\frac{1}{2}}}{(1/2)x_s^{\frac{1}{2}} x_m^{-\frac{1}{2}}} = \dfrac{x_m}{x_s} = 1 \\ x_s + x_m = 4 \end{cases} \Rightarrow \begin{cases} x_m = x_s \\ x_s + x_m = 4 \end{cases} \Rightarrow x_m = x_s = 2$$

Il va consommer 2 sacs de maïs et 2 sodas (le point E). Jean ne peut pas choisir un point à l'extérieur de sa contrainte budgétaire parce que cela dépasse ses ressources. S'il choisit un point à l'intérieur de sa contrainte, il n'atteint pas le niveau d'utilité le plus élevé qu'il peut atteindre selon son budget.

La meilleure combinaison accessible est représentée par le point E. Voici les deux caractéristiques qui font d'elle la meilleure combinaison accessible :

- Elle est située sur la droite du budget ;
- Elle est située sur la courbe d'indifférence accessible la plus élevée.

La demande individuelle

D'après le graphique ci-dessous, vous constatez que lorsque le prix de X diminue la quantité demandée de X augmente. C'est la loi de la demande. La courbe de demande est décroissante. La pente de la courbe de demande est négative.

Définition *La courbe de demande individuelle est une représentation graphique de la relation entre la quantité demandée d'un bien et son prix lorsque tous les autres facteurs susceptibles d'influer sur les plans d'achat restent constants.*

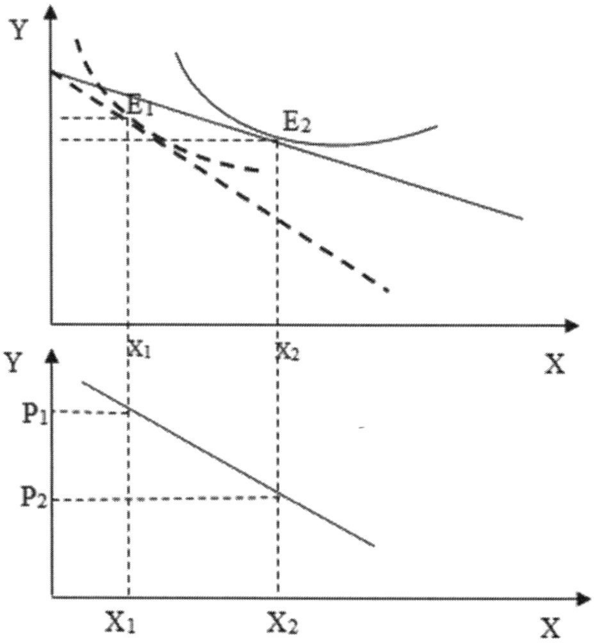

Exemples de demandes du consommateur

1. **Des substituts parfaits :** Le problème du consommateur est :

$$\underset{x_1, x_2}{Max} \; U(x_1, x_2) = x_1 + x_2$$

sous contrainte

$$P_1 x_1 + P_2 x_2 = R$$

L'équilibre du consommateur est caractérisé par les équations suivantes :

$$\begin{cases} TMS = -\dfrac{Um_1}{Um_2} = -\dfrac{P_1}{P_2} \\ \\ R = P_1 x_1 + P_2 x_2 \end{cases} \Rightarrow \begin{cases} TMS = -1 = -\dfrac{P_1}{P_2} \\ \\ R = P_1 x_1 + P_2 x_2 \end{cases}$$

Cas 1 *Si* $P_1 > P_2 \Rightarrow \frac{P_1}{P_2} > 1$, *donc la pente de la droite du budget est plus grande que la pente de la courbe d'indifférence. Le consommateur choisira le bien le moins cher donc il achètera seulement* $x_2 = \frac{R}{P_2}$.

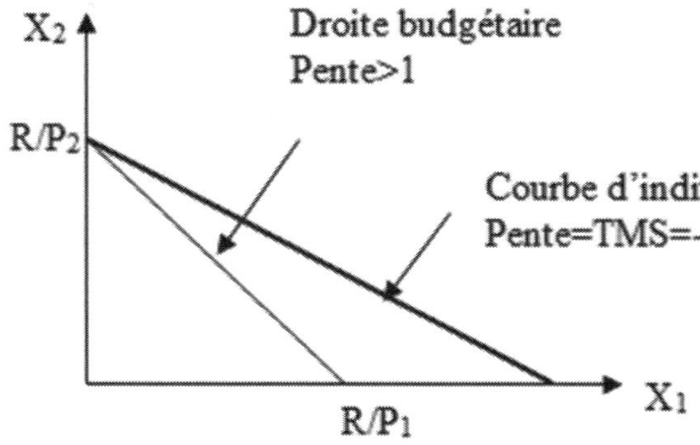

Cas 2 *Si* $P_1 = P_2 \Rightarrow \frac{P_1}{P_2} = 1$, *donc la pente de la droite du budget est égale à la pente de la courbe d'indifférence. Les deux droites sont confondues. Le consommateur est indifférent entre les deux biens.*

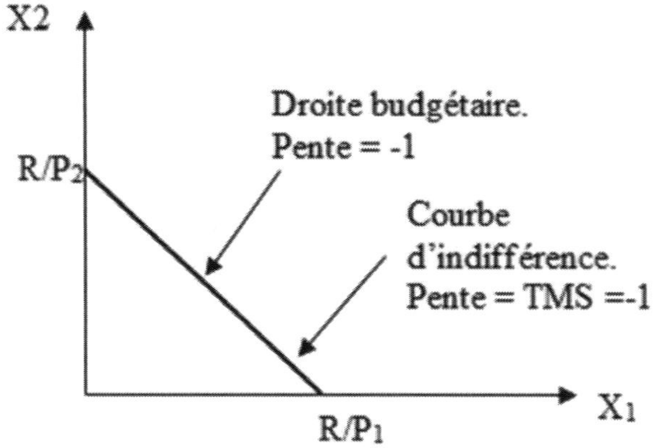

Cas 3 *Si* $P_1 < P_2 \Rightarrow \frac{P_1}{P_2} < 1$, *donc la pente de la droite du budget est plus petite que la pente de la courbe d'indifférence. Le consommateur choisira le bien le moins cher donc il achètera seulement* $x_1 = \frac{R}{P1}$.

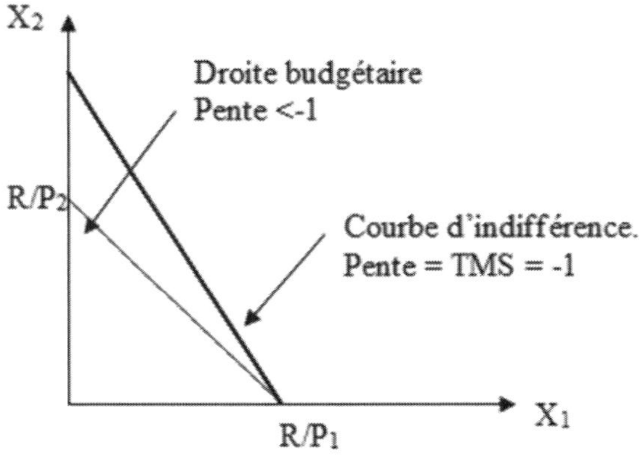

Ainsi la demande du bien 1 sera :

$$X_1 = \begin{cases} 0 & \text{Si } P_1 \rangle P_2 \\ \text{n'importe quelle valeur comprise entre 0 et } \frac{R}{P_1} \text{ quand } P_1 = P_2 \\ \frac{R}{P_1} & \text{Si } P_1 < P_2 \end{cases}$$

Ces résultats indiquent que si deux biens sont des substituts parfaits, le consommateur achètera le biens le moins cher. Si les deux biens ont le même prix, le consommateur répartira indifféremment sa consommation entre les deux biens.

2. **Des compléments parfaits :** Le problème du consommateur est :

$$\begin{cases} MaxU(x_1, x_2) = Min(x_1, x_2) \\ \text{Souscontrainte} : P_1x_1 + P_2x_2 = R \end{cases}$$

Le consommateur achète la même quantité de bien 1 et du bien 2, et cela quelque soit les prix. Donc $x_1 = x_2 = x$.

La contrainte budgétaire devient :

$$P_1 x + P_2 x = R \Rightarrow (P_1 + P_2)x = R \Rightarrow x = \frac{R}{P_1 + P_2}$$

Puisque le consommateur consomme toujours les deux biens ensemble, c'est comme s'il dépensait tout son revenu sur un bien unique dont le prix serait $P_1 + P_2$.

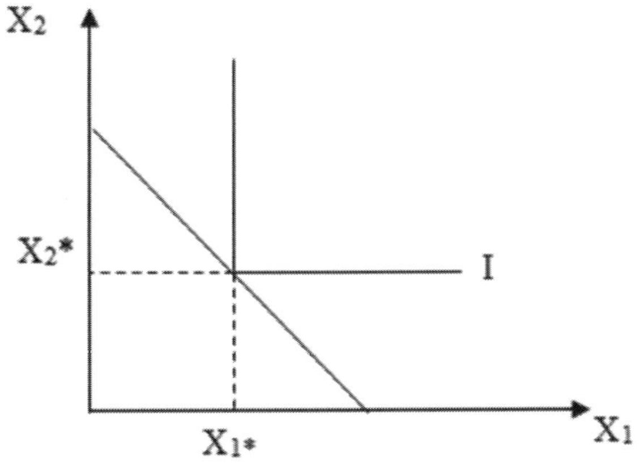

Lorsque les biens sont des compléments parfaits, les quantités demandées se situeront toujours sur la diagonale puisque le choix optimal requiert que x_1 soit égale à x_2.

3. **Bien neutre ou indésirable :** supposons que le bien 2 est un bien neutre ou indésirable, alors le consommateur dépense tout son revenu sur le bien qu'il apprécie et il n'achète pas de bien neutre ou indésirable.

$$x_1 = \frac{R}{P_1}$$

$$x_2 = 0$$

4. **Bien normaux**, les préférences Cobb-Douglas : Le problème du consommateur est :

$$\underset{x_1, x_2}{Max}\, U(x_1, x_2) = x_1^a x_2^b$$

$$\text{Sous contrainte} : P_1 x_1 + P_2 x_2 = R$$

Les demandes sont :

$$x_1 = \frac{a}{(a+b)} \frac{R}{P_1}$$

$$x_2 = \frac{b}{(a+b)} \frac{R}{P_2}$$

La demande du bien 1 dépend du revenu et du prix du bien 1. De même, le demande du bien 2 dépend du revenu et du prix du bien 2. La part du revenu consacré au bien 1 est $\frac{P_1 x_1}{R}$ et la part du revenu consacré à l'achat du bien 2 est $\frac{P_2 x_2}{R}$. En remplaçant x_1 par son expression, on aura :

$$\frac{P_1 x_1}{R} = \frac{P_1}{R} \frac{a}{(a+b)} \frac{R}{P_1} = \frac{a}{(a+b)}$$

De la même façon la part du bien 2 dans le revenu est égale à :

$$\frac{P_2 x_2}{R} = \frac{b}{(a+b)}$$

Ainsi un consommateur ayant des préférences Cobb-Douglas consacre une part constante de son revenu à chaque bien. Cette part dépend des exposants de la fonction d'utilité Cobb-Douglas.

La demande du marché

Définition *La demande du marché est la somme de toutes les demandes individuelles des agents économiques pour un bien donné. La courbe de demande du marché est la somme horizontale des courbes de demande individuelles. Elle est formée par l'addition des quantités demandées par chaque consommateur à chaque niveau de prix.*

S'il y a n individus dans l'économie, alors la demande du marché :

$$D = d_1 + d_2 + d_3 + ... + d_n$$

$$D_{marché} = \sum_{i=1}^{n} d_i$$

L'effet de Variation du revenu

À l'optimum, le consommateur détermine les quantité des biens qui maximisent sa satisfaction en tenant compte de son budget. Les fonctions de demandes qui en résulte dépendent des prix des biens et du revenu. À présent nous allons étudier comment le pannier et les quantités des biens choisis par le consommateur varient suite (toutes choses étant égales par ailleurs) à la variation du revenu et/ ou à la variation des prix.

La demande du consommateur pour un bien varie avec la variation du revenu. Un bien est dit normal, lorsque sa demande augmente à la suite d'une augmentation du revenu. Un bien est dit inférieur lorsque sa demande diminue suite à l'augmentation du revenu. Le riz, le pain et la pomme de terre sont considérés comme des biens inférieurs. Plus les individus deviennent riches plus ils vont substituer ces biens par la viande, du poisson et des salades par exemple.

Biens normaux et la courbe d'Engel

Dans le graphique suivant x_1 et x_2 sont des biens normaux. Le chemin d'expansion du revenu représente les choix optimaux du panier (x_1, x_2) pour les différents niveaux de revenu, mais à prix constant.

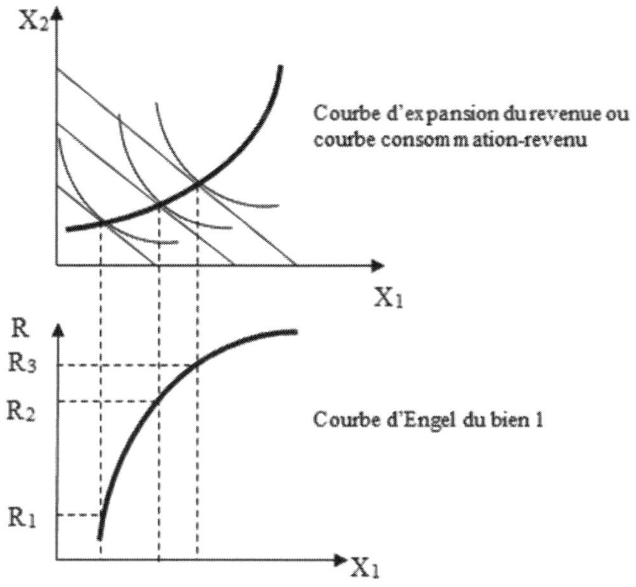

La courbe d'engel détermine le sentier d'expansion de la quantité d'un bien choisi par un consommateur suite à la variariation du revenu. Dans l'exemple, le bien 1 et 2 sont des biens normaux parce que leur quantité augmente suite à l'augmentation du revenu.

Exemples de courbes d'Engel

Exemple *on a déterminé les demandes du bien* x_1 *et* x_2 *lorsque la fonction d'utilités est de la forme Cobb Douglas :*

$$x_1 = \frac{a}{(a+b)}\frac{R}{P_1}; \qquad x_2 = \frac{b}{(a+b)}\frac{R}{P_2}$$

Les deux courbes d'Engel pour le bien x_1 et x_2 sont des droites linéaires et de pentes positives pour toute valeurs positives de a et b. La demande est fonction croissante du revenu.

$$\frac{\partial x_1}{\partial R} = \frac{a}{(a+b)P_1} \rangle 0; \qquad \frac{\partial x_2}{\partial R} = \frac{b}{(a+b)P_2} \rangle 0$$

Biens complémentaires

On a trouvé que la demande de bien x_1 ou x_2 sera : $x = \frac{R}{P_1 + P_2}$. La demande du bien augmente avec l'augmentation du revenu. La courbe d'Engel est à pente positive.

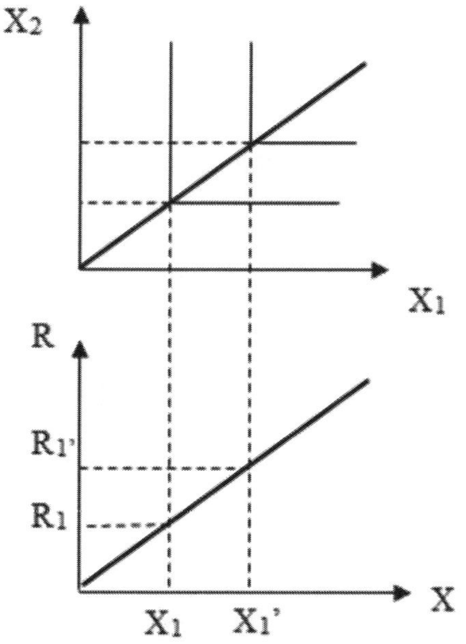

Bien parfaitement substituables

On a trouvé que lorsque $P_1 < P_2$ le consommateur choisira le bien 1 et sa demande sera $x_1 = \frac{R}{P_1}$. la courbe d'Engel se confont alors avec l'axe des absices.

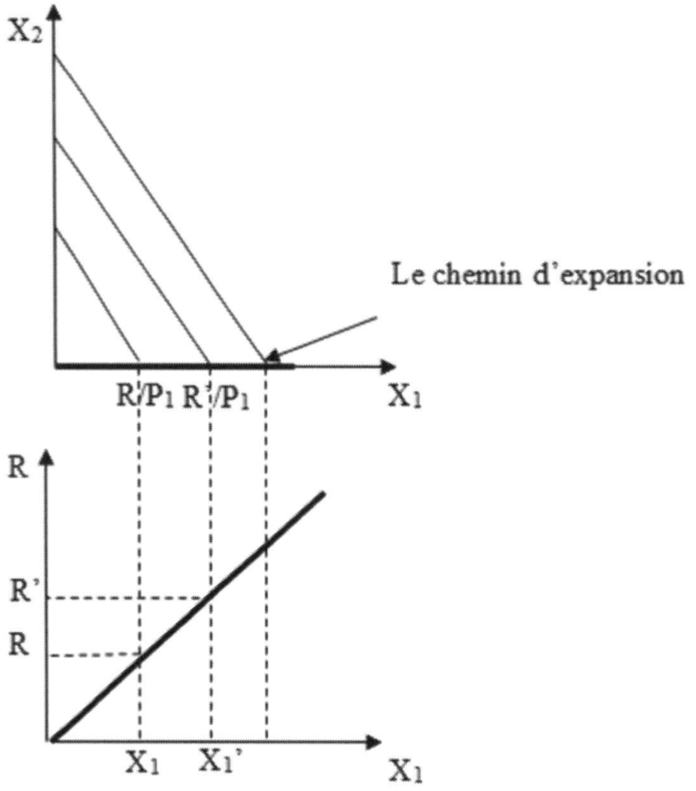

Biens inférieurs

Un bien inférieur est un bien dont la demande diminue quand le revenu augmente. Selon le graphique suivant le bien 1 est un bien inférieur parce que suite à l'augmentation du revenu, sa quantité demandée diminue. Le bien 2 par contre est un bien normal.

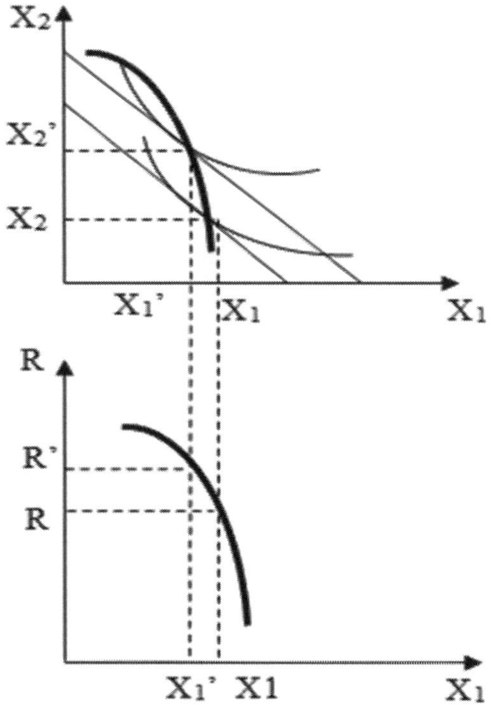

Effet de variation du prix

Comment l'équilibre du consommateur est-il affecté si le niveau du prix d'un biens varie pendant que le niveau de son revenu et le prix des autres biens restent constants ?

Les biens ordinaires et les biens de Giffen

Lorsque le prix d'un bien diminue et sa quantité demandée augmente, il s'agite d'un bien ordinaire qui vérifie la loi de la demande. Le bien 1 sur le graphique suivant est un bien ordinaire.

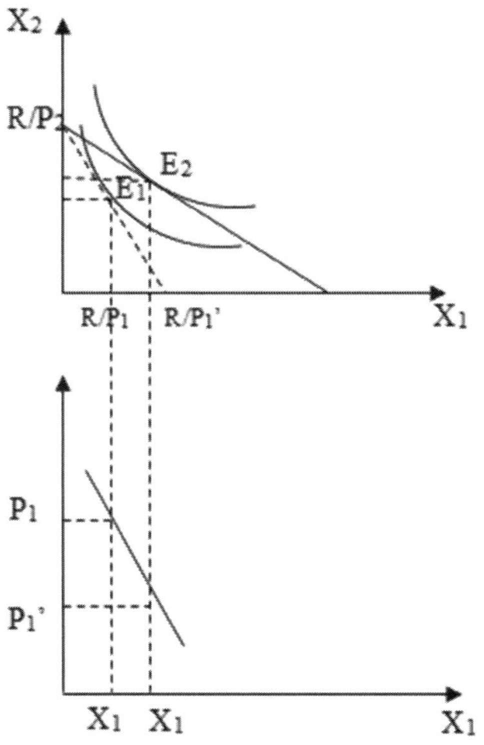

Lorsque le prix d'un bien augmente et que sa quantité demandée augmente, il s'agit d'un bien de **Giffen**[10]. Dans l'exemple suivant, le bien 1 est un bien de Giffen. Le paradoxe de Giffen est qu'il a remarqué que pour certains biens, comme le pain, il y a violation de la loi de la demande.

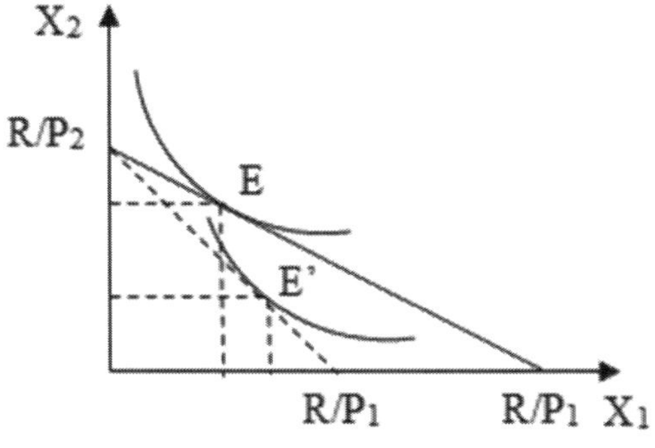

[10] Robert Giffen (1837-1910) un économiste irlandais

Le prix du bien 1 augmente de P à P', l'optimum du consommateur se déplace de E à E'. La demande du bien 1 augmente alors que la demande du bien 2 diminue malgré que le prix du bien 2 reste constant.

Effet de substitution et effet revenu

Une diminution du prix d'un bien a deux effets :

1. Les consommateurs achètent davantage le bien qui devient moins coûteux et moins le bien qui devient relativement plus cher : **Effet de substitution.** La variation de la demande d'u bien suite à l'effet de substitution est notée Δx^s.

2. Puisque le prix d'un bien diminue, le consommateur dispose d'un meilleur pouvoir d'achat et peut donc augmenter sa consommation : **Effet revenu**. La variation de quantité demandée suite à l'effet revenu est notée Δx^r. Les deux effets se produisent simultanément. L'effet total sur la quantité ttale du bien sera alors $\Delta x = \Delta x^s + \Delta x^r$.

Pour décomposer l'effet total d'une variation du prix en effet de substitution et en effet revenu, il y a deux méthodes : la décomposition de **Hicks** et la décomposition de **Slutsky**

Décomposition de Hicks

L'effet de substitution correspond à l'effet d'une variation de prix d'un bien sur les quantités consommées lorsque de façon hypothétique le revenu réel est ajusté pour que la combinaison initiale et la nouvelle combinaison de biens apportent le même niveau de satisfaction au consommateur.

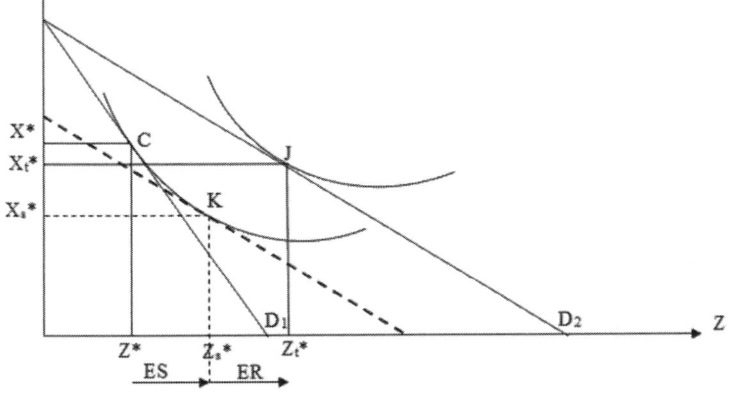

Pour un revenu donné et des niveaux de prix donnés, la contrainte budgétaire est représentée par la droite D_1. À la suite de la diminution du prix du bien Z, la part du bien Z dans le budget augmente. Le consommateur achète plus du bien dont le prix a baissé. La part du bien X dans le budget reste la même. Ainsi la droite du budget pivote et nous avons la droite D_2. Le point de consommation initial est représenté par l'équilibre C, où la droite budgétaire est tangente à la courbe d'indifférence du consommateur. Le nouveau point de consommation à la suite de la diminution du prix du bien Z est le point J. À ce niveau, la nouvelle droite budgétaire est tangente avec une courbe d'indifférence plus élevée. Nous constatons qu'à ce point le consommateur achète plus du bien Z dont le prix a baissé et diminue sa consommation du bien X dont le prix est resté constant. L'effet prix peut se décomposer en effet de substitution et en effet de revenu.

Pour calculer l'effet de substitution, nous déplaçons de façon parallèle la nouvelle droite budgétaire D_2 jusqu'au point de tangence avec la courbe d'indifférence initiale. Le point de consommation à la suite de l'effet de substitution est le point K. L'effet substitution est égal alors à la différence entre les quantités associées à l'équilibre au point K et ceux de l'équilibre initial au point C. L'effet revenu est éagal à la différence entre les quantités associées à l'équilibre K et celles de l'équilibre final J.

L'équilibre initial E_1

$$\begin{cases} \dfrac{U'_Z}{U'_X} = \dfrac{P_Z}{P_X} \\ \\ R = P_x X + P_z Z \end{cases} \Rightarrow C\left(Z^*, X^*\right)$$

L'effet de substitution:

$$\begin{cases} \dfrac{U'_Z}{U'_X} = \dfrac{P'_Z}{P_X} \\ \\ U(Z^*, X^*) = U(Z_s, X_s) \end{cases} \Rightarrow K\left(Z_S^*, X_S^*\right)$$

$$ES = \begin{cases} Z_s^* - Z^* \\ X_s^* - X^* \end{cases}$$

L'équilibre final :

$$\begin{cases} \dfrac{U_Z^{'}}{U_X^{'}} = \dfrac{P_Z^{'}}{P_X} \\ \\ R = P_x X + P_z^{'} Z \end{cases} \Rightarrow J\left(Z_t^*, X_t^*\right)$$

L'effet revenu :

$$ER = \begin{cases} Z_t^* - Z_s^* \\ X_t^* - X_s^* \end{cases}$$

L'effet total : $ET = ES + ER$

Décomposition de Sluttsky

L'effet de substitution correspond à l'effet d'une variation de prix d'un bien sur les quantités consommées lorsque de façon hypothétique le revenu réel est ajusté pour que l'équilibre initial reste accessible au consommateur.

Pour calculer l'effet de substitution, nous déplaçons de façon parallèle la nouvelle droite budgétaire D_2 . Cette nouvelle contrainte fictive doit passer par le point d'équilibre initial C . Le point de consommation à la suite de l'effet de substitution est le point K . L'effet substitution est égal alors à la différence entre les quantités associées à l'équilibre au point K et ceux du de l'équilibre initial au point C . L'effet revenu est éagal à la différence entre les quantités associées à l'équilibre K et celles de l'équilibre final J .

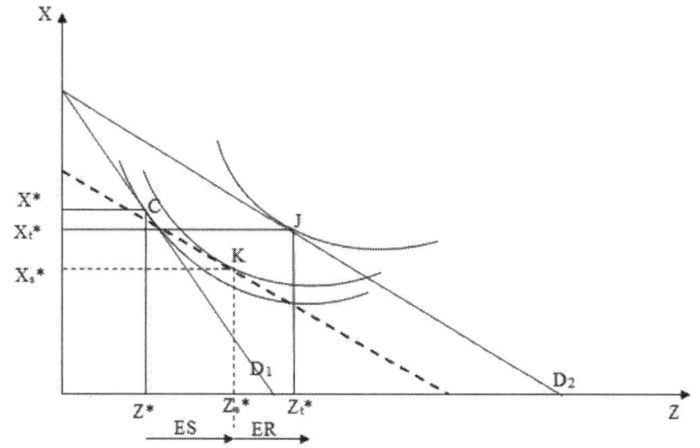

L'équilibre initial E1

$$\begin{cases} \dfrac{U'_Z}{U'_X} = \dfrac{P_Z}{P_X} \\ R = P_x X + P_z Z \end{cases} \Rightarrow C\left(Z^*, X^*\right)$$

L'effet de substitution:

$$\begin{cases} \dfrac{U'_Z}{U'_X} = \dfrac{P'_Z}{P_X} \\ R_s = P_x X^* + P'_z Z^* \\ R_s = P_x X^*_s + P'_z Z^*_s \end{cases} \Rightarrow K\left(Z^*_S, X^*_S\right)$$

$$ES = \begin{cases} Z^*_s - Z^* \\ X^*_s - X^* \end{cases}$$

R_s est le revenu correspond au revenu compensatoire qu'on doit enlever au consommateur pour garder un revenu réel constant après la diminution du prix du bien Z . Ce revenu permet d'acheter le même panier d'équilibre initial.

L'équilibre final :

$$\begin{cases} \dfrac{U'_Z}{U'_X} = \dfrac{P'_Z}{P_X} \\ \\ R = P_x X + P'_z Z \end{cases} \Rightarrow J\left(Z_t^*, X_t^*\right)$$

L'effet revenu :

$$ER = \begin{cases} Z_t^* - Z_s^* \\ X_t^* - X_s^* \end{cases}$$

L'effet total :

$$\text{ET} = \text{ES} + \text{ER} > 0$$

Pour un bien normal, une diminution du prix fait augmenter la quantité demandée du bien, l'effet de substitution est positif qui s'ajoute à l'effet revenu qui est aussi positif. Dans le cas d'une augmentation du prix, effet de substitution est négatif qui s'ajoute à l'effet revenu. Pour un bien inférieur, suite à l'augmentation du prix, l'effet de substitution prédomine l'effet de revenu en valeur absolue.

Bien inférieur et bien de Giffen

Dans le cas du bien du Giffen, lorsque le prix monte, l'effet de substitution est négatif et l'effet de revenu positif. Comme le montre le graphique ci-dessous, l'effet revenu est supérieur en valeur absolue à l'effet de substitution (négatif), et donc quand son prix augmente, les quantités demandées d'un bien de Giffen augmente également.

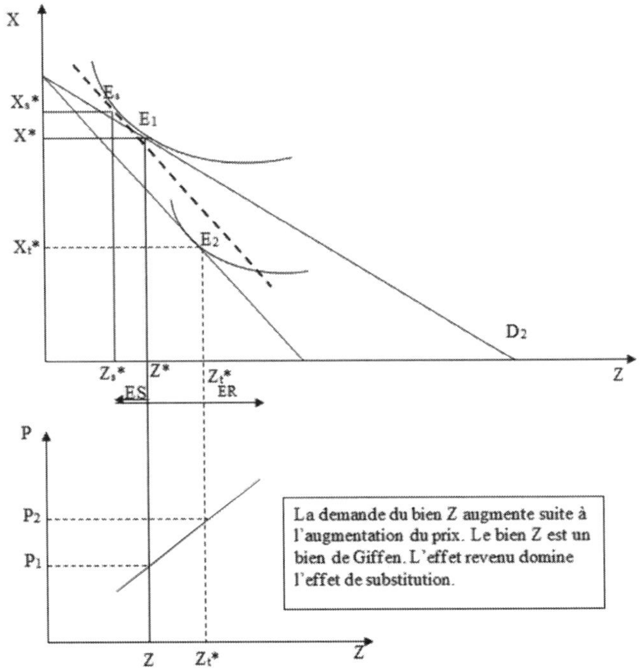

Un **bien de Giffen** est un bien pour lequel une hausse de son prix provoque une augmentation de sa consommation. Le bien de Giffen est un bien inférieur et qui n'a pas de proche substitut.

Exercices

Vrai ou Faux

1. Si le gouvernement rend un bien gratuit à l'usage sans rationner la quantité consommée, alors le consommateur consommera de ce bien jusqu'à ce que son utilité marginale soit nulle.
2. Au point de satiété, l'utilité marginale est nulle
3. Le taux marginal de substitution entre deux biens est invariant à une transformation monotone croissante de la fonction d'utilité.
4. À l'optimum du consommateur, le taux marginal de substitution du thé en terme du café sera le même pour Leila et Olfa, même si Olfa est une plus grande amatrice de thé que Leila.
5. L'effet de substitution d'une variation de prix se traduit par une augmentation de la consommation du bien dont le prix a augmenté.
6. L'effet revenu augmente la consommation des deux biens si les deux biens sont inférieurs.
7. L'utilité correspond à l'avantage ou à la satisfaction qu'un individu retire d'une consommation d'un bien ou d'un service.
8. Toutes choses étant égales par ailleurs, un accroissement du revenu nominal augmente l'ordonnée à l'origine mais n'affecte aucunement la pente de la droite.
9. Si un bien absorbe la totalité du revenu du consommateur, son élasticité-prix et son élasticité revenu seront unitaires en valeur absolue.
10. Si deux individus avec des préférences identiques choisissent des combinaisons de biens différentes, l'un des deux est obligatoirement irrationnel.
11. Hedy reçoit une bourse de la part du Ministère pour ses dépenses. Cette année la subvention a été majorée substantiellement sous forme d'un chèque logement, ce qui lui permettrait de se loger plus confortablement. Si les autres dépenses de Hedy sont des biens inférieurs, il serait tout à fait indifférent à la forme de cette majoration : chèque logement ou aide en espèces.
12. Les préférences dépend du revenu et des prix des biens.
13. Si deux courbes d'indifférence se croisent, l'axiome de transitivité n'est pas respecté.
14. Si le revenu et les prix des biens X et Y diminuent de moitié, la contrainte budgétaire se déplacera vers la gauche et la pente changera, reflétant la baisse du prix relatif entre les 2 biens.
15. Une courbe d'indifférence entre deux mauvais produits (e.g bruit et ordure ménagère) a une pente positive.

Problèmes

1. Utilisez les donnés dans le tableau suivant et tracez le courbe d'indifférence (*I*)

X	2	4	6	9	10

Y	7	5	4	3	3

a. Calculez le taux marginal de substitution du bien X en terme de biens Y . Pourquoi la courbe d'indifférence a cette allure ?
b. Tracez la droite de la contrainte budgétaire suivante : 70 = 10Y+10X. Trouvez et représentez graphiquement l'équilibre du consommateur.
c. Illustrez l'effet d'une augmentation du prix du bien X à $20\$$. Quelle est la nouvelle équation de la contrainte budgétaire? Le nouvel équilibre du consommateur. Tracez la courbe de demande du bien X du consommateur.
d. Considérez de nouveau la contrainte budgétaire initiale, quel est l'effet d'une diminution du revenu à $35\$$. Quelle est la nouvelle équation de la contrainte budgétaire? Illustrez graphiquement et déterminez le nouvel équilibre du consommateur.

2. La fonction d'utilité de John est $U(X,Y) = XY + X + 2Y + 2$ ou X est la consommation de bien X et Y sa consommation de bien Y. Supposons que le prix de chaque bien soit de 1 et que le revenu de John soit de 11.

a. Écrivez et tracez la droite budgétaire de John
b. Calculez le taux marginal de substitution de John
c. Déterminez les quantités demandées de X et Y à l'équilibre
d. Si les prix des deux biens et le revenu doublent quelles sera les nouvelles quantités de bien X et Y demandées ?

3. Charles dispose de $100\$$ à dépenser par semaine. Les données suivantes réfèrent aux produits X et Y achetés par Charles. Initialement, les prix et les quantités des produits consommés sont les suivants : $P_X = 10\$$; $Q_X = 3$; $P_Y = 10\$$; $Q_Y = 7$.
Après une baisse de prix du produit X, les prix et quantités des produits consommés sont les suivants : $P_X = 5\$$; $Q_X = 14$; $P_Y = 10\$$; $Q_Y = 3$.
Supposez que Charles maximise son utilité dans les deux situations présentées. Aussi, notez que si après la baisse de prix, une partie du revenu de Charles lui est enlevée de façon à ce qu'il revienne sur sa courbe d'indifférence initiale, il consommerait alors la combinaison suivante : $Q_X = 11$; $Q_Y = 2$.
Calculez le changement dans la consommation de Charles dû à l'effet revenu et à l'effet de substitution.

4. Leila consacre entièrement son budget à l'achat des biens X et Y.
a. Initialement, alors que les prix des deux biens sont respectivement $P_x = 30\$$ et $P_Y = 10\$$, Leila choisit de consommer 5 unités du bien X et 9 unités du bien Y de

façon à maximiser son utilité totale tout en respectant son budget. Quel est le taux marginal de substitution du bien X au bien Y de Leila ? Justifiez.

b. Quelle est le budget de Leila dans la situation initiale décrite en a) ?

c. Quelle est la contrainte budgétaire initiale de Leila ?

d. Le revenu de Leila augmente de $50\$$. Avec son nouveau budget, elle choisit de consommer 8 unités du bien X et 6 unités du bien Y. Toutefois, à cette nouvelle combinaison, elle serait prête à échanger 2 unités du bien Y contre 1 unité du bien X, tout en laissant son utilité totale inchangée. Sa nouvelle consommation (X=8 et Y=6) représente-t-elle une combinaison optimale ? Sinon, dans quel sens devrait-elle modifier sa consommation pour augmenter sa satisfaction ? Expliquez votre raisonnement

5. Sarra consomme les biens X et Y. Son revenu initial est égal à $300\$.P_x = 10\$$ et $P_Y = 5\$$. Ses préférences sont données par la fonction d'utilité suivante : U(X,Y) = X^2 Y. Trouvez les quantités optimales des biens X et Y consommées par Sarra.

6. Un consommateur a la fonction d'utilité suivante : $U(X,Y) = X + 3Y$

a. Le prix de X est de $10\$$, le prix de Y est de $30\$$ et son revenu est de 80. Quel panier choisit-il de consommer dans cette situation ?

b. Quel panier choisirait-il dans le cas où le prix de X serait de 10, celui de Y de 10 et son revenu de 80 ?

7. La fonction de demande d'un consommateur pour le bien X est : $X(P_X, P_Y, R) = \dfrac{2R}{5P_X}$

Son revenu est de $100\$$, le prix de X est de 5 et le prix de Y est de 20.

a. Si le prix de X diminue à 4, comment évolue la quantité demandée de bien X ?

b. Quel serait son nouveau revenu si celui-ci devait changer en même temps que le prix de x de façon à ce qu'il puisse toujours consommer aux prix 4 et 20 le même panier qu'avec les prix 5 et 20 ?

c. A combien s'élève l'effet de substitution ? L'effet de revenu ?

8. Sarra un budget de 120\$ par mois. Elle alloue tout son budget à la consommation de bien X et du bien Y. prix moyen de X est de 2\$ et le prix moyen de Y est de 8

a. Quelle est l'expression de la contrainte budgétaire de Sarra ? représentez graphiquement la droite budgétaire de Sarra.

b. Calculez le taux marginal de substitution de X en terme de Y. Interprétez le résultat.

c. Sachant que la fonction d'utilité de sarra est de la forme : $U(X,Y)=4X^2Y$. Quelle est la quantité optimale de X et de Y que Sarra peut consommer ?
d. Si le père de Sarra décide de diminuer le budget de sa fille de 24\$, quelle est la nouvelle contrainte budgétaire de Sarra ?
e. Déterminez ses nouvelles quantités de X et de Y.

9. Les préférences d'un consommateur sont représentées par la fonction d'utilité : U(X, Y)=(X+6)(Y+3), X et Y désignent respectivement les quantités de bien X et du bien Y. Chaque unité de chaque bien coûte \$1 et le consommateur dispose d'un revenu égal à $\$9$.

a. Déterminez l'équilibre du consommateur et calculez le niveau d'utilité atteint.
b. Dans le cas général ou les prix sont P_x et P_y et le revenu est R :
i. Déterminez les fonctions de demande des biens. Est ce que le consommateur peut acheter toujours, les deux biens conjointement.
ii. Etant donné ces fonctions de demande de X et Y peut-on conclure à l'absence d'illusion monétaire ? Justifiez votre réponse
iii. Commentez l'allure des coubes d'Engel et identifiez la nature de chaque bien
c. Calculez les élasticités croisées de la demande du bien X et de la demande du bien Y. commentez
d. Étant donné les informations disponibles, pour vous, sur la nature des biens X et Y, donnez les signes de l'effet total, de l'effet de substitution et de l'effet revenu sur la demande de X et la demande de Y si P_y devient \$ 2.
e. décomposez l'effet total de cette variation en ES et ER selon la décomposition de Slustky.

10. Soit la fonction d'utilité d'un consommateur suivante : $U(X,Y)=X^{1/2}Y^{1/2}$. Chaque unité des deux biens coûte \$ 1et le revenu est égal à 8.
a. Calculer l'équilibre initial du consommateur.
b. L'État décide d'accorder une subvention au consommateur. Les six premieres unités achetées du bien X sont gratuites. Calculer le nouvel équilibre du consammateur.
c. L'état décide de changer sa politique de subvention en nature par une subvention en espèces. Il augmente le revenu du consommateur par le même montant.

i. déterminer le nouvel équilibre du consommateu
ii. Comparer l'impact des deux politiques de subvention sur le bien être du consommateur.

11. Soit la fonction d'utilité suivante : $U(X,Y) = (X+1)^2 Y$. Les prix sont respectivement P_x=20 et P_y =10, le revenu R= 100.

a. Calculer l'équilibre du consommateur.

b. Supposons que le gouvernement décide d'imposer un quota de 2 sur la consommation du bien Y. calculer le nouvel équilibre du consommateur.

12. Soit la fonction d'utilité suivante : $U(X,Y) = XY$. Les prix sont respectivement P_x=4 et P_y=6, le revenu R=60.

a. Calculer l'équilibre du consomateur ?

i. Supposer que suite à un déficit budgétaire l'état intervient en imposant une taxe de 4 sur la consommation du bien X. Déterminer la nouvelle situation d'équilibre du consommateur

ii. Calculer le montant de la taxe reçu par l'état

iii. Décomposer l'effet de cette variation du prix de X en effet de substitution et effet revenu

b. L'état change sa politique de taxation en imposant directement le revenu du consommateur par un montant de taxe équivalent au montant reçu par l'état lors de la première politique de taxation

i. Déterminer la nouvelle situation d'équilibre

ii. comparer les deux politiques de taxation.

13. Soit la fonction d'utilité suivante : $U(X_1, X_2)= 2X_1 X_2 +3X_2$ Trouver l'équation de la courbe d'Engel.

Corrigés

Vrai ou faux

1. Vrai : soit X le bien gratuit alors son prix est égal à zéro : $\frac{U'_x}{U'_y} = 0 \Rightarrow U'_x = 0$
2. Vrai
3. Vrai : Soit V une transformation monotone croissante de$U(X,Y)$. telleque $V = F(U)$. Le

$$TMS = \frac{\frac{\partial V}{\partial X}}{\frac{\partial V}{\partial Y}} = \frac{\frac{\partial F}{\partial U}\frac{\partial U}{\partial X}}{\frac{\partial F}{\partial U}\frac{\partial U}{\partial Y}} = \frac{\frac{\partial U}{\partial X}}{\frac{\partial U}{\partial Y}} = \frac{U'_x}{U'_y}$$

4. Vrai : À l'optimum leur volonté de payer est la même : $TMS_{leila} = \frac{P_x}{P_y} = TMS_{Olfa}$

, même si elles ont des préférences différentes.

5. Faux
6. Faux
7. Vrai
8. Vrai
9. Vrai :

$$X = \frac{R}{P_x}$$

$$e_R = \frac{\partial X}{\partial R}\frac{R}{X} = \frac{1}{P_x}P_x = 1$$

$$e_P = \frac{\partial X}{\partial P}\frac{P}{X} = -\frac{R}{P^2}\frac{P}{\frac{R}{P}} = -1$$

10. Faux
11. Vrai
12. Faux
13. Vrai
14. Faux
15. Faux : Plus la consommation de ces deux biens diminue plus le niveau d'utilité augmente

Problèmes

1.

X	2	4	6	9	10
Y	7	5	4	3	3

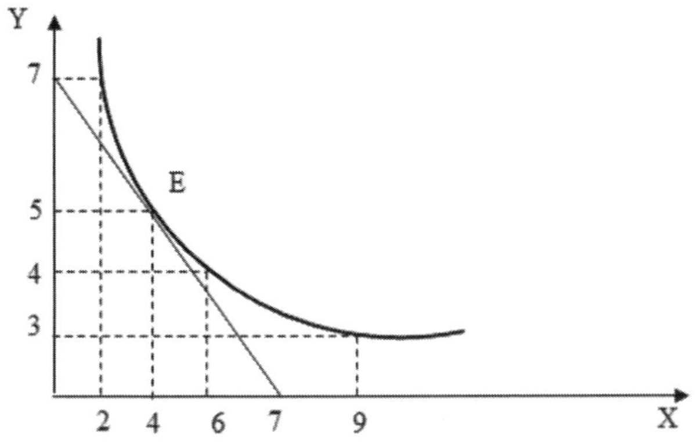

a. Tout au long de la courbe d'indifférence le TMS est décroissant. Le consommateur renonce de moins en moins du bien Y pour avoir une unité additionnelle du bien X .

b.

X	Y	TMS
2	7	
4	5	1
6	4	1/2
9	3	1/3
10	3	0

c. La droite budgétaire est la frontière maximale d'allocation du revenu du consommateur dans l'achat du bien X et Y, étant donné leurs prix respectifs. Selon son revenu de 70$, si le consommateur consacre tout son revenu à l'achat du bien X, la quantité maximale de ce dernier qu'il peut s'en procurer est de 7 unités. S'il consacre la totalité de son revenu à l'achat du bien Y, il aura 7 unités de ce bien.

L'équilibre du consommateur est atteint lorsqu'il maximise son utilité en respectant sa contrainte budgétaire. C'est le point de tangence entre la contrainte budgétaire et la courbe d'indifférence. La pente de la courbe d'indifférence est égale à la pente de la droite budgétaire, au point E. Ce point d'équilibre est lorsque le consommateur demande 4 unités du bien X et 5 unités du bien Y

À l'équilibre nous avons : $TMS = \frac{P_x}{P_y} = 1$

d. L'équilibre du consommateur est atteint lorsqu'il maximise son utilité en respectant sa nouvelle contrainte budgétaire. Lorsque le prix du bien X augmente la contrainte pivote autour du point à l'origine de Y

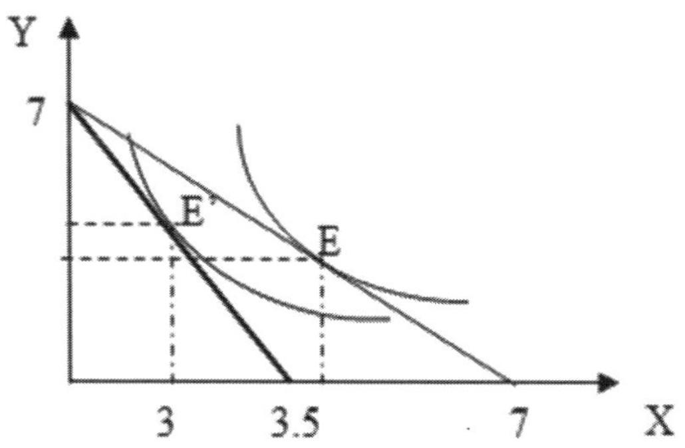

$$70 = P'_x X + P_y Y = 20X + 10Y \Rightarrow Y = 7 - 2X \Rightarrow$$

$$\frac{P_x}{P_y} = -2 \Rightarrow TMS = -\frac{\Delta Y}{\Delta X} = 2 \Rightarrow -\Delta Y = 2\Delta X$$

La position de la courbe d'indifférence dépend de la carte des préférences du consommateur. Nous savons que les courbes d'indifférences sont parallèles. U' est alors au-dessous de U. Le consommateur substitut le bien qui est devenu cher par le bien dont le prix est resté constant. La quantité du bien X diminue suite à l'augmentation de son prix et la quantité demandée de Y augmente par substitution. D'après le TMS, si X diminue d'une unité, le consommateur achètera deux unités du bien Y. Supposons que la quantité demandée de X diminue d'une unité et que la quantité de Y augmente de deux unités.

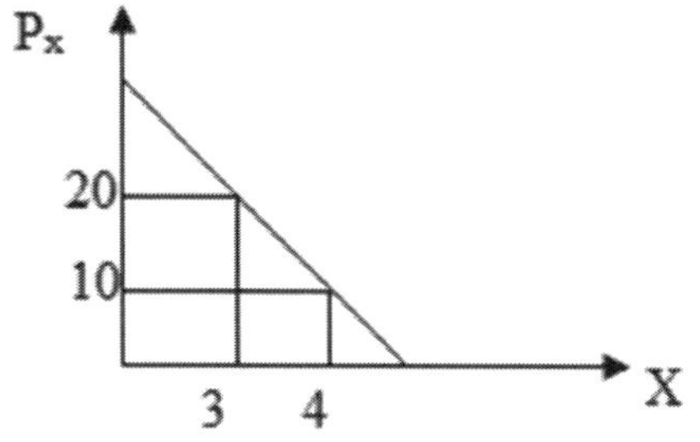

La courbe de demande individuelle fait correspondre à chaque prix la quantité que le consommateur est prêt à acheter. D'après notre exemple, pour le prix du bien X égal à 10, le consommateur est prêt à acheter 4 unités de X. Lorsque le prix de X augmente selon la loi de la demande, la quantité du bien X demandée diminue à 3 unités.

e. Lorsque le revenu diminue de 35 $, la contrainte budgétaire se déplace parallèlement vers le bas. En supposant que les deux biens sont normaux, la quantité demandée des deux biens va diminuer. La position de la courbe d'indifférence du consommateur U' dépendra de sa carte des préférences. Dans ce cas et selon le TMS, les deux biens diminuent de la même quantité :

$$35 = P_x X + P_y Y = 10X + 10Y \Rightarrow$$

$$Y = \frac{35}{10} - X \Rightarrow TMS = -\frac{\Delta Y}{\Delta X} = 1 \Rightarrow -\Delta Y = \Delta X$$

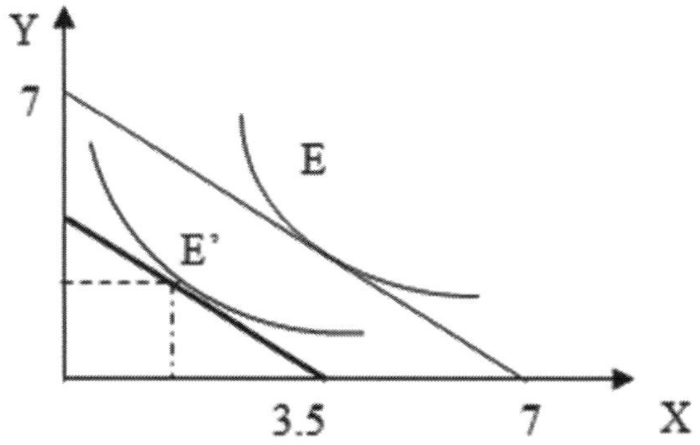

2. U(X,Y)=XY+X+2Y+2

a. La droite budgétaire de John :
Y = 11 - X

b. Le taux marginal de substitution de John : $TMS = \frac{Y+1}{X+2}$

c. Les quantités demandées de X et Y à l'équilibre :

d.

$$TMS = \frac{Y+1}{X+2} = 1 \Rightarrow Y+1 = X+2 \Rightarrow X = Y-1$$

$$Y = 11 - Y + 1 \Rightarrow Y^* = 6; X^* = 5$$

e. Lorsque les prix et le revenu doublent, le rapport de prix et le TMS sont les mêmes et donc les quantités demandées de X et Y resteront les mêmes.

3. L'effet de substitution = $11-3=8$; Effet revenu = variation de la consommation suite à une variation du pouvoir d'achat = 3

4. Leila consacre entièrement son budget à l'achat des biens X et Y.

a. $P_x = 30\$$ et $P_Y = 10\$$. Le taux marginal de substitution du bien X au bien Y de Leila à l''équilibre est égal au rapport des prix :

$$TMS_{XY} = \frac{P_x}{P_Y} = \frac{30}{10} = 3$$

pour avoir un unité additionnelle de X, Leila doit renoncer à 3 unités de Y

b. Le budget initial de Leila est :

$$P_X X + P_Y Y = 5(30\$) + 9(10\$) = 240\$$$

c. La contrainte budgétaire initiale de Leilaest

$$240 = 30X + 10Y \;\Rightarrow Y = 24 - 3X$$

d. R' = 240 +50=290 ; X=8 et Y=6 et le

$$|TMS_{XY}| = 2 < \frac{P_X}{P_Y} = 3$$

La situation n'est pas optimale car le TMS est différent au rapport des prix. La pente de la courbe d'indifférence est plus faible que celle de la droite budgétaire. Pour que les deux courbes soient tangentes, il faut qu'elle échange 3 unités de Y pour une unité additionnelle de X.

5. $U(X, Y) = X^2Y$

$$\begin{cases} TMS_{X,Y} = \dfrac{\frac{\partial U}{\partial X}}{\frac{\partial U}{\partial Y}} = \dfrac{2Y}{X} = \dfrac{P_X}{P_Y} = 2 \Rightarrow Y = X \\ 10X + 5Y = 300 \Rightarrow 15X = 300 \end{cases} \Rightarrow \begin{cases} X = 20 \\ Y = 20 \end{cases}$$

6. U(X, Y) =X+3Y. Il s'agit d'une fonction d'utilité additive alors les biens X et Y sont des substituts parfaits. Le TMS est constant :

$$TMST_{X,Y} = \frac{\frac{\partial U}{\partial X}}{\frac{\partial U}{\partial Y}} = \frac{1}{3}$$

a. TMS et le rapport des prix sont égaux, les deux courbes sont confondues dans ce cas la demande du bien X et Y sera n'importe quel nombre compris entre 8/3 et 8

b. Le TMS est inférieur au rapport des prix, la courbe d'indifférence est plus aigue que la contrainte budgétaire. Il s'agit d'une solution de coin :

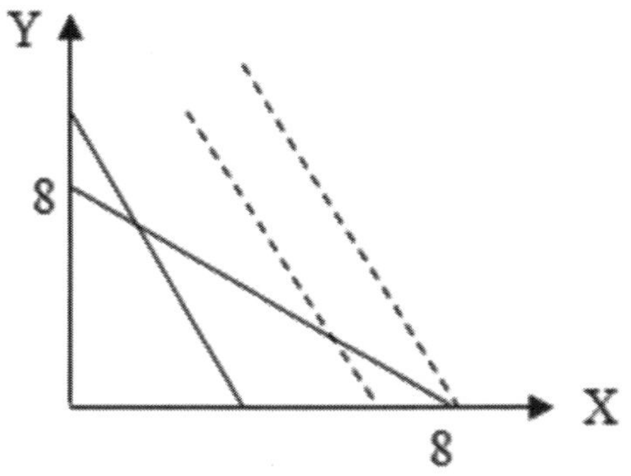

Le consommateur achètera seulement le bien

$$X = \frac{R}{P_X} = \frac{80}{10} = 8$$

7. La fonction de demande d'un consommateur pour le bien X est : $X(P_X, P_Y, R) = \frac{2R}{5P_X}$

Son revenu est de $100\$$, le prix de X est de 5 et le prix de Y est de 20 .

a. $X(P_X, P_Y, R) = \frac{2R}{5P_X}$ la quantité demandée du bien X augmente quand le prix de X diminue. C'est la loi de la demande. En effet : $X(5,20,100) = \frac{200}{25} = 8$ et

$$X(4,20,100) = \frac{200}{20} = 10$$

b.

$$X'(4,20,R') = 8 \Rightarrow \frac{2R'}{20} = 8 \Rightarrow R' = \frac{20 \times 8}{2} = 80$$

c. L'effet de substitution est égal à l'effet revenu en valeur absolue puisque le consommateur continue de consommer la même quantité du bien X. ET=ES+ER=0 donc ES= - ER

8. Sarra un budget de 120$ par mois. Elle alloue tout son budget à la consommation de bien X et du bien Y. prix moyen de X est de 2$ et le prix moyen de Y est de 8

a. La contrainte budgétaire de Sarra : $\Rightarrow Y = 15 - \frac{1}{4}X$

b. À l'équilibre : $TMS = \frac{P_x}{P_y} = \frac{1}{4}$. Selon le TMS, Sarra est prête à céder $\frac{1}{4}$ de Y pour avoir une unité de X supplémentaire.

c. $U(X,Y) = 4X^2Y$; la quantité optimale de X et de Y que Sarra peut consommer :

$$TMS = \frac{UmX}{UmY} = \frac{P_X}{P_Y} \Rightarrow \frac{8XY}{4X^2} = \frac{1}{4}$$
$$\Rightarrow 8Y = X$$

2X+8Y = 120 donc Y=5 et X= 40

d. Si le père de Sarra décide de diminuer le budget de sa fille de 24$, la nouvelle contrainte budgétaire de Sarra est 2X + 8Y= 96 $\Rightarrow Y = 12 - \frac{1}{4}X$. La nouvelle contrainte est au dessous de la contrainte initiale. Il s'agit d'un déplacement parallèle

e. Ses nouvelles quantités de X et de Y :

8Y = X

$$\Rightarrow 24Y = 96 \Rightarrow Y = \frac{96}{24} = 4 \Rightarrow X = 32$$

9. U(X,Y)= (X+6)(Y+3), $P_x = P_y = 1$ et R= 9

a. À l'équilibre :

$$\begin{cases} TMS = \frac{P_x}{P_y} \Rightarrow \frac{Y+3}{X+6} = 1 \\ R = XP_x + YP_y \Rightarrow 9 = X + Y \end{cases} \Leftrightarrow \begin{cases} X^* = 3 \\ Y^* = 6 \\ U^* = 81 \end{cases}$$

Les conditions de second ordre pour un maximum :

$$\begin{vmatrix} \frac{\partial^2 U}{\partial X^2} & \frac{\partial^2 U}{\partial XY} & -P_x \\ \frac{\partial^2 U}{\partial YX} & \frac{\partial^2 U}{\partial Y^2} & -P_y \\ -P_x & -P_y & 0 \end{vmatrix} =$$

$$\begin{vmatrix} 0 & 1 & -1 \\ 1 & 0 & -1 \\ -1 & -1 & 0 \end{vmatrix} = (-1)^{1+2}\begin{vmatrix} 1 & -1 \\ -1 & 0 \end{vmatrix} - (-1)^{1+3}\begin{vmatrix} 1 & 0 \\ -1 & -1 \end{vmatrix} = 1+1 \quad 0$$

b. Dans le cas général ou les prix sont P_x et P_y et le revenu est R

i. Les fonction des demandes :

$$\begin{cases} TMS = \dfrac{P_x}{P_y} = \dfrac{Y+3}{X+6} \\ R = XP_x + YP_y \end{cases} \Leftrightarrow \begin{cases} X^* = \dfrac{R - 6P_x + 3P_y}{2P_x} \\ Y^* = \dfrac{R + 6P_x - 3P_y}{2P_y} \end{cases}$$

pour que le consommateur achète les deux biens conjointement il faut que :

$$\begin{cases} XP_x \langle R \\ YP_y \langle R \end{cases} \Leftrightarrow \begin{cases} \dfrac{R - 6P_x + 3P_y}{2} \langle R \\ \dfrac{R + 6P_x - 3P_y}{2} \langle R \end{cases} \Leftrightarrow \begin{cases} -6P_x + 3P_y \langle R \\ 6P_x - 3P_y \langle R \end{cases} \Leftrightarrow |6P_x - 3P_y| \langle R$$

ii.

$$X^* = f(R, P_x, P_y) = \frac{R - 6P_x + 3P_y}{2P_x}$$

$$\forall \lambda \quad 0, f(\lambda R, \lambda P_x, \lambda P_y) = \frac{\lambda R - 6\lambda P_x + 3\lambda P_y}{2\lambda P_x} = \lambda^0 f(R, P_x, P_y)$$

La demande du bien X est homogène de degrè zero, alors il n'y a pas d'illusion monétaire pour la demande du bien X, de la même façon, on peut démontrer que'il n'y a pas d'illusion monétaire pour la demande du bien Y.

iii. Les courbes d'Engel. Les fonctions de demande de X et Y sont des fonctions linéaires de R et elles sont croissantes. X et Y sont des biens normaux. Les élasticités revenu de X et Y sont :

$$E_{X/R} = \frac{\partial X}{\partial R}\frac{R}{X} = \frac{R}{R - 6P_x + 3P_y} \rangle 1$$

$$E_{y/R} = \frac{\partial Y}{\partial R}\frac{R}{Y} = \frac{R}{R+6P_x-3P_y} \langle 1$$

c. Les élasticités croisées :

$$E_{X/P_y} = \frac{\partial X}{\partial P_y}\frac{P_y}{X} = \frac{3P_y}{R-6P_x+3P_y} \rangle 0$$

$$E_{Y/P_y} = \frac{\partial Y}{\partial P_x}\frac{P_y}{Y} = \frac{6P_x}{R+6P_x-3P_y} \rangle 0$$

Les deux biens X et Y sont substituables

d. P'$_y$ =2, le prix du bien Y augmente alors la demande du bien Y diminue, et puisque X et Y sont substituables alors la demande du bien X augmente. L'effet de substitution sera alors positif pour X et négatif pour Y. X et Y sont des biens normaux alors l'effet revenu sera négatif pour les deux biens X et Y. L'effet totale est la somme de l'effet de substitution et de l'effet revenu. L'effet total est indéterminée pour la demande du bien X, l'effet total sur X, dépendra de la prépondérence relative des deux effets. Cependant, on peut affirmer que l'effet total sera négatif pour la demande du bien Y.

e. L'effet total de cette variation en ES et ER selon la décomposition de Slustky.

L'équilibre initial :
$$\begin{cases} TMS = \frac{P_x}{P_y} \Rightarrow \frac{Y+3}{X+6} = 1 \\ R = XP_x + YP_y \Rightarrow 9 = X + Y \end{cases} \Leftrightarrow \begin{cases} X^* = 3 \\ Y^* = 6 \\ U^* = 81 \end{cases}$$

L'effet de substitution :

$$\begin{cases} \frac{Y_s+3}{X_s+6} = \frac{1}{2} \\ R_s = P_x X^* + P_z' Y^* = 3+12 = 15 \\ 15 = X_s^* + 2Y_s^* \end{cases} \Rightarrow \begin{cases} X_s^* = 7.5 \\ Y_s^* = 3.75 \end{cases}$$

$$ES = \begin{cases} X_s^* - X^* = 7.5 - 3 = 4.5 \\ Y_s^* - Y^* = 3.75 - 6 = -2.25 \end{cases}$$

R_s est le revenu correspond au revenu compensatoire qu'on doit donner au consommateur pour garder un revenu réel constant après l'augmentation du prix du bien Y Z . Ce revenu permet d'acheter le même panier d'équilibre initial :

L'équilibre final :

$$\begin{cases} TMS = \frac{P_x}{P_y} \Rightarrow \frac{Y+3}{X+6} = \frac{1}{2} \\ R = XP_x + YP_y' \Rightarrow 9 = X + 2Y \end{cases} \Leftrightarrow \begin{cases} X_t^* = 4.5 \\ Y_t^* = 2.25 \end{cases}$$

L'effet revenu : $ER = \begin{cases} X_t^* - X_s^* = 4.5 - 7.5 = -3 \\ Y_t^* - Y_s^* = 2.25 - 3.75 = -1.5 \end{cases}$

L'effet total : $ET = ES + ER = \begin{cases} \Delta X = 1.5 \\ \Delta Y = -3.75 \end{cases}$

10. $U(X,Y) = X^{1/2}Y^{1/2}$ et $P_x = P_y = 1$ et $R = 8$

a. $\begin{cases} TMS = \frac{P_x}{P_y} = 1 \\ R = P_x X + P_y Y \end{cases} \Rightarrow \begin{cases} \frac{Y}{X} = 1 \\ 8 = X + Y \end{cases} \rightarrow \begin{cases} X^* = 4 \\ Y^* = 4 \\ U^* = 4 \end{cases}$

b. La nouvelle contraine avec subvention

$$\begin{cases} Y = 8 \quad \text{si } X \langle 6 \\ R = P_x(X-6) + P_y Y \Rightarrow \text{Y} = 14 - \text{X Si X} > 6 \end{cases}$$

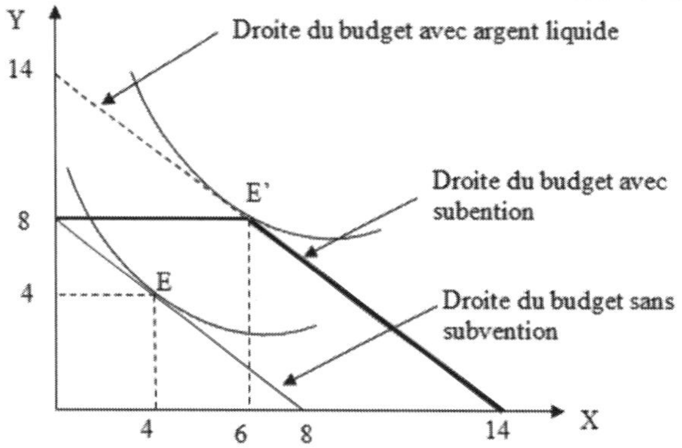

Pour toutes les valeurs de X inférieures à 6, le consommateur va consacrer son revenu dans l'achat du bien Y. L'autre condition d'équilibre qu'il faut vérifier est celle de l'égalité de la pente de la courbe d'indifférence à celle de la pente de la contrainte budgétaire. Cette condition n'est pas vérifiée sur la partie horizontale de la contrainte, dont la pente est égale à zéro. mais elle est vérifiée sur la partie descendante de la contrainte. Cependant pour cette partie de la contrainte il faut que X soit supérieure à 6. Le meilleur choix est alors E'(6,8) son utilité sera alors de $U(6,8) = 4\sqrt{3}$

c. Le nouveau équilibre :

i. $$\begin{cases} TMS = \dfrac{P_x}{P_y} = 1 \\ R = P_x X + P_y Y \end{cases} \Rightarrow \begin{cases} \dfrac{Y}{X} = 1 \\ 14 = X + Y \end{cases} \rightarrow \begin{cases} X^* = 7 \\ Y^* = 7 \\ U = 7 \end{cases}$$

ii. Le bien être du consommateur est amélioré avec une subvention en espèce.

11. $U(X, Y)= (X+1)^2Y$

a. L'équilibre du consommateur.

$$\begin{cases} \dfrac{2(X+1)Y}{(X+1)^2} = \dfrac{P_x}{P_y} = 2 \\ 100 = 20X + 10Y \end{cases} \Rightarrow \begin{cases} \dfrac{Y}{X+1} = 1 \\ 10 = 2X + Y \end{cases} \rightarrow \begin{cases} X^* = 3 \\ Y^* = 4 \\ U = 64 \end{cases}$$

b. Le nouvel équilibre du consommateur

$$\frac{Y}{X+1}=1$$

$\forall X \in [0,4] \qquad Y=2$

$\forall X \in [4,5] \qquad 2X+Y=10$

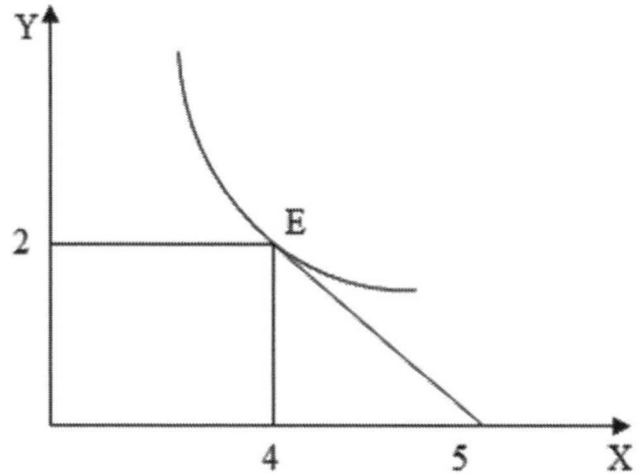

12. Soit la fonction d'utilité suivante : $U(X,Y)=XY$. Les prix sont respectivement $P_x=4$ et $P_y=6$, le revenu $R=60$

a. $\begin{cases} \dfrac{Y}{X}=\dfrac{P_x}{P_y}=\dfrac{2}{3} \\ 60=4X+6Y \end{cases} \Rightarrow \begin{cases} 2X=3Y \\ 30=2X+3Y \end{cases} \rightarrow \begin{cases} X^*=7.5 \\ Y^*=5 \\ U=37.5 \end{cases}$

b. Supposer que suite à un déficit budgétaire l'état intervient en imposant une taxe de $4 sur la consommation du bien X :

i. $\begin{cases} \dfrac{Y}{X}=\dfrac{P_x}{P_y}=\dfrac{8}{6} \\ 60=8X+6Y \end{cases} \Rightarrow \begin{cases} 4X=3Y \\ 30=4X+3Y \end{cases} \rightarrow \begin{cases} X_t=3.75 \\ Y_t=5 \\ U_t=18.75 \end{cases}$

ii. $T=(P_x-P_y)X=(8-4)3.75=15$

iii. Équilibre intermédiare :

$$\begin{cases} U_I=U=37.5=X_IY_I \\ \dfrac{Y_I}{X_I}=\dfrac{4}{3} \end{cases} \Rightarrow \begin{cases} X_I=5.3 \\ Y_I=7.07 \\ U_I=37.5 \end{cases}$$

Effet de substitution

$$\begin{cases} ES_x = 5.3 - 7.5 = -2.2 \\ ES_y = 7.07 - 5 = 2.07 \end{cases}$$

$$\text{Effet revenu}\begin{cases} ER_x = 3.75 - 5.3 = -1.55 \\ ER_y = 5 - 7.07 = -2.07 \end{cases}$$

$$\text{Effet total :}\begin{cases} ET_x = ES_x + ER_x = -2.2 - 1.55 = -3.75 \\ ET_y = ES_y + ER_y = 2.07 - 2,07 = 0 \end{cases}$$

c. L'état change sa politique de taxation en imposant directement le revenu du consommateur par un montant de taxe équivalent au montant reçu par l'état lors de la première politique de taxation

i. $$\begin{cases} \dfrac{Y}{X} = \dfrac{P_x}{P_y} = \dfrac{4}{6} \\ 60 - 15 = 4X + 6Y \end{cases} \Rightarrow \begin{cases} 2X = 3Y \\ 45 = 4X + 6Y \end{cases} \rightarrow \begin{cases} X_t = 5.6 \\ Y_t = 3.75 \\ U_t = 21 \end{cases}$$

ii. La taxe directe est meilleure pour le consommateur, il consomme plus de bien X et son niveau d'utilité est plus élevé car l'intervention directe par l'imposition du revenu limite le revenu et non pas les choix du consommateur.

13. $U(X_1, X_2) = 2X_1X_2 + 3X_2$. L'équation de courbe consommation-revenu correspond à l'ensenble de points de tangence entre la courbe d'indifférence et la contrainte budgétaire :

$$TMS = \frac{2X_2}{2X_1 + 3} = \frac{P_1}{P_2} \Rightarrow X_2 = \frac{P_1(2X_1 + 3)}{2P_2}$$

$$R = P_1X_1 + P_2X_2$$

$$\Rightarrow X_1 = \frac{2R - 3P_1}{4P_1} \Rightarrow \frac{\partial X_1}{\partial R} = \frac{1}{2P_1} \rangle 0$$

$$X_2 = \frac{2R + 3P_1}{4P_2} \Rightarrow \frac{\partial X_2}{\partial R} = \frac{1}{2P_2} \rangle 0$$

La pente est positive, la courbe d'Engel est croissante.

Théorie du producteur

Les entreprises prennent des décisions concernant la quantité et le mode de production en vue de maximiser leurs profits. L'économie est constituée de milliers d'entreprises qui produisent les biens et les services que les consommateurs achettent à tous les jours. Certaines entreprises sont de grande taille et emploient des milliers de travailleurs. Le Canada compte environ deux millions d'entreprises dont la taille, les activités et le potentiel de survie diffèrent énormément.

Qu'est ce qu'une entreprise ?

Bressy et Konkuyt[11] donnent une définition simple qui s'applique à l'entreprise privée et certaines entreprises publiques : " *L'entreprise est une organisation économique autonome, disposant de moyens humains et matériels qu'elle combine en vue de produire des biens et des services destinés à la vente.* "

Cette définition malgré qu'elle soit simple elle fait ressortir le concept de la rareté. Chaque entreprise doit résoudre son propre problème économique, en ce sens qu'elle doit réaliser un maximum de profit les ressources dont elle dispose en quantités limitées. Pour ce faire, elle doit décider des questions suivantes :

- Le type de biens et services à produire ;
- Les quantités à produire ;
- Les techniques de production à utiliser ;
- Les quantités à employer de chaque facteur de production ;
- L'organisation et la structure de gestion de l'entreprise ;
- Le mode de rémunération des facteurs de production ;

Par conséquent, les choix que fait l'entreprise pour résoudre son problème économique, la production, se répercutent sur son coût, sa recette totale et sur son profit ou ses pertes. Toutes les entreprises font face aux même types de problèmes, néanmoins elles n'y apportent pas toutes les mêmes solutions. Les structures de gestion et le mode de rémunération des facteurs de production sont très différents d'une entreprise à l'autre selon leurs formes juridiques.

---

[11] Gilles Bressay et Christian Konkuyt, économie d'entreprise, 8ième édition, Paris 2006

Les formes juridiques de l'entreprise

La forme juridique d'une entreprise a une incidence sur la façon dont elle rémunère les facteurs de production et sur le montant des impôts qu'elle paye. Aussi, la forme juridique détermine qui percevra les bénéfices et qui contractera les dettes dans le cas où l'entreprise devrait mettre fin à ses activités.

Le fait que l'entreprise peut appartenir à un seul propriétaire, à quelques personnes ou à plusieurs personnes donne principalement lieu à quatre formes juridiques d'entreprises : l'entreprise individuelle, la société des personnes, la société par action et la coopérative. Chaque forme juridique de l'entreprise a des inconvénients et des avantages.

L'entreprise individuelle

La plupart des entreprises se trouvent dans cette catégorie. L'entreprise individuelle appartient à un seul propriétaire qui a toute autorité sur son entreprise et qui est personnellement responsable des actions et des dettes de l'entreprise ; cette responsabilité est illimitée. La responsabilité légale que le propriétaire a est de régler toutes les dettes de l'entreprise jusqu'à concurrence du montant total des avoirs. Le fait que les bénéfices sont imposés une seule fois au titre de l'impôt sur le revenu des particuliers et la simplicité du processus décisionnel constituent des avantages de cette forme juridique. La disparition de l'entreprise avec son propriétaire, l'absence de mécanismes pour neutraliser les mauvaises décisions et la limitation de la taille de l'entreprise par le capital que peut investir le propriétaire à lui seul constituent des inconvénients de cette forme juridique.

La société de personnes

Cette forme d'entreprise se fait par le regroupement de deux ou plusieurs personnes qui peuvent prendre individuellement des décisions au nom de l'entreprise. Chaque propriétaire est personnellement responsable des actions et des dettes de l'entreprise. La plupart des cabinets d'avocats et de comptables sont des exemples de sociétés de personnes. Parmi les inconvénients de cette forme juridique est le fait que le retrait de l'un des associés peut entraner une pénurie de capitaux, la responsabilité illimitée de chaque associé de toutes les dettes de l'entreprise à concurrence de la totalité de ses avoirs personnels. Parmi les avantages de cette forme juridique est la possibilité de continuité de l'entreprise après le retrait de l'un des associés.

La société par action

Une société par actions est une entité juridique appartenant à un ou plusieurs actionnaires dont la responsabilité est limitée. La société par action est une entité distincte des actionnaires à qui elle appartient. Les administrateurs ne sont pas nécessairement les propriétaires de la société. Bombardier, Bell canada, IBM et Sony sont des exemples de sociétés par actions. Parmi les inconvénients de la société par action, se trouve la complexité de la structure de gestion et la double imposition sur les bénéfices et les dividendes.

La coopérative

C'est une entreprise appartenant à un groupe de personnes qui ont un objectif commun, qui assument collectivement les risques et qui partagent les bénéfices. Les Caisses Populaires et les banques d'épargne sont des exemples de coopératives. La coopérative appartient à tous les membres qui y ont souscrit du capital sous forme de parts sociales. Une part sociale est émise au nom d'une personne, n'est pas transférable, n'augmente pas de valeur, rapporte un intérêt limité et n'est remboursable qu'à certaines conditions. Chaque coopérateur possède un droit égal de parole, de participation et de vote au sein de l'assemblé général.

Les fonctions économiques de l'entreprise

Dans une économie de marché, l'entreprise est appelée à remplir un double rôle. D'une part, elle produit des biens et des services nécessaires à la satisfaction des besoins. D'autre part, elle alloue une partie de ses revenus à la rémunération des facteurs de production, travail et capital, qui entrent dans son processus de production.

La figure ci-dessous, montre les interrelations d'une entreprise avec les différents marchés. Pour produire un bien ou un service final, l'entreprise doit s'adresser à différents marchés au cours de son processus de production ; sur le marché du travail, elle demande la main-d'oeuvre dont elle a besoin, et en contre partie, elle verse des salaires. Sur le marché des biens intermédiaires, elle achète l'énergie, les matières premières nécessaire pour son processus de production et en contre partie elle paye le prix. Sur le marché de biens d'équipement, elle achète la machinerie, l'équipement et l'outillage pour produire et elle paye le prix en retour. L'entreprise doit se financer, pour cela elle fait appel au marché financier pour avoir la liquidité dont elle a besoin et en contre partie, elle paye des intérêts et des dividendes.

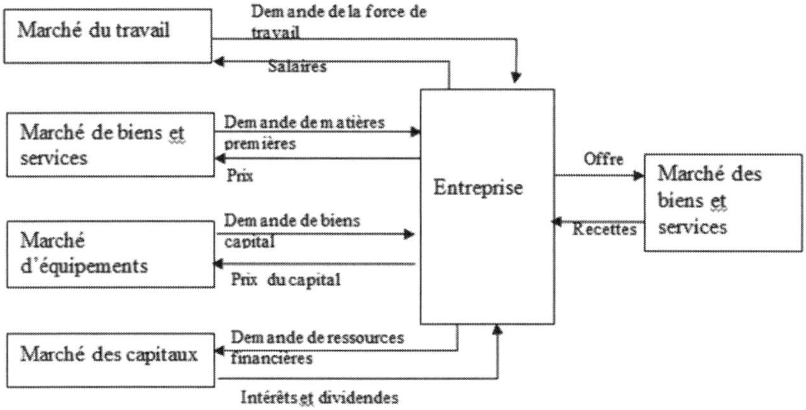

Une fois la production est réalisée, l'entreprise procède à la vente sur le marché[12] des biens et services. Elle reçoit les recettes générées et procède à la distribution des revenus. La totalité des revenus distribués est égale à la valeur ajoutée que l'entreprise a créée. La valeur ajoutée se définit comme étant la valeur de la production de l'entreprise après avoir enlevé la valeur de la consommation intermédiaire. Elle correspond à la valeur nette de la production de l'entreprise.
La figure ci-dessous montre comment est redistribuée la valeur ajoutée de l'entreprise.

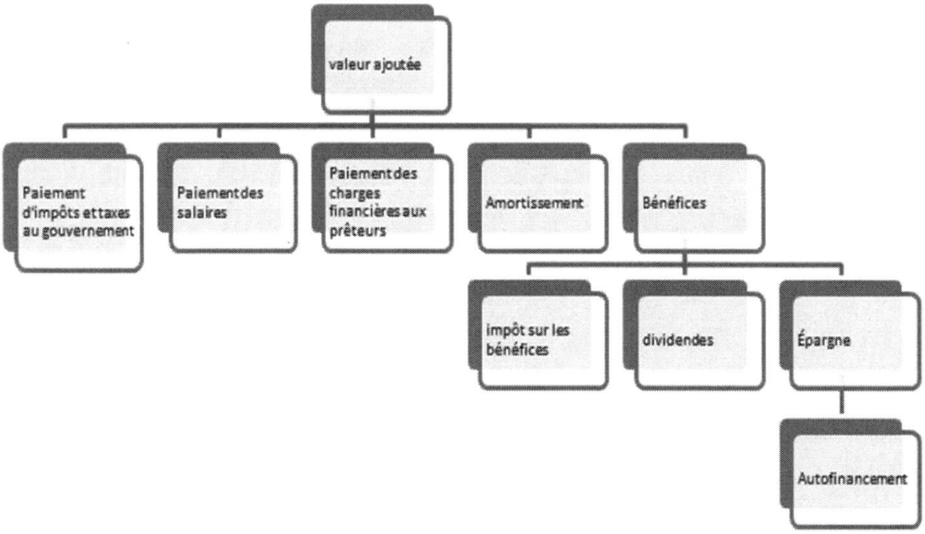

[12] En économie, un marché existe lorsqu'il y a deux ou plusieurs individus sont prêt à faire des échamges de marchandises quelque soit le lieu et la date.

Financement de l'entreprise

Pour produire et exercer ses fonctions, une entreprise a besoin de capitaux pour investir et pour augmenter ses capacités de productions. Une partie du financement de l'entreprise provient des capitaux propres que les propriétaires investissent dans l'entreprise. Une autre partie du financement de la majorité des entreprises individuelles et des sociétés de personnes provient de l'emprunt auprès des banques. Tandis que les sociétés par actions se procurent une partie du financement par l'émission d'actions et par la vente d'obligations. Une obligation est une reconnaissance de dette par laquelle une entreprise s'engage à verser à son détenteur des sommes convenues à des dates déterminées.

Lorsqu'une entreprise mobilise des fonds, elle les reçoit dans le présent et s'engage à faire une série de paiements dans l'avenir. Pour savoir si elle doit emprunter et combien, l'entreprise doit comparer la valeur d'une somme d'argent aujourd'hui avec la valeur de cette somme plus tard. L'entreprise calcule la valeur actuelle de la somme à percevoir ou à payer dans l'avenir.

L'actualisation consiste à convertir une somme d'argent future en sa valeur actuelle. Soit la somme de $1000 à investir aujourd'hui à un taux d'intérêt annuel r = 10 %. Quelle sera la valeur future de cet investissement ?

$$\text{Valeur future} = \text{valeur présente } (1+r)$$

$$\text{Valeur future} = 1000\,(1+0.1) = 1100$$

La valeur future de $1000 aujourd'hui, à un taux de 10 % est de $1100. Ainsi $1100 après un an est équivalent à $1000 aujourd'hui. Ainsi, la valeur actuelle de $1100 est de $1000.

La valeur actuelle d'une somme future dans n années est :

$$\text{Valeur actuelle} = \frac{\text{sommes d'argents à percevoir dans n années}}{(1+r)^n}$$

Par exemple la valeur actuelle de $2000 détenue après trois ans étant donnée un taux d'intérêt annuel de 10 % est de :

$$\text{Valeur actuelle} = \frac{2000}{(1+0.1)^3} = \frac{2000}{(1.1)^3} = 1502.6\$$$

Profit économique et profit comptable

Les entreprises vivent constamment sous la contrainte de maximiser leur profit. Une définition simple du profit est la différence entre les recettes totales (RT) et le coût total (CT).

$$\text{Profit} = RT - CT$$

Les recettes totales que l'entreprise obtient en vendant ses produits sont égales à la quantité vendue(Q) multipliée par le prix (P).

$$RT = Q * P$$

Par exemple, si ALDO vend 200 paires de chaussure. Le prix d'une paire est de $100, les recettes de ALDO sont de $20,000 (Q×P).

Les coûts d'une entreprise correspondent aux dépenses totales effectuées pour produire des biens. C'est le total des déboursées qu'effectue une entreprise en échange des facteurs de production qu'elle emploie. Les économistes et les comptables s'entendent sur les définitions du profit et des recettes, mais pas sur la définition des coûts. En effet, pour les économistes le coût économique correspond au coût d'opportunité, c'est à dire au coût de rénonciation évalué en dollars. Le coût comptable est évalué au montant d'argent effectivement payé pour acquérir les facteurs de production.

Deux éléments peuvent expliquer l'écart entre le coût comptable et le coût économique :

1. Le coût des facteurs de production durables qui ne sont pas intégralement utilisés au cours d'une seule et même période de production : Ces facteurs sont achetés de façon ponctuelle pour être ensuite utilisés progressivement sur une période prolongée. Pour ces facteurs on ditingue entre le cout comptable calculé en fonction de l'amortissement et le cout économique qui est detreminé par la valeur du bien cpmme suit

a. L'amortissement, le coût comptable correspond au taux d'amortissement par an et pendant toute la période de vie du bien capital, par exemple 5 % du prix d'achat chaque année. Le coût économique correspond au montant perdu en renonçant à la vente du bien.

Exemple *La valeur d'une machine est 10000$, l'amortissement est de 5 % pendant 20 ans. Le coût comptable est égal à 500$. Si la valeur actuelle de la machine sur le marché est de 11000, le coût économique est alors égal à 1000.*

b. L'intérêt, lorsqu'une entreprise s'autofinance, le coût comptable est nul, sinon il est égal au coût d'emprunt. Cependant le coût économique correspond au montant qu'elle aurait pu gagner si elle avait utilisé autrement les fonds en question.

Exemple *Si un individu investit 20000$ dans un projet. Puisque l'investisseur n'a pas emprunté d'une institution financière, le coût comptable est alors nul. Par contre, du point de vu de l'économiste, cet investisseur s'est privé des revenus qu'il aurait pu gagné en investissant dans des actifs financiers au lieu de les utiliser pour financer son projet. Le coût économique correspond alors à l'intérêt auquel l'investisseur a renoncé.*

2. Le coût des facteurs de production qui n'ont pas été directement achetés sur le marché, par exemple le salaire du propriétaire, les brevets, les marques de commerce et la réputation, sont pris en considération dans le calcul du profit économique. Le calcul du coût économique introduit le salaire qu'aura gagné le propriétaire s'il a utilisé son temps dans un travail rémunéré.

Exemple *Si le propriétaire travaille dans son usine, le coût comptable est nul alors que le coût économique est égale au salaire qu'aurait gagné le propriétaire s'il a utilisé son temps et sa force de travail dans un travail rémunéré.*

Ainsi la différence entre le profit comptable et le profit économique consiste à l'ajout par l'économiste d'autres coûts d'opportunités. En résumé, le coût d'opportunité diffère du coût monétaire. Le coût monétaire mesure le coût de production en se basant sur les dollars dépensés pour mobiliser les facteurs de production. Le coût d'opportunité mesure le coût de production en considérant la valeur de ce à quoi l'entreprise renonce en utilisant l'ensemble des facteurs de production qu'elle mobilise. Le profit économique est souvent inférieur au profit comptable.

Production de l'entreprise

Une firme joue plusieurs rôles dans l'activité économique. Elle offre les biens et services finaux sur différents marchés et au même temps elle demande, sur d'autres marchés, les facteurs de production necessaires pour son produit final.

En économie, on distingue les facteurs de production selon leurs natures, leurs utilisations et leurs variabilités :

- Les facteurs de production qui proviennet directement de la nature et qui entrent dans un processus de production sont appelés, *matières premières*. Par exemple, les produits agricols pour les industries agro-alimentaires ou encore l'eau, le charbon et le bois pour d'autres entreprises. Cependant, les facteurs de production qui sont des biens finaux d'autres processus de production sont considérés comme *consommation intermédiaires* (le fer, l'acier, le pétrole...).

- L'utilisation ou la combinaison des facteurs de production peut différer d'un processus à un autre. Certaines technologies permettent la substituabilité des facteurs de production alors que dans d'autres ils doivent être utilisés dans des proportions fixes. La substituabilité des facteurs dépend de leur prix relatif. En effet, pour un niveau de production donné, la firme substitue le facteur devenu cher par celui le moins cher. Si le salaire est plus faible que le prix du capital, l'entreprise peut substituer la main-doeuvre par une machine. D'autres technologies necessitent la complémentarité des facteur de production. En effet, dans un processus de production, les facteurs sont utilisé au même temps et dans des proportions fixes ainsi la variation de la quantité d'un facteur entraîne necessairement la variation de la quantité de l'autre. Par exemple, un chaufeur pour un autobus, ou un taxi.

- Le long terme est une période suffisamment longue pour varier les capacités de production. En économie, on distingue le court terme du long terme. À court terme, il y a des *des facteurs fixes*. Ces facteurs ne dépendent pas du niveau de production, ils définissent la capacité de production. Si la production est arrêtée momentanément, il faut payer les facteurs fixes. Les terrains, les bâtiments et l'équipement sont des exemples de facteurs fixes. *Les facteurs variables* sont des facteurs dont la quantité varie avec le niveau de production. Si la production est arrêtée momentanément, on n'est pas tenu de les payer. Les travailleurs, le matériel et l'énergie sont des exemples de facteurs variables.

Fonction de production

La fonction de production totale décrit l'évolution de la production en fonction de l'utilisation des facteurs de production. Dans le cas d'un seul output, elle donne le montant maximum de production qui pourrait être produit étant donné le niveau des facteurs de production utilisés dans le processus de production.

$$Q = F(X_1, X_2, \dots X_n)$$

Où Q est le niveau de la production totale, $X_i;\ i = 1,\dots,n,$ sont les facteurs de production. F désigne la fonction qui combine les facteurs de production tels que le travail et le capital pour avoir le niveau de production Q.

Prenons le cas de deux facteurs de production, le capital et le travail. Le graphique ci dessous présente l'évolution de la production à la suite de l'augmentation du facteur travail. Sans facteur de travail, la production est nulle. Avec la variation du travail, le produit total augmente constamment mais à des taux différents. Au début du processus, le taux est croissant (la production croît plus vite que le facteur travail, la courbe est alors convexe) puis il devient décroissant (la production totale croît moins vite que le travail, la courbe est alors concave.). La production atteint son maximum au point D.

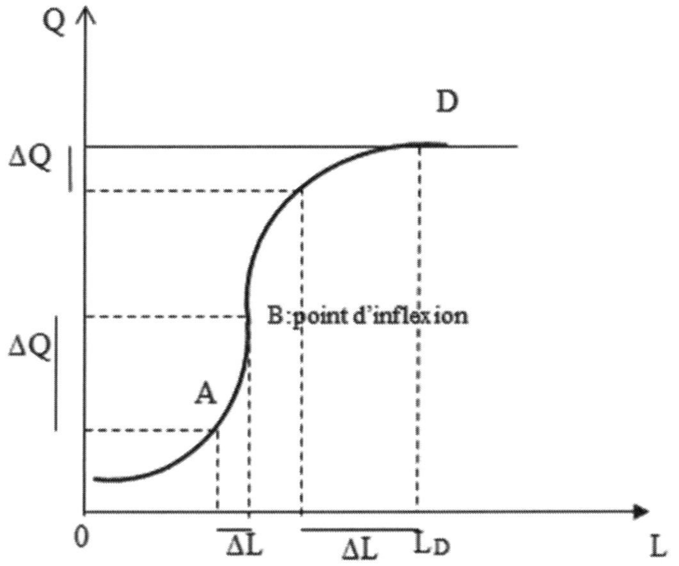

La pente de la fonction de production totale, traduit de combien la production augmente suite à l'augmentation d'une unité du facteur travail. La pente représente alors la productivité marginale du travail.

<u>Produit marginal</u>

La productivité marginale ou produit marginal d'un facteur de production est la production additionnelle découlant de l'utilisation d'une unité supplémentaire du facteur dans le processus de production en maintenant la quantité des autres facteurs de production inchangée.

La productivité marginale du travail permet de connaître la contribution au produit total d'un travailleur additionnel. C'est la production additionnelle d'un travailleur supplémentaire dans le processus de production en maintenant le facteur capital constant. La productivité marginale du travail est calculée en fonction de la variation de la production totale suite à la variation du travail.

$$PmL = \frac{\partial F}{\partial L} = F_L$$

Par conséquent, la productivité marginale correspond à la pente de la courbe du produit total qui est croissante au début et décroissante ensuite.

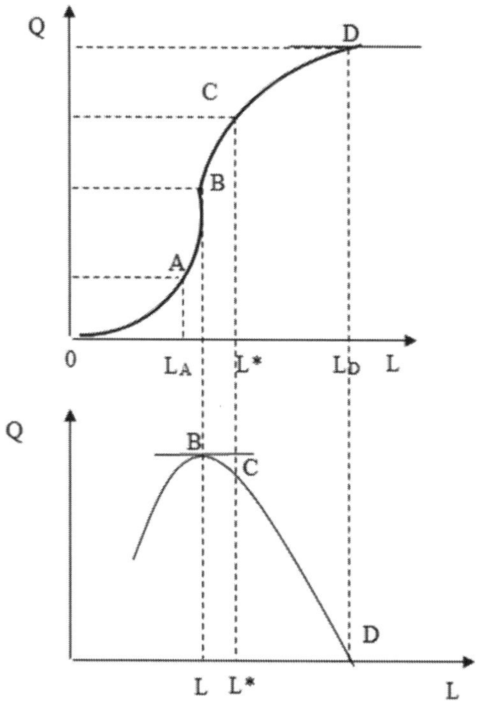

La productivité marginale du travail augmente jusqu'au point d'inflexion B ensuite elle se met à décroitre pour s'annuler au point de production maximale D. La productivité marginale diminue au fur et à mesure qu'on augmente l'utilisation du facteur travail. C'est la loi des **rendements marginaux décroissants**. Par exemple, plus de travailleurs sont ajoutés pour une même quantité du capital fixe ; chaque travailleur aura de moins en moins d'unités de capital pour travailler. Éventuellement chaque travailleur va produire moins d'output que le travailleur précédent.

Condition *Pour que la loi des rendements marginaux décroissants soit vérifiée, il faut que la fonction de production soit strictement concave.*

Épreuve : La productivité marginale décroissante implique que la pente est décroissante :

$$PmL = F_L$$

$$\frac{\partial PmL}{\partial L} = \frac{\partial^2 F}{\partial L^2} = F_{LL} < 0$$

La dérivée seconde de la fonction F , par rapport au facteur travail doit être strictement négative. Par conséquent il faut une fonction strictement concave pour que cette loi soit vérifiée.

Exemple

Soit une entreprise qui a deux facteurs de production, le capital (K) et le travail (L). Sa fonction de production est de la forme suivante : $Q= F(K, L) = 5\ K^{1/2}L^{1/2}$. À court terme, on suppose que le capital est constant et est égal à 9. La fonction de production devient alors :

$$F(L)=15\ L^{1/2}.$$

L	0	1	2	3	4	5
Q	0	15	21	26	30	33
PmL		15	6	5	4	3

La fonction de production est non linéaire. Pour calculer le produit marginal, on utilise la dérivée partielle de la fonction de production par rapport au travail : $PmL = \frac{15}{2}L^{-1/2}$. La productivité marginale est décroissante, chaque unité additionnelle du facteur travail augmente la production mais à des taux différents. Plus le facteur variable augmente, plus sa productivité diminue. L'inverse est vrais. Il y a alors une relation inverse entre la quantité du facteur variable et sa productivité marginale : $\frac{\partial PmL}{\partial L} = \frac{\partial^2 PmL}{\partial L^2} = -\frac{15}{4}L^{-3/2} \langle 0$

Le produit moyen

La fonction de la productivité moyenne décrit l'évolution de la contribution moyenne d'un facteur dans le volume de production total. Le produit moyen du facteur travail mesure la production par travailleur : $PM = \frac{Q}{L}$

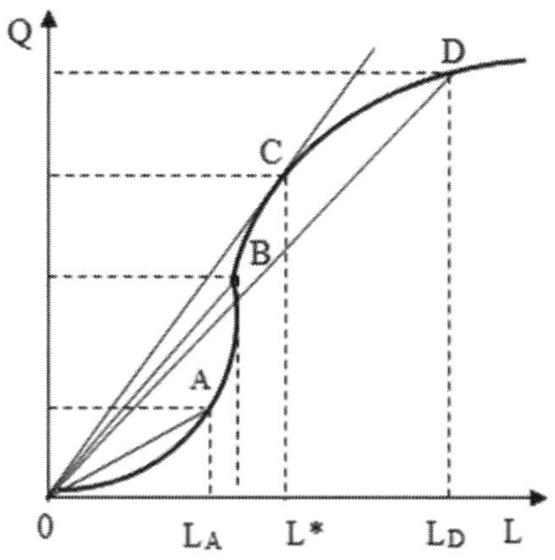

Quelques soient les points sur la courbe de la fonction de production (A, B, C, D), les pentes des segments 0A, 0B, 0C et 0D représentent les productivités moyennes du travail (Q/L) en ces points. On remarque que la productivité moyenne augmente jusqu'au point C et ensuite elle commence à diminuer.

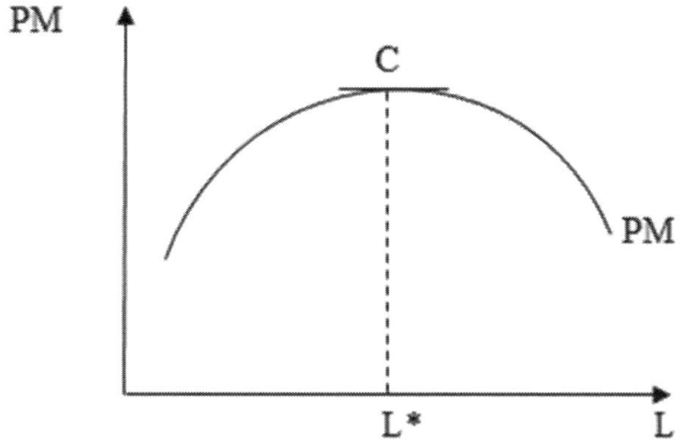

Exemple

$$F(L) = 15L^{1/2}$$

$$PML = 15L^{-1/2}$$

L	0	1	2	3	4	5
Q	0	15	21	26	30	33
PmL		15	6	5	4	3
PML	-	15	10.5	8.6	7.5	6.6

Lien entre le Pm et le PM

La productivité marginale passe par le maximum de la productivité moyenne

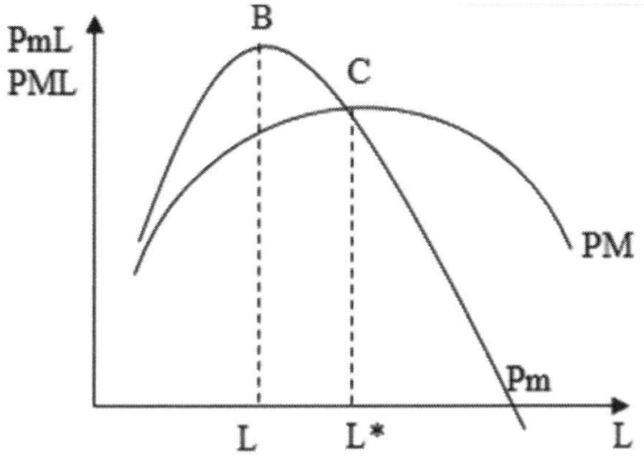

Epreuve

$$PM = \frac{F(L)}{L}$$

$$\frac{\partial PM}{\partial L} = \frac{L \bullet F_L^{'} - F(L)}{L^2} = \frac{1}{L}\left(F_L^{'} - \frac{F(L)}{L} \right) = \frac{1}{L}(PmL - PML)$$

- Si Pm> PM alors PM augmente
- Si Pm =PM alors PM maximum
- Si Pm < PM alors PM diminue

La production moyenne d'un travailleur augmente ensuite elle diminue. Cette forme s'explique par le fait qu'au début, la productivité marginale du travail est croissante, augmentant ainsi la production par travailleur, ensuite la productivité devient décroissante, diminuant ainsi la production moyenne. Tant que la productivité marginale du facteur variable (L) est supérieure à la productivité moyenne, le producteur a intérêt à continuer d'engager le facteur jusqu'à ce que la productivité marginale de ce dernier soit égale à sa productivité moyenne(L*).

Production à long terme

Le long terme est une période de temps où tous les facteurs de productions deviennent variables. Pour la simpliciter, nous prenons le cas de deux facteurs de production, le capital et le travail. À court terme, on suppose que le capital est fixe, mais à long terme, il devient variable pour plusieurs raisons :

- Le rapport des prix des facteurs de production varie, alors l'entreprise va substituer le facteur devenu cher par le facteur moins cher.

- La demande de son bien ou service augmente : pour satisfaire cette demande croissante, l'entreprise doit augmenter sa capacité productive en augmentant ses facteurs de production (l'inverse est aussi vrai).

Isoquantes

Par analogie à la courbe d'indifférence du consommateur, l'isoquante représente l'ensemble des combinaisons des facteurs de production qui produisent le même niveau de production. Dans le cas où il y a deux inputs substituables ; K et L, l'isoquante aura cette forme :

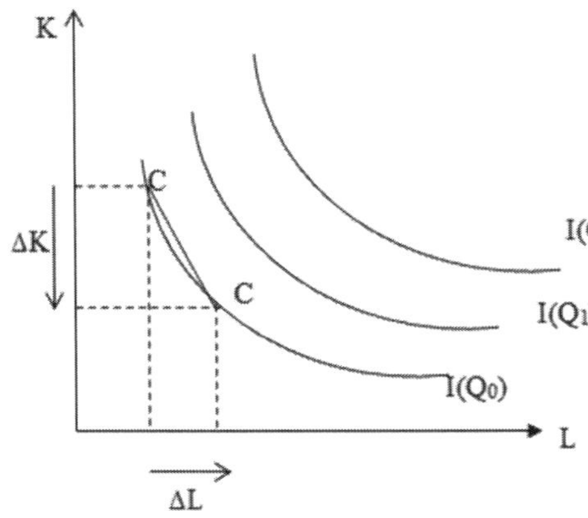

Toutes les combinasons de K et L appartenant à une isoquante donnent le même niveau de production Q. Il y a autant d'isoquantes que de niveaux de productions. L'isoquante a une pente décroissante en raison de la **substituabilité** des facteurs de productions de production . En effet, lorsqu'on augmente l'input travail, L, la production va augmenter d'une quantité égale à sa productivité marginale. Pour garder le même niveau de production, Q, on doit alors diminuer la quantité de l'autre input qui est le capital dans notre cas. Ainsi pour toute augmentation du facteur travail est associée une diminution du facteur capital, et vice-versa. **L'isoquante est strictement convexe :** la combinaison intermédiaire des facteurs de production donne un niveau de production plus élevé à celles des combinaisons extrêmes. Plus on s'éloigne de l'origine plus le niveau de production correspondant est élevé.

Propriétés des isoquantes

1. Une isoquante est décroissante.

Supposons que l'isoquante est croissante, A et B produisent le même niveau de production pourtant la combinaison B utilise plus de capital et de travail. Avec plus du capital et du travail, le niveau de production de B devrait être plus élevé que A. L'isoquante ne peut pas être croissante

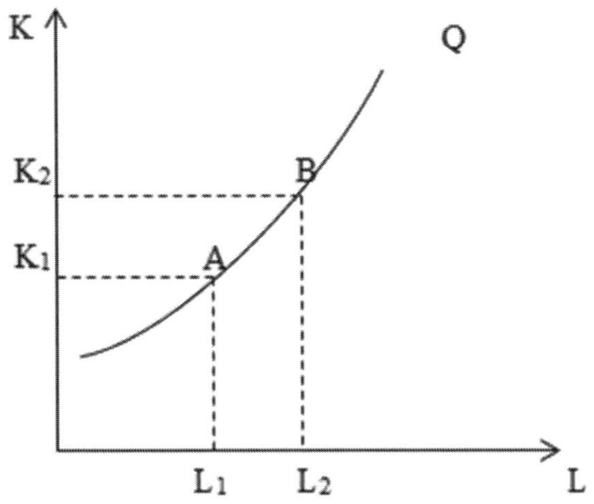

2. L'isoquante est convexes

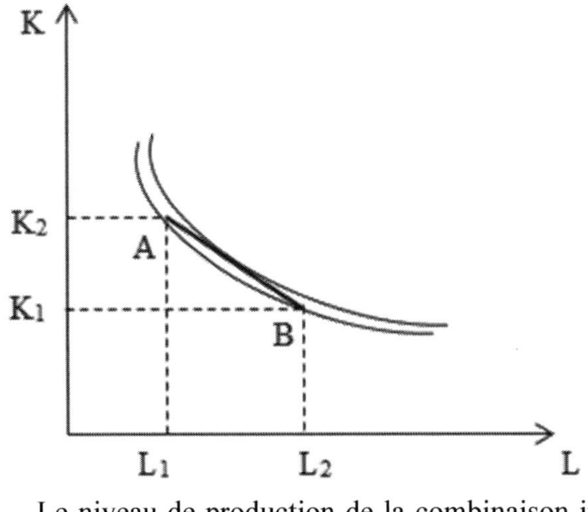

Le niveau de production de la combinaison intermédiaire et plus élevée que le niveau de production des combinaisons extrêmes A et B.

3. Les isoquantes ne se croisent pas

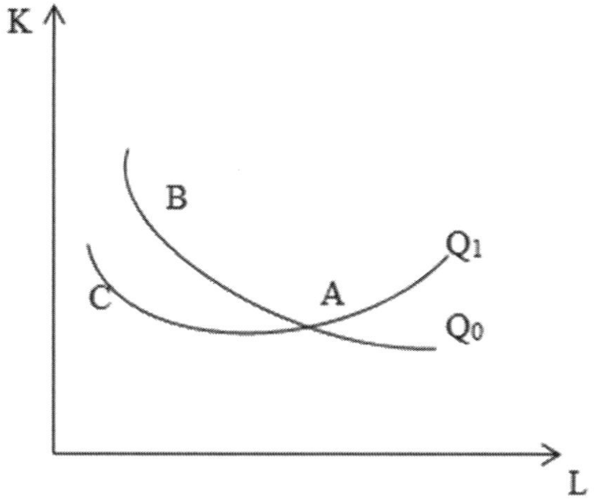

A et B appartiennent à la même courbe d'isoquante, les deux techniques donnent le même niveau de production Q_0. A et C appartiennent à la même isoquante, le producteur est indifférent entre les deux techniques. A, B et C doivent normalement appartenir à la même isoquante, ce qui n'est pas le cas (contradiction). Les isoquantes doivent être parallèles.

Isoquantes de fonctions de production types

1. **Facteurs substituables – technologie Cobb-Douglas :**

$$Q = F(K, L) = K^{\alpha} L^{\beta}$$

$$\frac{\partial F}{\partial K} = \alpha K^{\alpha-1} L^{\beta} = \alpha \frac{Q}{K}$$

$$\frac{\partial F}{\partial L} = \beta K^{\alpha} L^{\beta-1} = \beta \frac{Q}{L}$$

$$\frac{\partial^2 F}{\partial K^2} = \alpha(\alpha - 1) K^{\alpha-2} L^{\beta} < 0 \text{ Si} 0 < \alpha < 1$$

$$\frac{\partial^2 F}{\partial L^2} = \beta(\beta - 1) K^{\alpha} L^{\beta-2} < 0 \text{ Si} 0 < \beta < 1$$

Les productivités marginales du capital et du travail sont décroissantes lorsque respectivement α et β sont compris entre 0 et 1.

Exemple : $Q = 5K^{1/2}L^{1/2} \Rightarrow K = \dfrac{Q^2}{25L}$

$$Q_1 = 5 \Rightarrow K_1 = \frac{1}{L} \Rightarrow \frac{\partial K_1}{\partial L} = -\frac{1}{L^2} \langle 0$$

$$Q_2 = 10 \Rightarrow K_2 = \frac{4}{L} \Rightarrow \frac{\partial K_2}{\partial L} = -\frac{4}{L^2} \langle 0$$

$$Q_3 = 15 \Rightarrow K_3 = \frac{9}{L} \Rightarrow \frac{\partial K_3}{\partial L} = -\frac{9}{L^2} \langle 0$$

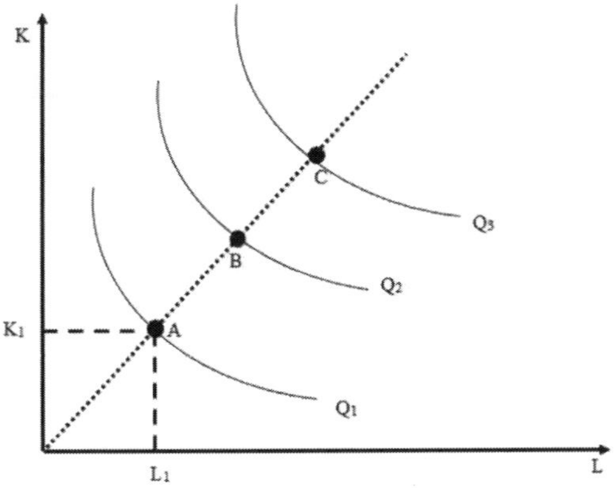

Plus l'isoquante s'éloigne de l'origine plus le niveau de production est élevé ($Q_1 < Q_2 < Q_3$). Les isoquantes sont strictements décroissantes et convexes. La pente de l'isoquante est égale à $-\dfrac{\partial K}{\partial L}$

2. Inputs parfaitement complémentaires – technologie Leontief

Les facteurs de production sont combinés dans une proportion fixe. Pour produire Q unités d'output, il faut *a* unités du capital et *b* unités de travail.

$$Q = F(K, L) = Min(aK, bL)$$

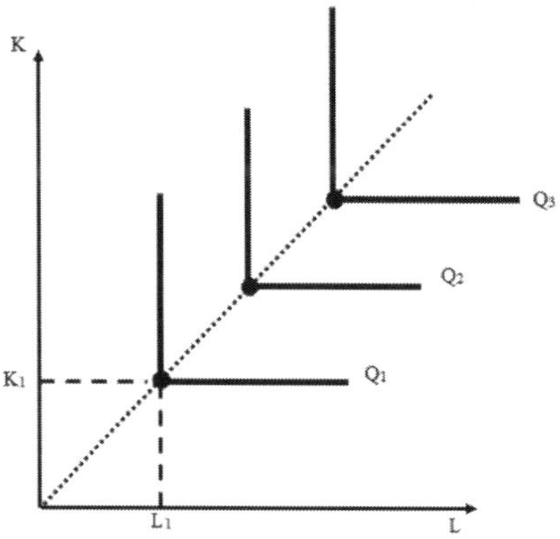

Exemple : Pour produire une voiture, il faut 4 roues et un moteur. Pour produire 10 voitures, il faut avoir 40 roues et 10 moteurs. Si la firme, dispose seulement de 40 roues et 20 moteurs, elle ne peut produite que 10 voitures. Si l'entreprise dispose de 10 moteurs et 50 roues, elle ne peut produire que 10 voitures. C'est le facteur dont on dispose le moins qui détermine le niveau de poduction, d'où la forme en L de l'isoquante. Ainsi la combinaison optimale pour la production d'une voiture est de 4 roues et un moteur. Les deux facteurs sont complémentaires, on ne peut pas substituer un facteur par un autre. La production de deux voitures nécessite qu'on augmente au même temps le nombre des roues à 8 et de moteurs à 2.

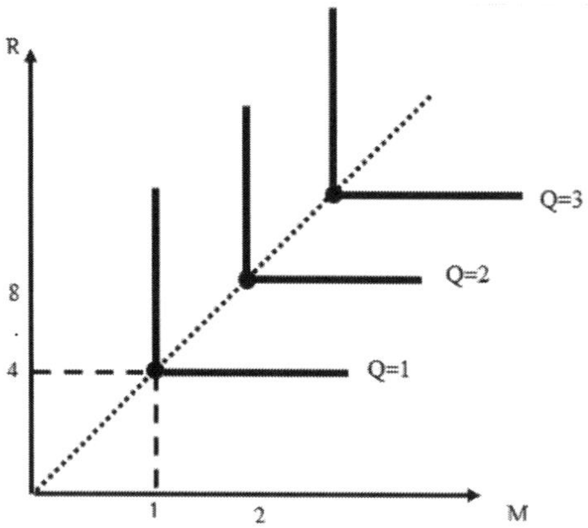

La combinason optimale est alors 4R=1M

3. Inputs parfaitement substituables

Le producteur est indifférent d'utiliser un facteur de production ou l'autre. Les deux facteurs sont parfaitement substituables. La fonction de production est additive et elle est de la forme : $Q = aK + bL$

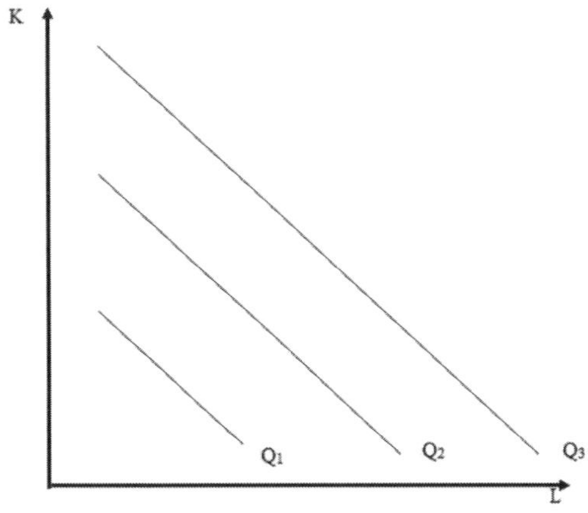

Taux marginal de substitution technique

Le taux marginal de substitution technique mesure le coût d'opportunité d'un facteur en terme de l'autre facteur de production, pour un niveau de production donné. Le TMST du travail en terme du capital est égal au nombre d'unités du capital auquel il faut renoncer pour augmenter le facteur travail d'une unité tout en gardant le même niveau de production. **Le TMST est égal à la valeur absolue de la pente de l'isoquante :** $TMST = \frac{-dK}{dL}$.

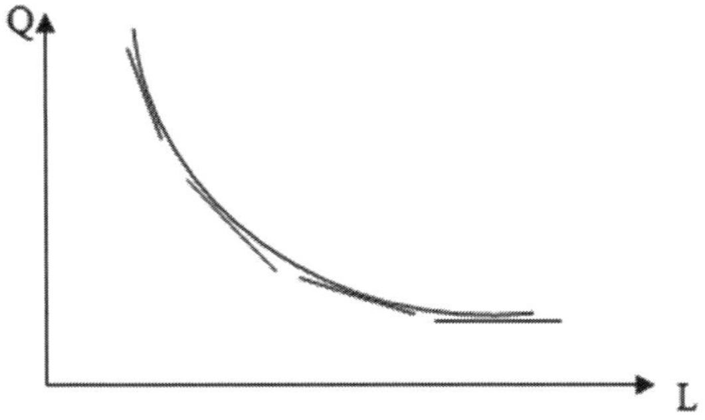

Le TMST mesure le degré de substitution d'un facteur par un autre. Il est, par conséquent, liè à la contribution de chaque facteur à la production totale :

$$\overline{Q} = F(K,L)$$

$$d\overline{Q} = \frac{\partial F}{\partial K}dK + \frac{\partial F}{\partial L}dL$$

$$0 = F_K dK + F_L dL$$

$$TMST = -\frac{dK}{dL} = \frac{F_L}{F_K}$$

Le taux marginal de substitution technique est égal au rapport des productivités marginales des inputs. Suite à la décroissance des productivités, en diminuant le facteur capital, sa productivité augmente alors que celle du facteur de travail diminue puisque ce dernier augmente. Pour des facteurs substituables le TMST est alors décroissant. Pour des facteurs complémentaires, on ne peut pas calculer le TMST. **Isoquante strictement convexe implique TMST décroissant**

1. **Le TMST de la technologie Cobb-Douglas :** $Q = K^{\alpha} L^{\beta}$

$$PmL = \beta K^{\alpha} L^{\beta-1}$$

$$PmK = \alpha K^{\alpha-1} L^{\beta}$$

La productivité des facteurs de production est décroissante implique que :

$$\frac{\partial PmL}{\partial L} = \beta(\beta-1)K^{\alpha}L^{\beta-2} \langle 0 \Rightarrow 0 \langle \beta \langle 1$$

$$\frac{PmK}{\delta K} = \alpha(\alpha-1)K^{\alpha-2}L^{\beta} \langle 0 \Rightarrow 0 \langle \alpha \langle 1$$

La décroissance des productivités marginales implique que α et β soient compris entre 0 et 1.

Le TMS est décroissant tout au long de l'isoquante :

$$\frac{F_L}{F_K} = \frac{\beta \frac{Q}{L}}{\alpha \frac{Q}{K}}$$

$$TMST = \frac{\beta K}{\alpha L}$$

$$\frac{\partial TMST}{\partial L} = -\frac{\beta K}{\alpha L^2} \langle 0$$

Le TMST dépend uniquement du rapport des facteurs. Pour la fonction Cobb-Douglas, le rendement marginal est proportionnel au rendement moyen : $F_K = \frac{\alpha Q}{K}$ et $F_L = \frac{\beta Q}{L}$

2. **Le TMST d'une technologie linéaire :**

$$\frac{F_L}{F_K} = \frac{b}{a}$$

$$TMST = \frac{b}{a}$$

Lorsque les facteurs de production sont parfaitement substituables, le TMS est constant. L'isoquante est une droite linéaire.

3. **Le TMST d'une fonction CES :**

$$Q = F(K,L) = \left[aK^{\alpha} + bL^{\alpha}\right]^{\frac{1}{\alpha}}$$

$$F_L = \frac{1}{\alpha}\left[aK^{\alpha} + bL^{\alpha}\right]^{\frac{1}{\alpha}-1} b\alpha L^{\alpha-1}$$

$$F_K = \frac{1}{\alpha}\left[aK^{\alpha} + bL^{\alpha}\right]^{\frac{1}{\alpha}-1} a\alpha K^{\alpha-1}$$

$$TMST = \frac{b}{a}\left(\frac{K}{L}\right)^{1-\alpha}$$

- Si $\alpha = 0 \Rightarrow TMST = \frac{b}{a}\left(\frac{K}{L}\right)$, l'isoquante resemble à celle d'une fonction Cobb-Douglas
- Si $\alpha = 1 \Rightarrow TMST = \frac{b}{a}$, l'isoquantee ressemble à une bonction linéaire.
- Si $\alpha \to -\infty \Rightarrow TMST = \lim_{-\infty} -\frac{b}{a}\left(\frac{K}{L}\right)^{1-\alpha} \Rightarrow \begin{cases} \text{Si} K > L \Rightarrow TMST = -\infty \\ \text{Si} K < L \Rightarrow TMST = 0 \end{cases} \Rightarrow$

l'isoquante ressemble à une fonctions de production Leontief

Les rendements d'échelle

La nature des rendements d'échelle d'une technologie est importante pour la prise de décision de production et d'expansion d'une firme. En effet, si un producteur veut doubler ou tripler sa production, il se pose la question s'il doit doubler ou tripler ses facteurs de production.

Ils existe trois types de rendements d'échelle : les rendements d'échelle croissants, les rendements d'échelle constants et le rendements d'échelle décroissants. Pour savoir quel est le type de rendement, il faut se poser la question suivante : si les facteurs de production sont augmentés, de combien va augmenter la production ? En d'autres terme si le facteur travail et le facteur capital sont multipliés par une constante t positive, de combien sera multipliée la production ?

Les rendements d'échelle décroissants

Si on multiplie les facteurs de production par une constante quelconque, $t > 0$, la production va augmenter de moins que t. Par exemple si les facteurs de production doublent, la production ne va pas doubler, l'augmentation de la production est moins que le double. Par exemple si une machine à coudre et un travailleur produisent trois pantalons par jour, deux machines et deux travailleurs vont produire cinq pantalons par jour. La production augmente dans des proportions inférieures à celles des facteurs de production. Pour des rendements d'échelle décroissants, il faut plus que le double des facteurs de production pour doubler la production.

Exemple : *Soit* $F(K,L) = K^{0.5}L^{0.2}$

$$F(tK,tL) = (tK)^{0.5}(tL)^{0.2} = t^{0.7}K^{0.5}L^{0.2}$$

ainsi

$$F(tK,tL) < tF(K,L)$$

Les rendements d'échelle constants

Si on multiplie les facteurs de production par une constante quelconque, $t > 0$, la production sera multipliée aussi par t. Si les facteurs de production doublent, la production va augmenter aussi du double. Par exemple, si une machine à coudre et un travailleur produisent trois pantalons par jour, trois travailleurs et trois machines vont produire neuf pantalons par jour. Lorsque les rendements d'échelle sont constants, une firme qui veut doubler sa production , doit doubler ses facteurs de production.

Exemple :

1. Les rendements d'échelle d'une fonction Gobb-Douglas sont constants lorsque la somme des exposants est égale à l'unité.

$F(K,L) = \sqrt{KL}$

$$F(tK,tL) = \sqrt{(tK)(tL)} = \sqrt{t^2KL} = t\sqrt{KL}$$

Ainsi

$$F(tK,tL)=tF(K,L)$$

Remarque *Les rendements d'échelle constants ne sont pas imcompatibles avec les rendements marginaux décroissants.*

Epreuve $F_L=\frac{1}{2}L^{-\frac{1}{2}}K^{\frac{1}{2}}\ ;\ F_{LL}=-\frac{1}{4}L^{-\frac{3}{2}}K^{\frac{1}{2}}<0$

$$F_K=\frac{1}{2}L^{\frac{1}{2}}K^{-\frac{1}{2}},F_{KK}=-\frac{1}{4}L^{\frac{1}{2}}K^{-\frac{3}{2}}<0$$

Ainsi les rendements d'échelle sont constants mais les produits marginaux sont décroissants.

2. Les rendements d'échelle d'une fonction de production Leontieff sont constants :

$$F(K,L)=Min(aK,bL)$$
$$F(tK,tL)=Min(taK,tbL)=tMin(aK,bL)=tF(K,L)$$

3. Les rendements d'échelle d'une fonction de production linéaire :

$$F(K,L)=aK+bL$$
$$F(tK,tL)=t(aK+tL)=tF(K,L)$$

Les rendements d'échelle croissants

La production augmente dans des proportions supérieures à celles des facteurs de production. Par exemple, si une machine à coudre et un travailleur permettent de produire trois pantalons par jour et que nous multiplions le nombre de machines et des travailleurs par cinq, la production sera plus de quinze pantalons par jour.

Exemple : *Soit* $F(K,L)=K^2L^2$

$$F(tK,tL)=(tK)^2(tL)^2=t^4K^2L^2$$

ainsi

$$F(tK,tL)>tF(K,L)$$

Rendements d'échelle et homogéneité de la fonction de production

Le degrè d'homogéneité de la fonction de production détermine son rendement d'échelle.

Soit la fonction Cobb-Douglas : $F(K,L) = K^{\alpha}L^{\beta}$, le degrè d'homogéneité de cette fonction :

$$F(tK,tL) = t^{\alpha+\beta}K^{\alpha}L^{\beta} = t^{\alpha+\beta}F(K,L)$$

- Si $\alpha+\beta=1$, la fonction est homogène de degrè 1 et les rendements sont constants.
- Si $\alpha+\beta>1$, la fonction est homogène de degrè supérieur à 1 et les rendements sont croissants
- Si $\alpha+\beta<1$, la fonction est homogène de degrè inférieur à 1 et les rendements à l'échelle sont décroissants.

Élasticité de substitution

À long terme les techniques de production changent. L'organisation du travail et le progré technologique font qu'il y a une substitution d'un facteur de production par un autre facteur. En effet, avec les innovations techniques, on utilise de plus en plus le facteur capital dans le processus de production que le facteur travail. L'élasticité de substitution mesure la variation du rapport des facteurs par rapport au TMST. Avec deux facteurs, le capital et le travail :

$$\sigma = \frac{d\ln(\frac{K}{L})}{d\ln TMST}$$

Exemple *Pour la fonction Cobb-Douglas :*

$$TMST = \frac{\beta K}{\alpha L}$$

$$\frac{K}{L} = \frac{\alpha}{\beta}TMST$$

$$\ln\frac{K}{L} = \ln\frac{\alpha}{\beta} + \ln TMST$$

$$\sigma = \frac{\partial\ln(\frac{K}{L})}{\partial TMST} = 1$$

la fonction Cobb-Douglas a une élasticité de substitution égale à l'unité.

Exemple *Pour la fonction CES*

$$TMST = \frac{b}{a}\left(\frac{K}{L}\right)^{1-\alpha}$$

$$\ln TMST = \ln\frac{b}{a} + (1-\alpha)\ln(\frac{K}{L})$$

$$\ln(\frac{K}{L}) = \frac{1}{1-\alpha}\ln TMST - \ln(\frac{a}{b})$$

$$\sigma = \frac{1}{1-\alpha}$$

- *Si* $\alpha = 0 \Rightarrow \sigma = 1$, *on obtient la fonction Cobb-Douglas.*
- Si $\alpha = 1 \Rightarrow \sigma \to \infty$, c'est le cas des facteurs parfaitement substituables.
- Si $\alpha \to \infty \Rightarrow \sigma \to 0$, les facteurs ne sont pas substituables, on obtient la fonction de production Leontief

Fonctions des coûts à court terme

Aux facteurs fixes et variables correspondront les coûts fixes et les coûts variables. Il existe un lien étroit entre la loi des rendements marginaux décroissants et les courbes des coûts. En effet, selon la loi des rendements décroissants, un travailleur additionnel aura une productivité inférieure. Ainsi pour produire la même unité de production, il faut embaucher plus de travailleurs. Les coûts sont croissants suite à la loi des rendements décroissants.

<u>Coût fixe et coût fixe moyen</u>

Les coûts fixes totaux sont les charges que l'entreprise doit supporter quel que soit le niveau de production. Par conséquent, les coûts fixes ne varient pas avec la production. Les CF sont les coûts des facteurs fixes (le capital), par exemples, l'intérêt sur le capital emprunté, le loyer, l'impôt foncier, les assurances, permis et le coût de renonciation du capital investi.

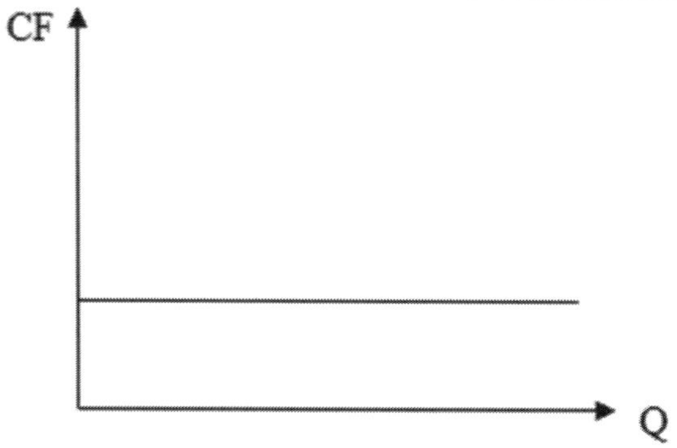

Les coûts fixes moyens (CFM) correspondent aux coûts fixes par unité produite

$$CFM = \frac{CFT}{Q}$$

$$\lim_{Q \to \infty} CFM = 0 ; \qquad \lim_{Q \to 0} CFM = \infty$$

Au fur et à mesure que la production augmente les coûts fixes moyens diminuent comme le montre le graphique ci-dessous :

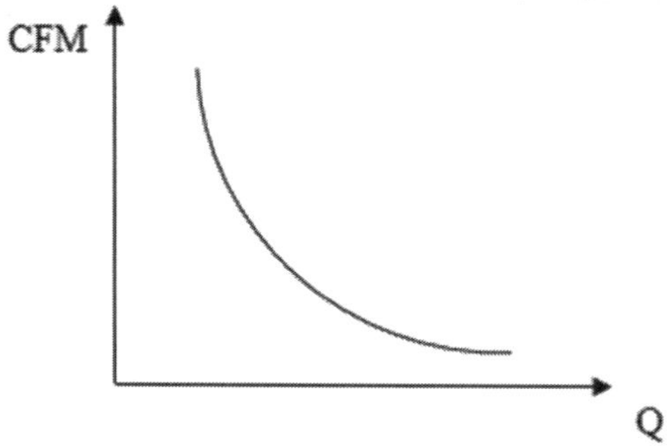

Coût variable total

Aux facteurs variables correspondent des coûts variables. Ces coûts variables varient avec le niveau de la production. Les salaires, coût des matières premières, coûts de l'énergie sont des exemples de coûts variables. Le graphique ci-desoous démontre que le coût variable total est une fonction croissante de la quantité :

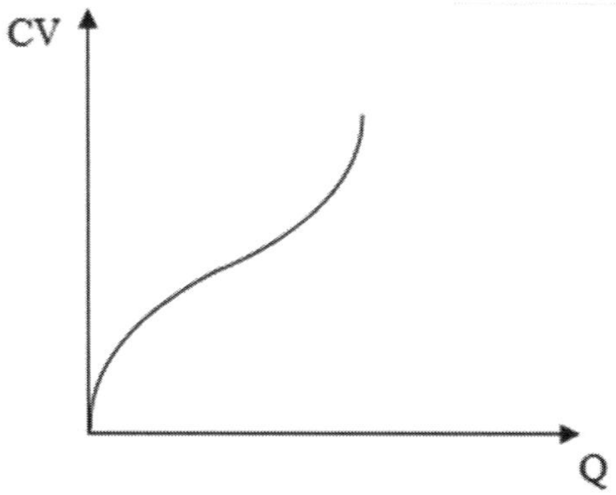

Quand la production est nulle, le coût variable est nul. Plus la quantité produite augmente plus le coût variable total augmente. D'après l'allure de la courbe du coût variable, il est intéressant de constater que les coût variable augmentent à des taux différents. Au début du processus, étant donné que les rendements sont croissants, le coût variable augmente mais à un taux inférieur à celui lorsque les rendements marginaux deviennent décroissants.

Coût variable moyen

Le coût variable moyen est le coût variable par unité produite. La courbe du coût variable moyen est en forme de U en raison de la loi des rendements marginaux décroissants. Lorsque les rendements sont croissant, le coût variable moyen diminue, ensuite lorsque les rendements deviennent décroissants, le coût variable moyen augmente.

$$CVM = \frac{CV}{Q}$$

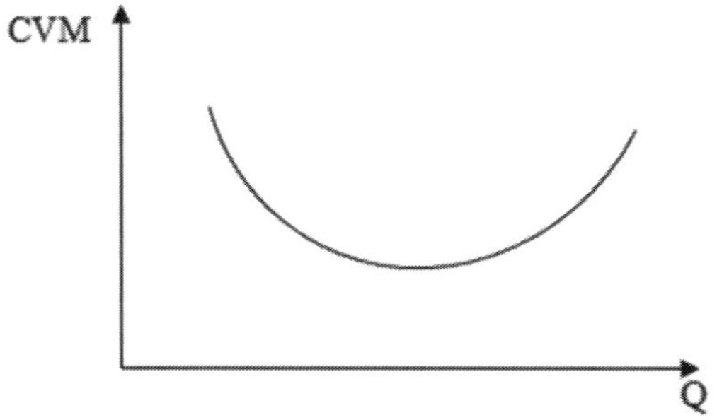

La coube du coût variable moyen est en forme de U.

Coût total

Le coût total est la somme de tous les coûts fixes et de tous les coûts variables :

$$CT = CFT + CVT$$

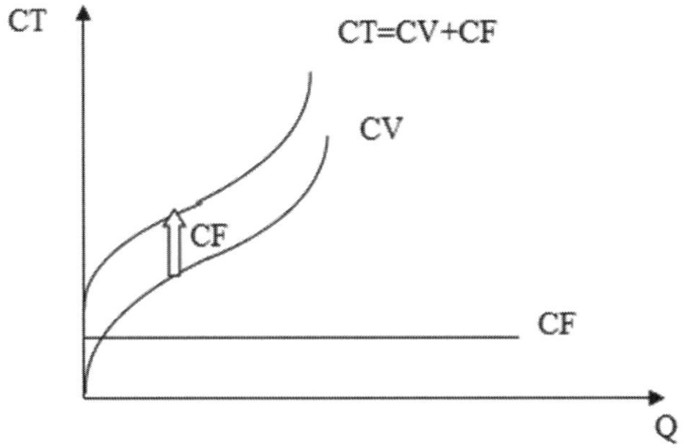

Coût moyen

Le coût total moyen correspond au coût par unité produite et est la combinaison des coûts variables moyens et des coûts fixes moyens.

$$CTM = \frac{CT}{Q} = \frac{CFT + CVT}{Q} = \frac{CFT}{Q} + \frac{CVT}{Q} = CFM + CVM$$

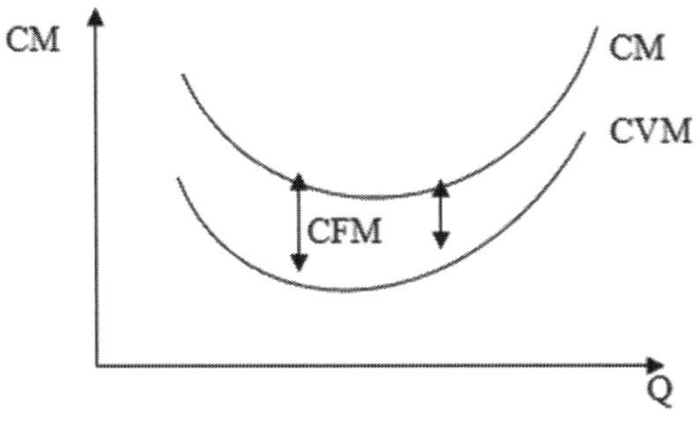

Coût marginal

Le coût marginal correspond au coût additionnel pour produire une unité en plus. Combien augmente le coût total si la production est augmentée d'une unité ? Le coût marginal est calculé en divisant la variation du coût total par la variation de la quantité :

$$Cm = \frac{\partial CT}{\partial Q}$$

D'après la formule, le Cm mesure la pente de la courbe du coût total. La pente de la courbe du coût total est descendante au début puis elle devient ascendante en raison des rendements marginaux décroissants. Éventuellement la courbe du coût marginal est à pente négative ensuite positive.

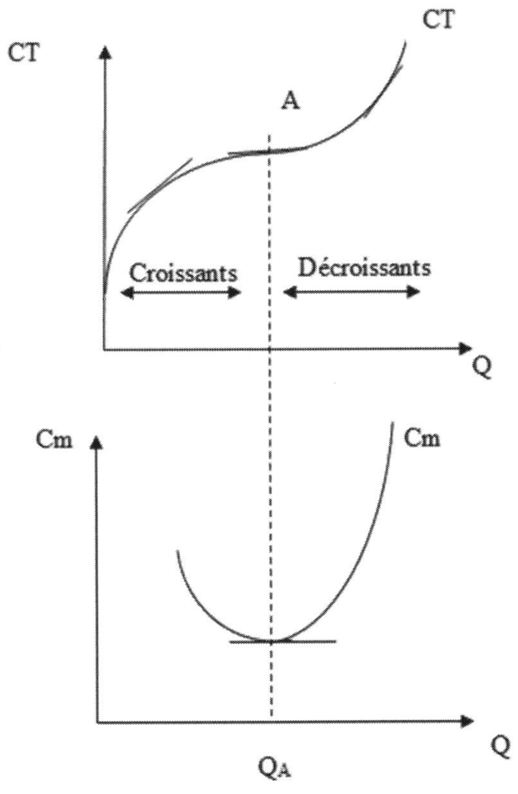

Liens entre coût marginal, coût moyen et coût variable moyen

$$CM = \frac{CT}{Q}$$

$$\frac{\partial CM}{\partial Q}=\frac{Q\frac{\partial CT}{\partial Q}-CT}{Q^2}=\frac{1}{Q}(Cm-CM)$$

- Cm < CTM $\Rightarrow$ CM est décroissant
- Cm = CTM $\Rightarrow$ CM est au minimum
- Cm > CTM $\Rightarrow$ CM est croissant

L'évolution du coût moyen dépend de la relation entre le coût marginal et le coût moyen.

$$CVM=\frac{CVT}{Q}$$

$$\frac{\partial CVM}{\partial Q}=\frac{Q\frac{\partial CVT}{\partial Q}-CVT}{Q^2}=\frac{1}{Q}(Cm-CVM)$$

- Cm < CVM $\Rightarrow$ CVM décroissant
- Cm = CVM $\Rightarrow$ CVM est au minimum
- Cm > CVM $\Rightarrow$ CVM est croissant

La courbe du coût marginal passe par le minimum de la courbe du coût moyen et du coût variable moyen.

Le coût marginal de la première unité produite est égal au coût variable moyen de la première unité. On utlise le théorème de l'hôpital pour le démontrer :

$$CVM\ (Q) = \frac{CV\ (Q)}{Q}$$

$$\lim_{Q \to 0} CVM = \lim_{Q \to 0} \frac{CV\ (Q)}{Q} = \lim_{Q \to 0} \frac{\frac{\partial CV\ (Q)}{\partial Q}}{1}$$

$$= \lim_{Q \to 0} \frac{\partial CV\ (Q)}{\partial Q} = \lim_{Q \to 0} CV\ '(0) = Cm$$

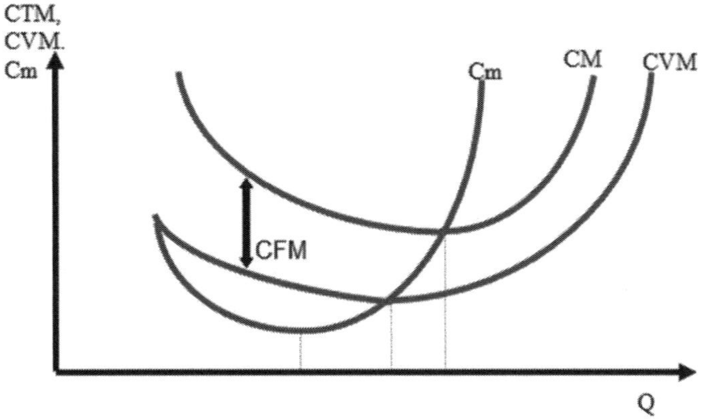

Exercice *La fonction du coût total de l'entreprise Hedy Inc. est maintenant la suivante :* $C(Q) = 50Q^2 + 100$

1. Quel est le CFT ?, CFM ?
2. Quel est le CVT ?, CVM ?
3. Quel est le CMT et le Cm ?

Réponses

1. Les CFT sont les coûts que l'entreprise paye même si elle ne produit pas,

$$CFT = C(Q = 0) = 100\ ;\ CFM = \frac{CFT}{Q} = \frac{100}{Q}\ ;\ \frac{\partial CFT}{\partial Q} = -\frac{100}{Q^2} \langle 0$$

La courbe des CFT est une droite linéaire horizontale par contre la courbe des CFM est décroissante.

2. Le coût variable est le coût qui varie avec la production : CVT= $50Q^2$ et le CVM= 50Q
3. Le coût total moyen est le coût par unité produite :

$$CM = \frac{CTM}{Q} = 50Q + \frac{100}{Q} = CVM + CFM$$

4. Le coût marginal est le coût additionnelle d'une unité produite additionnelle :

$$Cm = \frac{\partial CT}{\partial Q} = 100Q$$

La courbe du coût marginal est droite linéaire à pente positive.

Fonctions des coûts à long terme

Comme le consommateur, le producteur est contraint par ces ressources. Sa fonction de coût est égale à la somme des valeurs des coûts des facteurs de production qui deviennent variables à long terme.

Droite d'isocoût

La fonction de coût mesure le coût minimum de production de Q unités quand les prix sont P_K, P_L. La fonction du coût :

$$C(P_K P_L, Q) = P_K K + P_L L$$

$$\Rightarrow K = \frac{C}{P_K} - \frac{P_L}{P_K} L$$

La pente de l'isocoût= $-\frac{P_L}{P_K}$ et l'ordonnée à l'origine $=\frac{C}{P_K}$.

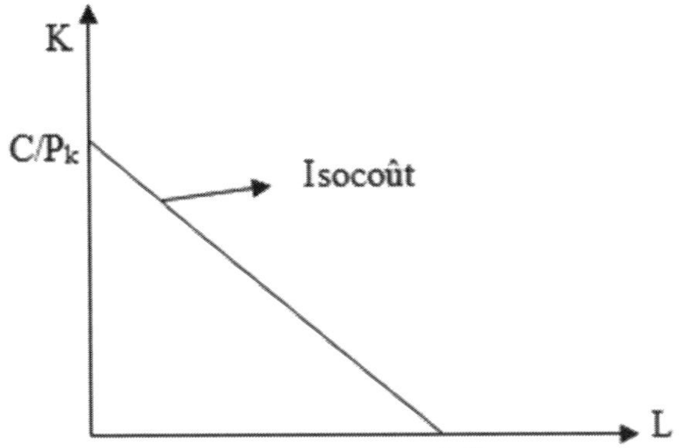

La pente de la droite d'isocoût est égale au rapport du prix des facteurs de production. La pente mesure le degrè de substituabilité du facteur K par le facteur L pour un même niveau de dépense.

En modifiant C, on obtient un ensemble de droites d'isocoût. Les droites les plus élevées représentent des coûts plus élevés. Pour un niveau de production donnée, la firme va chercher le panier des facteurs appartenant à la droite d'isocoût la plus proche de l'origine.

Exemples de fonctions de coûts

1. **Facteurs de production parfaitement substituables**

Lorsque les inputs sont parfaitements substituable alors la fonction de production est additive et de la forme : F(K,L) = aL+bK. Sachant que P_k est le prix du capital et P_L le prix du travail et la fonction du coût : $C(P_k, P_L, Q)$

- Si $P_k < P_L$ alors Q = bK et donc $C(Q)= P_k\, Q/b$
- Si $P_L < P_K$ alors Q = a L et donc $C(Q)= P_L\, Q/a$
- Si $P_k = P_L = P$ alors Q = aL+ bK et donc C(Q) = P (K + L)

Alors la fonction de coût est de la forme :

$$C(P_K, P_L, Q) = Q\ Min\left\{\frac{P_L}{a}, \frac{P_K}{b}\right\}$$

2. **Facteurs de production Complémentaires**

Lorsque les inputs sont parfaitements complémentaires alors la fonction de production est de la forme : $Q = F(K,L) = Min\{aL, bK\}$.

On a Q = aL = bK ; pour produire Q unités, l'entreprise doit utiliser Q/a unité de travail et Q/b unités de capital. La fonction de coût est alors :

$$C(P_K, P_L, Q) = P_K\frac{Q}{b} + P_L\frac{Q}{a} = Q\left(\frac{P_L}{a} + \frac{P_L}{b}\right)$$

3. **facteurs de production Cobb-Douglas**

Lorsque les inputs sont substituablesalors la fonction de production est de la forme : $Q = F(K,L) = \mathrm{K}^b L^a$. La fonction de coût est de la forme $C(Q) = Q^{1/a+b}$

Le coût moyen : $CM(Q) = \dfrac{Q^{1/a+b}}{Q} = Q^{1-a-b/a+b}$

Le coût marginal est :

$$Cm(Q) = \frac{\partial C(Q)}{\partial Q} = \frac{1}{a+b}Q^{1-a-b/a+b}$$

Coût moyen à long terme

Le coût moyen à long terme correspond au minimum du coût moyen pour produire un niveau donné de production quand tous les facteurs de production peuvent varier. La courbe du coût moyen à long terme est construite comme le moindre coût de tous les coûts moyens à court terme. Puisqu'à long terme il n'y a pas de CFM, alors le coût moyen à long terme est égal au coût variable moyen à long terme.

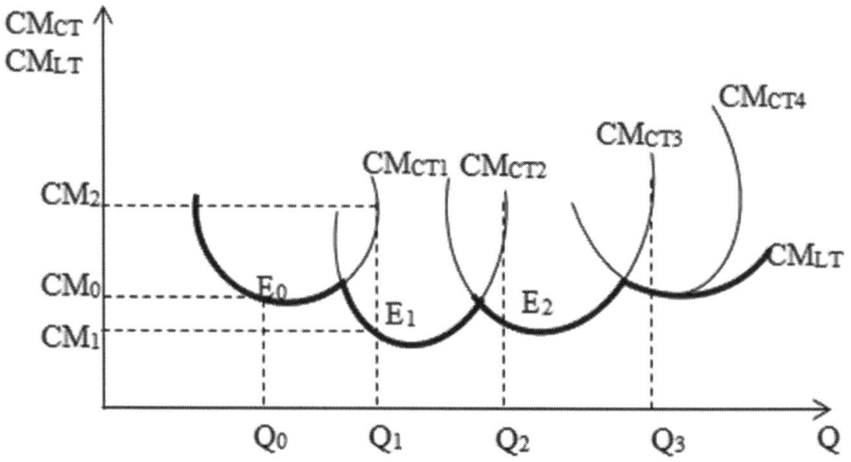

À court terme l'entreprise produit la quantité Q_0 étant donné son facteur fixe. Le coût minimum est CM_0 et l'équilibre est au point E_0. Si l'entreprise veut produire Q_1, étant donnée sa technologie, le coût moyen sera de CM_2, cependant à long terme, l'entreprise peut ajuster tous ses facteurs de production et produire au moindre coût CM_1. L'équilibre est au point E1. Connaissant les prix des facteurs de production, le propriétaire est capable de déterminer le coût minimum correspondant à chaque niveau de production, Q. À long terme, la firme peut varier ses équipements et choisir la combinaison qui lui permet de minimiser ses coûts.

La courbe du coût moyen à long terme n'est que l'enveloppe externe des courbes des coûts moyens à court terme. Chaque courbe du coût moyen de court terme est tangente à la courbe du coût moyen de long terme au niveau de production correspondant à la quantité optimale du facteur fixe. La courbe du coût moyen de long terme est toujours au dessous des courbes des coûts moyens de court terme.

La forme de la courbe du coût moyen à long terme s'explique par les **économies et les déséconomies d'échelle.**

Coûts à long terme et les rendements à l'échelle

Lorsque les rendements à l'échelle sont croissants, pour doubler la production il faut multiplier les inputs par un nombre inferieur à deux. De façon générale, si on vet multiplier la production par t, il faut multiplier les input par une constante inférieur à t. Par conséquent, les coûts augmentent moins que proportionnellement à l'augmentation de la production. La fonction des coût à une pente positive décroissante.

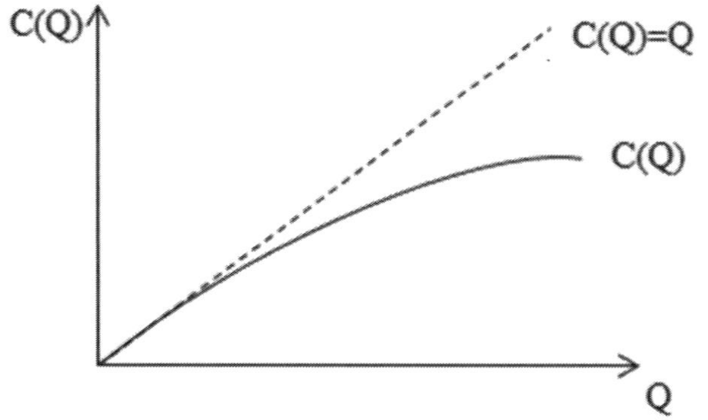

Quand le coût moyen à long terme diminue au fur et à mesure que la production augmente, on parle alors des économies d'échelle.

Lorsque les rendements sont décroissants, l'augmentation des coûts est plus que proportionnelle que l'augmentation de la production.

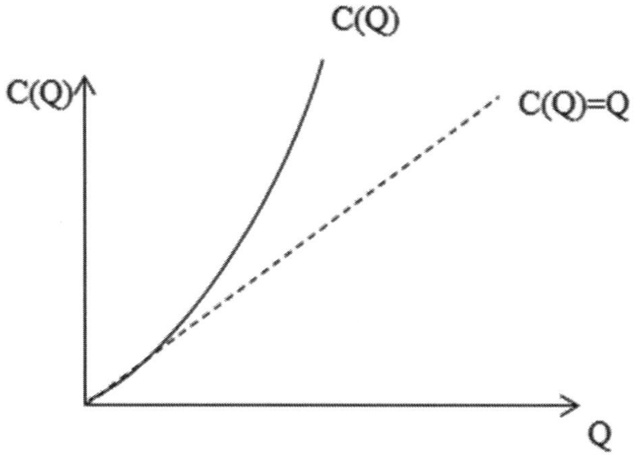

L'entreprise réalise des déséconomies d'échelle. Une des raisons qui explique pourquoi une entreprise a des déséconomies d'échelle quand sa production augmente, car elle éprouve un problème de coordination et de contrôle au fur et à mesure qu'elle grandit. L'entreprise ne réalise pas d'économie ou déséconomie d'échelle lorsque les rendements d'échelle sont constants. En effet, avec des rendements constants, les coûts varient dans les mêmes proportions que la production. La fonction de coût est alors linéaire par rapport à l'output.

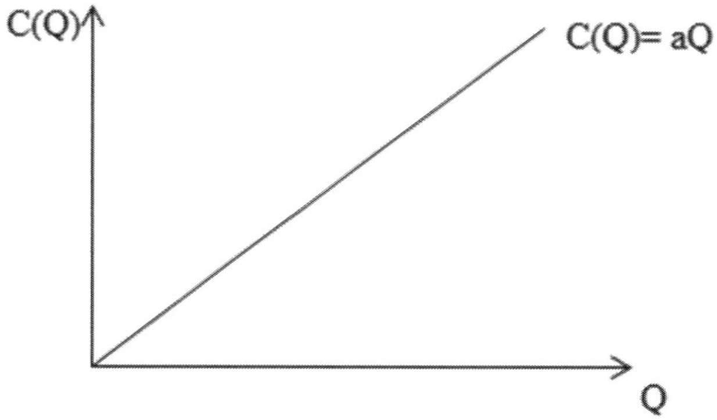

- Quand les rendements d'échelles sont croissants, les coûts augmentent moins proportionnels que l'output. Le coût moyen diminue si la production augmente : $\frac{\partial CM}{\partial Q} \langle 0$
- Quand les rendements sont constants, les coûts sont linéaires par rapport à l'output. Le coût moyen par unité produite est constant : $\frac{\partial CM}{\partial Q} = 0$
- Quand les rendements d'échelles sont décroissants, les coûts augmentent plus que proportionnellement que l'output. Le coût moyen augmente si la producion augmente : $\frac{\partial CM}{\partial Q} \rangle 0$

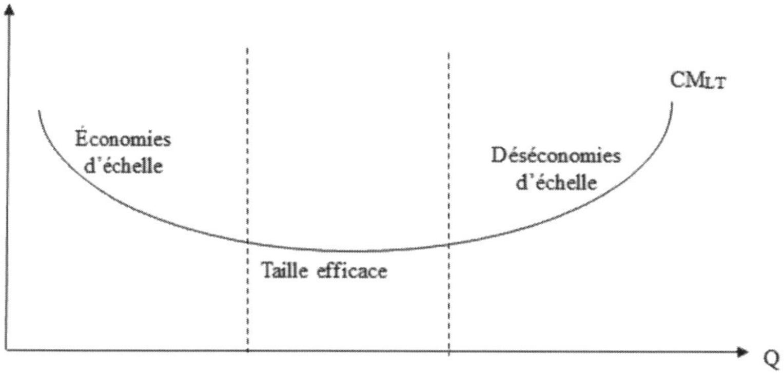

Exemple de fonction de coût d'une technologie Cobb-Douglas

$CM(Q) = Q^{1-a-b/a+b}$

- Si les rendements d'echelle sont constants :

$$a + b = 1, \quad CM(Q) = 1; \quad \text{le coût moyen est constant.}$$

- Si les rendements sont décroissants :

a + b <1 ; le coût moyen est croissant

- Si les rendements sont croissants :

a + b >1 ; le coût moyen est décroissant

Exercices

Vrai ou Faux

1. Le coût d'opportunité d'une année d'étude pour un étudiant universitaire comprend le coût des livres, des frais de scolarité, du repas et du logement.
2. Vous déposez mensuellement dans votre compte d'épargne des montants égaux de 210$. Votre banque offre un taux d'intérêt de 10 % sur le compte d'épargne . Après5 ans de dépôts sans retrait, vous allez accumuler 12600 ?
3. Lorsque la courbe de coût moyen est croissante, le coût marginal est inférieur au coût moyen.
4. Si la fonction de production est de type Cobb-Douglas, alors la productivité marginale d'un facteur est proportionnelle à sa productivit moyenne.
5. Puisqu'il est toujours possible de faire mieux à long terme qu'à court terme, la courbe de coût total moyen de long terme se situe au-dessus des courbes de coût total moyen de court terme.
6. Si le coût total moyen est supérieur au coût marginal, alors le coût total moyen est croissant.
7. Lorsque la productivité marginale est croissante, le coût marginal de court terme est décroissant.
8. Les coûts d'opportunité de la production est inférieur au coût comptable de la production.
9. La fonction du coût est homogéne de degrè 1
10. Si la fonction de production est de type Cobb-Douglas, alors un rendement d'échelle constant n'est pas incompatible avec un rendement marginal décroissant

Problèmes

1. Un entrepreneur a le choix d'investir dans la production de deux biens X et Y. S'il produit le bien X, il réalisera un profit comptable de $80 000. Par contre, s'il produit le bien Y, son profit comptable sera de $100 000.

a. Quel est le coût d'opportunité d'investir dans la production du bien X ? Est-il le même que le coût d'opportunité d'investir dans la production de bien Y ?
b. Pour calculer le profit économique, devez-vous tenir compte du coût d'opportunité de l'investissement ?
c. À la lumière de vos résultats, allez-vous investir dans la production de X ou de Y ?

2. Après avoir occupé un emploi qui lui rapportait un salaire annuel de $40 000, Sonia décida de se lancer en affaires avec les $40 000 qu'elle avait mis de côté. Elle s'accordera un salaire annuel de $20 000, mais elle ne tient pas compte du 10 % qu'elle aurait pu obtenir sur ses épargnes si elle les avait investies en courant un risque égal. En 2015, elle enregistra des profits comptables de $20 000. A-t-elle réalisé des profits économiques ?

3. Ces fonctions de production suivantes représentent-elles des rendements à l'échelle constants, croissants ou décroissants ? Justifiez.

a. $Q = K^a L^b$, avec a et b des constantes positives

b. $Q = K^{0.4} L^{0.6}$

c. $Q = K^3 + L^3$

4. Soit la fonction de production Cobb Douglas suivante : $Q = K^a L^b$.

a. Calculez la productivité marginale du travail et la productivité marginale du capital.

b. La loi des rendements marginaux décroissant est elle vérifiée pour ces deux facteurs de production.

c. Vérifiez pour le facteur travail dans ces deux cas : $Q = K^{0.4} L^{0.6}$ et $Q = K^3 + L^3$

5. Soit la fonction de production : $Q = K^{0.7} L^{0.8}$.

a. En supposant qu'à court terme le facteur capital est constant, calculez la productivité marginale du travail.

b. Est ce que les rendement marginaux sont décroissants ?

c. À la lumière de votre réponse précédente, comment se comporte la productivité moyenne du travail ? Faites une représentation graphique.

d. Calculer le taux marginal de transformation technique.

6. Supposons que la fonction du coût total d'une entreprise quelconque au sein d'une industrie est la suivante : $C(Q) = Q^3 - 8Q^2 + 5$

a. Calculez le coût marginal de l'entreprise, Cm
b. Calculez le coût moyen de l'entreprise, CTM
c. Calculez le coût fixe de l'entreprise, CFT
d. Calculez le coût variable, CVT
e. Calculez le coût variable moyen, CVM

7. La fonction de production à court terme d'une entreprise concurrentielle est donnée par :

$F(L) = 6L^{2/3}$

où L est la quantité de travail utilisée. Le coût d'une unité du travail est $w = 6$ et le prix d'une unité d'output est $P = 3$

a. Combien d'unités de travail l'entreprise emploira-t-elle ? À combien s'élèvera sa production ? à combien s'élèvera son profit ?
b. Supposons que le salaire tombe à 4 tandis que le prix p du produit reste constant. Aux nouveaux prix, la production de l'entreprise augmente-t-elle ?

8. Une firme concurrentielle a la fonction de coût à court terme suivante : $C(Q) = Q^2 - 4Q + 10$
a. Quelle est la fonction de coût marginal à court terme ?
b. Quelle est la fonction du coût variable moyen à court terme ?
c. Pour quelle quantité d'output le coût marginal est-il égal au coût variable moyen ?
d. En dessous de quel prix la firme cessera-t-elle de produire ?

9. Soit la fonction du coût moyen $CM(Q) = Q^2 - 4Q + 50$
a. Trouver la fonction du coût marginal
b. Est-ce que cette fonction est plus appropriée pour une fonction de coût de court terme ou de long terme.
10. Considerer la fonction de production suivante : $Q = K^{1/3}L^{2/3}$
a. quel est le produit marginal du capital ? du facteur L ?
b. Trouver le taux marginal de substitution technique du capital versus du travail ?
c. Trouver la fonction du coût.
d. Donner deux propriétés de la fonction de coût et vérifier que la fonction trouvée précédemment les respecte.
e. Montrer que le taux marginal de substitution trouvé précédemment diminue à mesure que l'on substitue K pour L ?
11. Soit une usine dont la fonction de production est de type Cobb Douglas : $Q(K,L) = K^{0,5}L^{0,5}$
K et L représentent les quantités de facteurs. Le prix du facteur capital est égal à P_k et le prix du facteur travail est égal à P_L.
a. Déterminez la fonction de coût total de courte période.
b. En déduire la fonction de coût moyen de courte période. En effectuer l'étude succincte et la représentation graphique, lorsque les prix des facteurs sont égaux à : $P_k = 2$ et $P_L = 8$
c. En déduire les fonctions de coût total, du coût moyen et du coût marginal lorsque la quantité de facteur K est égale à 10.
d. Déduire la fonction de coût total de longue période.
e. Quelle est la nature des rendements d'échelle ?
f. Déterminer le profit maximum réalisé par le producteur en fonction du prix du marché.

Corrigés

Vrai ou faux

1. Faux : le repas est indispensable même s'il n'étudie pas
2. Faux, $S=S_0(1+i)^5$.
3. Faux
4. Vrai, $F_K = b\dfrac{Q}{K}$; $\mathrm{F_L} = a\dfrac{Q}{L}$
5. Faux
6. Faux
7. Vrai
8. Faux
9. Vrai
10. Vrai, les rendements d'echelle s'applique lorsque l'on augmente dans la même proportion tous les facteurs de production, alors que les rendements marginaux lorsque l'on augmente la quantité utilisée d'un seul facteur en gardant les autres constants.

$$F_K = bK^{b-1}L^a; \ \mathrm{F_L} = aK^b L^{a-1}$$

$$F_{KK} = b(b-1)K^{b-2}L^a \langle 0 \text{ ssi } \mathrm{b} \langle 1$$

$$\mathrm{F_{LL}} = a(a-1)K^b L^{a-2} \text{ ssi } \mathrm{a} \langle 1$$

et

$$\mathrm{REC\,a + b = 1}$$

Problèmes

1. Un entrepreneur a le choix entre investir dans la production de deux biens X et Y.

a. En produisant le bien X, l'entrepreneur renonce à 20 000$. Par contre s'il produit le bien Y, il ne subit pas un coût de renonciation au contraire il gagne 20 000.

b. Oui. Le profit économique en produisant le bien X = Profit comptable - le coût de la meilleur alternative. Donc le profit économique est 80000-20000 = 60000. Le profit économique lorsque l'entrepreneur choisit de produire le bien Y est égal à son profit comptable parce qu'il n'y a pas un coût additionnelle de renonciation.

c. Dans la production de Y.

2. Sonia fait des profits économiques négatifs. Son profit économique est égale à son profit comptable moins les coûts d'opportunités. Le coûts d'opportunités = Perte de salaire de 20000 $ + Perte d'intérêts sur l'épargne de 4 000 $ = 24 000$. D'où un profit économique de - 4 000 $.

3. Ces fonctions de production suivantes :

a. $Q = K^a L^b$, avec a et b des constantes positives

$Q' = (tK)^a (tL)^b = t^{a+b} K^a L^b = t^{a+b} Q$

$Si\ \ a+b=1 \Rightarrow Q' = tQ \Rightarrow$ Rendements constants

$Si\ \ a+b \rangle 1 \Rightarrow Q' \rangle tQ \Rightarrow$ Rendements croissants

$Si\ \ a+b \langle 1 \Rightarrow Q' \langle tQ \Rightarrow$ Rendements décroissants

b. $Q = K^{0.4} L^{0.6}$,

Fonction Cobb Douglas avec $a+b = 0.4+0.6 = 1$, donc rendements constants.

c. $Q' = t^3 K^3 + t^3 L^3 = t^3 (K^3 + L^3) = t^3 Q$ rendements croissants

4. La fonction de production Cobb Douglas suivante : $Q = K^a L^b$.

a. La $Pm_L = \dfrac{\partial Q}{\partial L} = bK^a L^{b-1}$; $Pm_K = \dfrac{\partial Q}{\partial K} = aK^{a-1} L^b$

b. La loi des rendement marginaux décroissants implique qu'à court terme, la productivité marginale d'un facteur de production (le facteur variable)diminue au fure et à mesure que le l'utilisation de ce facteur augmente, en maintenant l'autre facteur constant. Pour savoir si les rendements sont décroissants il faut voir comment varie la productivité du facteur variable lorsque ce dernier augmente :

$\dfrac{\partial Pm_L}{\partial L} = b(b-1)K^a L^{b-2}$, ainsi si $b(b-1) < 0$ la loi des rendements décroissants du travail est vérifiée sinon elle ne l'est pas.

$\dfrac{\partial PmK}{\partial K} = a(a-1)K^a L^{b-2}$, ainsi si $a(a-1) < 0$, la loi des rendements décroissants du capital est vérifiée sinon elle ne l'est pas.

c. $Q = K^{0.4} L^{0.6}$; $Pm_L = \dfrac{\partial Q}{\partial L} = 0.6 K^{0.4} L^{-0.4}$

$\dfrac{\partial Pm_L}{\partial L} = 0.6(-0.4)K^{0.4} L^{-1.4} = -0.24 K^{0.4} L^{-1.4} < 0 \Rightarrow$ La loi des rendements décroissants est vérifiée.

$Q = K^3 + L^3$; $Pm_L = \dfrac{\partial Q}{\partial L} = 3L^2$

$\frac{\partial Pm_L}{\partial L} = 6L > 0 \Rightarrow$ La loi des rendements décroissants n'est pas vérifiée. La productivité marginale du travail ne décroît pas quand L augmente.

5. $Q = K^{0.7}L^{0.8}$

a. La productivité marginale du travail :

$$Pm_L = \frac{\partial Q}{\partial L} = 0.8K^{0.7}L^{-0.2}$$

b. La loi des rendements décroissants est vérifiée.

$$\frac{\partial Pm_L}{\partial L} = -0.24K^{0.4}L^{-1.4} \langle 0$$

c. Puisque la productivité marginale du travail est décroissante alors nous somme dans la partie descendante de la courbe de productivité marginale du travail. La productivité moyenne est alors décroissante et supérieure à la productivité marginale.

d. Le taux marginal de transformation technique :

$$TMST = \frac{PmL}{PmK} = \frac{0.8K^{0.7}L^{-0.2}}{0.7K^{-0.3}L^{0.8}} = \frac{8K}{7L}$$

6. La fonction du coût total : $C(Q) = Q^3 - 8Q^2 + 5$

a. Le coût marginal de l'entreprise, $Cm = 3Q^2 - 16Q$

b. Le coût moyen de l'entreprise, $CM = Q^2 - 8Q + \frac{5}{Q}$

c. Le coût fixe de l'entreprise, $CF(Q = 0) = 5$

d. Calculez le coût variable, $CV = Q^3 - 8Q^2$

e. Calculez le coût variable moyen, $CVM = Q^2 - 8Q$

7. La fonction de production à court terme d'une entreprise $F(L) = 6L^{2/3}$, w = 6 et P = 3

a. L'entreprise emploir

$$P.PmL = w \Rightarrow \frac{2}{3}6L^{-1/3} = \frac{6}{3} \Rightarrow 4L^{-1/3} = 2$$

$\Rightarrow L = 8$

La production : $Q = F(8) = 6(8)^{2/3}$

Le profit = RT-CT= $3(8)^{2/3}$-48

b. w = 4 et P = 3 ; L'= 27 et Q'= F(27) = $6(27)^{2/3}$, la demande du travail augmente ainsi que la production et le profit.

8. Une firme concurrentielle a la fonction de coût à court terme suivante $C(Q) = Q^2 - 4Q + 10$

a. La fonction de coût marginal : Cm=2Q-4

b. La fonction du coût variable moyen : CVM = Q - 4

c. $Cm = CVM \Rightarrow 2Q - 4 = Q - 4 \Rightarrow Q = 0$

d. La firme cessera de produire Quand le prix est inférieur ou égal au minimum du coût variable moyen. $P = MinCVM \Rightarrow P = 4$

9. La fonction du coût moyen CM(Q) = Q^2 -4Q +50

a. La fonction du coût marginal :

$$CT(Q) = Q^3 - 4Q^2 + 50Q$$

$$\Rightarrow Cm(Q) = 3Q^2 - 4Q + 50$$

b. Cette fonction est plus appropriée pour une fonction de coût de long terme parce qu'il n'y a pas de coût fixe CF(Q=0) = 0

10. La fonction de production suivante :

$Q = K^{1/3}L^{2/3}$

a. Le produit marginal du capital ; du facteur travai

$$PmK = \frac{1}{3}K^{-2/3}L^{2/3}$$

$$PmL = \frac{2}{3}K^{1/3}L^{-1/3}$$

b. Le $TMS_{K,L} = \dfrac{PmL}{PmK} = \dfrac{2K}{L}$

c. La fonction du coût :

$$TMS = \frac{P_L}{P_K} \Rightarrow K = \frac{P_L}{2P_K} L$$

$$Q = K^{1/3} L^{2/3} \Rightarrow Q = \left(\frac{P_L}{2P_K} L \right)^{1/3} L^{2/3} = \left(\frac{P_L}{2P_K} \right)^{1/3} L$$

$$\Rightarrow L = \frac{Q}{\left(\frac{P_L}{2P_K} \right)^{1/3}}$$

$$K = \frac{P_L}{2P_K} \frac{Q}{\left(\frac{P_L}{2P_K} \right)^{1/3}} = \left(\frac{P_L}{2P_K} \right)^{2/3} Q$$

$$C(P_K, P_L, Q) = P_K K + P_L L =$$

$$P_K \left(\frac{P_L}{2P_K} \right)^{2/3} Q + P_L Q \left(\frac{P_L}{2P_K} \right)^{-1/3}$$

$$= 2^{-1/3} Q P_K^{1/3} P_L^{2/3}$$

d. La fonction de coût est homogène de degrè 1 dans les prix et non décroissante dans les prix

$$C(tP_K, tP_L, Q) = 1.9Q(tP_K)^{1/3} (tP_L)^{2/3}$$

$$= tC(P_K, P_L, Q)$$

e. $\frac{\partial TMS}{\partial L} = -\frac{2K}{L^2} \langle 0$

11. $Q(K, L) = K^{0,5} L^{0,5}$.

a. Fonction de coût total de courte période :

$$K = K_0$$

$$Q(L) = K_0^{0.5} L^{0.5}$$

$$\Leftrightarrow L = \left[\frac{Q}{K_0^{0.5}} \right]^2 = \frac{Q^2}{K_0}$$

Le coût total :

$$CT = p_k.K + p_L.L$$

$$CT(Q) = p_K K_0 + P_L \frac{Q^2}{K_0}$$

b. La fonction de coût moyen de courte période :

$$CM(Q) = \frac{2K_0}{Q} + \frac{8Q}{K_0}$$

$$\frac{\partial CM}{\partial Q} = \frac{-2K_0}{Q^2} + \frac{8}{K_0} = 0 \Leftrightarrow Q = 1/2K_0$$

$$\Leftrightarrow CM(K_0) = 8$$

$$\lim_{Q \to 0^+} CM = +\infty$$

et $\lim_{Q \to = \infty} \text{CM} = +\infty$

La représentation du coût moyen de courte période pour différentes valeurs du facteur fixe K est la suivante :

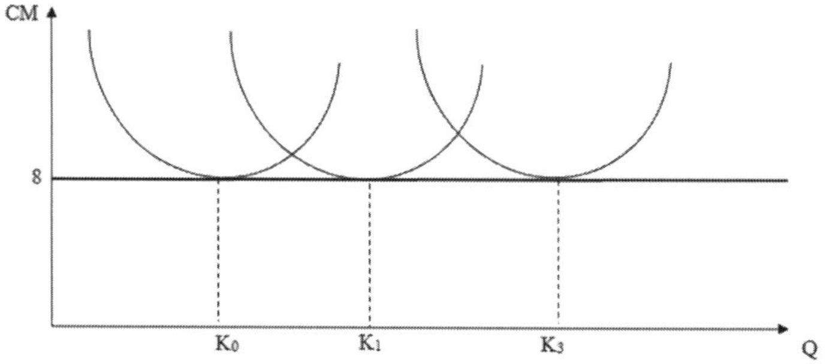

c. Les fonctions de coût total, du coût moyen et du coût marginal lorsque la quantité de facteur K est égale à 10.

$$CT(Q) = 20 + \frac{4Q^2}{5}$$

$$Cm = \frac{8}{5}Q$$

$$CM(Q) = \frac{20}{Q} + \frac{4Q}{5}$$

d. La fonction de coût total de longue période.

Minimiser : $CT = p_k K + P_L L$
Sous contrainte Q = Q_0

$$\ell = P_K K + P_L L + \lambda(Q_0 - K^{1/2}L^{1/2})$$

$$\frac{\partial \ell}{\partial K} = P_K - \lambda \frac{1}{2} K^{-1/2}L^{1/2} = 0$$

$$\frac{\partial \ell}{\partial L} = P_L - \lambda \frac{1}{2} K^{1/2}L^{-1/2} = 0$$

$$\frac{\partial \ell}{\partial \lambda} = Q_0 - K^{1/2}L^{1/2} = 0$$

$$\frac{(1)}{(2)} \Rightarrow \frac{K}{L} = \frac{P_L}{P_K} \Leftrightarrow K = \frac{P_L L}{P_K}$$

$$(3) \Rightarrow Q_0 = \left[\frac{P_L}{P_K}\right]^{1/2} L$$

$$\Leftrightarrow L^* = \left[\frac{P_K}{P_L}\right]^{1/2} Q_0$$

$$K^* = \left[\frac{P_L}{P_K}\right]^{1/2} Q_0$$

$$CT^* = P_L \cdot \left[\frac{P_K}{P_L}\right]^{1/2} Q_0 + P_K \left[\frac{P_L}{P_K}\right]^{1/2} Q_0 = Q_0 [P_K P_L]^{1/2}$$

La valeur du CT* ci-dessus indique le coût total optimal pour une production Q_0 donnée. Pour obtenir le coût total de longue période, il suffit d'exprimer CT* en fonction de Q :

$$CT(Q) = Q[P_K P_L]^{1/2} = aQ$$

e. L'accroissement du coût est proportionnel à l'accroissement de la production. Les rendements d'échelle constants. Ce résultat est dû à la forme particulière de la fonction de production (REC, homogène de degré 1). À long terme, l'accroissement de la production est parfaitement proportionnel à l'accroissement du volume des facteurs.

$$CT(Q) = Q[P_K P_L]^{1/2} = aQ$$

$$Cm(Q) = a = [P_K P_L]^{1/2}$$

$$Cm(Q) = CM(Q)$$

$$P_K = 2, P_L = 8 \Leftrightarrow Cm(Q) = 4$$

f. Le profit maximum réalisé par le producteur en fonction du prix du marché.

Le producteur rationnel qui souhaite maximiser son profit va produire une quantité Q* telle que P = Cm ; Le prix est donné pour l'entreprise.

- Si le prix est supérieur au coût marginal : le producteur bénéficie d'une marge positive sur chaque unité vendue. Le profit sera maximum lorsque le producteur se sera accaparé la totalité du marché.
- Le prix du marché est inférieur au coût marginal : le producteur subit une marge négative sur chaque unité vendue. Le profit maximum sera obtenu pour une production nulle
- Le prix du marché est égal au coût marginal : le profit est nul quel que soit le volume produit.

La concurrence parfaite

Introduction

Quelle que soit la structure des marchés, ces derniers peuvent être caractérisés en fonction des paramètres suivants : nombre et taille des participants, degré d'homogénéité du produit, niveau d'accès au marché, mobilité des participants et accessibilité de l'information. Le tableau ci-dessous résume quelques modèles de la concurrence :

Nombre de vendeurs Nombre d'acheteurs	Quelques acheteurs	Beaucoup d'acheteurs
Un vendeur	Monopole bilatéral	Monopole
Quelques vendeurs	Oligopole bilatéral	Oligopole
Beaucoup de vendeurs	Oligopsone	Concurrence parfaite

Ce chapitre, s'intéresse uniquement aux caractéristiques des marchés des offreurs, le nombre d'acheteurs est assez grand pour que l'action d'un demandeur n'ait pas d'influence sur la demande globale. Cette hypothèse sera valable pour tous les chapitres sur le monopole, la concurrence monopolistique et l'oligopole.

Les hypothèses de base de la concurrence pure et parfaite

Un marché en concurrence parfaite est caractérisé par les hypothèses suivantes : l'atomicité des offres, la fluidité du marché, la parfaite information et l'homogénéité du produit. Voici l'explication de ces hypothèse.

1) L'atomicité des offres. Il existe plusieurs vendeurs sur le marché. Aucun d'entre eux ne peut, par sa seule action, exercer une quelconque influence sur les conditions du marché. En d'autres mots, toute modification de l'offre d'un vendeur n'entraîne pas de modification de l'offre globale et donc du prix. Par conséquent, le prix est exogène aux entreprises. Le prix résultant des forces du marché est fixé pour les entreprises et s'impose à tout vendeur.

2) La fluidité du marché. Cette hypothèse signifie qu'il existe une parfaite mobilité des facteurs de production et des produits. et qu'il n'existe aucune contrainte pour une nouvelle entreprise d'entrer ou de sortir de l'industrie.

3) La parfaite information. Le marché est transparent : chaque participant est parfaitement informé des quantités offertes et demandées ainsi que du prix du marché.

4) L'homogénéité du produit. En concurrence parfaite, les produits sont censés être identiques pour les acheteurs. Pour ces derniers, il n'existe pas de différence au niveau de la présentation, de la marque ou de la publicité.

Comportement de l'entreprise

Toute entreprise a un seul objectif qui est de maximiser son profit. Cet objectif va guider l'entreprise dans ses choix des inputs et de leurs quantités ainsi que du niveau de production optimal.

Le profit d'une entreprise est égal à la différence entre ses recettes totales et ses coûts de production. Les recettes de la firme sont égales à la valeur de ses ventes. Les coûts correspondent à ses dépenses pour acheter les inputs nécessaires à sa production.

$$\pi = PQ - P_1x_1 - P_2x_2 - .... - P_nx_n$$

Avec p, le prix unitaire de l'output et P_i, prix des inputs x_i(i=1...n). Le prix de l'output et les prix des inputs influencent les décisions de l'entreprise puisqu'ils affectent directement ses recettes et ses coûts.

Recettes d'une entreprise en concurrece pure et parfaite

Les recettes totales (RT) d'une entreprise sont égales à la valeur des ventes équivalent au nombre d'unités du produit ou service (Q) multiplié par le prix d'une unité (P). Par exemple, si Jean vend 20 paires de chaussures et que le prix d'une paire est de $100, la recette totale est de $2 000. Pour augmenter ses recettes, la firme peut soit augmenter son prix de vente et/ou sa quantité. En concurrence parfaite, la firme prend le prix du marché comme donnée et elle ne peut augmenter ses recettes qu'en augmentant ses quantités produites.

La recette totale est de la forme :

$$RT = P \times Q$$

Il est possible de calculer les recettes moyennes (RM) qui correspondent aux recettes par unité vendue et les recettes marginales (Rm) qui correspondent aux recettes générées par une unité additionnelle. Voici les formules permettant de calculer respectivement les recettes moyennes et les recettes marginales :

$$RM = \frac{RT}{Q} = \frac{PQ}{Q} = P$$

$$Rm = \frac{\Delta RT}{\Delta Q} = \frac{P\Delta Q}{\Delta Q} = P$$

$$P = RM = Rm$$

En concurrence parfaite, le prix est donné pour les entreprises, ainsi toute variation des recettes de l'entreprise provient d'une variation de la quantité. En concurrence parfaite, le prix est égal à la recette moyenne et à la recette marginale.

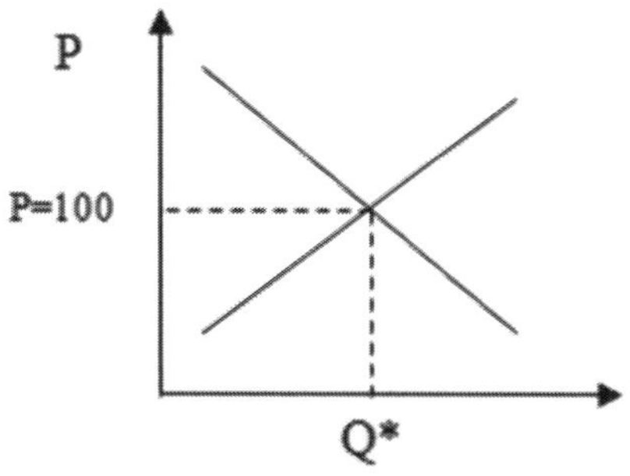

Une entreprise en concurrence parfaite n'a pas d'avantages à modifier le prix du marché. Soit une industrie composée de trois entreprises produisant chacune des chaussures. Supposons que le prix du marché est de 100 $ la paire. Si une entreprise augmente son prix, elle ne va pas vendre. En effet, pour des produits identiques pourquoi acheter le même produit à un prix plus élevé. Logiquement, la demande pour les chaussures de cette entreprise va baisser drastiquement. Supposons maintenant qu'une des trois entreprises diminue son prix, la demande sera plus forte pour son produit, mais les deux autres entreprises vont suivre en baissant leur prix. Si le processus s'enchaîne, nous assistons alors à une guerre des prix ; le prix va continuer à baisser et les profits des entreprises baisseront jusqu'à ce qu'ils deviennent négatif. Ainsi, aucune entreprise n'a intérêt à changer son prix par rapport à celui dicté par le marché.

En concurrence parfaite, chaque entreprise fait face alors à une demande parfaitement élastique. Selon l'exemple, le prix maximum que les consommateurs sont prêts à débourser pour acheter une paire de chaussure est de 100 $. Ainsi, la courbe de demande de chaque entreprise dans l'industrie correspond à une droite horizontale.

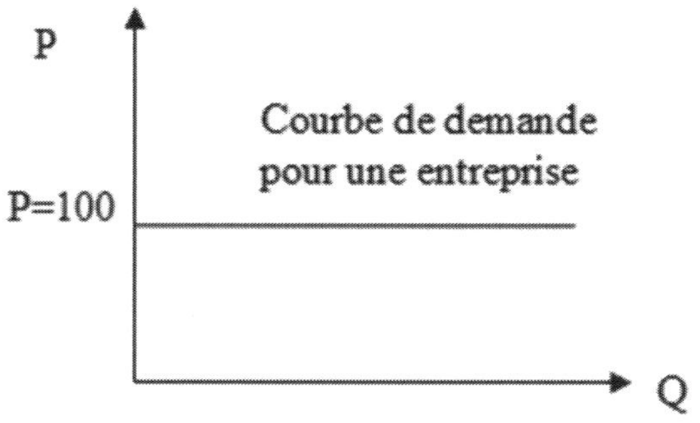

Ce prix d'équilibre de 100 $ du graphique précédent, déterminé sur le marché selon l'offre et la demande de l'industrie, sera utilisé par l'entreprise pour calculer ses recettes.

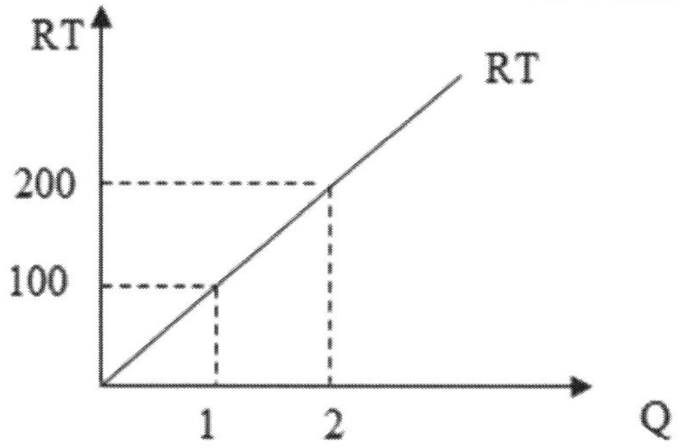

Objectif de l'entreprise

L'entreprise maximise son profit étant donnés le prix de son output (P) et les prix des facteurs de production (P_1, P_2, $\ldots P_n$). Pour atteindre son objectif, l'entreprise a deux possibilités ; soit elle détermine le niveau de production étant donnée sa technologie. Soit qu'elle fixe sa production à un niveau donné et elle détermine les quantités d'inputs dont elle a besoin. Le premier cas correspond à un problème de maximisation de profit. Étant donnés ses coûts, l'entreprise choisira la combinaison des inputs qui permettra de produire le niveau désiré d'output :

$$\underset{x_1,x_2,\dots,x_n}{Max}\ \pi = PQ - P_1x_1 - P_2x_2 - \dots - P_nx_n$$

$$Q = F(x_1, x_2, \dots, x_n)$$

Le second cas correspond à un problème de minimisation des coûts. L'entreprise fixe son niveau de production, par conséquent ses recettes sont fixes ; pour maximiser sont profit, elle doit produire au moindre coût. C'est un problème de minimisation des coûts sous contrainte du niveau de production :

$$\underset{x_1,x_2,\dots x_n}{Min}\ P_1x_1 + P_2x_2 + \dots + P_nx_n$$

Sous contrainte

$$\overline{Q} = F(x_1, x_2 \dots, x_n)$$

Maximisation du profit et choix des facteurs de production

Pour maximiser son profit, le producteur peut déterminer les quantités des facteurs dont il a besoin pour augmenter son niveau d'output. Le problème est de choisir la quantité des facteurs de production qui maximise son profit, étant donné que les prix des facteurs et le prix de l'output sont connus.

La réaction d'une entreprise est différente selon l'horizon temporel. En effet, à court terme l'entreprise n'a pas assez de temps pour ajuster sa demande de tous les facteurs de production. À court terme, il y a des facteurs fixes qu'elle ne peut changer la taille. Par exemple, si le prix de son output augmente, l'entreprise veut augmenter sa production pour augmenter ses profits. À court terme, elle peut varier sa demande des facteurs variables par exemple embaucher plus de travilleurs, ou demander au travailleurs existants de faire plus d'heures de travail, mais elle ne peut augmenter la quantité du capital. À long terme, par contre l'entreprise peut ajuster tous les facteurs de production. En effet, elle peut acheter d'autres machines, ou terres et locaux en plus d'augmenter le nombre des travailleurs. Ainsi, la maximisation du profit dépend de l'horizon temporel.

Maximisation du profit à court terme

Pour simplifier l'analyse, prenons le cas deux facteurs de production, le travail et le capital. À court terme, le capital est fixe :

$$\begin{cases} \underset{L}{Max}\, \pi = PQ - P_K \overline{K} - P_L L \\ Q = F(\overline{K}, L) \end{cases}$$

$$\Rightarrow \underset{L}{Max}\, \pi = PF(\overline{K}, L) - P_K \overline{K} - P_L L$$

$$\frac{\partial \pi}{\partial L} = P \frac{\partial F(\overline{K}, L)}{\partial L} - P_L = 0 \Rightarrow PF_L^{'} = P_L \Rightarrow P \bullet PmL = P_L$$

L'entreprise produit jusqu'au point où la valeur de la productivité marginale est ègale au prix du facteur. Graphiquement, l'équilibre du producteur est le point d'intersection entre la courbe d'isoprofit et la courbe de la fonction de production. La courbe d'isoprofit représente toutes les combinaisons du travail et de la production qui donnent un même niveau de profit.

$$\pi = PQ - P_K \overline{K} - P_L L \Rightarrow Q = \frac{\pi + P_K \overline{K}}{P} + \frac{P_L}{P} L$$

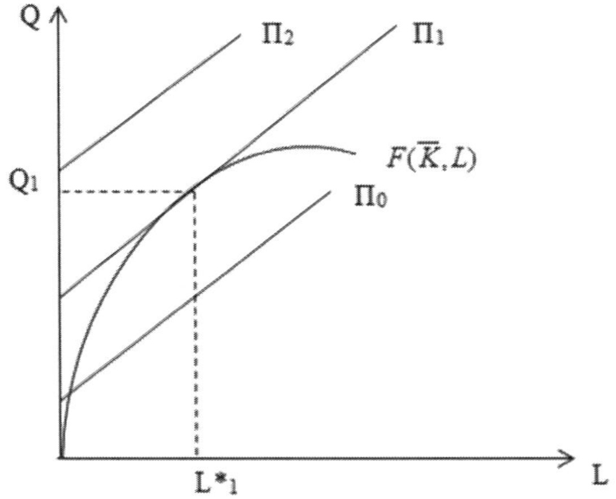

La courbe d'isoprofit la plus élevée qui satisfait la contrainte technique de l'entreprise (représentée par sa courbe de production) est π_1. Le profit π_2 est plus intéressant pour la firme mais sa technologie et le niveau du facteur capital ne lui permettent pas d'atteindre ce niveau. La solution graphique démontre que pour atteindre le niveau de production maximal, Q_1, il faut que la pente de la courbe d'isoprofit($\frac{P_L}{P}$) soit égale à la pente de la fonction de production (PmL).

Exemple : Soit la fonction de production d'une entreprise est de la forme : Q=F (K, L)=$4K^{1/2}L^{1/2}$. Le capital est fixe à court terme K=9, la fonction de production devient : Q = F (9, L)=$12L^{1/2}$. La quantité optimale sera alors :

$$\begin{cases} PmL = \dfrac{\partial F}{\partial L} = 6L^{-1/2} \\ PmL = \dfrac{P_L}{P} \end{cases} \Rightarrow 6L^{-1/2} = \frac{P_L}{P} \Rightarrow L = 36\left(\frac{P}{P_L}\right)^2$$ Si P= 100, P_K=60 et

P_L=50, L^*= 144 et Q^*=144 et le Profit = 14400 -7200 -540 = 6660.

Le profit à court terme

À court terme, l'entreprise a des coûts fixes et des coûts variables. Un des facteurs de production est constant à court terme, le capital par exemple. Le profit unitaire ou moyen (πM)d'une entreprise est égal à la différence entre le prix correspondant à sa recette moyenne(RM) et son coût moyen(CM) :

$$\pi = RT - CT \Rightarrow \frac{\pi}{Q} = \frac{RT}{Q} - \frac{CT}{Q} \Rightarrow \pi M = RM - CM$$

$$\pi M \rangle 0 \Rightarrow RM = P \rangle CM$$

$$\pi M = 0 \Rightarrow P = CM$$

$$\pi M \langle 0 \Rightarrow P \langle CM$$

À court terme l'entreprise peut réaliser un profit positif, un profit nul ou un profit négatif. Quand le prix du marché est supérieur au coût moyen, l'entreprise fait de profit positif. *Le seuil de rentabilité* est lorsque le prix est égal au minimum du coût moyen. Par contre si le prix est inférieur à son coût moyen, l'entreprise réalise des pertes. À court terme elle peut continuer à produire, puisqu'elle couvre ses coûts variables et une partie de ses coûts fixes. Lorsque le prix atteint le minimum du coût variable, l'entreprise n'est plus capable de payer ses coûts fixes ; c'est *le seuil de fermeture* pour l'entrepise.

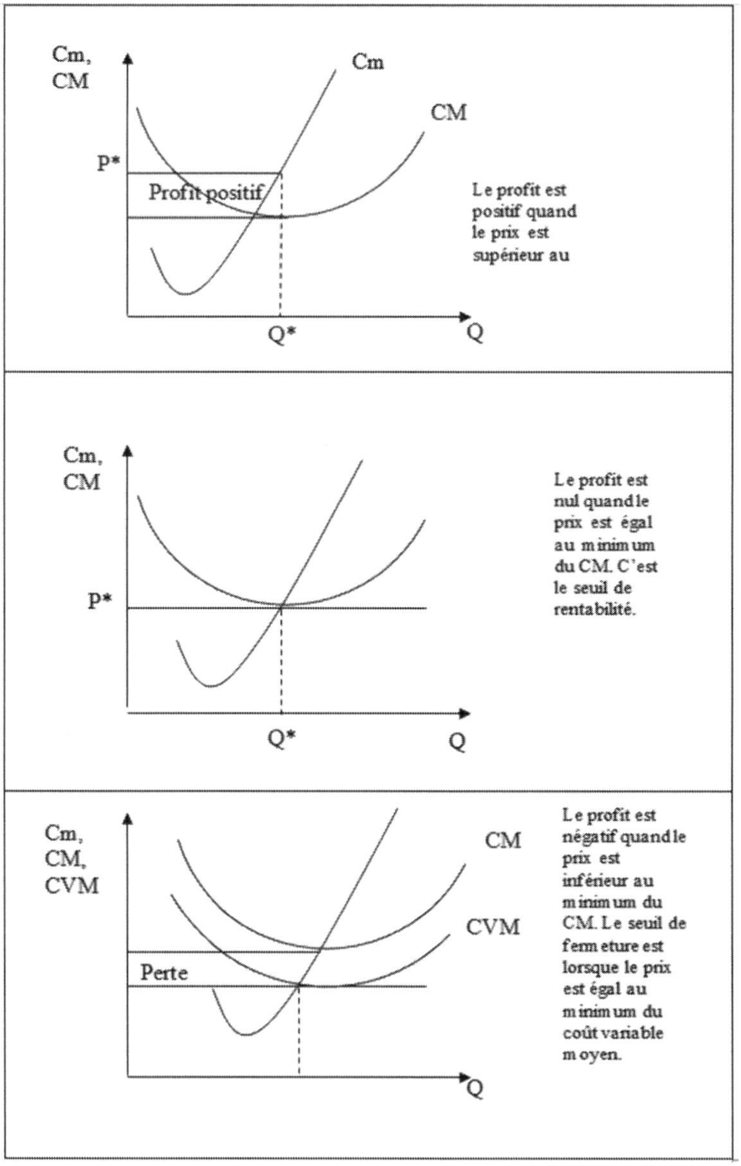

<u>Maximisation du profit à long terme</u>

À long terme tous les facteurs de production sont variables et l'objectif de la firme est de maximiser son profit. On supose que le marché des facteurs de production est conpétitif et que les prix des facteurs sont donnés. On suppose aussi que le marché des biens est concurrentiel, cela implique que le choix du niveau de production n'affecte pas le prix de vente de l'entreprise.

Prenons le cas de deux facteurs, le capital et le travail, le problème de l'entreprise devient alors :

$$\begin{cases} \underset{K,L}{Max}\pi = PQ - P_K K - P_L L \\ Q = F(K,L) \end{cases} \Rightarrow \underset{K,L}{Max}\pi = PF(K,L) - P_K K - P_L L$$

Les conditions de premier ordre :

$$\begin{cases} \dfrac{\partial \pi}{\partial K} = P \bullet PmK - P_K = 0 \\ \dfrac{\partial \pi}{\partial L} = P \bullet PmL - P_L = 0 \end{cases} \Rightarrow \frac{PmK}{PmL} = \frac{P_K}{P_L} \Rightarrow TMST = \frac{P_K}{P_L}$$

D'après les conditions de premiers ordre, à l'équilibre le $TMST$ doit être égale au rapport des prix des inputs. D'après ces conditions, le producteur continue à produire jusqu'à ce que la valeur de la productivité marginale de chaque facteur de production soit égale à son coût marginal.

En résolvant les conditions du premier ordre, on obtient les fonctions de demande des facteurs de production de l'entreprise : $L^*(P_L, P_K, P)$ et $K^*(P_L, P_K, P)$ qui dépendent du prix d'output et des prix des facteurs de production. ***Les fonctions de demandes sont homogènes de degrès zéro par rapport au prix.***

Remplaçant les demandes des facteurs L* et K* dans la fonction de production, on obtient la ***fonction d'offre de l'entreprise qui est homogène de degrè zéro par rapport aux prix***.

Les conditions de second-ordre : Puisque c'est un problème de maximisation, la fonction de production doit être strictement concave, la matrice Hessienne doit être alors semi-défini négative :

$$H = \begin{bmatrix} F_{LL} & F_{LK} \\ F_{KL} & F_{KK} \end{bmatrix}$$

$F_{LL} < 0$ et $F_{KK} < 0$ selon les rendements marginaux décroissants et

$$F_{LL}F_{KK} - F_{KL}F_{LK} > 0$$

Minimisation des coûts

L'entreprise peut aussi choisir de minimiser ses coûts pour un niveau de production donné :

$$\underset{K,L}{Min}\, C = P_K K + P_L L$$

$$S / C \quad \overline{Q} = F(K,L)$$

Résolution analytique

Le lagrangien : L= $P_K K + P_L L + \lambda(\overline{Q} - f(K,L))$

Les C.P.O

$$\begin{cases} \dfrac{\partial L}{\partial K} = P_K - \lambda F_K = 0 \\ \dfrac{\partial L}{\partial L} = P_L - \lambda F_L = 0 \\ \dfrac{\partial L}{\partial \lambda} = \overline{Q} - F(K,L) = 0 \end{cases} \Rightarrow \begin{cases} \dfrac{F_L}{F_K} = \dfrac{P_L}{P_K} \Rightarrow TMST = \dfrac{P_L}{P_K} \\ \overline{Q} - F(K,L) = 0 \end{cases} \Rightarrow \begin{cases} K^*(P_K, P_L, Q) \\ L^*(P_K, P_L, Q) \end{cases}$$

Il s'agit d'un système de deux équations à deux inconnus (K, L). En résolvant ce système, on obtient la combinaison des inputs optimale pour produire $\overline{Q}$.

Résolution grapique

La résolution graphique, comme pour le consommateur, l'équilibre du producteur sera caractérisé par le point de tangence entre la courbe d'isocoût et la courbe d'isoquante, comme le montre le graphique suivant :

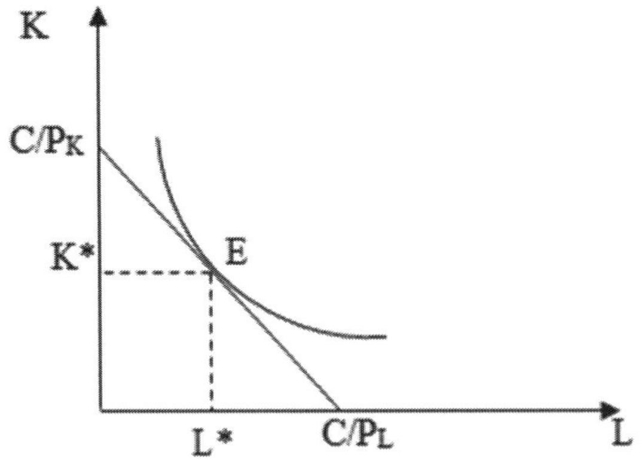

Pour minimiser il sagit de trouver le point sur l'isoquante associé à la plus basse des courbes des isocoûts. À l'équilibre la pente de l'isoquante est égale à la pente de l'isocoût :

$$TMST = \frac{PmL}{PmK} = \frac{P_L}{P_K}$$

Pour minimiser le coût, la demande conditionnelle des facteurs de production K* et L* dépend des prix des facteurs et du niveau d'output visé. Le coût le plus faible que la firme doit payer si elle veut réaliser le niveau de production $\overline{Q}$ est :

$$C(\overline{Q}, P_L, P_K)=P_L\, L^*(\overline{Q}, P_L, P_K)+P_K\, K^*(\overline{Q}, P_L, P_K)$$

Exemples de fonctions de production

1. Fonction de production Cobb-Douglas

$$MinC = P_K K + P_L L$$
$$s/c$$
$$\overline{Q} = L^{1/2} K^{1/2}$$

Le Lagrangien :

$$l = P_K K + P_L L + \lambda(\overline{Q} - L^{1/2} K^{1/2})$$
$$C.P.O$$
$$(1)\frac{\partial l}{\partial L} = P_L - \lambda PmL = 0$$
$$(2)\frac{\partial l}{\partial K} = P_K - \lambda PmK = 0 \qquad \Rightarrow \frac{PmL}{PmK} = \frac{P_L}{P_K}$$
$$(3)\overline{Q} = L^{1/2} K^{1/2}$$

$$\Rightarrow K^* = \overline{Q}\left(\frac{P_L}{P_K}\right)^{1/2} \; ; \; L^* = \overline{Q}\left(\frac{P_K}{P_L}\right)^{1/2} \; ;$$

$$C(P_L, P_K, \overline{Q}) = 2\overline{Q}(P_L P_K)^{1/2}$$

2. Cas des facteurs parfaitement substituables

$$MinC = P_K K + P_L L$$
$$s/c$$
$$\overline{Q} = aK + bL$$

$$\Rightarrow K = \frac{\overline{Q}}{a} - \frac{b}{a}L$$
$$TMST = -\frac{dK}{dL} = \frac{b}{a}$$

L'optimalité implique l'égalité entre la pente de l'isocoût qui est le rapport des prix et le TMST. Or il y a aucune raison pour que cette égalité ait lieu. Il y a trois cas possibles :

- Si $\frac{P_L}{P_K} \rangle \frac{b}{a} \Rightarrow$ une solution de coin

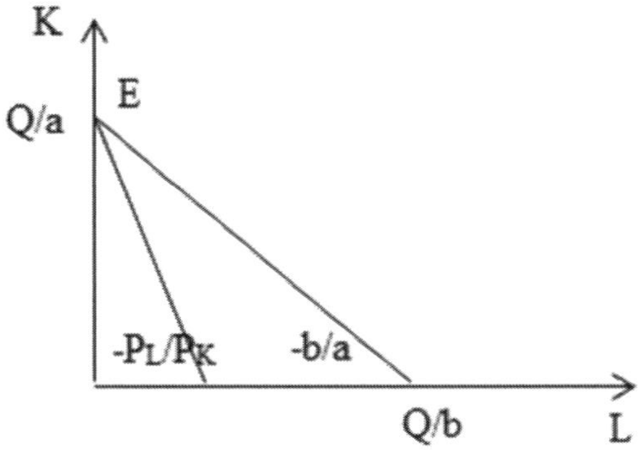

- Si $\frac{P_L}{P_K} \langle \frac{b}{a} \Rightarrow$ une solution de coin

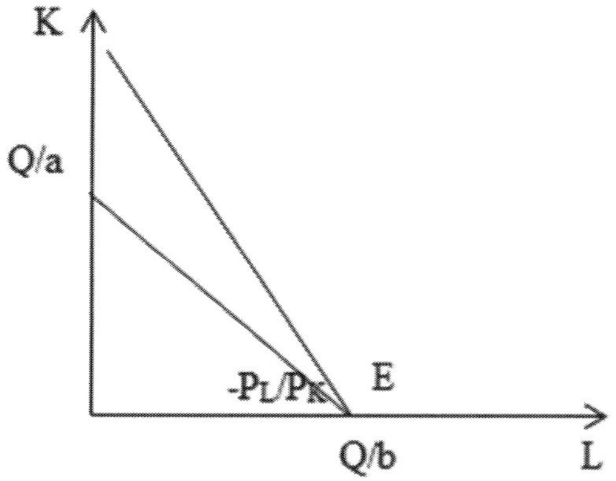

- Si $\frac{P_L}{P_K} = \frac{b}{a} \Rightarrow$ solution indéterminée, les deux droites sont confondues.

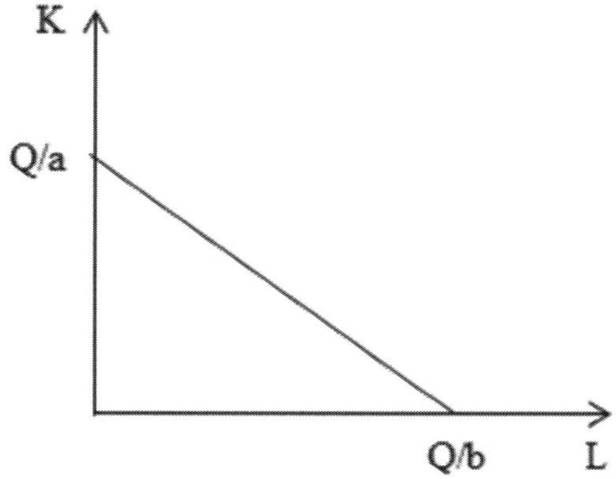

3. Cas des facteurs complémentaires

Pour les technologies à facteurs complémentaires, on ne peut pas utiliser la le principe d'égalité du TMST au rapport des prix. Cependant, la logique reste la même, l'entreprise essaye de se placer sur la courbe d'isocoût la plus basse possible et qui est tangent à l'isoquante.

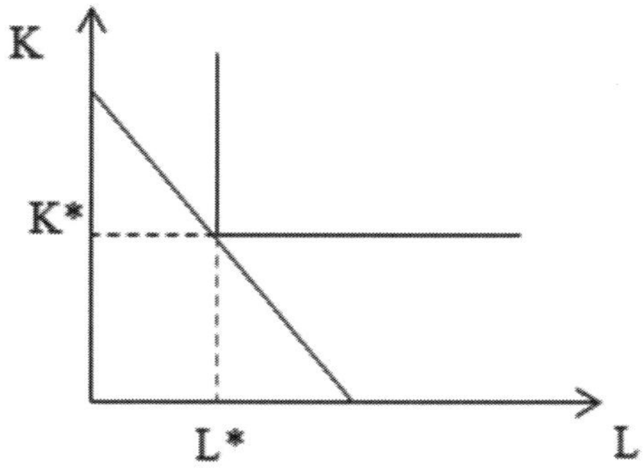

Offre de la firme concurrentielle

L'entreprise doit déterminer la quantité qui maximise son profit étant donnée la technologie dont elle dispose. Elle doit choisir le panier C'est une maximisation sans contrainte :

$$\underset{Q}{Max}\, \pi = RT - CT$$

$$\frac{\partial \pi}{\partial Q} = \frac{\partial RT}{\partial Q} - \frac{\partial CT}{\partial Q} = Rm - Cm = 0$$

$$\frac{\partial^2 \pi}{\partial Q^2} = \frac{\partial Rm}{\partial Q} - \frac{\partial Cm}{\partial Q} \leq 0 \Rightarrow -\frac{\partial Cm}{\partial Q} \leq 0$$

D'après la condition de premier ordre, la recette marginale doit être égale au coût marginal. Le prix doit être égal au coût marginal. Selon la condition de second ordre, la dérivée du coût marginal doit être positive donc le coût marginal doit être croissant. Pour maximiser son profit, l'entreprise doit produire la quantité associée à la partie ascendante de sa courbe du coût marginal.

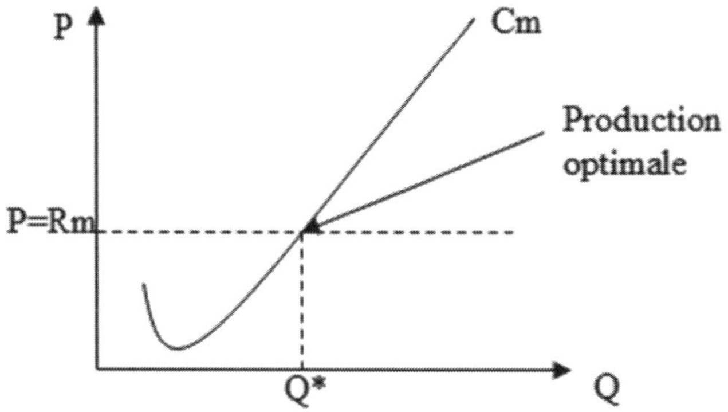

Pour déterminer le niveau de production qui maximise son profit, l'entreprise compare le coût marginal (Cm) à sa recette marginale (Rm). Trois situations sont possibles :

1. Si Rm > Cm, cela indique que les recettes générées par l'unité produite additionnelle sont supérieures aux coûts additionnels. Par conséquent, l'entreprise continue à produire puisque ses profits augmentent. Une augmentation de la production entraîne une augmentation des profits.

2. Si Rm < Cm, cela indique que l'augmentation de la production va diminuer les profits puisque la quantité additionnelle produite coûte plus chère que ce qu'elle génère comme recettes.

3. Si Rm = Cm, cela indique que la quantité est optimale et le profit est maximum.

Le point d'intersection entre la courbe du coût marginal et la courbe de recette marginale correspond à la quantité optimale. Pour des quantités inférieures à Q*, l'entreprise a intérêt à augmenter sa production, puisque les recettes additionnelles sont supérieures aux coûts additionnels. Cependant, pour les quantités supérieures à Q*, l'entreprise n'a pas intérêt à augmenter sa production, puisque le coût marginal est supérieur à la recette marginale et le profit commence à diminuer.

Courbe d'offre à court terme de l'entreprise

Comme étudié précédemment, le profit d'une entreprise en concurrence parfaite devient positif lorsque le prix du marché est supérieur au minimum de son coût moyen. Tant que le prix du marché est supérieur au minimum de son coût variable moyen, l'entreprise peut décider de continuer à produire en espérant des jours meilleurs. Ainsi les niveaux de production de l'entreprise correspondent aux quantités correspondantes à la situation où le prix est supérieur au minimum du CVM. Lorsque le prix est égal au minimum du CVM, l'entreprise arrête sa production et se retire de l'industrie.

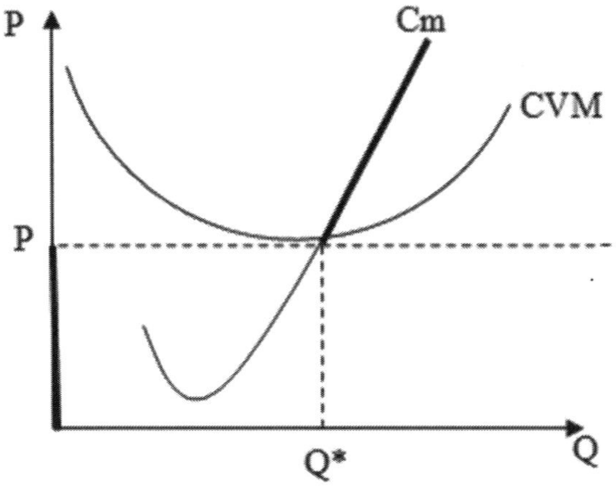

Les coûts d'une entreprise est la somme de ses coûts variables et ses coûts fixes et par conséquent le profit est :

$$\pi(Q) = P.Q - CV(Q) - CF$$
$$\Rightarrow \pi(0) = -CF$$

Lorsque l'entreprise ne produit pas (Q = 0), elle réalise des pertes égales à ses coûts fixes. Ce sont des coûts irrécupérables.

$$\pi(Q^*) \rangle \pi(0) \Rightarrow PQ^* - CV(Q^*) - CF \rangle - CF$$

$$\Rightarrow PQ^* - CV(Q^*) \rangle 0 \Rightarrow PQ^* \rangle CV(Q^*) \Rightarrow P \rangle \frac{CV(Q^*)}{Q^*} \Rightarrow P \rangle CVM(Q^*)$$

Par conséquent la courbe d'offre d'une entreprise est alors :

$$\begin{array}{ll} P = Cm(Q) & \text{Si P} \rangle \min \text{CVM} \\ 0 & \text{sinon} \end{array}$$

Exemple Supposez que les courbes d'offre et de demande pour un produit sont données par :

$$Q^o = -10 + 4P$$
$$Q^d = 110 - 2P$$

a) Calculez le prix et la quantité d'équilibre du marché. Représentez graphiquement. Pourquoi le prix que vous avez calculé est un prix d'équilibre ?
b) Supposez que le marché est composé de plusieurs entreprises identiques. Supposez que le prix d'équilibre de a) génère des profits positifs. En utilisant les courbes de coût d'une entreprise représentative, illustrez et expliquez la décision de la quantité de la firme et identifiez le niveau des profits.

Solution :
a. *Le prix et la quantité d'équilibre sont déterminés en égalisant la quantité demandée à la quantité offerte*

$$Q^o = Q^d$$
$$-10 + 4P = 110 - 2P$$
$$6P = 120$$
$$P = 20$$
$$Q = 110 - 2(20) = 70$$

Ainsi le prix d'équilibre est égal à 20 et la quantité d'équilibre est égale à 70.

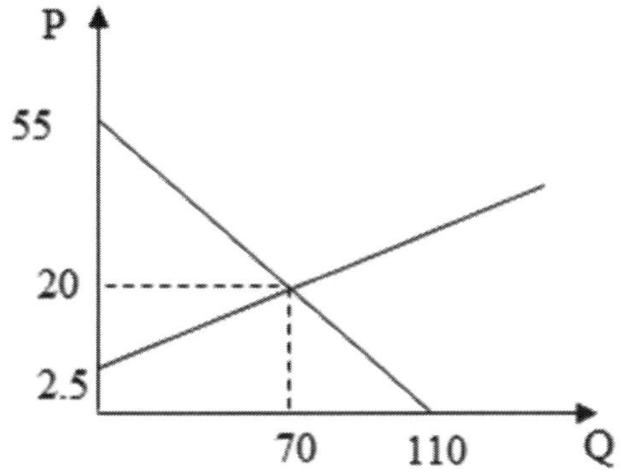

Le prix est un prix d'équilibre parce qu'à ce prix la quantité que les consommateurs veulent acheter correspond à la quantité que les producteurs veulent vendre. Si le prix est supérieur à celui de l'équilibre, la quantité offerte est supérieure à la quantité demandée, il y a un excédent d'offre. Dans ce cas les entreprises vont avoir des stocks, elles vont diminuer le prix pour écouler la marchandise, l'offre diminuera. Ce processus continue jusqu'à ce que le prix soit celui de l'équilibre.

Le cas contraire, si le prix est inférieur à celui de l'équilibre, nous assistons à un excédent de demande. Les entreprises utilisent leurs stocks pour satisfaire la demande, elles augmentent le prix et l'offre augmente. Le processus continue jusqu'à ce que le marché soit en équilibre.

b. Nous savons qu'en concurrence parfaite les entreprises prennent le prix du marché comme donné. Les entreprises déterminent leurs coûts moyen et marginal et pour décider de la quantité à produire, elles égalisent le prix au coût marginal. D'après l'énoncé, le prix de a) génère des profits alors le prix est supérieur au minimum du coût moyen de l'entreprise. Le profit est égal à la différence entre ses recettes et ses coûts, c'est la surface (20, P, a, b)

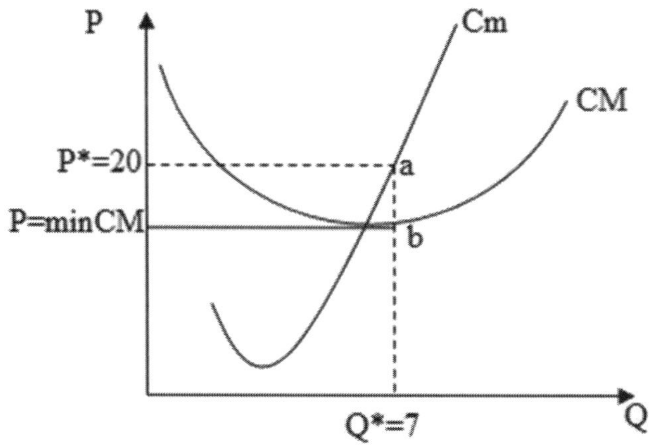

<u>Courbe d'offre à court terme de l'industrie</u>

Une industrie est constituée de plusieurs entreprises. L'offre d'une industrie est alors la somme de toutes les offres des entreprises. La courbe d'offre de l'industrie sera caractérisée par trois hypothèses comme pour l'entreprise :

- P > min CVM, la partie ascendante de la courbe du coût marginal
- P = min CVM, la courbe d'offre devient parfaitement élastique
- P < min CVM, l'offre est nulle et la courbe devient parfaitement inélastique.

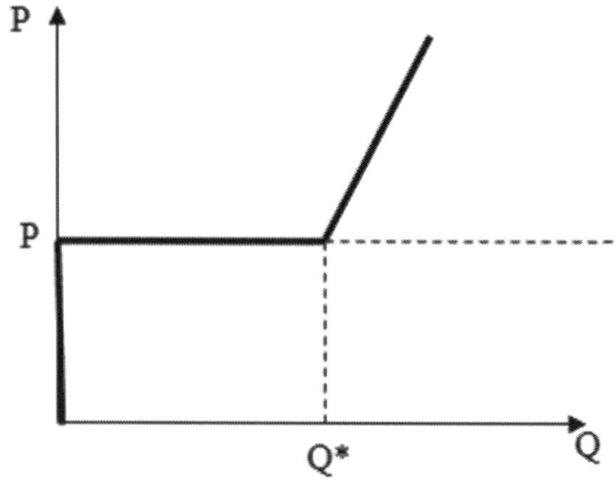

Production, le prix et le profit à long terme

À long terme, il n'y a pas de coûts fixes, tous les coûts sont variables. À la différence du court terme, le seuil de fermeture de l'entreprise à long terme apparaîtra lorsque le prix est égal au minimum du coût moyen.

En concurrence parfaite, il n'y a pas de barrière ni à l'entrée ni à la sortie des entreprises dans l'industrie. Cette hypothèse est importante à cause de son effet sur le profit économique à long terme de l'entreprise.

Supposons qu'à court terme les entreprises d'une industrie réalisent des profits positifs. Cette situation paratra attrayante pour les nouvelles entreprises dans l'industrie. Dès lors, l'offre de l'industrie augmentera parce qu'il y aura plus d'offreurs et le prix du produit commencera à baisser. Voyant le prix du marché diminuer, les entreprises baisseront leur offre et par conséquent leurs profits diminueront.

Imaginons maintenant le cas contraire de la situation précédente, lorsqu'à court terme, les profits dans l'industrie sont négatifs cela entraînera une sortie de certaines entreprises. Pour une même demande du marché, l'offre de l'industrie diminue et le prix augmente. Ainsi, le profit des entreprises restantes commencera à augmenter. Les sorties cesseront une fois que la perte économique a été éliminée et qu'un profit normal est réalisé. La courbe d'offre de long terme est la partie ascendante de la courbe du coût marginal de long terme à partir du minimum du coût moyen de long terme. La décision de production de la firme est basée sur le seuil de rentabilité.

$$\pi_{LT} = PQ - CT_{LT} = 0 \Rightarrow P = \frac{CT_{LT}}{Q} = CM_{LT}$$

$$\frac{\partial \pi_{LT}}{\partial Q} = 0 \Rightarrow P = Cm_{LT}$$

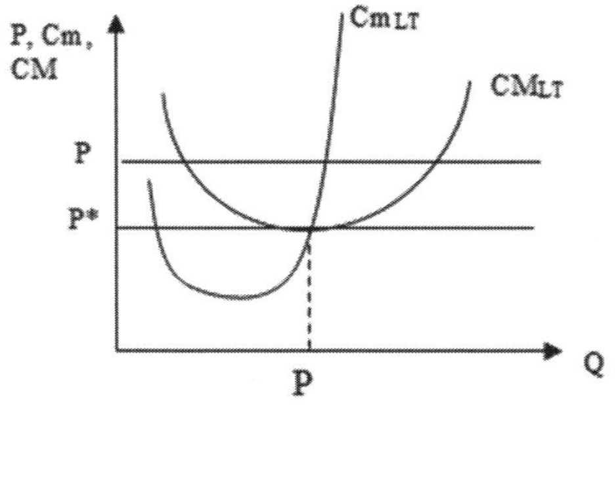

Initialement au prix P, le profit de l'entreprise est positif. Avec l'entrée de nouvelles entreprises dans l'industrie, le prix va commencer à diminuer pour atteindre P*. Le profit économique de l'entreprise est nul à long terme.

Concurrence pure et parfaite et l'efficience

Une allocation des ressources est efficiente lorsqu'on ne peut améliorer la situation ou le bien-être d'une personne qu'en détériorant la situation ou le bien être d'une autre personne. L'équilibre concurrentiel est efficace quand les offreurs (les entreprises) maximisent leur bien-être (le profit) et quand les demandeurs (les consommateurs) maximisent leur bien-être (l'utilité).

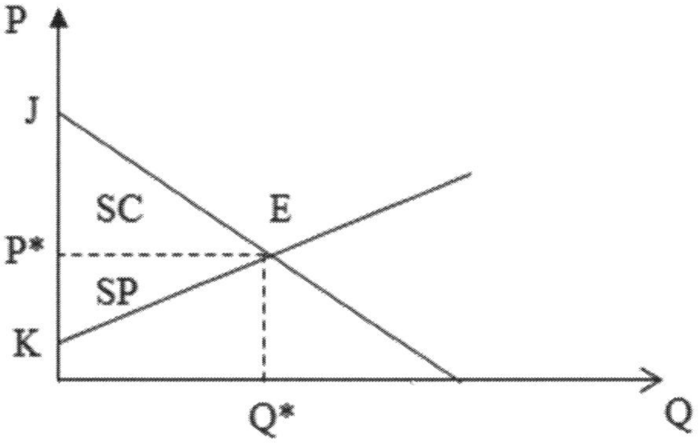

La courbe de demande correspond aux prix maximums que les consommateurs sont prêts à payer pour les différentes quantités. Pour toutes les quantités inférieures à Q*, le consommateur est prêt à payer des prix plus élevés que P, mais il ne paye que ce prix du marché, alors il gagne toute la différence. **Le surplus du consommateur** est égal à l'aire du triangle (P*, J, E).

La courbe d'offre correspond aux prix minimums auxquels les producteurs sont prêts à vendre. Pour toutes les quantités inférieures à Q*, le prix de l'offre est inférieur au prix du marché, ainsi les producteurs réalisent des gains. **Le surplus du producteur** est égal à la surface du triangle (P*,E, K).

En concurrence parfaite, le surplus du consommateur et celui du producteur sont maximisés. L'équilibre concurrentiel est par conséquent efficient, on ne peut améliorer la situation d'un agent sans nécessairement détériorer la situation de l'autre.

Profit et surplus du producteur

La courbe d'offre d'une entreprise en concurrence pure et parfaite est :P=Cm(q*). Le profit est :

$$\pi = PQ^* - CT(Q^*) = PQ^* - (CV + CF) = (P - CVM(Q^*) - CFM(Q^*))Q^*$$
$$= (P - CM(Q^*))Q^*$$

Le surplus du producteur est alors égale à :

$$SP = RT - CV = PQ^* - CV(Q^*) \Rightarrow SP = \pi + CF$$
$$SP = (P - CVM(Q^*))Q^*$$
$$SP = (P - CM + CFM)Q^*$$

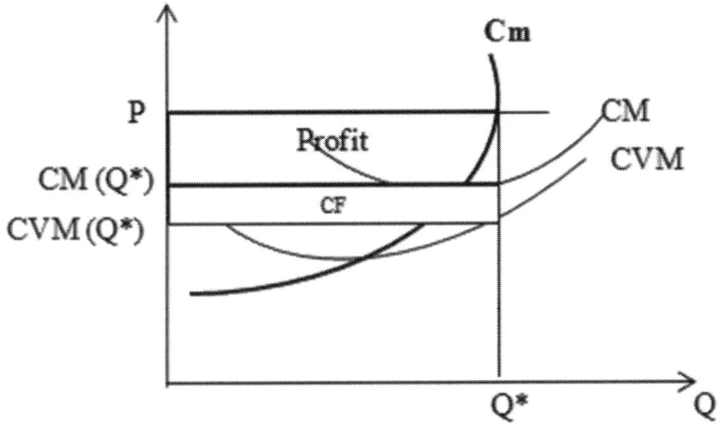

Une autre faççon de calculer le surplus du producteur est :

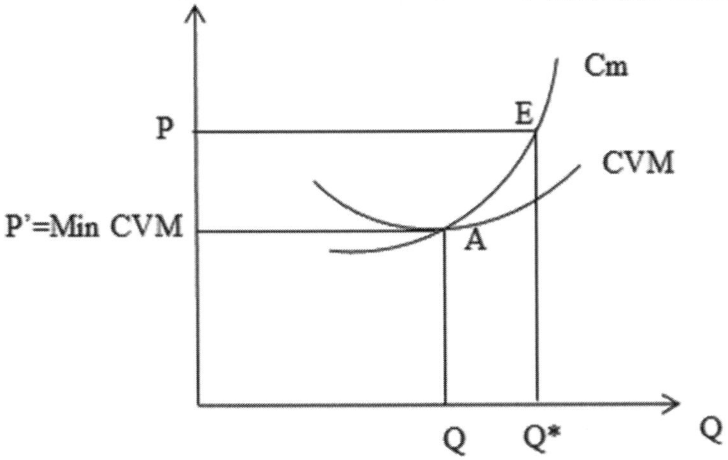

Le surplus du producteur est égal à la surface (P, P', A, E).

Exercices

1. Soit un marché caractérisé par les fonctions d'offre et de demande suivantes : $Q^o = -36 + 10P$ et $Q^d = 12 - 2P$. Supposons que l'industrie opére en concurrence pure et parfaite. Toutes les entreprises ont la même fonction du coût : $CT(Q) = \frac{1}{2}Q^2 + 2Q$

a. Déterminez la quantité et le prix d'équilibre du marché (Q_m). La quantité produite par entreprise(q), le nombre d'entreprise (n) et le profit à l'équilibre de court terme.
b. Quels seront son prix et sa production à long terme (le barème de coût total à long terme est le même qu'à court terme) ?

2. La fonction de demande d'un bien X est : $Q_x^d = 6 - P_x$ où P_x est le prix du bien X. La fonction d'offre du bien X est donnée par : $Q_x^o = -2 + P_x$

a. Représentez graphiquement les deux fonctions.
b. Trouvez le prix et la quantité d'équilibre du marché.
c. Calculez le surplus du consommateur et du producteur
d. Supposons que le gouvernement intervient pour réglementer le marché et fixe un prix plafond de 3 \$. Quelle est la conséquence de cette politique sur l'équilibre initial du marché ? Sur le surplus du consommateur et du producteur ?

3. La fonction de coût d'une entreprise représentative est : $C(Q)= 2Q^2+2$. Supposons que la courbe de demande du marché $Q^d=52-P$

a. Quelle est la courbe d'offre d'une firme individuelle à court terme ?Quelle serait la courbe d'offre de la branche s'il y avait n firmes dans la branche ?
b. Quel est le prix d'équilibre ? quelle est la production d'équilibre de chaque firme ?

4. La fonction de coût total d'une entreprise représentative est : $CT(Q) = Q^3 - 2Q^2 + 8Q$ où Q représente la quantité de biens X fabriqués.

a. Étudier et représenter le coût marginal, le coût moyen et le coût variable moyen
b. En déduire l'équation de la courbe d'offre de l'entreprise et la tracer sur le graphique précédent
c. Si le prix de vente du bien X est de 8, quelle est la quantité optimale
d. Déterminer le surplus du producteur, après en avoir donné une définition.

5. La fonction de coût total d'une entreprise représentative est : $CT(Q) = 8Q^2 - 2Q + 72$ où Q représente la quantité de biens X fabriqués. La branche opère dans une structure de marché en concurrence pure et parfaite. Il y a 80 entreprises dans cette industrie.

Partie A

On estime la demande totale sur ce marché à : $Q^d=760-10P$

a. Établir la fonction d'offre individuelle avec profit positif.

b. En déduire le prix, la quantité, le profit, lorsque le marché est en équilibre.

Partie B

Une catastrophe naturelle fait craindre à la population une période de pénurie pour le bien étudié. La fonction de demande totale devient : $Q_2 = 900 - 10P$

Les entreprises ont déjà fabriqué la quantité d'équilibre calculée en b) et ne peuvent trouver rapidement les matières premières afin de produire davantage pour répondre aux très nombreux achats de précaution.

c. Évaluer les conséquences de la crise

d. Si l'offre s'ajuste à court terme grâce à de nouvelles possibilités d'approvisionnement (sans supplément de coût) quelles seront les nouvelles valeurs d'équilibre ?

Partie C

e. Déterminer les valeurs caractéristiques de l'équilibre de longue période, sachant que la courbe de coût moyen de court terme fournit une bonne approximation de la courbe de coût moyen de long terme.

f. Devant le faible niveau du prix d'équilibre de longue période, les pouvoirs publics décident d'instaurer une taxe forfaitaire sur la production de telle sorte que le prix de vente du bien soit égal à 62. Quelle est la valeur de la taxe forfaitaire ?

6. Une entreprise utilise un seul input pour produire un bien. Sa fonction de production est $f(x) = 4\sqrt{x}$, où x représente le nombre d'unités d'input. Le produit se vend au prix de 50$ l'unité. le coût unitaire de l'input est de 10$.

a. Écrivez une équation selon laquelle le profit de l'entreprise est une fonction de la quantité d'input.

b. Quelle quantité d'input maximise le profit ? À combien s'élève le profit maximal ?

7. La fonction de production d'une entreprise est de la forme, $f(x_1, x_2) = x_1^{1/2} x_2^{1/2}$.

Le prix de son output est égal à 8, le prix du facteur 1est égal à w_1, et le prix du facteur 2 est égal à w_2.

a. Sachant que l'entreprise opère en concurrence parfaite et veut maximiser son profit, déterminez la demande de l'entreprise pour chaque facteur de production.

b. Peut-on déterminer les quantités des deux facteurs de production ?

8. Les fonctions de demande et d'offre d'un marché concurrentiel pour un bien X sont : $Q^d = 120 - 2P$; $Q^o = 40 + 2P$. La fonction du coût total de la firme productrice de ce bien est : $CT = 3+2q+q^2$.

a. Trouver le prix et la quantité d'équilibre du marché.

b. Quelle quantité produira la firme représentative pour maximiser son profit ?
c. Combien de firmes cette industrie compte-t-elle ?
d. Trouvez les seuils de rentabilité et de fermeture
e. Quelle sont les profits réalisés par la firme représentative ?
f. comment le marché s'ajustera -t-il à long terme ? combien y aura -t-il de firmes ?

Corrigés

1. Les fonctions d'offre et de demande suivantes : $Q^o = -36 + 10P$; $Q^d = 12 - 2P$

a. À l'équilibre : P = 4 et $Q_m = 4$, q=2 et n=2 et le profit = 10

b. prix et son volume de production à long terme, $CM_L = \frac{1}{2}Q + 2$

La courbe du coût moyen à long terme est linéaire, lorsque Q = 0, le prix minimal est égal à 2

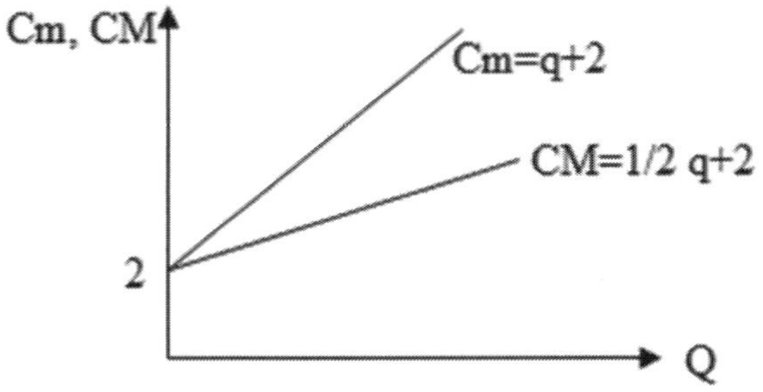

2. La fonction de demande d'un bien X est : $Q_x^d = 6 - P_x$ où P_x est le prix du bien X. La fonction d'offre du bien X est donnée par : $Q_x^o = -2 + P_x$

a. Représentation graphique :

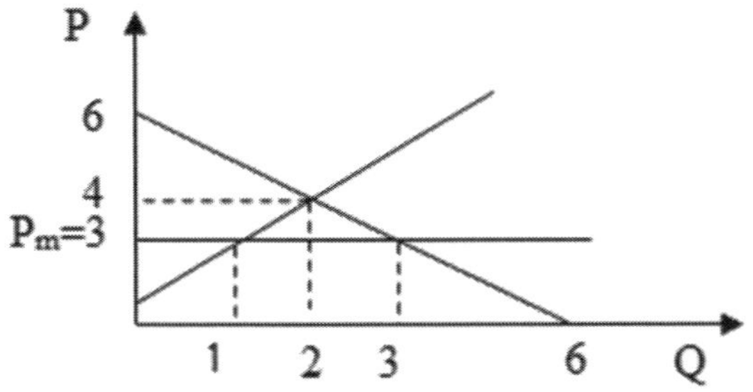

b. $P_E = 4$ et $Q_E = 2$.

c. Le surplus du consommateur SC= 2 et du producteur SP = 2

d. P_m =3$. il y a pénurie sur le marché = Q^d -Q^o= 2. Le surplus du consommateur augmente de l'aire du trapèze= 1/2 (2+1)(1)=1.5 et celui du producteur diminue. il y a un transfert du surplus du producteur au consommateur.

3. Considérons une branche concurrentielle composée d'un grand nombre de firmes ayant toutes des fonctions de coût identiques $C(Q)=2Q^2+2$; $Q^d=52-P$

a. La courbe d'offre d'une firme individuelle : P= Cm et P = Min CVM

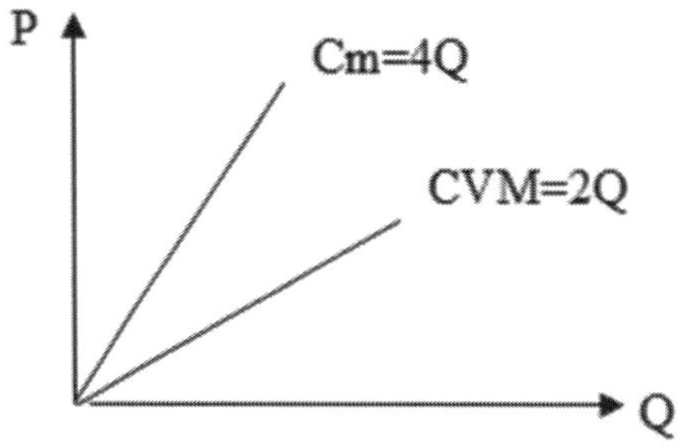

$$Cm = CVM \Rightarrow 4q = 2q \Rightarrow q = 0$$

$$P = 4q \Rightarrow q = \frac{P}{4} \text{ avec } q\rangle 0$$

la courbe d'offre de la branche : P = 4nq

b. Le prix d'équilibre

$$Q^d = Q^o$$

$$52 - P = \frac{P}{4n} \Rightarrow P_E = \frac{208n}{1+4n};\ \ Q_E = \frac{52}{1+4n}$$

La production d'équilibre de chaque firme : $q = \frac{52n}{1+4n}$

4. Le coût total $CT(Q) = Q^3 - 2Q^2 + 8Q$

a. Le coût marginal, le coût moyen et le coût variable moyen

$$Cm(q) = 3q^2 - 4q + 8$$

$$\frac{\partial Cm}{\partial q} = 6q - 4 = 0 \Leftrightarrow q = \frac{2}{3}$$

$$CM(q) = q^2 - 2q + 8$$

$$\frac{\partial CM}{\partial q} = 2q - 2 = 0 \Leftrightarrow q = 1$$

$$CVM = CM$$

b. L'équation de la courbe d'offre de l'entreprise :

$P = Cm \Rightarrow P = 3q^2 - 4q + 8$ et $q \geq 1$

c.

$$P = Cm \Rightarrow 8 = 3q^2 - 4q + 8 \Leftrightarrow q^* = \frac{4}{3}$$

d. Le profit dans ce cas est égal au surplus, parce qu'il n'y a pas de CF.

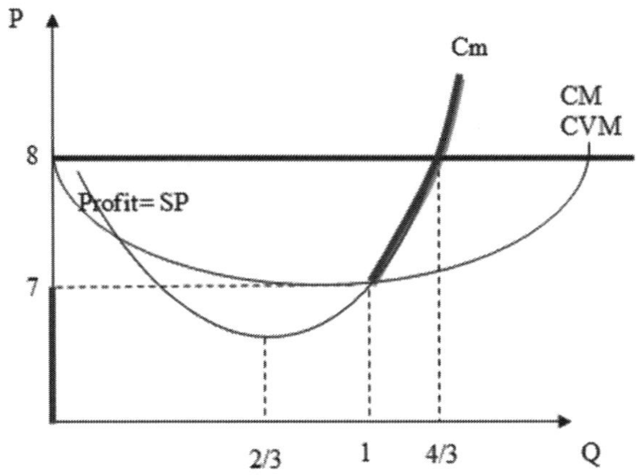

5. La fonction de coût total d'une entreprise représentative est : $CT(Q) = 8Q^2 - 2Q + 72$

Partie A

On estime la demande totale sur ce marché à : Q^d=760-10P

a. À l'équilibre, on doit avoir : P =Cm et P >Min CM

Or, Cm(q)= 16q-2

$$CM_1(q) = 8q - 2 + \frac{72}{q}$$

$$\frac{\partial CM_1}{\partial q} = 0 \Leftrightarrow 8 - \frac{72}{q^2} = 0 \Leftrightarrow q = 3$$

$$\Leftrightarrow CM_1(3) = 46$$

$$\text{il vient alors} : 16q - 2 = p$$

$$\text{Ainsi} \quad q = \frac{p+2}{16} \quad \text{avec } q\rangle 3$$

b. Pour que le marché soit en équilibre, il faut que l'offre totale soit égale à la demande totale. Le prix d'équilibre qui découlera de cette égalité s'imposera à tous les producteurs.

$$80\frac{p+2}{16} = 760 - 10P \Rightarrow 5(P+2) = 760 - 10P$$

$$\Leftrightarrow P^* = 50$$

$$\Leftrightarrow \begin{cases} Q^* = 260 \\ q^* = 3{,}25 \\ Cm(3{,}25) = 50 \\ CM(3{,}25) = 46{,}15 \\ \pi^* = 3{,}25(50 - 46{,}15) = 12{,}5 \\ \Pi^* = 12{,}5 * 80 = 1000 \end{cases}$$

Partie B

c. L'offre est donc rigide en courte période, elle est représentée par une droite verticale OT=260. Le prix d'équilibre est :

$$OT_2 = DT_2 \Leftrightarrow 260 = 900 - 10P$$

$$\Leftrightarrow P^* = 64$$

$$\pi^* = 3{,}25(64 - 46{,}15) = 58$$

$$\Pi^* = 4641$$

d. Si l'offre s'ajuste à court terme

$OT_2 = DT_2$

$\Leftrightarrow 900 - 10P = 5(p+2)$

$\Leftrightarrow p^* = 59{,}3$

$Q^* = 306{,}66$

$q^* = 3{,}83$

$Cm(3{,}83) = 59{,}3$

$CM(3{,}83) = 47{,}4$

$\pi_i = 3{,}83(59{,}3 - 47{,}4) = 45{,}5$

$\Pi = 3646$

Partie C

e. L'équilibre s'établira au minimum du CM c'est-à-dire P=23 et q=3. En ce point les entreprises ne font plus aucun profit. La demande totale est 1127. Le nombre d'entreprises est n=376

f. On se situe toujours à long terme : les entreprises vont donc répercuter la totalité de la taxe sur les consommateurs. Ainsi, le coût moyen de long terme avec la taxe forfaitaire T, s'écrit : $CM_2 = 8Q - 2 + \dfrac{72+T}{Q}$

Le minimum du CM : $\dfrac{\partial CM_2}{\partial q} = 8 - \dfrac{72}{q^2} - \dfrac{T}{q^2} = 0 \Leftrightarrow q^* = \sqrt{\dfrac{72+T}{8}}$

Pour cette quantité, le prix d'équilibre, en longue période est égal à : $P^* = Cm = 16\left[\sqrt{\dfrac{72+T}{8}}\right] - 2$

Or les pouvoirs publics ont décidé que le prix est égal à 62 ; le montant de la taxe est alors :

$$62 = 16\left[\sqrt{\frac{72+T}{8}}\right] - 2 \Rightarrow 4 = \sqrt{\frac{72+T}{8}} \Rightarrow T = 56$$

$q^* = 4$

6. La fonction de production est $f(x) = 4\sqrt{x},$; P =50$ l'unité, P_x= 10$.

a. $\Pi = RT - CT = 4P\sqrt{x} - P_x x = 200\sqrt{x} - 10x$

b. $\underset{x}{Max}\Pi\, 200\sqrt{x} - 10x \Rightarrow \frac{\partial \Pi}{\partial x} = 0$

$\Rightarrow 100x^{-1/2} - 10 = 0 \Rightarrow x = 100$

Le profit maximal : $\Pi = 1000$

7. La fonction de production, $f(x_1, x_2) = x_1^{1/2} x_2^{1/2}$. P = 8, le prix du facteur 1est égal à w_1, et le prix du facteur 2 est égal à w_2.
a. La demande de l'entreprise pour chaque facteur de production.

$$\underset{x_1, x_2}{Max}\Pi = Px_1^{1/2} x_2^{1/2} - w_1 x_1 - w_2 x_2$$

$$\frac{\partial \Pi}{\partial x_1} = \frac{1}{2} P x_1^{-1/2} x_2^{1/2} - w_1 = 0 \Rightarrow 4\left(\frac{x_2}{x_1}\right)^{1/2} = w_1$$

$$\frac{\partial \Pi}{\partial x_2} = \frac{1}{2} P x_1^{1/2} x_2^{-1/2} - w_2 = 0 \Rightarrow 4\left(\frac{x_1}{x_2}\right)^{1/2} = w_2$$

La valeur de la productivité marginale de chaque facteur est égale au prix du facteur.

b. On ne peut pas déterminer les quantités des deux facteurs de production parce que les rendements d'échelle sont constants, ces eux équations suffisent seulement de déterminer le rapport des quantités des deux facteurs utilisés.

$$\frac{x_2}{x_1} = \frac{w_1}{w_2} \Rightarrow x_1 = \frac{w_2}{w_1} x_2$$

8. Le prix et la quantité d'équilibre du marché :
a. P* = 20$ Q* = 80
b. P = Cm ; 20 = 2 + 2q ; q* = 9
c. L'industrie compte : 80/9= 8.8 firmes
d. Seuil de rentabilité : Cm = CTM

$2 + 2q = (3+2q+q^2)/q$

$q = \sqrt{3} \rightarrow q = 1,73$

P = Cm

P = 2 + 2(1,73)

P = 5,46$

Seuil de fermeture : Cm = CVM
2+ 2q = 2+ q
q = 0
P = Cm
P = 2+ 2(0)
P = 2$

e. Profits = RT – CT
Profits = (20*9) – [3 + 2(9) + $(9)^2$]
Profits = 78

f. Les profits économiques sont positifs. Il y aura donc entrée de nouvelles firmes sur le marché. À long terme, le prix du marché se fixera au seuil de rentabilité (5.46$) et les profits économiques seront nuls. Avec P=5.46$,

Qd=120-2(5.46)=109 ; Puisqu'à LT chaque firme produit 1.73 unités, il y aura 63 firmes sur le marché.

Le monopole

La concurrence pure et parfaite est une situation hypothétique caractérisée par un certain nombre de conditions qui permettent une analyse rigoureuse, mais ne se rencontrent pas dans la réalité. La réalité de la concurrence est très différente du modèle de la concurrence pure et parfaite puisque les conditions de cette dernière ne sont pas satisfaites. Cependant, la concurrence parfaite reste un cadre théorique intéressant et un modèle idéal à atteindre et qui permet de faire une analyse comparative avec la concurrence réelle.

Dans ce chapitre nous allons analyser la première forme de la concurrence imparfaite à savoir le monopole qui est un autre cas limite, à l'opposé de la concurrence parfaite. Dans le chapitre suivant, nous analyserons la concurrence monopolistique et l'oligopole.

L'électricité, l'eau, la poste, société de téléphone local et le chemin de fer sont des exemples de monopole.

Caractéristique d'un monopole

- *Un seul vendeur*r : Il y a monopole lorsqu'il y a un seul vendeur du bien ou de service dans l'industrie. Dans cette structure du marché, il y a rejet de l'hypothèse d'atomicité des producteurs de la concurrence parfaite. Le degré de concentration est de 100 % puisqu'il s'agit d'une seule entreprise.

- *Il n'y a pas de substituts proches au produit du monopole :* il y a rejet de l'hypothèse d'homogénéité des produits. En effet, le produit du monopole n'a pas de substituts proches. L'élasticité croisée entre la quantité demandée du bien du monopoleur et le prix des autres biens est faible.

- *Le prix est fixé par le monopoleur :* Le monopoleur doit répondre à la totalité des demandes des consommateurs. Par opposition à l'entreprise en concurrence parfaite, qui ne répond qu'à une partie de la demande du marché, la demande adressée au monopoleur est égale à celle du marché. Étant donnée que la demande est décroissante, le monopoleur doit tenir compte du comportement des consommateur lors de la maximisation de son profit. En effet, s'il augmente son prix le monopoleur sera contraint de vendre moins de quantités, et s'il veut vendre plus, il doit baisser son prix.

• *Il n'y a pas libre entrée dans l'industrie :* L'autre hypothèse rejetée de la concurrence est la libre entrée et sortie dans l'industrie. Ces barrières peuvent être d'ordre légale, technique ou financière ou d'autres formes de barrières qui empêchent d'autres entreprises d'entrer sur le marché.

Causes du monopole

De manière générale, la situation du monopole est soutenue par des barrières à l'entrée qui découragent l'entrée de nouveaux concurrents. Il existe deux sortes de barrières, techniques et légales. Les contraintes techniques s'expliquent par l'avantage des coûts que peut avoir une entreprise par rapport à d'autres ce qui lui permet de vendre à un faible prix qu'aucune autre entreprise ne peut la concurrencer et donc entrer sur le marché. La deuxième raison c'est lorsque le gouvernement crée le monopole par ses lois et sa politique.

Les avantages techniques

1. **Différence absolue de coûts :** L'existence du monopole se justifie lorsque les coûts fixes sont importants et les coûts marginaux sont faibles. Par exemple la société de distribution de gaz, la production implique des coûts fixes très importants correspondant à la construction et à l'entretien du réseau de distribution, elle implique par ailleurs un coût marginal très faible pour fournir des unités supplémentaires de gaz. Dans cette situation il est préférable qu'une seule entreprise offre le bien ou le service que deux ou plusieurs. En effet, étant donné que le coût marginal est le même peut importe le nombre d'entreprise, mais chaque nouvelle firme ajoute un coût fixe énorme ce qui augmente les coûts de production et donc les prix.

2. **Économies d'échelle :** C'est la situation des entreprises qui ont des économies d'échelle à tous les niveaux de la production. Une entreprise peut avoir un avantage de coût sur ses rivales pour plusieurs raisons dont le contrôle des matières premières par l'entreprise, avoir une technologie supérieure ou avoir une meilleure organisation du travail.

En présence des économies d'échelle, la courbe du coût moyen de long terme est décroissante. Lorsqu'il y a une seule entreprise, elle va produire Q_M au coût $CM(Q_M)$. Cependant, s'il y a deux entreprises pour produire Q_M, chacune va produire $Q_M/2$, le coût moyen sera plus élevé. La production par une seule entreprise est plus avantageuse pour la société en terme de coût et donc du prix.

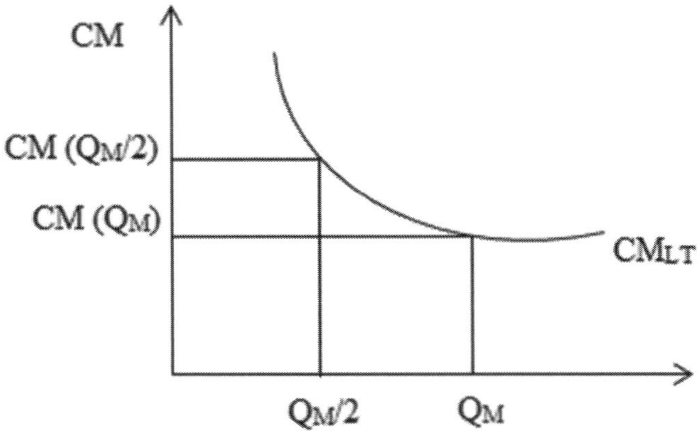

3. **Le cartel** : Nous pouvons également avoir un monopole si plusieurs entreprises différentes dans une branche d'activité sont capable de former une coalition et de limiter la production de façon à augmenter le prix et par conséquent le profit.

Actions du gouvernement qui créent le monopole :

Le gouvernement est propriétaire de certains monopoles surtout d'utilité publique telle que la poste, l'électricité, de l'eau et du gaz. Le gouvernement peut aussi créer des monopoles par ses actions en empêchant certaines entreprises d'entrer dans le secteur. Le **monopole légal** est la résultante de ces barrières légales à l'entrée. Parmi les barrières, nous pouvons citer :

1. L'obtention d'une licence : s'il est difficile d'avoir une licence pour opérer, la firme existante peut maintenir son monopole.

2. La vente aux enchères des droits du monopole au meilleur offreur, celui qui s'engage de charger le plus bas prix aux consommateurs ou d'une meilleure qualité de service aux consommateurs.

3. Les brevets : un droit exclusif à l'inventeur de vendre un nouveau produit pour une période de temps tels que les droits d'auteurs, les médicaments, l'innovation technologique.

Courbe de demande et des recettes marginales

En monopole, la demande adressée à l'entreprise est la même que celle du marché. Le seul vendeur sur le marché doit satisfaire la totalité de la demande sur ce marché. Le monopole est "price maker", il fixe le prix le plus élevé que les consommateurs sont prêts à payer. En monopole, on s'intéresse alors à la demande inverse à la place de la demande directe. La courbe de demande inverse exprime le prix en fonction de la quantité. Autrement dit, pour chaque niveau de demande de bien Q, le monopoleur va chercher le prix le plus élevé que les consommateurs sont prêts à payer. Quel combinaison de prix/quantité sur la courbe de demande le monopoleur doit-il choisir s'il veut maximiser ses profits ?

Exemple *Si la fonction de la demande directe d'un bien est :*

$$Q = 100 - 2P$$

La ***demande inverse*** sera :

$$P = 50 - Q/2$$

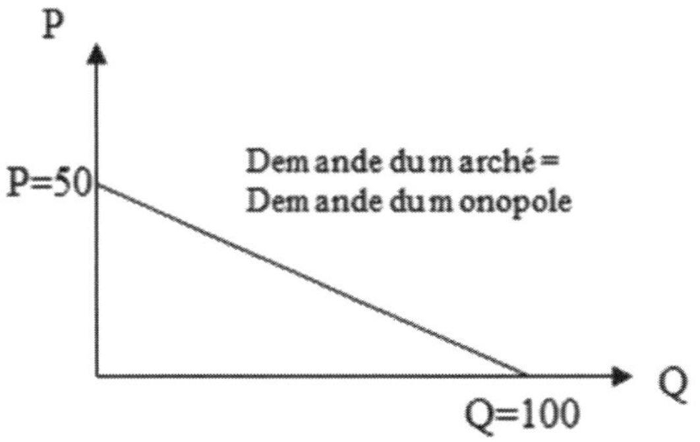

Recettes et élasticité

Les recettes totales sont simplement le prix d'un bien multiplié par la quantité de ce bien. Si le monopoleur décide d'augmenter son prix de P_1 à P_2, cette décision à deux effets sur ses recettes. Premièrement, le monopoleur reçoit des recettes supplémentaires de $Q \times \Delta P$, suite à l'augmentation du prix, sur toute la quantité qu'il va vendre . Deuxièmement, il subit une perte de revenu suite à la diminution de la quantité demandée, la perte est alors de $P \times \Delta Q$. Dès lors, l'effet total sur la recette d'une modification du prix de ΔP est égal à :

$$\Delta RT = P \times \Delta Q + Q \times \Delta P$$

Le graphique suivant montre l'effet d'une variation du prix sur les recettes totales d'un monopoleur.

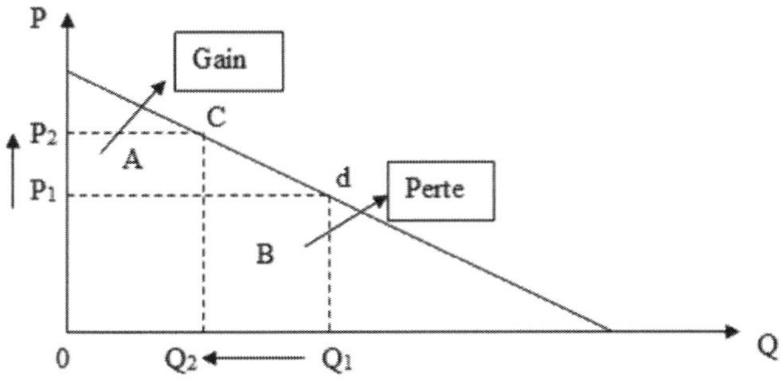

La recette totale initiale du producteur est égale à la surface (0, P_1, d, Q_1). Quand le prix augmente, les recettes augmentent de la surface A mais le producteur perd sur la quantité qui diminue sa recette de la surface B. Par conséquent, l'effet net sur les recettes dépend de l'importance du gain réalisé suite à l'augmentation du prix par rapport à la perte réalisée suite à la diminution de la quantité.

Remarque *En monopole, la courbe de demande du marché est aussi la courbe des* ***recettes moyennes*** *de l'entreprise. Ainsi comme en concurrence parfaite le prix est égal à la recette moyenne,* $P = RM$.

Epreuve La fonction de demande sur un marché est :$P = a - bQ$

Les recettes totales sont :

$$RT = (a-bQ)\,Q = aQ - b\,Q^2$$

Les recettes moyennes sont :

$$RM = \frac{RT}{Q} = a - bQ$$

Les recettes marginales et élasticité de la demande

À partir de la recette totale, le calcul de la recette marginale servira à calculer le profit du monopoleur. La recette marginale est la recette d'une unité additionnelle. La recette marginale est alors égale à la variation des recettes totales sur la variation de la production.

$$\frac{\partial RT}{\partial Q} = P\frac{\partial Q}{\partial Q} + Q\frac{\partial P}{\partial Q}$$

$$Rm = P + \left(Q\frac{\partial P}{\partial Q}\right) = P\left[1 + \frac{Q}{P}\frac{\partial P}{\partial Q}\right]$$

$$Rm = P\left[1 + \frac{1}{\varepsilon}\right]$$

où, ε est l'élasticité-prix de la demande qui est négative, alors nous pouvons réécrire l'équation ainsi :

$$Rm = P\left[1 - \frac{1}{|\varepsilon|}\right]$$

D'après la relation ci-dessus, quand l'élasticité de la demande est égale à 1 en valeur absolue, la recette marginale est constante est égale à 0. La recette totale est alors maximale. Quand l'élasticité en valeur absolue est supérieure à 1, la recette marginale est positive et est inférieur au prix, quand l'élasticité en valeur absolue est inférieure à 1, la recette marginale est négative.

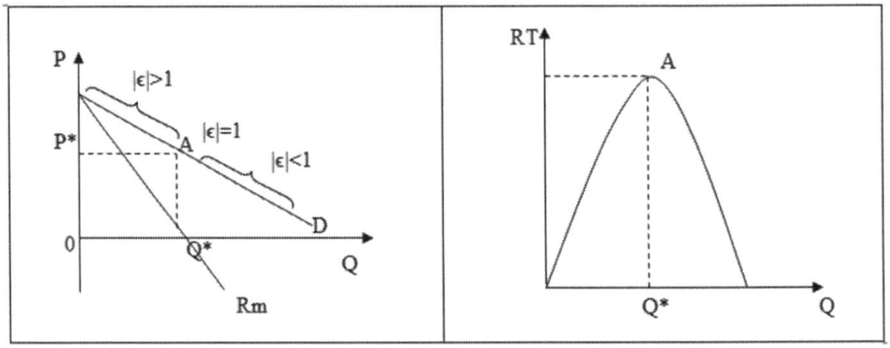

La courbe de recette marginale est située en dessous de la courbe de demande inverse. Le monopole va donc toujours fixer son prix dans la portion élastique de la demande. Pour tout prix au-dessous de P^*, les RT diminuent et les Rm sont négatives.

Epreuve Si la fonction de demande est linéaire : P=a-bQ. Les recettes totales sont :

RT = aQ-b^2Q. Les recettes marginales sont :Rm =a-2bQ. La pente de la courbe des Rm en valeur absolue égale à 2b et la pente de la courbe de demande inverse en valeur absolue est égale à b. Ainsi la courbe des recettes marginales est au dessous de la courbe de demande.

Exemple : *Si la demande inverse est :* $P(Q) = 50 - \frac{Q}{2}$

- La recette totale est : $RT = 50Q - \frac{Q^2}{2}$

- La recette marginale est alors: $Rm == 50 - Q$

La courbe de recette marginale et la courbe de la demande se rencontrent au point situé sur l'axe des prix. Mais les deux courbes ont des pentes différentes. La pente de la courbe de demande inverse est égale à $-\frac{1}{2}$ et la pente de la courbe de recette marginale est égale à -1 qui est supérieure à celle de la demande en valeur absolue. **La courbe de recette marginale est donc plus abrupte que la courbe de demande, elle se situe au dessous de la courbe de demande.**

La maximisation de profit

Le monopoleur va maximiser son profit (π) qui est égale à différence entre ses recettes totales (RT) et son coût total (CT).

$$\underset{Q}{Max}\Pi = RT - CT$$

$$\frac{\partial \Pi}{\partial Q} = \frac{\partial RT}{\partial Q} - \frac{\partial CT}{\partial Q} = 0 \Rightarrow Rm = Cm$$

Résolution graphique, l'équilibre est au point d'intersection entre la courbe du coût marginal et la courbe des recettes marginales.

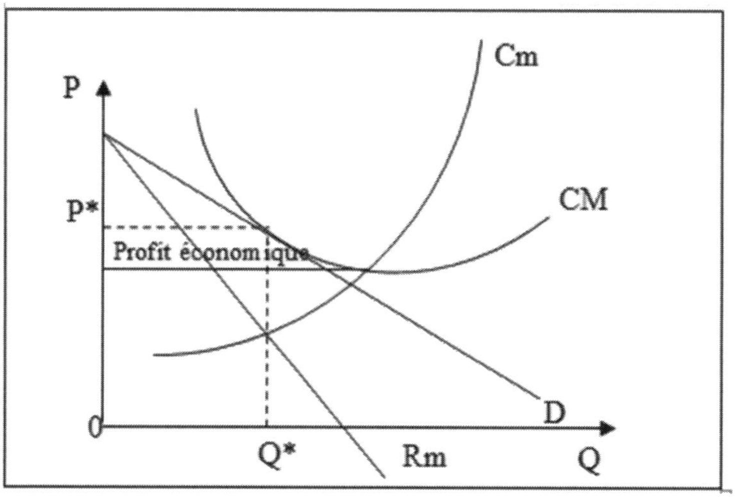

La condition d'optimalité à ce problème est qu'au niveau optimal de production, nous devons avoir l'égalité entre la recette marginale et le coût marginal. C'est la même condition qu'en concurrence parfaite, sauf qu'en concurrence la recette marginale est égale au prix du marché et en monopole la recette marginale du monopoleur est différente du prix :

$$P\left[1-\frac{1}{|\varepsilon|}\right]=Cm$$

1. En situation de monopole, la quantité produite ne dépend pas uniquement du Cm, mais également de la demande du marché. Puisque le monopole fixe le prix au moment où il détermine sa production, il est inutile de se demander combien il produira à chaque niveau de prix. Le monopole ne possède donc pas de courbe d'offre. Il affiche uniquement un **point d'offre.**

2. Nous pouvons retrouver la condition d'équilibre en concurrence parfaite. En effet, l'entreprise concurrentielle prend le prix du marché comme donné, ainsi elle est confrontée à une courbe de demande horizontale donc parfaitement élastique. Lorsque l'élasticité est égale à l'infini, le ratio $\frac{1}{|\varepsilon|}$ tend vers zéro, ainsi on retrouve la condition d'égalité entre le prix et le coût marginal en concurrence parfaite.

3. À court terme, le monopole face les mêmes situations qu'une entreprise en concurrence parfaite. Son profit peut être positif quand le prix est supérieur au coût moyen. Le profit est nul, lorsque le prix est égal à son coût moyen. Tant que le prix est supérieur au coût variable moyen, l'entreprise paye une partie de ces coûts fixes

et elle peut continuer à produire à court terme. Lorsque le prix est inférieur à son coût variable moyen, l'entreprise doit arrêter sa fonction de production comme le montre le graphique ci-dessous :

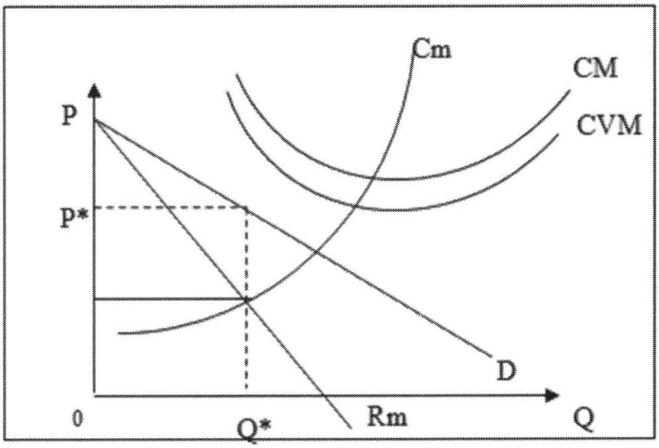

4. Un monopoleur ne choisira jamais un niveau de production pour lequel la courbe de demande est inélastique. En effet, si $|\varepsilon|<1$ alors $\frac{1}{|\varepsilon|}>1$, la recette marginale sera alors négative. Il est dès lors impossible d'égaliser la recette marginale au coût marginal (qui est toujours positif).

5. Selon la condition d'optimalité on a : $P=\left[\frac{1}{1-\frac{1}{|\varepsilon|}}\right]Cm$. Cette expression indique que le monopoleur fixe un prix supérieur à son coût marginal. Ce taux de majoration (le markup) dépend de l'élasticité de la demande. Puisque le monopoleur opère toujours sur la partie élastique de la courbe de demande, nous sommes sûre alors que le taux de majoration est supérieur à 1. Plus la courbe de demande est élastique moins le monopoleur peut augmenter son prix sans risque de perte sur ses ventes.

6. Une autre façon de démontrer l'effet de l'élasticité de la demande sur la fixation du prix par rapport au coût marginal est de calculer **l'indice de Lerner** de l'entreprise : c'est le ratio de la différence du prix au coût marginal par rapport au prix : $L=\frac{P-Cm}{P}=\frac{1}{|\varepsilon|}$. Plus la demande est élastique, plus cet indice est faible.

Ainsi plus il y a de firmes, plus L est faible donc l'indice est nul en concurrence parfaite. Plus l'élasticité est faible, plus le taux de majoration est grand donc plus la différence du prix par rapport au coût marginal est importante. Ainsi plus L est grand plus la situation est celle d'un monopole. La valeur maximale que peut prendre L est égale à 1 puisque $|\varepsilon| \geq 1$. La valeur minimale de L est égale à zéro, puisqu'en concurrence l'élasticité de la demande tend vers l'infini alors L tend vers zéro $0 \leq L \leq 1$

7. En longue période, les barrières à l'entrée protègent le monopoleur et lui permettent de continuer à réaliser un profit économique positif.

Exemple Supposons que les coûts d'une firme sont : $CT = 100 + 2Q^2$. La demande du marché est :Q=-2P+80 . Quelle est la quantité et le prix d'équilibre du monopoleur ? Calculez l'indice de Lerner

Solution Pour trouver la quantité il faut égaliser : Rm = Cm, pour cela il faut déterminer la demande inverse, les recettes totales et la recette marginale.

La demande inverse est : $P = 40 - \dfrac{Q}{2}$

Les recettes totales sont : $RT = 40Q - \dfrac{Q^2}{2}$

Recette marginale : Rm= 40 – Q

Le coût marginal : Cm = 4Q

À l'équilibre : $Rm = Cm$

40 - Q = 4Q donc Q=8

Le prix d'équilibre sera alors : P = 36

Le profit de l'entreprises est alors égal à égal à 60

L'indice de Lerner : $\dfrac{P - Cm}{P} = \dfrac{36 - 32}{36} = 0.11 = \dfrac{1}{9}$

L'élasticité de la demande est égale en valeur absolue à 9 (à démontrer), pour une variation de 1% du prix la quantité demandée diminue de 9%.

Bien-être et monopole

Il est possible de comparer le monopole et la concurrence parfaite en calculant le montant du surplus social total (qui est la somme du surplus du consommateur et du producteur) généré par chacun.

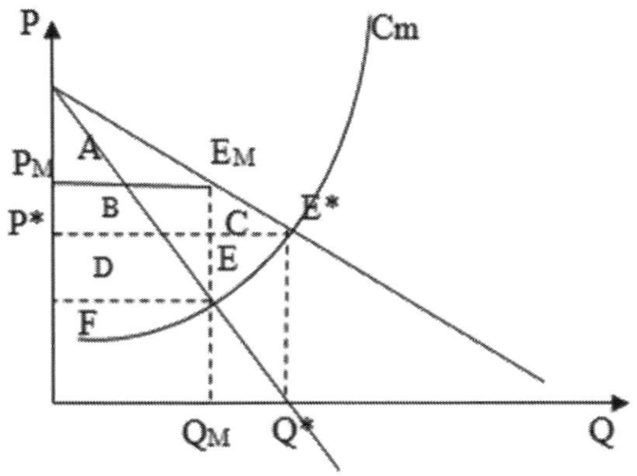

Le monopoleur maximise quand la recette marginale est égale au coût marginal. L'équilibre est au point E_M. En concurrence parfaite, l'entreprise maximise son profit lorsque le prix (qui est en même temps sa recette marginale) est égal à son coût marginal, l'équilibre est au point E*. La quantité du monopoleur est ainsi inférieure à celle en concurrence parfaite. Le prix du monopoleur est plus élevé que celui de la concurrence.

	CPP	Monopole	Variation
Surplus du consommateur	ABC	A	-(B+C)
Surplus du producteur	DEF	BDF	+B-E
Bien-être collectif	ABCDEF	ABDF	-(C+E)

La perte sociale nette est la somme de la variation du surplus du consommateur-(B+C) et celui du producteur (+B-E) en monopole par rapport à la situation de la concurrence parfait. L'optimum de Pareto est atteint en situation de concurrence parfaite. Le monopole est inefficace.

Monopole et les politiques gouvernementales

Le résultat précédent suggère que pour atteindre l'optimum de Pareto, les pouvoirs publiques peuvent intervenir pour réglementer les activités des monopoles. Le gouvernement légifère des lois pour favoriser la concurrence et décourager les pratiques monopolistiques. Le gouvernement peut essayer d'accroitre la concurrence en décourageant les fusions des entreprises dans une industrie. Par la réglementation, le gouvernement peut nationaliser certaines entreprises monopolistiques et réglementer leurs prix selon la tarification au coût marginal ou au coût moyen.

Tarification au coût marginal

Le monopoleur peut accepter le prix de la concurrence que si cette situation n'implique pas des pertes pour lui comme le cas illustré dans la figure ci-dessous :

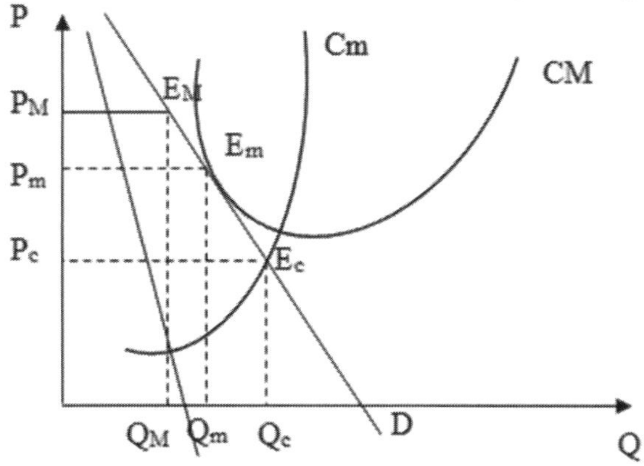

Le niveau de production optimal est celui de la concurrence (Q_c, P_c). En monopole, la quantité produite sera (Q_M, P_M). Si on impose au monopoleur de fixer son prix au coût marginal, il réalisera des pertes et préférera par conséquent quitter le marché. Le monopoleur peut accepter de continuer à produire au coût marginal seulement si l'état lui donne une subvention pour lui compenser sa perte.
Les consommateurs ne sont pas perdants par rapport à la situation de la concurrence parfaite.

Tarification au coût moyen : La tarification qui s'approche le plus de la concurrence et qui permet à l'entreprise de couvrir ses coûts est celle au point E_m, où le niveau de production Q_m est inférieur à celui de la concurrence mais supérieur à celui du monopole. Le prix, P_m est égal au coût moyen et est aussi compris entre le prix de la concurrence et celui du monopole. C'est la meilleur situation qu'on peut atteindre avec un monopole naturel privé. Le gouvernement qui veut imposer la tarification du prix au coût moyen, doit posséder une bonne information sur les coûts de la firme pour pouvoir vérifier le respect de cette règle.

Nationalisation du monopole ou monopole naturel : Le problème apparaît surtout avec les activités demandant une infrastructure lourde comme le réseau ferroviaire, réseau routier, réseau de distribution d'eau, de gaz, d'électricité, de téléphone, ports et aéroports à des firmes privées. En effet, ces activités nécessitent des coûts fixes importants mais les coûts moyens et les coûts marginaux sont décroissants. Ces secteurs d'activité se caractérisent alors par des économies d'échelle qui empêchent l'application des règles de la concurrence parfaite comme le montre la figure ce-dessous :

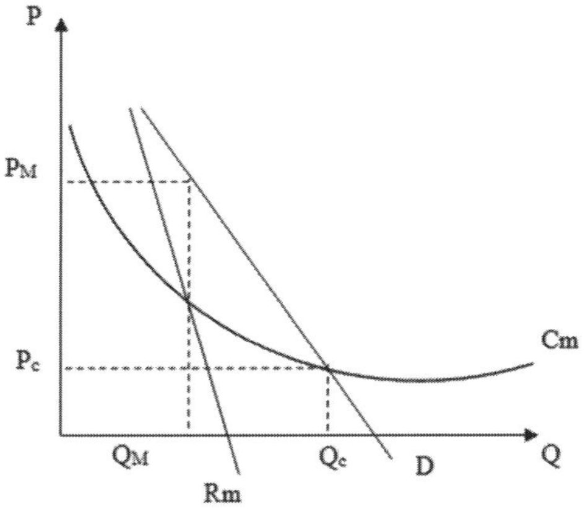

Un marché est en situation de monopole naturel quand une seule entreprise peut produire un bien ou un service pour tout un marché à un coût plus bas que ne pourrait le faire deux entreprises ou plus.

L'effet de la taxe sur le monopole

Les coûts marginaux du monopoleur augmentent du montant de la taxe à l'unité, t. La courbe Cm se déplace vers la gauches. Le niveau de production après la taxe est Q_M' qui est inférieur à celui avant la taxe. Le consommateur paye un prix plus élevé suite à la taxe. Est que le producteur va faire payer la totalité de la taxe au consommateur ? La réponse dépend de l'élasticité de la demande.

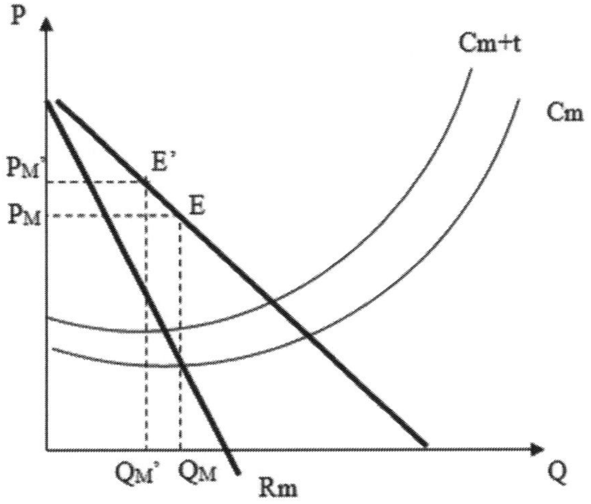

$$\underset{Q}{Max}\Pi = RT - CT - tQ$$

$$\frac{\partial \Pi}{\partial Q} = 0 \Rightarrow \frac{\partial RT}{\partial Q} - \frac{\partial CT}{\partial Q} - t = 0$$

$$Rm = Cm + t$$

$$P\left[1 - \frac{1}{|\varepsilon|}\right] = Cm + t$$

$$P = \frac{Cm + t}{1 - \frac{1}{|\varepsilon|}}$$

La variation du prix par rapport à la taxe est égale à :

$$\frac{\partial P}{\partial t} = \frac{1}{1 - \frac{1}{|\varepsilon|}}$$

D'après l'équation ci dessus et sachant que le monopoleur produit dans la partie élastique de la courbe de demande($|\varepsilon| \geq 1$) , la variation du prix est plus grande que la variation de la taxe. Le monopoleur fait payer le consommateur plus que le montant de la taxe. En est-il toujours le cas ? la réponse est non. le monopoleur peut transférer un montant supérieur ou inférieur du montant de la taxe au consommateur.

Discrimination des prix

Un monopoleur discriminant est un monopoleur qui charge différents prix à des individus différents pour le même bien ou service, non en raison des différences des coût de production des unités vendues, mais à cause des caractéristiques particulières des demandes des acheteurs.

Pour être discriminant, l'entreprise doit être capable de distinguer au moins deux types de consommateurs avec deux demandes d'élasticités différentes. Aussi, elle doit être capable de prévenir la revente du bien ou du service d'un type à l'autre. La discrimination est impossible sur un marché parfaitement concurrentiel. Voici quelques exemples de biens ou de services soumis à une pratique discrimination : les billets d'avions, certains produit alimentaires, l'électricité, l'eau, le transport en commun, billet de spectacles… La discrimination est une source de profit additionnel pour l'entreprise en chargeant les consommateurs avec la demande la plus inélastique le prix le plus élevé.

Les économistes distinguent trois types de discrimination en termes de prix : la discrimination au premier degré, la discrimination au deuxième degré et discrimination au troisième degré.

<u>La discrimination au premier degré : ou discrimination parfaite</u>

La discrimination parfaite est fondée sur le type d'acheteurs. Le monopoleur vend la même unité d'output à des prix différents. Le monopoleur va charger le consommateur le prix le plus élevé dont il est prêt à payer. Ainsi deux individus vont payer des prix différents pour le même produit ou service. Supposons que le loyer moyen d'un logement de deux pièces est de 550$. Un propriétaire dispose de cinq logements identiques dans un quartier. Puisqu'il est le monopoleur de logements disponibles dans cette région, il louera chaque logement à un prix différent selon le maximum que chaque locataire est disposé à payer. Supposons que le premier locataire est prêt à payer 900$, le deuxième 800$, le troisième est prêt à payer 700$ et le quatrième 600$, le propriétaire va louer les quatre logements à ces prix. Ainsi le propriétaire s'accapare de la totalité du surplus des consommateur.

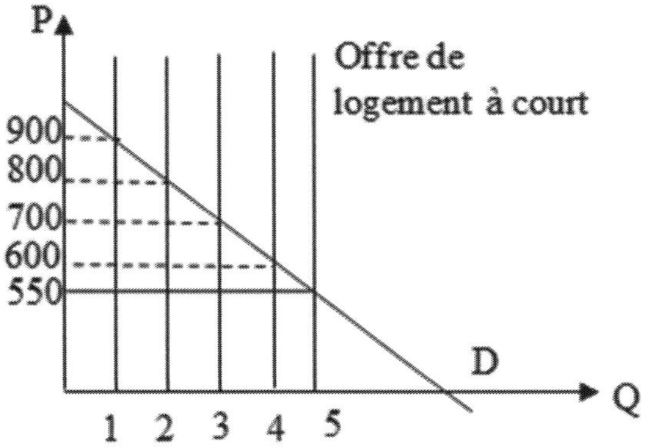

En cas de discrimination parfaite, les consommateurs ne bénéficient dés lors d'aucun surplus sur un tel marché. Cependant. la discrimination parfaite implique un niveau de production efficace parce que la quantité produite sera celle de la concurrence parfaite où $P = Cm$ comme par exemple la vente aux enchères.

$$\underset{q_1, q_2 \ldots q_n}{Max}\ \Pi = \mathrm{P}_1 q_1 + P_2 q_2 + P_3 q_3 + \ldots + P_n q_n - C(q_1 + q_2 + \ldots + q_n) =$$

$$\sum_{i=1}^{n} P_i q_i - C(Q) \Rightarrow P_1 = P_2 + \ldots P_n = Cm(Q)$$

Discrimination au deuxième degré

Le monopole vend les différentes quantités de production à des prix différents, mais que tous les individus qui achètent une quantité identique du bien paient le même prix. Ainsi la tarification diffère selon les quantités achetées et non pas selon les individus. Il s'agit d'une tarification non linéaire. Cette forme est utilisée dans le cas de services d'utilité publique, par exemple le prix unitaire de l'électricité dépend souvent de la quantité achetée. Dans les magasins d'alimentation aussi, certains aliments sont soumis à cette tarification, par exemple, le prix d'un sac de pomme de terre de 10 livres revient beaucoup moins cher qu'un sac de 2.5 livres.

Discrimination au troisième degré

Cette tarification correspond à une situation où le monopoleur pratique des prix différents selon la catégorie de personne qui achète. Il s'agit de la forme la plus fréquente de discrimination en termes de prix. La différenciation de prix peut être basée sur l'âge, le sexe, étudiants... Par exemple, les tarifs préférentiels pour personnes âgées, pour étudiants, pour les femmes. La question qu'on peut se poser est comment le monopoleur détermine t-il le prix optimal sur chaque marché ? Supposons que le monopoleur peut distinguer deux groupes d'individus. Chaque groupe a une demande pour le bien du producteur. Les deux demandes sont différentes, une demande est plus élastique qu'une autre. Dans ce cas le monopoleur a deux marchés différents, il va égaliser sur chaque marché sa recette marginale au coût marginal. En effet, supposons que le monopoleur distingue le marché des vieux, le marché 1 et celui des adultes, le marché 2. Les demandes inverses sur le marché 1 et 2 sont respectivement $P_1(Q_1)$ et $P_2(Q_2)$. La demande des vieux est plus élastique que la demande des adultes, parce que les vieux sont plus vulnérables à la variation des prix que les adultes. Le coût de production pour produire les quantités Q_1et Q_2 est $C(Q_1,Q_2)$.

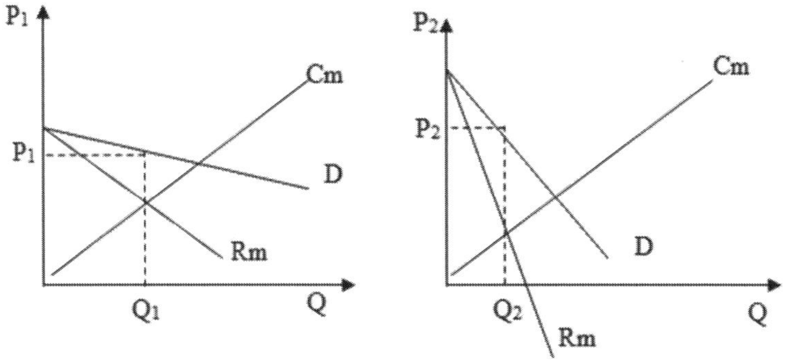

Le monopoleur maximise son profit qui est égale à sa recette totale (la somme des recettes sur le marché 1 et 2) moins le coût total pour produire la quantité Q_1 et Q_2.

Le monopoleur pratique un prix faible sur le marché où l'élasticité de la demande est grande, $P_1 < P_2$.

Si la discrimination n'est pas parfaite, le prix du monopoleur est supérieur à celui de la concurrence et sa production est en deçà de ce qu'elle serait en concurrence parfaite, ce qui engendre une perte sèche. L'allocation des ressources n'est pas efficiente et la perte du consommateur est supérieure aux gains du monopoleur.

Le problème de maximisation

$$\underset{q_1,q_2}{Max}\, P_1q_1 + p_2q_2 - C(q_1+q_2)$$

$$C.P.O \Rightarrow \begin{cases} Rm_1(q_1) = Cm(q_1+q_2) \\ Rm_2(q_2) = Cm(q_1+q_2) \end{cases}$$

$$\Rightarrow \begin{cases} P_1\left[1-\dfrac{1}{|\varepsilon_1|}\right] = Cm(q_1+q_2) \\ P_2\left[1-\dfrac{1}{|\varepsilon_2|}\right] = Cm(q_1+q_2) \end{cases}$$

Si $|\varepsilon_1| > |\varepsilon_2|$ alors : $P_1 < P_2$

Le marché avec l'élasticité la plus élevée aura donc le prix le plus faible, car une demande élastique est sensible au prix.

Comparaison entre la concurrence parfaite et le monopole

	Concurrence parfaite	Monopole
nombre de firmes	plusieurs	une seule
biens	Homogènes (plusieurs substituts)	différenciés (pas de substituts)
Le prix	est exogène	la firme qui les détermine
objectif	maximisation du profit	maximisation du profit

règle d'optimisation	P= Rm = Cm	Rm = Cm, P > Cm
fluidité à long terme	Libre entrèe et sortie	barrières à l'entrée
Profit économique à long terme	nul	positif
Possibilité de discrimination des prix	Non	oui

Exercices

Vrai ou Faux

1. En monopole et discrimination parfaite des prix, le surplus du consommateur est nul
2. Un monopoleur produit toujours dans la portion élastique de la demande
3. Un monopoleur fait des économies de gamme si son coût total moyen baisse à mesure que la taille de l'entreprise augmente.
4. Un monopoleur qui fait face à une demande parfaitement élastique n'aura aucun intérêt à pratiquer de la discrimination.
5. Un monopoleur faisant nécessairement face à un profit nul s'il fait face à une demande parfaitement élastique.

6. Discutez de la véracité de l'énoncé suivant (en utilisant des graphiques au besoin) : dans le cas d'une structure de marché caractérisée par un monopole, il est avantageux pour la société que le monopole pratique de la discrimination.

Problèmes

1. Soit un monopoleur faisant face à un marché dont la demande est : $Q = 30 - 3P$. La fonction du coût du monopoleur est donnée par : $C(Q) = 2Q$

a. Montrez que la paire quantité-prix qui maximise le profit du monopoleur est donnée par : $Q^* = 12,\ P^* = 6$.

b. Calculez : Profit du monopoleur ; Surplus du producteur ; Surplus du consommateur et la Perte sèche.

c. Si le monopoleur pouvait parfaitement discriminer en prix, quels seraient la quantité produite et le profit du monopoleur ?

2. Soit une entreprise faisant face à un marché dont la demande est : $P = 50 - 2Y$

La fonction du coût de l'entreprise est donnée par : $C(Y) = 10Y + (\frac{1}{2})Y^2$

a. En situation de concurrence pure et parfaite, Calculez le prix et la quantité d'équilibre de cette entreprise.

b. En situation de monopole quel sera le nouveau équilibre de cette entreprise

c. Calculez la perte sèche du monopoleur

3. Soit une entreprise faisant face à un marché dont la demande est : $P = 20 - Y$.

La fonction du coût de l'entreprise est donnée par : $C(Y) = 16Y - Y^2 + (\frac{1}{24})Y^3$

a. En situation de concurrence pure et parfaite, Calculez le prix et la quantité d'équilibre de cette entreprise.

b. En situation de monopole quel sera le nouveau équilibre de cette entreprise

c. Calculez la perte sèche du monopoleur

4. Si la fonction de demande inverse du marché est la suivante : P = 305-5y. La fonction du coût de l'entreprise est donnée par : $C(Y) = 10Y^2 + 5Y$

a. Quel est le prix et la quantité à l'équilibre concurrentiel.
b. Calculez le profit de l'entreprise.
c. Supposons maintenant qu'il s'agit d'un monopole. Quel sera la quantité et le prix d'équilibre.
d. Calculez son profit.

5. Supposons qu'un monopoleur soit confronté à deux marchés avec les courbes de demande suivantes :

$$y_1 = 150 - p_1$$
$$y_2 = 150 - 2p_2$$

Le coût total de cette entreprise est : c(y)= 50y+ 100. Avec $y = y_1 + y_2$

a. Si le monopoleur peut discriminer en termes de prix, quel sera le prix sur chaque marché ?
b. On a vu que le monopoleur fixe un prix plus élevé sur le marché dont l'élasticité de la demande est la plus faible. Est-ce que c'est vrai ? Justifiez.
c. Calculez le profit du monopoleur discriminant.
d. Quel sera le prix si le monopoleur pratique un seul prix sur les deux marchés ?
e. Calculez le profit du monopoleur non discriminant.
f. Comparez les deux situations.
g. Supposons maintenant que le monopoleur peut pratiquer une discrimination parfaite. Quels sera la quantité et le prix d'équilibre ?
h. Quelle est la situation la plus optimale ?

Corrigés

Vrai ou Faux

1. Vrai
2. Vrai
3. Un monopoleur fait des économies de gamme si son coût total moyen baisse à mesure que la taille de l'entreprise augmente.
4. Vrai
5. Un monopoleur faisant nécessairement face à un profit nul s'il fait face à une demande parfaitement élastique.
6. Discutez de la véracité de l'énoncé suivant (en utilisant des graphiques au besoin) : dans le cas d'une structure de marché caractérisée par un monopole, il est avantageux pour la société que le monopole pratique de la discrimination.

Problèmes :

1. Soit un monopoleur faisant face à un marché dont la demande est : $Q = 30 - 3P$. La fonction du coût du monopoleur est donnée par : $C(Q) = 2Q$

a. $Rm = Cm \Rightarrow 10 - \frac{2}{3}Q = 2 \Rightarrow Q = 12; P = 6$

b. Profit du monopoleur = 6*12-2*12= 48
Surplus du producteur =(6-2)*12 = 48
Surplus du consommateur = (10-6)*12/2=24
la Perte sèche = (6-2)*(24-12)/2=24

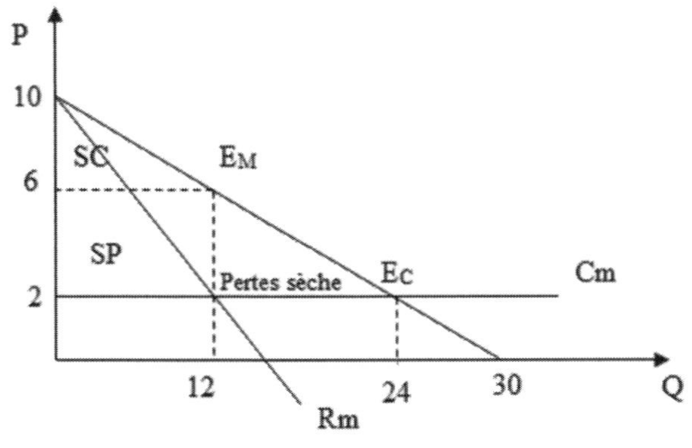

c. Avec discrimination parfaite :

$P = Cm \Rightarrow Q_c = 24$

Le profit = (10-2)*24/2=96

2. Soit une entreprise faisant face à un marché dont la demande est : $P = 50 - 2Y$

La fonction du coût de l'entreprise est donnée par : $C(Y) = 10Y + (\frac{1}{2})Y^2$

a. En concurrence parfaite : P=Cm

$$\Rightarrow \begin{cases} Y_c = 13.33 \\ P_c = 23.33 \end{cases}$$

b. En monopole : $\Rightarrow Rm = Cm$

$$\Rightarrow \begin{cases} Y_m = 8 < Y_c \\ \\ P_m = 34 < P_c \end{cases}$$

c. La perte sèche du monopole

$$\begin{cases} \Delta SC = -(A + B) \\ \Delta SP = +A - C \end{cases} \Rightarrow \text{Pertes sèche}$$

$$= B + C = \frac{1}{2}(34 - 23.33)(13.33 - 8) = 28.43$$

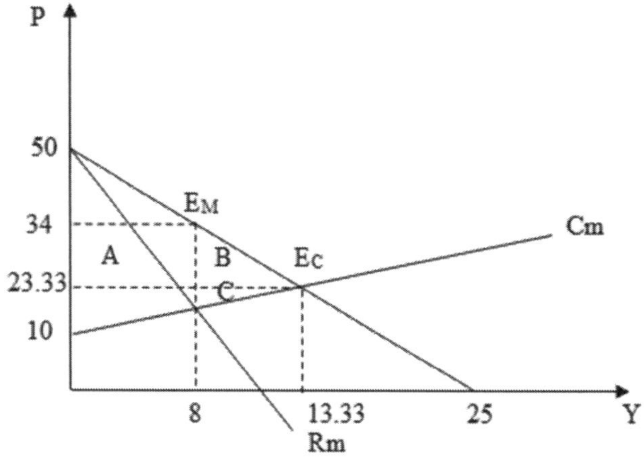

3. Soit une entreprise faisant face à un marché dont la demande est : $P = 20 - Y$.

La fonction du coût de l'entreprise est donnée par : $C(Y) = 16Y - Y^2 + (\frac{1}{24})Y^3$

a. En concurrence parfaite :

P=Cm $\Rightarrow 20 - Y = 16 - 2Y + \frac{3}{24}Y^2 \Rightarrow \begin{cases} Y_c = 8 \\ P_c = 16 \end{cases}$

b. En monopole : $Rm = Cm \quad 20 - 2Y = 16 - 2Y + \frac{3}{24}Y^2$

$Y = 5.65$ et $P = 14.35$

c. La perte sèche=1.93

4. Si la fonction de demande inverse du marché est la suivante : P = 305-5y.
a. En concurrence

$$P = Cm \Leftrightarrow 20y + 5 = 305 - 5y \Leftrightarrow y = \frac{300}{25} = 12$$

$$p = 245$$

b. Le profit de l'entreprise :
$\pi = 2940 - 1750 = 1190$
c. Monopole :

$$Rm = Cm \Leftrightarrow 305 - 10y = 20y + 5 \Leftrightarrow y = \frac{300}{30} = 10$$

$P = 255$
d. Profit : $\pi = 2550 - 1300 = 1250$

5. Supposons qu'un monopoleur soit confronté à deux marchés avec les courbes de demande suivantes : $\begin{array}{l} y_1 = 150 - p_1 \\ y_2 = 150 - 2p_2 \end{array}$

a. Si le monopoleur peut discriminer en termes de prix, le prix sur chaque marché sera :

$Rm_1 = Cm \Leftrightarrow 150 - 2y_1 = 50 \Leftrightarrow y_1 = 50 \Rightarrow P_1 = 100$
$Rm_2 = Cm \Leftrightarrow 75 - y_2 = 50 \Leftrightarrow y_2 = 25 \Rightarrow P_2 = 75 - 12.5 = 62.5$
b. Vrai le monopoleur fixe un prix plus élevé sur le marché dont l'élasticité de la demande est la plus faible.

$$E_1 = -\frac{\partial y_1}{\partial P_1}\frac{P_1}{y_1} = -1\frac{100}{50} = -2$$

$$E_2 = -\frac{\partial y_2}{\partial P_2}\frac{P_2}{y_2} = -2\frac{62.5}{25} = -7$$

$$|E_1| \langle |E_2| \Rightarrow P_1 \rangle P_2$$

c. Le profit du monopoleur discriminant.

$$\pi = p_1 y_1 + p_2 y_2 - 50(75) - 100 = 5000 + 1562.5 - 3750 - 100 = 2712.5$$

d. Le prix si le monopoleur pratique un seul prix sur les deux marchés

$$Y = y_1 + y_2 = 150 - p + 150 - 2p = 300 - 3p \Leftrightarrow p = 100 - \frac{Y}{3}$$

$$Rm = Cm \Leftrightarrow 100 - \frac{2}{3}y = 50 \Leftrightarrow y = \frac{150}{2} = 75$$

$$P = 75$$

e. Calculez le profit du monopoleur non discriminant.

$$\pi = py - 50(75) - 100 = 5625 - 3750 - 100 = 1775$$

f. La discrimination permet au monopoleur de réaliser plus de profit.

g. Supposons maintenant que le monopoleur peut pratiquer une discrimination parfaite. Quels sera la quantité et le prix d'équilibre ?

$$P = Cm \Leftrightarrow 100 - \frac{Y}{3} = 50 \Leftrightarrow Y = 150$$

h. La situation la plus optimale est lorsque le monopole pratique une discrimination parfaite car la quantité produite sera égale à celle de la concurrence parfaite, cependant il y a un transfert du surplus du consommateur au producteur.

Concurrence monopolistique et Oligopole

La concurrence monopolistique est une forme très commune de marché où il y a plusieurs vendeurs pratiquant une politique de différenciation du produit pour le rendre unique. La concurrence monopolistique, comme son nom l'indique, est une structure du marché qui se situe entre la concurrence parfaite et le monopole. Elle s'approche de la concurrence parfaite parce qu'il y a plusieurs entreprises de petite taille par rapport à la totalité du marché de sorte qu'aucune d'elles ne peut influencer le comportement de ses concurrents. La différenciation du produit acquiert à l'entreprise un certain pouvoir sur le prix comme le monopole. La forme du marché de concurrence monopolistique est très courante. En effet, presque toutes les activités de ventes au détail sont régies par cette forme de concurrence. Voici des exemples d'industries en concurrence monopolistique : les restaurants, les boutiques de vêtements, les pizzerias, les coiffeurs et les magasins d'alimentation, les dépanneurs.

De son côté, l'oligopole est la structure du marché qui se situe entre la concurrence monopolistique et le monopole. Dans cette structure, la production est le fait d'un petit nombre de grandes d'entreprises face à un grand nombre d'acheteurs. Par opposition à la concurrence monopolistique, les entreprises en situation d'oligopole ont assez de puissance pour exercer des représailles si une entreprise change le prix de leur produit. En situation d'oligopole, les entreprises peuvent adopter plusieurs comportements :

- L'oligopole de guerre de prix où chaque entreprise voulant s'imposer sur le marché essaie de mettre les autres entreprises en difficulté en baissant le prix. Par représailles et pour rester sur le marché les autres ripostent par une diminution de leur prix. Cette situation de combat est au profit des consommateurs et on s'approche d'une situation de concurrence.

- L'oligopole d'entente (le cartel) où les entreprises s'entendent sur le prix et/ou la quantité pour préserver leur profit et pour limiter la concurrence. Cette forme d'entente est illégale et les consommateurs sont les perdants. Cette situation s'approche d'un marché monopolistique.

L'industrie d'automobiles, d'acier, des avions, de la bière, de l'essence et du cuivre sont des exemples d'industries oligopolistiques.

Concurrence monopolistique

Un marché en concurrence monopolistique a les caractéristiques suivantes :

- il y a plusieurs producteurs et plusieurs consommateurs.
- chaque producteur essaie de différencier son produit par rapport à ses concurrents ; les biens et les services sont alors hétérogènes.
- Les vendeurs fixent leur prix librement
- Il n'y a pas de barrières d'entrée-sortie

La différenciation du produit basée sur la qualité, l'usage, l'apparence et la marque, peut être réelle ou illusoire fruit de la publicité. Les entreprises se font concurrence sur plusieurs niveaux comme sur la qualité, la couleur de l'emballage, les heures d'ouverture et les services après vente. La différenciation permet à chaque vendeur d'avoir une courbe de demande de pente négative pour son produit distincte ce qui lui confère le pouvoir de fixer son prix comme un monopoleur. Cependant, la disponibilité sur le marché de plusieurs autres bien aisément substituables rend la demande très élastique par rapport à celle du monopole. En effet, la demande pour un service d'un salon de coiffure est très élastique due à la présence de plusieurs salons de coiffure concurrentes. Néanmoins, la demande n'est pas parfaitement élastique comme en concurrence parfaite parce que chaque salon de coiffure a certaines caractéristique qui le différencie des autres salons. Le savoir d'un coiffeur, la qualité des produits utilisés, la proximité, la décoration et l'atmosphère en sont des exemples qui font qu'il y a une demande résiduelle. L'absence de barrières à l'entrée et à la sortie de l'industrie expliquent pourquoi les profits économiques à long terme sont nuls en concurrence monopolistique comme en concurrence parfaite.

<u>Maximisation du profit</u>

À court terme, Chaque firme se comporte, face à sa courbe de demande comme un monopole pour déterminer la quantité et le prix qui maximisent son profit. En effet, l'entreprise suppose qu'elle peut modifier son prix sans que cela incite ses concurrents à la suivre, elle égalise alors ses recettes marginales à ses coûts marginaux pour déterminer la quantité optimale. Ensuite, elle demande le prix que les consommateurs sont prêts à payer pour cette quantité.

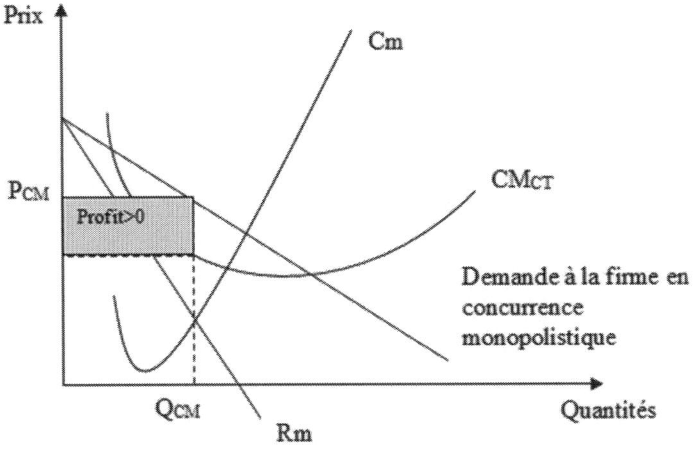

À court terme, les profits peuvent êtres positifs (comme sur la figure ci-dessus) ou négatifs. L'absence de barrières à l'entrée ni à la sortie joue un rôle déterminant sur l'équilibre de long terme. Lorsque les profits à court terme sont positifs, des nouvelles entreprises sont incitées à entrer sur le marché ce qui réduit la part du marché des entreprises déjà existentes. L'entrée de nouveaux producteurs augmente la variété des produits similaires, donc plus de substituts ce qui rend la demande de chaque entreprise plus élastique (D') et les profits dans le secteur diminuent et finissent par s'annuler. En effet, la demande destinée à chaque entreprise diminue, donc la courbe de demande se déplace à gauche.

L'équilibre à long terme d'une entreprise en concurrence monopolistique est caractérisé par :

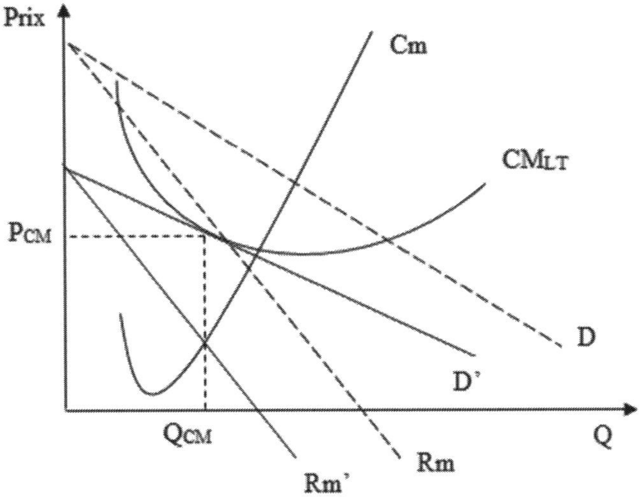

1. Le coût marginal est égal au revenu marginal : $Cm = Rm$
2. Le prix est supérieur au coût marginal : $P > Cm$
3. Le prix est égal au coût moyen due à l'entrée d'autres entreprises dans l'industrie : $P = CM \Rightarrow$ la courbe de demande et la courbe du coût moyen sont tangentes.
4. La concurrence monopolistique conduit à un profit économique nul ; cela n'implique pas pour autant que la concurrence soit efficace[13].

$$P = CM \Rightarrow P = \frac{CT}{Q} \Rightarrow PQ = CT$$

$$\Rightarrow \Pr ofit = PQ - CT = 0$$

5. Le point de tangence de la courbe de demande et la courbe du coût moyen ne peut pas s'effectuer au minimum du coût moyen contrairement à la concurrence parfaite. La concurrence monopolistique est moins efficace que la concurrence parfaite.

Concurrence parfaite et Concurrence monopolistique

Par opposition à la concurrence parfaite, les entreprises en concurrence monopolistique ont une capacité excédentaire qui est due à la différenciation des produits. En outre, l'équilibre en concurrence monopolistique est moins efficace que celui de la concurrence parfaite.

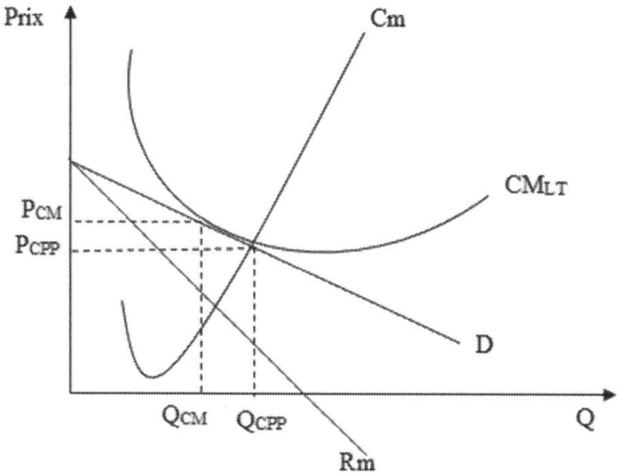

1. **La capacité excédentaire :** À long terme les entreprises en concurrence monopolistique ont une capacité excédentaire. La capacité excédentaire correspond

[13] La quantité produite en concurrence monopolistique est inférieure à la quantité produite en concurrence pure et parfaite

à la différence entre la quantité produite à long terme en concurrence parfaite (Q_{CPP}) et la quantité produite à long terme en concurrence monopolistique (Q_{CM}). En effet, l'équilibre en concurrence monopolistique se fait lorsque la courbe de coût moyen est tangente à la courbe de demande donc dans la partie descendante de la courbe du coût moyen. Ainsi l'entreprise en concurrence monopolistique bénéficie des économies à l'échelle (le coût moyen diminue lorsque la production augmente). À long terme, une entreprise en concurrence parfaite opère à sa pleine capacité, c'est à dire à un niveau où elle ne bénéficie plus des économies d'échelle. En effet, en concurrence parfaite, l'entreprise produit la quantité où le prix est égal au minimum de son coût moyen, ainsi toute augmentation de la production au dessus de Q_{CPP} entrane une augmentation du coût moyen.

2. **La différenciation du produit :** La différenciation des produits cause la capacité excédentaire et du maintien d'un profit substantiel à long terme. En effet, c'est la différenciation du produit qui explique la demande à pente négative pour le produit de l'entreprise. Plus le produit est différencié, moins il a de substituts et plus sa demande devient inélastique. Ce qui donne le pouvoir à l'entreprise de fixer un prix plus élevé. D'où l'importance de la *publicité* pour rendre un produit attrayant. Parmi les arguments en faveur de la publicité, on peut citer qu'elles est instructive, elle augmente les ventes et ainsi elle permet des économies d'échelle et une croissance économique. Elle favorise la concurrence et tend à faire baisser les prix et enfin elle finance les médias. Les gens en défaveur de la publicité au contraire nient tous ces avantages de la publicité.

3. **L'efficience de la concurrence monopolistique :** Comme le montre le graphique ci-dessus, en concurrence monopolistique la quantité produite est inférieure à celle en concurrence parfaite et le prix est plus élevé que celui de la concurrence parfaite. Comme le monopole, la concurrence monopolistique entrane une perte sociale nette.

4. **Les coûts fixes :** plus les coûts fixes sont élevés moins il y aura d'entrée d'entreprises dans le secteur. Ainsi le nombre d'entreprise à l'équilibre en concurrence monopolistique dépend des coût fixes des entreprises. Plus les coût fixes sont faibles, plus il y a des nouvelles entreprises dans le secteur et plus la structure du marché s'approche à celle de la concurrence parfaite.

Oligopole

Une industrie en oligopole comprend un nombre de vendeurs suffisamment petit pour que les actions de n'importe quel vendeur individuel aient une influence significative sur ses concurrents. Dans une industrie oligopolistique, il y a des barrières à l'entrée comme en monopole. De plus, le produit peut être différencié ou non. Seul le nombre des vendeurs ne suffit pas à distinguer l'oligopole de la concurrence monopolistique dans le cas d'un produit différencié. La différence réside plutôt dans l'interdépendance des interactions des différents vendeurs. Il existe deux situations possibles d'interaction : la rivalité entre vendeurs ou l'entente entre vendeurs. S' il y a rivalité entre les vendeurs, chaque vendeur peut décider de son prix et de la quantité sans consulter les autres conduisant ainsi à une guerre des prix. S'il y a une entente tacite ou explicite entre les vendeurs concernant le prix ou la quantité cela créera une situation qui se rapproche du monopole, le cartel. D'ailleurs, les législations des pays occidentaux d'Europe, des États-Unis et du Canada limitent ce genre d'entente entre les entreprises, car cela aurait pour effets de restreindre la concurrence et de nuire aux consommateurs.

Une façon de vérifier si une industrie est en oligopole ou non est de calculer le ratio de concentration. En oligopole, les actions des entreprises sont interreliées, dès lors un jeu s'établit entre elles. Ainsi, la théorie des jeux sera appliquée à la situation oligopolistique un peu plus loin dans ce chapitre.

Ratio de concentration

En économie, le ratio de concentration d'une industrie est utilisé comme un indicateur de la taille relative d'une entreprise par rapport à l'industrie. Une façon de vérifier si le marché est oligopolistique est de calculer le ratio de concentration. Ce dernier permet de savoir si les ventes totales d'une industrie est dominée par les ventes de quelques entreprises :

$$\text{Ratio de concentration} = \frac{\text{Ventes des N entreprises}}{\text{Ventes totale de l'industrie}}$$

Les ratios de concentration les plus utilisés sont ceux des quatre, huit ou vingt entreprises. Le ratio des N entreprises est le pourcentage de la production du marché généré par les N plus grandes entreprises de l'industrie.

Exemple *Dans l'industrie du tabac, les quatre plus grosses compagnies étaient responsables de 90 % de la valeur des ventes totales. Donc ce pourcentage représente le ratio de concentration.*

Remarque *Les formes du marché peuvent être toujours déterminées par leur ratio de concentration. Le ratio de concentration de la concurrence parfaite est faible. En concurrence monopolistique ce ratio est inférieur à 40 % et il est plus que ce pourcentage en oligopole. Le ratio de concentration est presque 100 % en monopole.*

Théorie des jeux

Un marché oligopolistique est dominé par un nombre petit de vendeurs. Étant donné le nombre faible des participants sur le marché, chaque oligopole se méfie de l'action des autres. Un marché oligopolistique est caractérisé par l'interaction des actions des entreprises. La décision de chaque entreprise oligopolistique influence et est influencée par les décisions des autres entreprises. Ainsi la stratégie d'un oligopole doit tenir compte de la réponse des autres participants sur le marché. Sur un marché oligopolistique, la combinaison prix et quantité et le profit de chaque entreprise dépendent des actions de toutes les autres entreprises.

Définition *La théorie des jeux propose une méthode d'analyse des situations d'interactions stratégiques. La théorie du jeu est une branche des mathématiques appliqués qui étudie les situations stratégiques d'un joueur qui choisit différentes actions en vue de maximiser ses profits.*

Les différentes stratégies

différentes interactions stratégiques peuvent apparaître :

- **Stratégie non coopérative simultanée :** Chaque entreprise essaie d'anticiper la décision prise par les concurrents. Le choix est fait de façon simultanée par les entreprises.
- **Stratégie non coopérative séquentielle :** Une entreprise se comporte comme meneur, elle fixe le prix ou la quantité et les autres entreprises se comportent comme suiveur, elles prennent le choix du leader comme donné, exogène.
- **Stratégie coopérative :** Les entreprises s'entendent sur la quantité et/ou le prix en vue de maximiser le profit joint de tous les membres du *cartel*

Représentation du jeu

Toutes les situations de jeu entre les entreprises contiennent, les joueurs, les stratégies possibles et les gains pour chaque stratégie. Il y a deux manières de présenter un jeu : La ***forme normale*** et la ***forme extensive***. Le jeu normal est représenté sous forme d'une matrice qui présente les joueurs, les stratégies et les gains pour chaque combinaison des actions.

Jacques et Michel ont triché à un examen. La matrice des punitions est :

	Jacques Nie	Jacques confesse
Michel Nie	Les deux échouent le courss et leur mauvaisc action entache leur dossier	Jacques échoue Michel est exclu

Michel confesse	Jacques est exclu Michel échoue le cours	Les deux sont suspendus pour une année, échouent la matière et leur action est inscrite dans leur dossier scolaire

Quand un jeu est présenté sous une forme normale cela suppose que les joueurs ne connaissent pas les actions des autres joueurs ou qu'ils jouent simultanément. Supposons que dans ce jeu, Jacques et Michel, se retrouve chacun dans un bureau d'un professeur différent. Jacques et Michel ne peuvent donc pas communiquer. L'information dans un jeu normal est alors imparfaite. Par contre, lorsque les joueurs ont une parfaite information à propos des actions des autres, le jeu est représenté sous une forme extensive. La forme extensive d'un jeu présente le jeu comme un arbre.

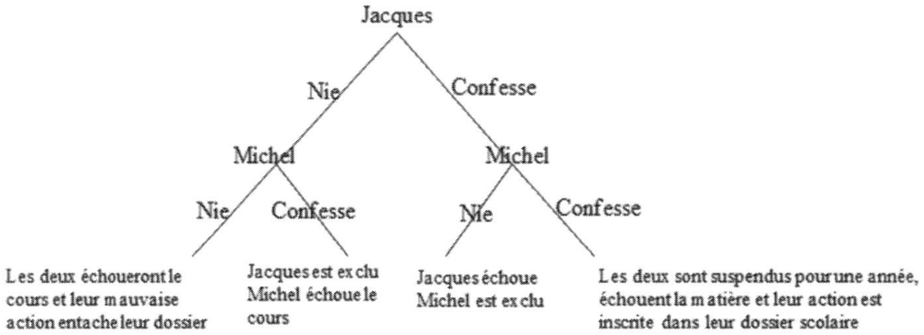

Chaque noeud de l'arbre représente un point de choix pour le joueur. Jacques a deux stratégies soit nier ou confesser. Michel a aussi deux stratégies possibles pour chaque décision de Jacques. Les gains du jeu sont représentés au bas de l'arbre. La forme extensive est utilisée pour un jeu séquentiel, c'est à dire que le deuxième joueur, Michel connait les actions du premier joueur, Jacques.

Le dilemme du prisonnier

Le dilemme du prisonnier classique est le suivant : deux suspects, A et B sont arrêtés par la police. Les policiers ont peu d'évidence pour les incriminer, ils séparent alors les deux suspects et ils offrent la même entente pour les deux suspects : si un des prisonniers confesse alors que l'autre nie, celui qui a confessé sera libre et l'autre aura dix ans de prison. Par contre si les deux confesse, ils auront deux ans de prisons mais s'ils nient les deux auront seulement six mois de prison parce qu'il manque de preuve contre eux. La matrice de ce jeux simultané est alors :

	A		
		Nie	Confesse
B	Nie	0.5, 0.5	10, 0
	Confesse	0, 10	2, 2

La stratégie du prisonnier A :

Si B nie, il est préférable que je confesse, je serai libéré.

Si B avoue, il est préférable que j'avoue. J'aurai seulement deux ans de prison au lieu de dix années. Ainsi la *stratégie dominante de A est de se confesser.*

La stratégie du prisonnier B :

Si A nie, il est préférable que je confesse ainsi je serai libéré.

Si A avoue, il est préférable que j'avoue ainsi j'aurai deux ans de prison au lieu de 10 ans si je nie.

La stratégie dominante de B est aussi d'avouer.

Ainsi l'équilibre est atteint lorsque les deux vont confesser. Les deux purgeront deux années de prison, cependant s'ils ont nier ils auront seulement 6 mois de prison. Le dilemme du prisonnier a lieu parce que chaque prisonnier a cherché de minimiser sa propre peine en prenant en considération l'action de l'autre. De plus le jeu est non répété.

Exemple *reprenons l'exemple de Jacques et Michel et voyons si le dilemme du prisonnier a lieu.*

Voilà la stratégie de Jacques : Si Michel nie, il est préférable que je j'avoue, j'aurai un échec dans la matière sans que la fraude soit inscrite. Si Michel avoue, il est préférable que j'avoue. Je serai suspendu pour une année au lieu d'être exclu. Ainsi la stratégie dominante de Jacques est d'avouer.

La stratégie de Michel : Si Jacques nie, il est préférable que j'avoue ainsi j'échoue seulement la matière. Si Jacques avoue, il est préférable que j'avoue ainsi je serai suspendu pour une année au lieu d'être exclu. La stratégie dominante de Michel est aussi d'avouer.

Ainsi l'équilibre est atteint lorsque les deux vont avouer. Avec une suspension d'une année ils ont atteint un équilibre en stratégie dominante.

L'équilibre de Nash

(Avouer, avouer) correspond à l'équilibre de Nash. En effet, un ensemble de stratégies est en équilibre de Nash parce que, étant donné les stratégies des autres, aucun agent ne peut maximisé son profit en choisissant une stratégie différente. Aucun joueur ne veut changer sa stratégie parce qu'elle est pour lui, la meilleure. L'équilibre de Nash correspond à un optimum puisque la situation ne peut être changée sans détériorer la situation d'au moins un agent.

Exemple *Reprenons l'exemple précédent de Jacques et Michel.*

Si Jacques nie au lieu de confesser, il sera exclu, ainsi confesser est la solution la moins dommageable. De même pour Michel, s'il nie alors que Jacques confesse, il sera exclut. Ainsi pour les deux, la meilleures stratégie est d'avouer. C'est un équilibre de Nash. Cet équilibre est un exemple du dilemme du prisonnier. Le dilemme du prisonnier dans ce jeu non répétitif, correspond au fait que Jacques et Michel choisissent de se confesser au lieu de nier leur mauvaise action malgré une punition plus grave.

Exemple *Supposons qu'il y a seulement deux producteurs de pizza dans un village, Hedy et Jill, et que leur coût marginal est nul. Le tableau suivant indique le barème de demande ainsi que les profits des deux pizzerias :*

Quantités	Prix d'une pizza	Profit
0	10	0
10	9	90
20	8	160
30	7	210
40	6	240
50	5	250
60	4	240
70	3	210
80	2	160
90	1	90
100	0	0

Le profit est maximisé lorsque la quantité de pizza est de 50 et le prix de la pizza est de $5. Hedy et Jill peuvent faire une entente et partager le profit, ainsi chacun produira 25 pizzas et leur profit sera de $125 chacun. Cependant Hedy peut tricher et ainsi maximiser son profit de la façon suivante : si Jill produit 25 pizzas, je peux produire 35 pizzas ainsi mon profit sera de 140. En effet, si Jill produit 25 selon l'entente et Hedy 35 pizza, la quantité totale produite serait de 60. Selon le barème de demande, le prix sera de $4. Ainsi le profit de Hedy sera de 140 (35×4) et celui de Jill est de $100. Ainsi, dans un seul jeu, la tentation de tricher est présente car le but de chacun est de maximiser son propre profit. Jill peut se conformer à l'entente, mais il peut aussi tenter de maximiser son profit en appliquant le même raisonnement que Hedy, soit de produire 35 pizzas. Dès lors la quantité totale sera de 70 et le prix d'une pizza selon la demande sera de $3 et le profit de chacun sera de $105. La matrice des gains est la suivante :

		Hedy	
		Tricher	Respecter
Jill	Tricher	105, 105	100, 140
	Respecter	140, 100	125, 125

La matrice des gains démontre que l'équilibre de Nash est atteint lorsque les deux choisissent de tricher. En effet, la stratégie dominante de chacun est de frauder. C'est le dilemme du prisonnier en cas d'un duopole : chaque joueur a une stratégie dominante avec un profit inférieur à celui qu'il aura s'il coopère.

Un jeu répété

Dans un jeu répété une entreprise peut influencer le comportement de sa concurrente en la menaçant ou en utilisant des représailles crédibles. À la suite des menaces ou représailles, les deux entreprises finissent par respecter l'entente et se comportent comme un monopole. Elles forment alors un cartel. Un cartel est possible dans un jeu qui continue pour toujours ou qui se termine à une date incertaine. L'OPEP est un exemple de cartel. Lorsque les producteurs s'intéressent aux profits futurs, ils se conforment à l'entente.

Exemple *Reprenons l'exemple de Jill et Hedy. Si Jill sait qu'en trichant aujourd'hui son profit sera plus grand qu'à court terme puisqu'à long terme son profit va baisser, il ne trichera pas. En effet, Hedy peut menacer Jill qu'il augmentera sa production à 35, ainsi le profit diminuera à $105 pour chacun et le prix sera de $3 la pizza. La guerre des prix continuera dans un jeu qui se répète et les profits des deux entreprises baisseront. Ainsi préoccupées par leurs profits futurs, Hedy et Jill se conformeront à l'entente. En se conformant, la quantité totale sera égale à 50, le prix d'une pizza sera de $5 et leur profit respectif de $125. Leurs entreprises se comportent comme si elles forment une entreprise monopolistique.*

Équilibres en oligopole

En oligopole, il n'y a pas un seul modèle applicable à toutes les industries. Dans chaque industrie, il y a des interactions différentes entre les entreprises ce qui nécessite des modèles différents, d'où la nécessité d'avoir des connaissances empiriques sur l'industrie à étudier. En effet, si les entreprises sont similaires en taille et en position sur le marché, elles se concurrencent soit sur la quantité soit sur le prix. Dans le premier cas, l'apport de Cournot[14] est adéquat pour déterminer l'équilibre dans cette industrie. Par contre si la rude concurrence porte sur les prix, l'apport de Bertrand [15]sera le mieux approprié. Dans certaines industries, les entreprises sont fortement asymétriques et il y a une entreprise qui va dominer le marché. Cette dernière se comporte comme leader soit en quantité ou en prix et les autres entreprises se comportent comme suiveurs. dans cette situation le modèle de Stackelberg [16]est le meilleur pour expliquer les différentes stratégies des entreprises. Finalement, si la coordination est possible entre les entreprises d'une industrie, la collusion sera le résultat qu'il faut surveiller pour le bien être du consommateur.

Pour analyser ces différents modèle, nous allons adopter des **équilibres en duopole.** Un duopole est une situation où il y a deux entreprises sur le marché qui vendent des produits homogènes. Le duopole est facile à étudier et permet d'analyser les interactions stratégiques entre les entreprises. L'analyse en situation de duopole peut être généralisée à une situation de plusieurs entreprises.

Modèle de Cournot : Concurrence en quantités

Le duopole de Cournot correspond à un marché où chaque entreprise produit de manière isolée ses quantités. C'est un jeu simultanée. Aucune entreprise ne connaît la quantité qui est produite par l'autre. Chaque entreprise doit alors anticiper cette quantité q_i^a, avec $i = 1,2$. Chaque entreprise i doit calculer les quantités qui maximisent son profit pour chaque niveau de production de la firme $j(i \neq j)$. dans le modèle de Cournot il y a une concurrence sur les quantités, alors que le prix est déterminé par le marché.

Le modèle

- Quelques firmes produisent des biens homogènes ;
- Les firmes établissent le niveau de production et laissent le marché déterminer les prix ;
- Présence de barrières à l'entrée
- Les firmes prennent leur décision simultanément ;
- Chaque firme pense que les firmes rivales vont garder leur production constante ;

[14]Antoine Augustin Cournot (1801-1877), *Researches into the mathematical Principles of the Theory of wealth*, 1838.

[15]Joseph Louis François Bertrand (1822-1900), a développé son modèle à l'occasion d'une présentation des travaux de Cournot.

[16]Heinrich von Stackelberg, Marktform und Gleichgewicht, 1934

- Les coûts de production des entreprises 1 et 2 sont respectivement $C_1(q_1)$ et $C_2(q_2)$ avec q_1 et q_2 les niveaux de production des firmes 1 et 2.

Maximisation du profit

Chaque firme doit prévoir la production de l'autre firme. Sur la base de cette anticipation, la firme doit établir le niveau de production qui maximise ses profits.

Chaque entreprise cherche à maximiser son profit, $(\pi_i\,,\ i=1,2)$ qui est donné par :

$$\begin{cases} \max\limits_{q_1} \pi_1(q_1) = q_1 P(q_1 + q_2^a) - C_1(q_1) \\ \max\limits_{q_2} \pi_2(q_2) = q_2 P(q_1^a + q_2) - C_2(q_2) \end{cases}$$

où q_i^a , $(i=1,2)$, correspond à la quantité anticipé par l'entreprise rivale.

Les conditions de premier ordre sont alors :

$$\begin{cases} \dfrac{\partial \pi_1}{\partial q_1} = P(q_1 + q_2^a) + q_1 \dfrac{\partial P(q_1 + q_2^a)}{\partial q_1} - \dfrac{\partial C_1(q_1)}{\partial q_1} = 0 \\ \dfrac{\partial \pi_2}{\partial q_2} = P(q_1^a + q_2) + q_2 \dfrac{\partial P(q_1^a + q_2)}{\partial q_2} - \dfrac{\partial C_2(q_2)}{\partial q_2} = 0 \end{cases}$$

$$\Rightarrow \begin{cases} P(q_1 + q_2^a) + q_1 \dfrac{\partial P(q_1 + q_2^a)}{\partial q_1} = Cm_1(q_1) \\ P(q_1^a + q_2) + q_2 \dfrac{\partial P(q_1^a + q_2)}{\partial q_2} = Cm_2(q_2) \end{cases}$$

$$\Rightarrow \begin{cases} Rm_1 = Cm_1 \\ Rm_2 = Cm_2 \end{cases}$$

Les conditions du second ordre doivent aussi tenir :

$$\frac{\partial \pi_1}{\partial q_1^2} \langle 0 \quad \text{et} \quad \frac{\partial \pi_2}{\partial q_2^2} \langle 0$$

Les conditions de maximisation du profit, donnent les quantités que doit produire la firme i, pour chaque niveau de production concurrent, j, de manière à maximiser son profit. La première condition du premier ordre donne la fonction de réaction de la firme 1, $R_1(q_2^a)$. La deuxième condition donne la fonction de réaction de l'entreprise 2 pour chaque niveau de production anticipé de l'entreprise 1, $R_2(q_1^a)$.

Exemple *La demande inverse du marché est* $P(Q) = a - bQ$ *, avec a >0 et b>0 et où* Q *représente la quantité totale produite sur le marché et* P*, le prix.* $Q = q_1 + q_2$ *, les fonctions du coût sont* $C_i(q_i)$ *pour i = 1,2.*

Chaque entreprise maximise son profit : $\Rightarrow \begin{cases} Rm_1 = Cm_1 \\ Rm_2 = Cm_2 \end{cases}$

$$\Rightarrow \begin{cases} a - b(q_1 + q_2^a) - bq_1 = Cm_1 \\ a - b(q_1^a + q_2) - bq_2 = Cm_2 \end{cases}$$

$$\Rightarrow \begin{cases} a - Cm_1 - bq_2^a = 2bq_1 \\ a - Cm_2 - bq_1^a = 2bq_2 \end{cases}$$

$$\Rightarrow \begin{cases} q_1 = \dfrac{a - Cm_1 - bq_2^a}{2b} = R_1(q_2) \\ q_2 = \dfrac{a - Cm_2 - bq_1^a}{2b} = R_2(q_1) \end{cases}$$

Représentation graphique :

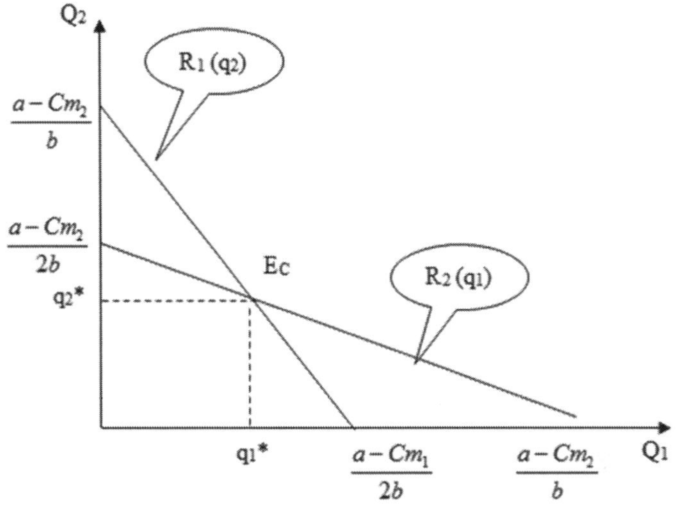

L'équilibre de marché doit être une situation telle qu'une fois atteinte, aucune firme ne doit avoir envie de s'éloigner de cet état ; aucune firme ne doit pouvoir améliorer son profit en produisant une quantité autre que sa quantité d'équilibre. Cette recherche de l'optimum implique que l'équilibre de Cournot se situe à l'intersection des courbes de réaction de l'entreprise 1 et de l'entreprise 2. Cet équilibre (E_c) de marché apparat donc dans une situation où les firmes prennent leur décision de production de manière isolée, sans communication entre elles. Pour trouver algébriquement l'équilibre de Cournot (q_1^*, q_2^*) nous supposons que chaque firme produit exactement ce que l'autre firme s'attend, c'est à dire que :

$$\begin{cases} q_2 = q_2^a \\ q_1 = q_1^a \end{cases} \Rightarrow \begin{cases} q_1 = \dfrac{a - Cm_1 - bq_2}{2b} \\ q_2 = \dfrac{a - Cm_2 - bq_1}{2b} \end{cases} \Rightarrow \begin{cases} q_1 = \dfrac{a - Cm_1}{2b} - \dfrac{1}{2}q_2 \\ q_2 = \dfrac{a - Cm_2}{2b} - \dfrac{1}{2}q_1 \end{cases}$$

Cette situation est un équilibre de Cournot : La quantité d'équilibre de chaque firme est sa meilleure réaction à la quantité d'équilibre de son concurrent et la firme ne peut plus améliorer son profit en modifiant ses quantités. Nous avons donc un système de deux équations linéaires à deux inconnues à résoudre.

$$
\begin{cases}
q_1^* = \dfrac{a - 2Cm_1 + Cm_2}{3b} \\
q_2^* = \dfrac{a - 2Cm_2 + Cm_1}{3b} \\
Q = q_1^* + q_2^* = \dfrac{2a - Cm_1 - Cm_2}{3b} \\
P_C = a - bQ = a - b\left[\dfrac{2a - Cm_1 - Cm_2}{3b}\right] = \dfrac{a + Cm_1 + Cm_2}{3}
\end{cases}
$$

Dans cet exemple, nous observons que les quantités d'équilibre de chaque firme sont décroissantes avec ses coûts et croissantes avec les coûts de son concurrent. Le prix est croissant avec les deux coûts marginaux.

Aucune firme n'a intérêt à modifier son niveau de production étant donné le niveau de production de l'autre firme. La production q_1^* maximise les profits de la firme 1, vu que la firme 2 produit q_2^*. La production q_2^* maximise les profits de la firme 2,vu que la firme 1 produit q_1*. Les anticipations sont réalisées : à l'équilibre, chaque entreprise " pense" que les rivales vont garder leur niveau actuel de production, et c'est effectivement ce qui se produit. L'équilibre de Cournot et un équilibre de Nash : chaque firme maximise ses profits étant donné le niveau de production de la firme rivale.

Équilibre de Cournot avec plusieurs entreprises

Supposons qu'il y a n entreprises et que la quantité totale produite est $Q = q_1 + q_2 + ... + q_n$. D'après les conditions de maximisation du profit la recette marginale de chaque entreprise doit être égale au coût marginal :

$$
\Rightarrow P(Q) + q_i \frac{\partial P}{\partial Q} = Cm_i(q_i), \qquad \forall\, i = 1, 2, ...n
$$

En mettant $P(Q)$ en évidence, on aura :

$$
\Rightarrow P(Q)\left[1 + \frac{q_i}{P(Q)} \frac{\partial P}{\partial Q}\right] = Cm_i, \forall\, i = 1, 2, ...n
$$

En multipliant et divisant par Q, on aura :

$$P(Q)\left[1+\frac{q_i}{Q}\frac{Q}{P(Q)}\frac{\partial P}{\partial Q}\right]=Cm_i$$

Sachant que $m_i=\frac{q_i}{Q}$ est la part de marché de l'entreprise i et ε_p est l'élasticité de la demande en valeur absolue, on a :

$$P(Q)\left[1+\frac{1}{\varepsilon_P}m_i\right]=Cm_i$$

Remarques

1. Le prix dépend de l'élasticité de la demande et de la part du marché de chaque entreprise, donc de son poids.

2. L'équilibre de Cournot entrane une perte du surplus du consommateur parce que le prix est supérieur au coût marginal. Il y a deux cas extrêmes dans l'équilibre avec plusieurs entreprises.

a. Si $m_i=1$, c'est à dire que la production totale est faite par une seule entreprise. On retrouve le cas du monopole avec la marge bénéficiaire : $\frac{P(Q)-Cm}{P}=\frac{1}{|\varepsilon_P|}$

b. Si $m_i \to 0$, c'est à dire que la production de l'entreprise i est faible, c'est le cas quand où n est grande. Dans cette situation, l'oligopole de Cournot tend vers une situation de concurrence et $P(Q)=Cm_i$

3. L'équilibre de Cournot aboutit à un prix supérieur à celui de la concurrence mais inférieur à celui du monopole.

4. La quantité produite est plus grande en équilibre de Cournot qu'en monopole, mais elle reste inférieure à celle de la concurrence.

Équilibre de Bertrand

Bertrand a critiqué le modèle de Cournot parce qu'en fixant la quantité, chaque entreprise peut baisser son prix pour s'accaparer de la totalité de la demande. Cette situation créera une guerre de prix entre les entreprises. Bertrand propose plutôt que la concurrence entre les entreprises se fait sur le prix. Comme le modèle de Cournot, les produits sont homogènes, la demande est linéaire et le jeu est simultané. Chaque entreprise maximise son profit en anticipant le prix de ses concurrents.

Malgré que le modèle de Bertrand a les mêmes hypothèses que le modèle de Cournot, les implications des deux modèles sont différents. Bertrand démontre qu'en duopole, les prix vont baisser au niveau des coûts marginaux, ce qui implique que le duopole sera mené à une concurrence parfaite. Il n'y a pas de suprématie d'un modèle par rapport à un autre. Chaque modèle est approprié pour une situation d'industrie. Si dans une industrie, la capacité et la production peuvent changer aisément alors le modèle de Bertrand est plus approprié. Si au contraire la capacité et la production ne peuvent pas changer facilement alors le modèle de Cournot est le plus approprié pour analyser l'industrie en question.

Le modèle

- Il y a deux entreprises, 1 et 2. Lorsque les deux entreprises appliquent les prix p_1 et p_2, la demande qui s'adresse à chaque entreprise est alors $D_1(p_1, p_2)$ et $D_2(p_1, p_2)$
- Les coûts marginaux des entreprises 1 et 2 sont constants et sont respectivement Cm_1 et Cm_2.
- Chaque entreprise cherche à maximiser son profit, (π) qui est donné par :

$$\begin{cases} \max\limits_{p_1} \pi_1 = (p_1 - Cm_1) D_1(p_1, p_2) \\ \max\limits_{p_2} \pi_2 = (p_2 - Cm_2) D_2(p_1, p_2) \end{cases}$$

- Puisque les produits sont homogènes, les consommateurs sont indifférents à l'origine du produit, ils demandent le produit le moins cher. Ainsi la demande pour chaque entreprise i est caractérisée par les relations suivantes :

$$\forall i \neq j(1,2) \qquad \mathrm{D_i}(p_1, p_2) = \begin{cases} \text{Si } P_i < p_j \text{ alors } \mathrm{D_i}(p_1, p_2) = D(p_i) \\ \text{Si } P_i = p_j \text{ alors } \mathrm{D_i}(p_1, p_2) = \dfrac{D(p_i)}{2} \\ \text{Si } P_i > p_j \text{ alors } \mathrm{D_i}(p_1, p_2) = 0; D_j(p_1, p_2) = D(p) \end{cases}$$

Ainsi chaque entreprise pense qu'elle peut avoir toute la demande du marché si son prix est plus faible que celui de sa concurrente. Elle ne peut rien vendre si son prix est supérieur à celle de sa concurrente, ou bien elle peut partager le marché si son prix est égal à celui de sa concurrente.

Équilibre de Bertrand avec symétrie

Les rendements sont constant et identiques $Cm = Cm_1 = Cm_2$

Cas 1 $p_1 = p_2 = p* > Cm$

Dans ce cas, les deux entreprises partagent le marché et réalisent des profits positifs. Cependant cette situation peut emmener l'entreprise 1 à fixer un prix un peu plus faible et avoir une situation de monopole. L'entreprise 2 ne vend rien et fait un profit nul. L'entreprise 2 peut aussi tricher. Dans ce cas elle accapare la totalité de la demande du marché et le profit de l'entreprise 1 sera nul. Ainsi l'équilibre ne peut pas être atteint lorsque les prix sont égaux et sont supérieurs au coût marginal.

Cas 2 $p_1 = p_2 = p* < Cm$

On ne peut pas avoir un équilibre dans ce cas parce que les entreprises réalisent des profits négatifs alors elles doivent quitter le marché

Cas 3 $p_1 = p_2 = p^* = Cm$

Dans ce cas aucune entreprise n'a intérêt de dévier de l'équilibre. Le profit des entreprises est nul.

$$\pi^* = (p^* - Cm)\frac{1}{2}D\left(p^*\right) = 0$$

Équilibre de Bertrand avec des coûts marginaux différents.

L'équilibre de la section précédente sera t-il le même lorsqu'on suppose que les coûts unitaires sont différents, $Cm_1 \neq Cm_2$, et supposons que $Cm_1 < Cm_2$.

1. $Cm_1 < Cm_2 < P_1$,

Dans cette situation l'entreprise 2 peut fixer son prix entre p_1 et Cm_2. Elle réalise des profits positifs et profit nul pour l'entreprise 1. Cette situation n'est pas un équilibre.

2. $Cm_1 < P_1 < Cm_2$

Dans ce cas l'entreprise 1 peut augmenter encore sans prix et réaliser plus de profit. L'entreprise 2 ne produit pas quel que soit le niveau de p_1 parce que ses profits seront toujours négatifs.

3. $Cm_1 < P_1 = Cm_2$

L'entreprise 1 maximise son profit et l'entreprise 2 produit mais ne réalise pas de profit. C'est l'équilibre de Nash pour ce jeu. l'entreprise qui a des coûts marginaux les plus faibles bénéficient dans cette concurrence des prix.

a. Lorsque les coûts unitaires sont identiques, Cm, l'équilibre est unique : $\forall i = 1,2;$ $P_i = Cm$, et $\pi_i = 0;$ c'est un duopole qui à l'équilibre possède les mêmes caractéristiques que la concurrence parfaite. L'intuition est simple, si les deux entreprises ayant la même structure des coûts fixent un prix supérieur au coût marginal, il y a une incitation à chaque entreprise de faire baisser son prix pour avoir la totalité du marché. Il parat étrange d'obtenir un prix égal au coût marginal dans un duopole. Mais la raison réside dans le fait que le jeu de Bertrand est un jeu à un coup : les joueurs choisissent leurs prix simultanément et le jeu est terminé. Cette situation est un exemple du dilemme du prisonnier.

b. L'équilibre de Bertrand est inefficace lorsque les coûts unitaires sont différents. En effet, l'entreprise fixe un prix plus élevé que son coût marginal. Si l'écart des coûts est suffisamment grand, l'entreprise peut pratiquer son prix de monopole qui dépend de son coût marginal .

c. Cet équilibre change lorsqu'on considère que les rendements sont décroissants par exemple, lorsqu'il y a une capacité de production limitée, aussi lorsqu'on considère des biens différenciés. En effet, lorsqu'une entreprise ne peut pas satisfaire la totalité de la demande, sa concurrente peut proposer un prix plus élevé et peut conserver une demande. Ainsi lorsqu'il y a une contrainte de capacité, il y a moins d'incitation pour une entreprise de faire baisser le prix comme sa concurrente.

Bertrand Versus Cournot

Les deux modèles ont les mêmes hypothèses, alors comment peut-on expliquer la différence dans les équilibres ? Dans les deux modèles, en ne tient pas compte des effets d'une stratégie à long terme. Dans la réalité cependant, Mc Intoch et IBM savent qu'ils sont là aujourd'hui et demain. Cette hypothèse de concurrence en une période est commune aux deux modèles donc elle ne peut être la raison de la différence entre Bertrand et Cournot. Les hypothèses de produits homogènes et qu'il n'y a pas de contrainte de capacité, sont aussi les mêmes dans les deux modèles, malgré qu'en réalité elles ne tiennent pas toujours. La différence provient alors de l'objet de la concurrence. En effet, dans le modèle de Cournot, chaque entreprise produit la quantité qui maximisent son profit et c'est le marché qui détermine le prix. Si une entreprise change sa quantité, la demande et le prix varient, elle doit se contenter d'une demande résiduelle et cela n'influence pas les décisions de l'entreprise rivale. Par contre dans le modèle de Bertrand la concurrence est sur les prix, alors les entreprises sont plus agressives parce qu'il suffit qu'une entreprise diminue son prix qu'elle accapare la totalité du marché. Cette agressivité conduit à une guerre implicite sur les prix qui finissent par s'égaliser aux coûts marginaux.

Par exemple, dans une petite ville, deux stations de services (Shell et Esso) partagent le marché de carburant. Les produits sont homogènes pour les consommateurs, ils sont alors indifférents entre les deux fournisseurs. Les deux entreprises doivent prendre une décision sur leurs prix, soit qu'elles affichent un prix égale au coût marginal et donc leurs profits économiques seront de 2000 chacun. Soit qu'elles affichent un prix plus élevé et réaliser ainsi un profit économique plus élevé que celui de la concurrence. Les gains des différentes stratégies sont représentés dans le tableau suivant :

Entreprises	Shell		
Esso	Prix	$P = Cm$	$P > Cm$
	$P = Cm$	2000,2000	1000, 8000
	$P > Cm$	8000,1000	5000, 5000

Chaque firme, de façon indépendante, choisit la meilleure option pour elle, compte tenu du comportement attendu de son concurrent. Chaque fournisseur fait le raisonnement suivant : Si j'arrive à m'entendre avec mon concurrent, nous fixerons un prix élevé et nous réaliserons des profits de 5000 chacun. Mais cela n'est pas possible. Sachant qu'en augmentant mon prix, mon rival profitera de la situation pour baisser son prix, ma meilleur stratégie est alors de fixer un prix faible, le gain de 2000 est plus élevé que 1000. Faisant le même raisonnement, l'entreprise concurrente arrive aussi à la conclusion de fixer un prix faible. L'équilibre de Nash est obtenu en posant $P = Cm.$ C'est l'équilibre de Bertrand, les prix seront égaux aux coût marginaux. C'est un exemple du dilemme du prisonnier qui s'explique par le fait que le jeu s'effectue en une étape.

Duopole de Stackelberg

Le duopole de Cournot et de Bertrand, est compatible avec des firmes dans une situation relativement égalitaire. Aucune des deux firmes n'a une position dominante. Or dans la réalité, il y a souvent des firmes dominantes, pour différentes raisons. En partant des hypothèses de Cournot, von Stackelberg a introduit l'hypothèse d'asymétrie entre les firmes. L'entreprise dominante est capable de prévoir la fonction de réaction de ses concurrents et d'intégrer ces fonctions dans sa politique de maximisation du profit. Dans la théorie des jeux, les joueurs sont qualifiés de meneur (leader) et de suiveur (follower). Les deux joueurs se concurrencent sur la quantité. C'est un jeu séquentiel, le meneur décide en premier la quantité qui maximise son profit. Suite à sa décision de production, son concurrent (suiveur) réagit en maximisant son profit. Le suiveur considère que ses décisions n'ont aucun impact sur le comportement du meneur. Il est donc le seul à avoir des conjectures de Cournot. Le duopole de Cournot correspond donc à une situation où les deux firmes ont un comportement de suiveur.

Le modèle

Le modèle de Stackelberg peut être résolu pour trouver l'équilibre de Nash de ce jeu ; la meilleure stratégie de chaque joueur étant donné les stratégies des autres joueurs. Le meneur anticipe la meilleur réaction du suiveur ; comment le suiveur réagira lorsqu'il observe la quantité du meneur ?

Le meneur essaie donc d'atteindre le niveau le plus élevé de profit tout en respectant la fonction de réaction du suiveur. En fait il tient compte du fait que le suiveur n'acceptera jamais de produire une quantité qui ne maximise pas son profit.

Le meneur essaie donc de se placer sur sa courbe d'iso-profit correspondant au profit le plus élevé possible qui a au moins un point d'intersection avec la courbe de réaction du suiveur .

Pour calculer l'équilibre de Nash de ce jeu, la fonction de réaction du suiveur doit être calculée en premier. le profit du suiveur est :

$$\underset{q_2}{Max}\,\Pi_2 = P(q_1+q_2).q_2 - C_2(q_2).$$

La meilleur réponse est de trouver q_2 qui maximise Π_2 étant donné q_1. La dérivée première doit être nulle.

$$\frac{\partial \Pi_2}{\partial q_2} = \frac{\partial P(q_1+q_2)}{\partial q_2} q_2 + P(q_1+q_2) - \frac{\partial C_2(q_2)}{\partial q_2} = 0$$

$$P(q_1+q_2) + q_2 \frac{\partial P(q_1+q_2)}{\partial q_2} = Cm_2 \Rightarrow q_2 = R_2(q_1)$$

La valeur de q_2 satisfaisant cette équation est la meilleure réaction du suiveur étant donnée la quantité fixée par le meneur q_1. Le meneur, son problème est alors le suivant :

$$\begin{cases} \underset{q_1}{Max}\,\Pi_1 = P(q_1+q_2)q_1 - C_1(q_1) \\ Sous\ contrainte : q_2 = R_2(q_1) \end{cases}$$

Le profit du leader est alors : $\Pi_1 = P(q_1 + R_2(q_1)).q1 - C_1(q_1)$, où $R_2(q_1)$ est la fonction du réaction du suiveur calculée au dessus. Ainsi, c'est une seule fonction avec un seul inconnu, q_1. Une fois q_1 est connue, il est facile de calculer la quantité du suiveur q_2.

La condition du maximisation du profit :

$$\frac{\partial \Pi_1}{\partial q_1} = \frac{\partial P(q_1+q_2)}{\partial q_2}\frac{\partial R_2(q_2)}{\partial q_1}q_1 + P(q_1+R_2(q_2)) - \frac{\partial C_1(q_1)}{\partial q_1} = 0$$

$$\frac{\partial P(q_1+q_2)}{\partial q_2}\frac{\partial R_2(q_2)}{\partial q_1}q_1 + P(q_1+R_2(q_2)) = Cm_1.$$

Exemple : *la demande inverse du marché est :* $P(q_1+q_2) = a - b(q_1+q_2)$. *Les fonctions du coût des entreprises sont* $C_i(q_i)$ *pour* $i = 1, 2$. *La firme 2 est le suiveur, elle maximise son profit :*

$$\Pi_2 = (a - b(q_1+q_2))q_2 - C_2(q_2).$$

La condition de maximisation est alors :

$$\frac{\partial P}{\partial q_2}q_2 + P(q_1+q_2) - \frac{\partial C_2(q_2)}{\partial q_2} = 0$$

$$\Rightarrow a - b(q_1+q_2) - bq_2 = Cm_2$$

$$\Rightarrow q_2 = \frac{a - bq_1 - Cm_2}{2b} = R_2(q_1)$$

C'est la foncions de réaction du suiveur pour toute quantité q_1 du Leader. Ce dernier connat cette réaction il l'intègre dans sa décision de maximisation du profit :

$$\Pi_1 = P(q_1 + R_2(q_1)).q_1 - C_1(q_1)$$

$$\Pi_1 = \left[a - b(q_1 + \frac{a - bq_1 - Cm_2}{2b})\right]q_1 - C_1(q_1)$$

$$\Rightarrow \Pi_1 = \left[\frac{a - bq_1 + Cm_2}{2}\right] q_1 - Cm_1$$

La condition de maximisation du profit du leader est alors :

$$\Rightarrow \frac{\partial \Pi_1}{\partial q_1} = \frac{a + Cm_2}{2} - bq_1 = Cm_1$$

$$\Rightarrow q_1^* = \frac{a + Cm_2 - 2Cm_1}{2b}$$

Une fois la quantité à produire du meneur est fixée, le suiveur la prend comme donnée pour déterminé sa quantité qui maximise son profit, ainsi :

$$q_2^* = \frac{a - bq_1 - Cm_2}{2b} = \frac{a - b\frac{a + Cm_2 - 2Cm_1}{2b} - Cm_2}{2b}$$

$$\Rightarrow q_2^* = \frac{a - 3Cm_2 + 2Cm_1}{4b}$$

Comparaison équilibre de Cournot et équilibre du Stackelberg

L'équilibre de Cournot et Stackelberg sont similaires parce qu'il s'agit d'une concurrence sur les quantité. L'équilibre de Stackelberg suppose que le suiveur a une parfaite information sur la quantité produite du meneur. Le jeu en équilibre de Stackelberg est séquentiel, le leader détermine sa quantité à produire, le suiveur prend cette décision et détermine sa quantité qui maximise son profit. L'équilibre de Cournot est lorsqu'on suppose que les deux entreprises sont des suiveurs ; il n'y a pas d'asymétrie d'information.

Équilibre de Cournot	Équilibre de Stackelberg
$q_1^C = \frac{a - 2Cm_1 + Cm_2}{3b}$	$q_1^S = \frac{a + Cm_2 - 2Cm_1}{2b}$
$q_2^C = \frac{a - 2Cm_2 + Cm_1}{3b}$	$q_2^S = \frac{a - 3Cm_2 + 2Cm_1}{4b}$
$Q^C = \frac{2a - Cm_1 - Cm_2}{3b}$	$Q^S = \frac{3a - 2Cm_1 - Cm_2}{4b}$

$P_C = \frac{a + Cm_1 + Cm_2}{3}$	$P_S = \frac{a + 2Cm_1 + Cm_2}{4}$

Si on ignore les coûts, nous aurons :

$$q_1^C = \frac{a}{3b} < q_1^S = \frac{a}{2b}; \quad q_2^C = \frac{a}{3b} > q_2^S = \frac{a}{4b};$$

$$Q^C = \frac{2a}{3b} < Q^S = \frac{3a}{4b}$$

$$P_C = \frac{a}{3} > P_S = \frac{a}{4}$$

L'équilibre de Stackelberg est meilleur que celui de Cournot mais moins efficace que celui de Bertrand. En effet la quantité totale vendue en équilibre de Stackelberg est plus élevée que celle de Cournot mais plus faible que celle de Bertrand. Le prix de Stackelberg est plus faible que celui de Cournot mais plus élevé que celui de Bertrand. Ainsi le surplus du consommateur est plus élevé avec Stackelberg qu'avec Cournot mais plus faible que le surplus de Bertrand.

Cartel

Le cartel est une coordination explicite entre les entreprises. La confiance et le profit potentiel sont les conditions de réussite d'un cartel. Plus le nombre d'entreprises est faible plus le cartel réussira parce qu'il sera plus facile de détecter un fraudeur. Les lois anti-monopole, la fraude, la tricherie et le resquillage sont les principales causes de l'échec du cartel. Les lois anti-monopole protège les consommateurs des abus d'une fusion d'entreprise. La fusion des entreprises est une autre forme de pouvoir du marché, c'est pourquoi il y a des lois qui limitent aussi la fusion d'entreprises lorsque l'effet est anticoncurrentiel. Au Canada, la première législation contre les coalitions date de 1889. Ce n'est qu'en 1923 que la législation sur la coalition devient vraiment une loi. Au Canada les pratiques interdites sont regroupées sous trois chefs : les ententes, les monopoles et fusions et les pratiques commerciales.

Le modèle

L'objectif d'une collusion est de maximiser le profit total du secteur, les entreprises partagent ce profit. Si les deux entreprise forment une collusion, le problème devient alors :

$$\underset{q_1,q_2}{Max}\,\Pi = \Pi_1 + \Pi_2 = P(Q)(q_1+q_2) - C_1(q_1) - C_2(q_2)$$

Les condition de maximisations sont :

$$\frac{\partial \Pi}{\partial q_1} = 0 \Rightarrow \frac{\partial P(q_1+q_2)}{\partial q_1}(q_1+q_2) + P(q_1+q_2) = \frac{\partial C_1(q_1)}{\partial q_1} = Cm_1$$

$$\frac{\partial \Pi}{\partial q_2} = 0 \Rightarrow \frac{\partial P(q_1+q_2)}{\partial q_2}(q_1+q_2) + P(q_1+q_2) = \frac{\partial C_2(q_2)}{\partial q_2} = Cm_2$$

Puisque le prix varie en fonction de la quantité totale $Q = q_1+q_2$, alors les dérivées premières du prix par rapport aux différentes quantités sont égales ; $\frac{\partial P(q_1+q_2)}{\partial q_1} = \frac{\partial P(q_1+q_2)}{\partial q_2}$. La recette marginale d'une unité d'output est la même quelle que soit l'entreprise qui la produit. l'équilibre est ainsi caractérisé par :

$$Rm_1 = Rm_2 \Rightarrow Cm_1 = Cm_2$$

La demande inverse est : $P(Q) = a - b(q_1+q_2)$.

La fonction du profit agrégé est :

$$\Pi = \left(a - b(q_1+q_2)\right)(q_1+q_2) - C_1(q_1) - C_2(q_2);$$

Les premières conditions sont :

$$\left.\begin{aligned} \frac{\partial \Pi}{\partial q_1} &= 0 \Rightarrow -b(q_1+q_2) + \left(a - b(q_1+q_2)\right) = Cm_1 \\ \frac{\partial \Pi}{\partial q2} &= 0 \Rightarrow -b(q_1+q_2) + \left(a - b(q_1+q_2)\right) = Cm_2 \end{aligned}\right\} \Rightarrow Cm_1 = Cm_2$$

Ainsi il suffit d'utiliser une seule équation pour déterminer la quantité totale d'équilibre :

$$2b(q_1+q_2) = a - Cm$$

$$Q^* = q_1 + q_2 = \frac{a - Cm}{2b}$$

$$P^* = \frac{a + Cm}{2}$$

1. La quantité et le prix du cartel sont les même que dans un cas de monopole. En s'associant, les deux firmes sont capable d'atteindre ensemble le profit du monopole.

2. L'équilibre du cartel n'est pas stable. Chaque entreprise de la collusion peut être inciter à tricher pour augmenter son profit. En effet, supposons que l'entreprise 2 envisage d'accroître sa production de Δq_2 , son profit à l'équilibre de la collusion est :

$$\Pi_2 = P(q_1^* + q_2^*)q_2^* - C_2(q_2^*)$$

$$\Rightarrow \frac{\Delta \Pi_2}{\Delta q_2} = \frac{\Delta P}{\Delta q_2} q_1^* + P(q_1^* + q_2^*) - Cm_2$$

Selon la condition de maximisation du profit, on a :

$$\frac{\partial P(q_1 + q_2)}{\partial q_2}(q_1 + q_2) + P(q_1 + q_2) - Cm_2 = 0$$

$$\Rightarrow \frac{\partial P}{\partial q_2} q_1 + P(q_1 + q_2) - Cm_2 = -\frac{\partial P(q_1 + q_2)}{\partial q2} q_2 > 0$$

Ainsi

$$\frac{\Delta \Pi_2}{\Delta q_2} = \frac{\Delta P}{\Delta q_2} q_1^* + P(q_1^* + q_2^*) - Cm_2 > 0$$

Si l'entreprise 2 pense que l'entreprise 1 va produire la quantité du cartel, elle peut augmenter sa production, parce que son profit augmente. Le même raisonnement peut être fait par l'entreprise 1. L'équilibre n'est pas alors stable car les deux entreprises sont incitées à tricher.

La solution du cartel peut être respectée dans un jeu répété et si l'entreprise fraudée menace de manière crédible l'entreprise qui veut tricher d'une représaille.

Exercices

Vrai ou Faux et expliquez vos réponses.

1. Les entreprises en concurrence monopolistique produisent à long terme un volume qui minimise leur coût total moyen.
2. Le modèle de concurrence à la Bertrand illustre la possibilité de retrouver les résultats de l'équilibre concurrentiel avec un petit nombre de firme.
3. En équilibre de concurrence monopolistique à long terme, les firmes ont une capacité excédentaire parce qu'il y a une libre entrée et sortie dans l'industrie
4. En concurrence monopolistique, les firmes charges un prix supérieur au coût marginal.
5. Les cartels sont voués à l'échec car il y a toujours un incitatif pour que les membres du cartel trichent et ne respectent pas l'entente conclue avec les autres
6. Le dilemme du prisonnier illustre bien qu'une solution de cartel n'est pas un équilibre naturel de duopole dans un jeu répété
7. En monopole, lorsque l'élasticité de la demande est unitaire, la recette marginale est **nulle.**

Problèmes

1. La matrice des gains de deux entreprises est la suivante :

	Entreprise 1		
Entreprise 2		Tricher	Entente
	Tricher	(18 , 18)	(16 , 30)
	Entente	(30 , 16)	(25 , 25)

a. Déterminer la stratégie de l'entreprise 1
b. Déterminer la stratégie de l'entreprise 2
c. Pouvez-vous prédire l'issue de ce jeu si les décisions sont prises simultanément ?
d. Quel serait l'équilibre si l'entreprise 1 choisit en premier ? Si l'entreprise 2 choisit en premier ?

2. La matrice des gains en millier de dolars de deux individus est la suivante :

	Individu 1		
Individu 2		Avoir recours à un avocat	Ne pas avoir recours à un avocat

	Avoir recours à un avocat	(50 , 50)	(80 , 30)
	Ne pas avoir recours à un avocat	(30 , 80)	(70 , 70)

a. Déterminer la stratégie de l'individu1
b. Déterminer la stratégie de l'individu 2
c. Pouvez-vous prédire l'issue de ce jeu si les décisions sont prises simultanément ?
d. Quel serait l'équilibre si l'entreprise 1 choisit en premier ? Si l'entreprise 2 choisit en premier ?

3. Le tableau suivant montre les gains de deux firmes (A et B), chacune a le choix entre "coopérer" avec sa rivale et partager le marché comme un cartel ou "concurrencer sa rivale et produire pour maximiser son propre profit. Les gains dépendent du comportement de l'autre firme. Le seul revenu rationnel de ce jeu est quand chaque firme "coopère"

	Firme B Coopère	Firme B Concurrence
Firme A Coopère	Firme A : profit =20 Firme B : profit = 10	Firme A : profit =15 Firme B : profit = 12
Firme A Concurrence	Firme A : profit = 22 Firme B : profit = 4	Firme A : profit =16 Firme B : profit = 8

4. La courbe de demande inverse pour un bien est donnée par $P(Y) = 100 - 2Y$, et la fonction de coût total d'une entreprise quelconque de la branche est donnée par $CT(Y) = 4Y$.

a. Quel est le coût marginal d'une entreprise ? Comment varie le prix lorsque la quantité augmente ?

b. Supposons que la branche soit parfaitement concurrentielle. Quelle est la production de la branche ? Quel est le prix du marché ?

c. Supposez maintenant que la demande du marché est satisfaite par une seule firme. Quelle sera sa production et son prix ?

d. Supposez qu'il y a deux firmes 1 et 2, sur le marché. Déterminez la fonction de réaction de chaque entreprise en équilibre de Cournot. représentez graphiquement l'équilibre. Quels seraient le prix d'équilibre et la quantité produite de la branche ?

e. Représentez sur un graphique les trois situations d'équilibre décrites ci-dessus

5. Supposons qu'il y a deux entreprises sur le marché. Chaque entreprise doit anticiper la production de l'autre pour décider de la quantité à produire. La demande du marché est $P = 300 - 3Y$; avec $Y=Y_1+Y_2$. Les deux entreprises ont le même coût marginal égal à 50.

a. Supposons que la branche soit parfaitement concurrentielle. Quelle est la production de la branche ? Quel est le prix de marché ?
b. Supposons qu'il y ait deux firmes sur le marché et que ces firmes se comportent comme dans le modèle de Cournot. Déterminez la fonction de réaction de chaque entreprise.
c. Calculez les quantités et le prix d'équilibre.
d. Faites un graphique sur lequel figurent les deux courbes de réaction et indiquez le point d'équilibre de Cournot.
e. Quels sera le prix et la quantité d'équilibre si les deux entreprises forment un cartel ?
f. Supposons qu'une firme se comporte en « leader » comme dans le modèle de Stackelberg, et que l'autre firme se comporte en «Follower ». Écrivez le problème de maximisation du profit de l'entreprise « leader ». Quelle est la production du « leader » ? quelle est la production du « Follower »? En conséquence, à combien s'élève la production de la branche ? Le prix ?

Corrigés

Vrai, faux ou incertains

1. Faux :à long terme les entreprises produite dans la partie descendante de la courbe du coût moyen, alors le prix est supérieur au minimum du coût moyen
2. Vrai , on obtient un équilibre quand P= Cm
3. Faux : la capacité excédentaire est due à l'hypothèse de différenciation du produit qui implique une demande à pente négative à l'entreprise.
4. Vrai : En concurrence monopolistique, les firmes charges un prix supérieur au coût marginal.
5. Incertain, si le jeu est répété, l'entente sera respectée parce que chaque participant peut punir l'autre pour avoir triché. Dans un jeu simultané, il y a incitation de tricher.
6. Faux : Le dilemme du prisonnier illustre bien qu'une solution de cartel est un équilibre naturel de duopole dans un jeu répété due à la menace et aux représailles, chaque entreprise va respecter l'entente.
7. Vrai Rm = P (1-E)=0

Problèmes

1. jeu séquentiel

a. La stratégie de l'entreprise 1
Si l'entreprise 2 triche, il est préférable que l'entreprise1 coopère.
Si l'entreprise 2 coopère, il est préférable que l'entreprise1 coopère.
La stratégie dominante de l'entreprise 1 est de coopérer
b. La stratégie de l'entreprise 2
Si l'entreprise 1 triche, il est préférable que l'entreprise2 coopère.
Si l'entreprise 1 coopère, il est préférable que l'entreprise 2 coopère.
La stratégie dominante de l'entreprise 2 est de coopérer.
c. Jeu simultané, la stratégie dominante est de coopérer (25, 25)
d. L'équiibre du jeu séquentiel est le même qu'en c) peu importe qui joue en premier.

2. jeu séquentiel
a. La stratégie de 1
Si 2 fait recours à un avocat, il est préférable que j'ai recours 50>30.
Si 2 ne fait pas recours, il est préférable que 1 fait recours 80>70.
La stratégie dominante de 1 est de faire recours à un avocat
b. La stratégie de 2
La stratégie dominante de 2 est de faire recours à un avocat.
c. Jeu simultané, la stratégie dominante est de faire recours (50, 50)
d. L'équiibre du jeu séquentiel est le même qu'en c) peu importe qui joue en premier.

3. **Faux** C'est un exemple du dilemme du prisonnier et l'équilibre [concurrence, concurrence]

<u>La décision de A</u>

Si B choisi de coopérer, je dois choisir de concurrencer puisque 22 > 20

Si B choisit de concurrencer, je dois choisir la concurrence puis que 16 >15

Ainsi la stratégie dominante de la firme A est de concurrencer quelle que soit la stratégie de la firme B.

<u>La décision de B</u>

Si A choisi de coopérer, je dois choisir de concurrencer puisque 12 >10

Si A choisi de concurrencer, je dois choisir la concurrence puis que 8 >4

Ainsi la stratégie dominante de la firme B est de concurrencer quelle que soit la stratégie de la firme A.

4. La courbe de demande inverse pour un bien est donnée par $P(Y) = 100 - 2Y$, et la fonction de coût total d'une entreprise quelconque de la branche est donnée par CT = 4Y

a. Le coût marginal est la variation du coût total par rapport à la quantité produite :

$$\frac{\partial CT}{\partial Y} = 4$$

a. Situation de concurrence parfaite :

$$P_{ccp} = Cm = 4$$

$$100 - 2Y = 4 \Rightarrow Y_{ccp} = 48$$

b. Situation de monopole :

$$Rm = Cm$$

$$100 - 4Y = 4 \Rightarrow Y_M = 24; P_M = 52$$

c. Équilibre de Cournot : $Y = Y_1 + Y_2$

L'entreprise 1 :

$$\underset{Y_1}{Max}\, \pi = \left[100 - 2(Y_1 + Y_2^a)\right]Y_1 - 4(Y_1 + Y_2^a)$$

$$\frac{\partial \pi}{\partial Y_1} = 100 - 4Y_1 - 2Y_2^a - 4 = 0$$

$$Y_1 = 24 - \frac{1}{2}Y_2^a$$

L'entreprise 2 :

$$\underset{Y_1}{Max}\,\pi = \left[100 - 2(Y_2 + Y_1^a)\right]Y_2 - 4(Y_2 + Y_1^a)$$

$$\frac{\partial \pi}{\partial Y_2} = 100 - 4Y_2 - 2Y_1^a - 4 = 0$$

$$Y_2 = 24 - \frac{1}{2}Y_1^a$$

À l'équilibre : $Y_1 = Y_1^a$ et $Y_1 = Y_1^a$ et le point d'intersection des deux droites est lorsque :

$$Y_1 = Y_2 = 16$$

$$Y = 32$$

$$P_c = 36$$

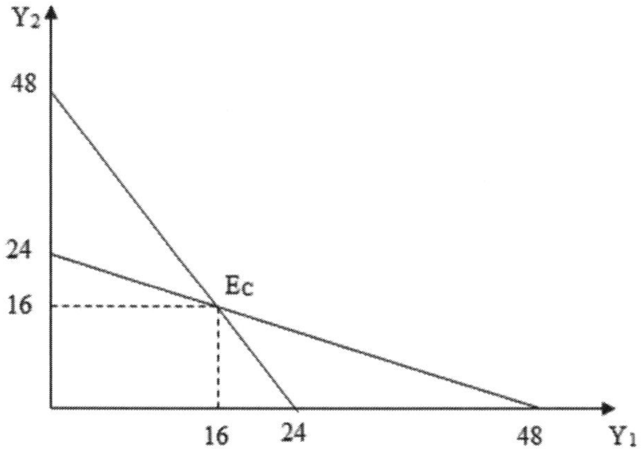

d. Graphique

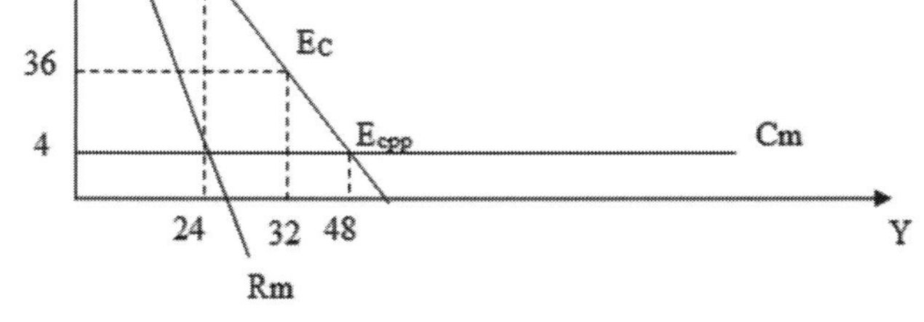

5. Supposons qu'il y a deux entreprises sur le marché. Chaque entreprise doit anticiper la production de l'autre pour décider de la quantité à produire. La demande du marché est
$P = 300 - 3Y$; avec $Y=Y_1+Y_2$. Les deux entreprises ont le même coût marginal égal à 50.

a. En concurrence, la production de la branche et le prix de marché
$P = Cm \Rightarrow 300 - 3Y = 50 \Rightarrow Y = 83.333$
b. Équilibre de Cournot :
Entreprise 1 :

$$Max\ p(y_1 + y_2^a)y_1 - C(y_1)$$
$$\Leftrightarrow \underset{y_1}{Max}\left(300y_1 - 3y_1^2 - 3y_2^a y_1 - C(y_1)\right)$$
$$\Leftrightarrow 300 - 6y_1 - 3y_2^a = Cm_1$$
$$\Leftrightarrow y_1 = \frac{300 - 3y_2^a - Cm}{6} = \frac{250 - 3y_2^a}{6}$$

Entreprise 2 :
$$Max\ p(y_1 + y_1^a)y_2 - C(y_2)$$
$$\Leftrightarrow \underset{y_2}{Max}\left(300y_2 - 3y_2^2 - 3y_1^a y_2 - C(y_2)\right)$$
$$\Leftrightarrow 300 - 6y_2 - 3y_1^a = Cm_2$$
$$\Leftrightarrow y_2 = \frac{250 - 3y_1^a}{6}$$

c. Les quantités et le prix d'équilibre
À l'équilibre

$y_1^a = y_1$

$y_2^a = y_2$

$$\Leftrightarrow y_1 = \frac{250 - 3y_2}{6} \Leftrightarrow 6y_1 = 250 - 3y_2$$

$$\Leftrightarrow 12y_1 = 500 - 6y_2 = 500 - 250 + 3y_1 = 250 + 3y_1$$

$$\Leftrightarrow y_1 = \frac{250}{9} = 27.77$$

$$\Leftrightarrow y_2 = 27.77$$

$$\Leftrightarrow P = 133.38$$

d. Faites un graphique sur lequel figurent les deux courbes de réaction et indiquez le point d'équilibre de Cournot.

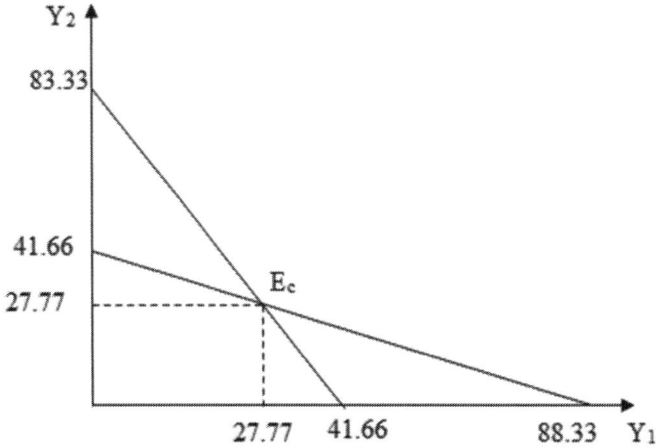

e. Quels sera le prix et la quantité d'équilibre si les deux entreprises forment un cartel ?

$$Max\ p(y_1+y_2)(y_1+y_2)-C(y_1)-C(y_2)$$

$$\Leftrightarrow \underset{y_1,y_2}{Max}\left(300(y_1+y_2)-3(y_1+y_2)^2-C(y_1)-C(y_2)\right)$$

$$\Leftrightarrow \frac{\partial \pi}{\partial y_1}=300-6y_1-6y_2-Cm_1=0$$

$$\Leftrightarrow \frac{\partial \pi}{\partial y_2}=300-6y_1-6y_2-Cm_2=0$$

$$\Leftrightarrow y=\frac{300-50}{6}=\frac{250}{6}=41.66$$

$$P=300-125=175$$

f. Le modèle de Stackelberg, la firme 2 est le suiveur, elle maximise son profit :

$$\pi_2=(300-3(y_1+y_2))y_2-CT_2$$

$$y_2=\frac{250-3y_1}{6}$$

C'est la foncions de réaction du suiveur pour toute quantité y_1 du Leader. Ce dernier connait cette réaction il l'intègre dans sa décision de maximisation du profit :

$$\pi_1=(300-3(y_1+\frac{250-3y_1}{6}))y_1-CT_1 \Rightarrow y_1=41.6$$

Une fois la quantité à produire du meneur est fixée, le suiveur la prend comme donnée pour déterminé sa quantité qui maximise son profit, ainsi : $y_2 = 20.83$

Lacunes du marché et les choix publics

Dans les chapitres précédents, nous avons analysé les biens et services qui s'échangent sur un marché. Pour ses biens et services le prix permet aux acheteurs et aux vendeurs de déterminer leurs choix et de prendre leurs décisions quant à la quantité à acheter ou à vendre. Cependant il y a aussi des biens qui sont produits par la nature qui n'ont pas de prix et dont tous les individus peuvent tirer profit dont les cours d'eau, les montagnes et les plages. De même, le gouvernement produit des biens et services dont tout le monde peut profiter, tels que les parcs, l'électricité et les routes. Pour ce type de biens et services relevant de propriétés communes ou de biens publics, nous ne pouvons pas utiliser l'analyse économique d'allocation des ressources par le marché parce qu'ils sont disponibles, libres et gratuits. Ainsi, les forces du marché pour allouer ces biens et services sont absents. Ces biens libres présentent un grand défi pour les économistes.

La taille du secteur public

L'intervention gouvernementale dans l'activité économique date des années 30 après la grande crise économique. Avant la publication de la théorie générale sur l'emploi, les taux d'intérêts et la monnaie de Keynes en 1936, le gouvernement jouait seulement le rôle du gardien et de maintien de l'ordre public. Avec la révolution Keynésienne, la présence gouvernementale dans l'activité économique n'a pas cessé de croître dans les pays industrialisés. Ce n'est qu'au début des années 80 que le débat sur la privatisation du secteur public a refait surface. Depuis cette période, plusieurs entreprises et secteurs ont été totalement ou partiellement privatisés tels que Air Canada et Pétro-Canada.

Cependant, plusieurs raisons expliquent l'importance que joue le gouvernement dans l'activité économique dans l'allocation des ressources, l'existence de propriétés communes, la production de biens publics, l'existence d'externalité et la redistribution des revenus.

- **L'allocation des ressources**. L'existence de structures imparfaites du marché telles que le monopole, l'oligopole et la concurrence monopolistique, où les entreprises cherchent à maximiser leurs profits se fait souvent au détriment du bien-être du consommateur. Bien que le gouvernement peut encourager l'existence de monopole naturel, il intervient surtout pour interdire la coalition entre les entreprises et la formation de cartel afin d'encourager la concurrence entre les producteurs amenant ainsi le bien-être du consommateur.

- **L'existence de propriétés communes**. Si le gouvernement n'intervient pas pour réglementer l'existence de propriétés communes telles que la chasse ou la pêche, il y aura abus de ces ressources appartenant à tous.

- **La production de biens publics**. L'infrastructure , la défense nationale, la culture et l'environnent relèvent du gouvernement. Les investissements dans ces secteurs nécessitent des capitaux énormes et sont très peu rentables à court terme. Par conséquent, ce type d'investissement n'intéressent pas le secteur privé qui cherche à faire des profits à court et moyen terme.

- **L'existence d'externalité**. Certaines activités peuvent engendrer des externalités négatives telle que la pollution. Les coûts sociaux associés à cette activité ne sont pas pris en considération par l'entreprise polluante. Le gouvernement réglemente cette activité pour qu'il y ait une allocation efficace.

- **La redistribution des revenus**. Par le biais des taxes et des subventions, le gouvernement redistribue les revenus des individus plus riches aux individus plus pauvres.

Résolution du problème des propriétés communes

Il y a deux approches pour améliorer le problème des propriétés communes. La première est par une réglementation gouvernementale directe soit par les taxes ou par la restriction d'accès. La deuxième est en définissant clairement les droits de propriétés. L'utilisation excessive des propriétés communes est due au fait que les individus ne se rendent pas comptes des coûts sociaux que leur action peut engendrer. Pour résoudre ce problème, le gouvernement peut imposer des taxes ou des frais égaux au coût marginal social de ce problème. Cette action gouvernementale explique la raison des frais pour accéder à un parc ou à un musée. De même le gouvernement peut interdire la pêche pour une saison pour préserver l'espèce ou bien il peut imposer des quotas. Le gouvernement peut aussi transformer une propriété commune en une propriété privée ainsi il réduit l'utilisation excessive. Par exemple, une terre agricole est divisée en plusieurs terrains privés agricoles.

Externalités

Une autre lacune du marché privé est due à l'existence des effets externes positifs et négatifs reliés à certaines activités. La pollution engendrée par la production d'un type de bien par une entreprise est un exemple d'externalité négative. Dans son calcul des coûts, l'entreprise polluante n'intègre pas les coûts sociaux associés à son activité, d'où l'importance de l'action du gouvernement. De même, lorsqu'un voisin entretient son jardin et peint les murs de sa maison, il engendre des effets positifs sur les voisins. Cet avantage positif n'est pas aussi internalisé par la personne.

Définition *On appelle externalités ou effets externes les coûts ou avantages associés à une activité économique qui ne sont pas pris en compte par le marché. Un effet externe et un effet indirect, en ce sens qu'il n'agit pas par l'intermédiaire du système de prix et qu'il n'est pas créé par l'agent qui en subit le coût ou qui en bénéficie.*

Les externalités ne sont pas toujours négatives : ce ne sont pas toujours des coûts externes. Bon nombre d'activités produisent des effets externes positifs, c'est à dire des avantages externes. Par exemple, l'instruction confère de nombreux avantages à ceux qui en bénéficient directement. Mais l'instruction de ces personnes profite aussi à tous les autres, par le biais de l'interaction sociale.

Lorsqu'il y a des externalités, le système de marché ne permet pas de réaliser des allocations efficaces au sens de Pareto. En présence d'effets externes, les gouvernements qui veulent réaliser une allocation plus efficace des ressources ont essentiellement le choix entre trois types de ressources :

- Établir des droits de propriété privée et les faire respecter

- Imposer des taxes correctives sur les activités qui engendrent des coûts externes et subventionner celles qui créent des avantages externes

- Adopter des réglementations qui permettent d'influencer directement les actions des agents économiques.

Externalités négatives

Voici un exemple démontrant pourquoi les externalités conduisent à une allocation non efficace.Une firme S qui produit du papier, mais elle produit également une certaine quantité de pollution x qu'elle déverse dans l'air.

Le graphique ci-dessous présente le marché de cette entreprise. La demande du papier est D. L'offre de l'entreprise est sa courbe du coût marginal (Cmp). Le coût marginal des gens exposés à la pollution est Cmg. Il n'y a pas de coût si la production est nulle. Le coût augmente en fonction de la quantité.

Le coût marginal social correspond à la somme du coût privé et du coût de l'externalité :

$$\text{Cms} = \text{Cmp} + \text{Cmg}$$

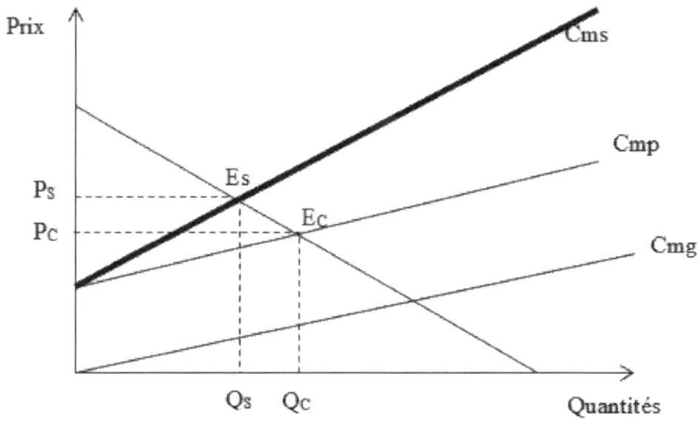

En équilibre concurrentiel, le coût marginal est égal aux recettes marginales du producteur. Le point d'intersection est E_C où la quantité vendue sur le marché est QC au prix unitaire de PC. Lorsqu'on tient compte des externalités négatives de cette entreprise sur la santé et l'environnement, les coûts sociaux sont plus élevés, la quantité que devrait produire l'entreprise est alors de QS, une moindre quantité produite engendre moins de pollution.

Réduction de l'externalité

La réglementation :

Pour réduire la pollution causée par la circulation automobile, beaucoup de gouvernements ont édicté des règlements interdisant la vente d'essence au plomb. En imposant des normes régissant l'émission des gaz d'échappement des véhicules, les gouvernements ont obligé les fabricants d'automobiles à munir les voitures de pots d'échappement catalytique. La promulgation de réglementations et de normes visant à encadrer les actions des agents économiques constitue l'une des principales formes d'intervention des gouvernements.

Le gouvernement peut réduire l'externalité en imposant à l'entreprise polluante de ne produire que la quantité socialement efficace. En réduisant la quantité produite, la quantité de la pollution diminue. Cette réglementation nécessite une connaissance de la part du gouvernement sur la quantité optimale, les coûts sociaux, la demande du marché pour le bien et la variation de pollution selon la production. De plus, il doit être en mesure d'imposer cette réglementation.

L'imposition d'une taxe

L'imposition d'une taxe égale au coût marginal social par le gouvernement pour l'entreprise polluante et l'octroi de subventions pour des activités à externalités positives sont des formes d'interventions gouvernementales.

Reprenons l'exemple précédent, le gouvernement oblige l'entreprise polluante à produire une quantité optimale dans ce cas-ci de Q_S en lui imposant une taxe égale au coût marginal social. Voici le graphique qui représente cet exemple :

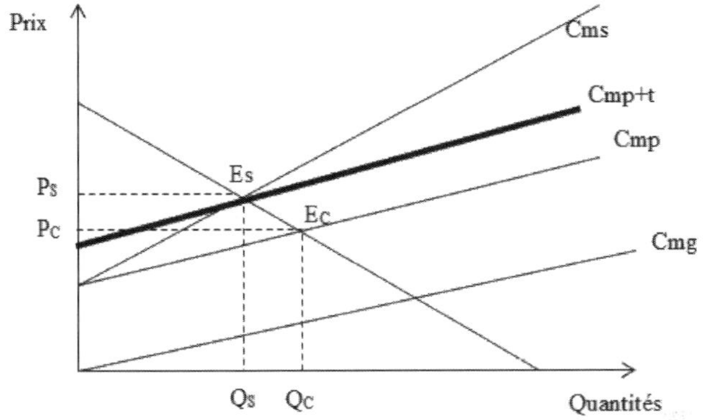

L'externalité positive et subvention :

Certains produits ou services engendrent des externalités positives, en ce sens qu'ils procurent des avantages même à ceux qui ne les consomment pas directement. Le gouvernement peut alors stimuler la consommation de ces biens en les subventionnant. L'éducation en est un bel exemple. Le graphique suivant illustre cet exemple :

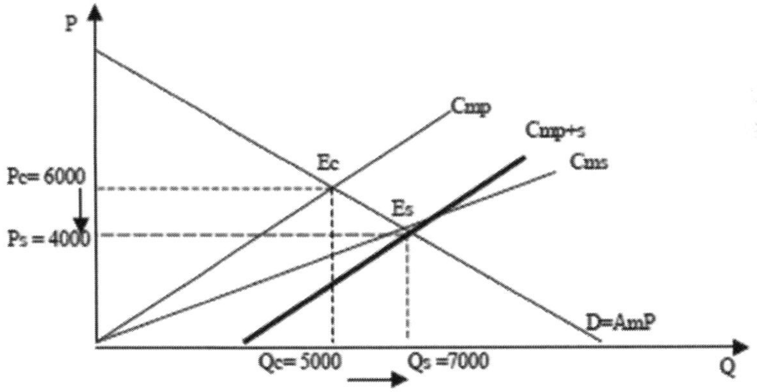

D'après l'exemple ci-dessus, si le secteur privé produit le service de l'éducation, il coûte $6000 par session aux étudiants dont le nombre serait de 5 000. En prenant en considération les effets bénéfiques sur l'éducation des enfants d'avoir une mère ou un père ayant une éducation scolaire, le coût social serait inférieur au coût privé. Lorsqu'il y a les externalités positives sur la productivité d'une population éduquée et un savoir-faire par rapport à une population ignorante, le coût marginal social

(CmS) est plus faible que le coût marginal privé (Cmp). La quantité socialement efficace sera de 7 000 étudiants et les frais de scolarité seront de $4 000.

Un monopoleur peut produire une quantité plus faible que la quantité socialement efficace, car la quantité produite du monopole dépend de l'élasticité de la demande. Plus la demande est inélastique, plus la quantité produite est faible par rapport à celle de la concurrence et plus elle est socialement non efficace en présence d'externalités positives. Concrètement, lorsque l'éducation est produite par le secteur privé, école privée par exemple, il s'agit d'un monopoleur. Ce dernier exigera le maximum de frais de scolarité alors que s'il y a concurrence, il ne pourra plus en faire autant.

Le gouvernement peut atteindre ce niveau efficace de 7 000 étudiants. À ce niveau, il peut octroyer des subventions causant ainsi une diminution du coût marginal privé, la droite du Cmp+s se déplace vers la droite ce qui entraîne une diminution du coût à $4 000 et la quantité augmente à 7 000 étudiants.

L'allocation des droits de propriétés

Dans certains cas, les effets externes résultent de l'absence de droits de propriété définis.

Définition *Un droit de propriété privée est un titre légal qui confère la propriété exclusive d'une ressource et qu'on peut faire respecter en ayant recours aux tribunaux. Les brevets et les droits d'auteurs en sont des exemples.*

Voici l'exemple de négociation entre une firme qui produit des produits chimiques les déversant dans un lac et une entreprise de location de bateaux.

- Lorsqu'il n'y a pas de droits établis, la stratégie dominante est que la firme de produits chimiques va vouloir maximiser sa production, puisqu'elle ne tient pas en considération les coûts qu'elle fait subir à l'entreprise de location de bateaux. Cette dernière verra ses locations de bateaux diminuer parce que les gens ne seront plus intéressés à faire une excursion dans un lac pollué.

- Lorsque les droits de propriété appartiennent à l'entreprise de location de bateau, cette dernière négocie une compensation. Par conséquent, elle peut demander un prix sur chaque unité produite de l'entreprise chimique. Bien sûr ce droit doit être supérieur à son coût marginal de telle façon que l'entreprise de location de bateau maximise son profit.

- Si les droits de propriétés appartiennent à l'entreprise polluante, elle demande un dédommagement sur chaque unité produite en dessous de la quantité d'équilibre sans droit de propriété.

Le théorème de Coase résume les droits de propriétés :

- Les droits de propriétés génèrent un revenu efficient.
- L'efficacité est achevée indépendamment de qui a reçu le droit.
- Celui qui a le droit de propriété affecte la distribution du revenu. Les droits de propriété ont de la valeur, celui qui a le droit est compensé par l'autre.

Le problème avec les droits de propriété, c'est qu'il est parfois difficile de trouver un compromis entre les agents. De plus, il n'est pas aussi toujours possible d'établir ou de faire respecter le droit de propriété.

Biens publics et les biens privés

Un bien public est un bien qui doit être offert en quantité identique à l'ensemble des consommateurs concernés. Les pouvoirs publics fournissent de nombreux biens publics : les infrastructures et la défense nationale sont des exemples de biens publics. Un bien privé est un bien ou un service dont chaque unité peut être consommée par une seule personne. Par exemple une canette de boisson gazeuse.

La caractéristique essentielle d'un bien privé est la rivalité d'usage : l'utilisation du bien par une personne diminue nécessairement l'utilisation de ce bien ou service par une autre personne. Par opposition, un bien public est un bien ou un service que tout le monde peut consommer conjointement, en ce sens que l'usage du bien par un agent n'en empêche pas l'usage par un autre agent. Par exemple la défense nationale, tout le monde bénéficie du service en même temps, il n'y a personne qui peut empêcher une autre personne de profiter de ce service..

Définition *Un bien est non rival, quand une unité de ce bien peut être consommée par un individu sans réduire, pour la même unité, les possibilités de consommation par d'autre. La non rivalité implique alors qu'un bien peut être consommé simultanément par plusieurs personnes sans que la quantité consommée par l'une diminue les quantités disponibles pour les autres. La conséquence de la non rivalité d'usage est que le coût marginal pour servir un utilisateur additionnel est nul.*

Par conséquent, la caractéristique d'un bien public est donc la *non-rivalité d'usage*. Beaucoup de biens collectifs ont une autre caractéristique importante : *la non exclusion d'usage*. La consommation du bien ou du service par un agent ne prive pas un autre agent d'utiliser ce bien ou service. Par exemple, le système de défense nationale protège tout le monde : lorsque le système protège une partie de la population, il protège nécessairement l'ensemble de la population. Il en va de même de l'éclairage des rues, de la lutte contre la pollution et de la paix. En d'autres mots, l'exclusion d'usage implique que l'utilisation d'un bien ou service public ne devient pas la propriété exclusive de celui qui le paye, par exemple une canette de coke qui est un bien privé devient la propriété exclusive de celui qui l'achète alors qu'un bien public pur ou un service public ne devient pas exclusif puisque tout le monde y a le droit.

Définition *La non exclusion implique qu'une fois le bien est fourni, il est impossible d'exclure des individus donnés de profiter de ses avantages. Il n'y a pas de marché pour les biens non exclusifs. Seul le gouvernement produit les biens public non exclusifs.*

La plupart des biens se situent entre les deux extrêmes du bien privé pur et du bien public pur et se nomment les biens mixtes comme le montre le tableau suivant :

	Exclusion	Non exclusion
Rivalité	Les biens privés : les autos, les vêtements, les voyages…	Les ressources communes : la pêche, les autoroutes…
Non rivalité	Les biens publics avec exclusion : câble de télévision, concert, club de tennis, une partie de jockey…	Les biens publics purs : défense nationale, services de luttes contre les incendies, l'éclairage public…

<u>Marchés pour les biens collectifs</u>

Cette section analyse les raisons qui poussent le gouvernement à produire des biens collectifs comme l'éducation, la défense, les infrastructures. Pourquoi ne laisse-t-il pas le secteur privé produire ce genre de biens comme il le fait pour les biens privés ? Prenons l'exemple [17]de service de garde dans une grande rue. Un gardien engagé va surveiller toute la rue, toutes les boutiques bénéficient simultanément de la surveillance du gardien. Le service est alors non rival. Sur cette rue, il y a des boutiques de vêtements, de bijoux, d'électroniques et d'alimentation. La demande de chaque boutique reflète son bénéfice marginal tiré de la diminution des vols suite à la présence d'un gardien. Les avantages marginaux de ce service sont différents d'un magasin à un autre. La demande d'un bien public représente l'avantage social correspondant à la somme des avantages privés. L'avantage marginal d'avoir un gardien pour les boutiques de bijoux et d'électroniques (Ame) est plus grand que celui des boutiques de vêtements (Amv). En effet, le bénéfice marginal d'une réduction des vols sur cette rue due à la présence d'un gardien est plus grand pour les boutiques de bijoux et d'électronique que pour les magasins de vêtements ou d'alimentations. L'avantage des boutiques de vêtements est plus grand que celui des boutiques d'alimentations (Ama). Le graphique suivant présente les

[17]Cet exemple est tiré du livre de Jeffrey M. Perloff, microeconomics, third edition, Pearson, Addison Wesley, 2004.

trois courbes d'avantage marginal privé et la courbe d'avantage marginal social (AmS) qui est la somme verticale des avantages privés.

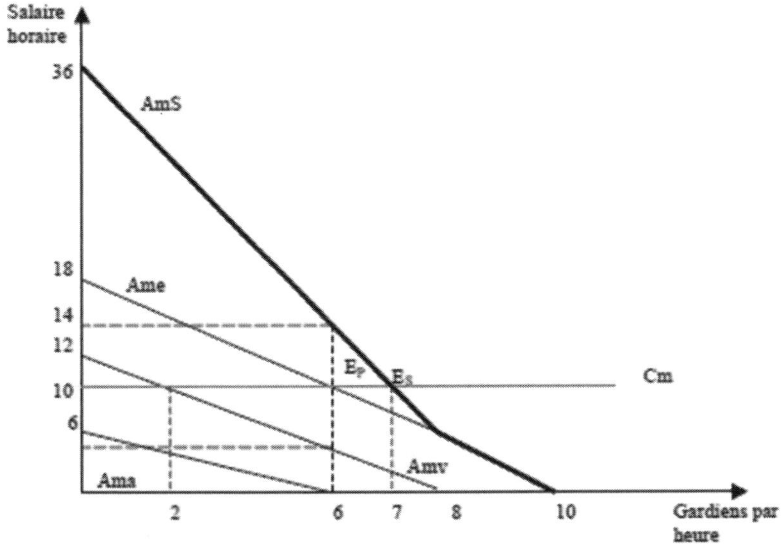

Le bénéfice marginal social d'un sixième gardien, $14, est égal à la somme du bénéfice marginal des boutiques de bijoux et d'électronoiques, $10, plus le bénéfice marginal des magasins de vêtements, $4. La courbes des AmS est ainsi la somme verticale des bénéfices marginaux privés.

Un marché concurrentiel offrira autant de gardiens que les boutiques veulent au prix de $10 l'heure. À $10 l'heure, les boutiques d'alimentation, ne sont pas intéressées à engager un gardien de sécurité. Les boutiques de vêtements par contre sont prêtes à engager 2 gardiens et les boutiques de bijoux sont prêtes à engager 6 gardiens. Agissant seule, les boutiques de bijoux et d'électroménagers embaucheraient 6 gardiens de sécurité au coût marginal de $10. Les deux autres boutiques bénéficieraient gratuitement de leurs services. C'est ce problème de resquilleur qui justifient la production des biens publics non rivaux par le gouvernement. À cet équilibre privé, l'avantage social $14 (10+4) est alors plus grand que le coût marginal. Lorsque le gouvernement produit ce service de sécurité, il internalise tous les avantages et il embauche 7 gardiens au lieu de 6. À cet équilibre le coût marginal est égal à l'avantage marginal social, $10.

Définition *Un passager clandestin est celui qui jouit des avantages fournis par un bien public sans payer ce bien. En effet, comme il est difficile d'empêcher quiconque d'utiliser un bien public pur, ceux qui profitent de ses avantages sont donc incités à éviter de le payer.*

En plus de l'existence de certains consommateurs qui refusent de payer un bien ou service public parce qu'ils peuvent en profiter sans payer, il existe aussi une autre raison qui explique la production des biens par le gouvernement. Les coûts associés à la construction des hôpitaux ou des infrastructures par exemple, sont énormes. Produits par le secteur privé, ces services coûteront trop cher pour les consommateurs d'où l'exclusion des pauvres. Cette situation injuste pousse le gouvernement à produire ce genre de biens ou services. En effet, le marché va à l'encontre du principe d'équité sociale car la logique du marché c'est le profit.

Moyens de financement de l'état

Pour financer toutes ses interventions dans l'activité économique, le gouvernement a besoin des ressources financières. En effet, le gouvernement subventionne les activités qui engendrent des effets positifs sur l'ensemble de la population, par exemple les subventions à la recherche ou au réseau de la garderie. Même lorsque le gouvernement produit un bien, son but n'est pas seulement lucratif comme le privée, il ne cherche pas seulement à maximiser son profit.

C'est pourquoi le gouvernement a besoin de financement pour investir dans les secteurs économiques productifs et pour financer leurs dépenses en prêts et bourses aux étudiants. Les recettes du gouvernement proviennent surtout des taxes (droits d'accises), des impôts indirects (TVQ au niveau fédéral et TPS au Québec) et des impôts directs (impôt sur le revenu ou sur les bénéfices).

Une des questions la plus fréquente est pourquoi la taxe n'est pas identique pour tout le monde ? La réponse à cette question est simple, rappelez-vous de l'effet de la taxe sur le bien être dans le chapitre sur l'élasticité. Prenons un exemple de deux marchés, celui des boissons alcoolisés et des boissons non alcoolisées. Nous supposons que l'offre est la même sur les deux marchés. La demande sur le marché des boissons alcoolisées est moins élastique que celle des boissons non alcoolisées. Cette différence provient de la faiblesse de produits substituts pour les produits alcoolisés comparativement à ceux des boissons non alcoolisées. Il est plus facile pour un consommateur de changer sa canette de Coke pour du jus d'orange. Le graphique ci-dessous présente les deux marchés :

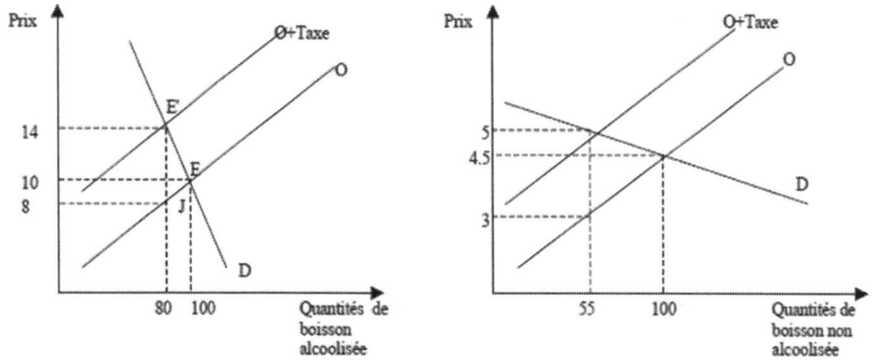

Initialement le marché des boissons alcoolisées est en équilibre lorsque la quantité est égale à 100 millions de litres par jour et le prix d'une litre est de $10. Le marché des boissons non alcoolisées est en équilibre lorsque la quantité est égale aussi à 100 et le prix d'une litre est de $4.5. Si le gouvernement applique le même taux de taxe, les courbes d'offre sur les deux marchés se déplacent vers la gauche parce que l'offre diminue. Le consommateur paiera sur le premier marché $14, une quantité demandée de 80. Le producteur reçoit $8 et la différence constituera les recettes du gouvernement soit de $480 (6 ×80). Ainsi, la perte sèche s'élève à 60 (la surface E, E', J). Sur le deuxième marché, la quantité demandée diminue à 55, donc presque de moitié, le prix augment à $5 et les recettes du gouvernement sont égales à (55×2)110. Pour un même taux d'imposition, les recettes du gouvernement sont plus grandes sur le premier marché que sur celui des boissons non alcoolisées. La perte sèche est plus grande sur ce marché (45) que sur le premier. Pour avoir les mêmes recettes, le gouvernement doit plus taxer le marché des boissons non alcoolisées, ce qui fera baisser dramatiquement la demande et la perte sèche sera encore plus importante. Ainsi le gouvernent ne peut pas appliquer le même taux d'impôt sur les deux marchés. En effet, étant donnée l'élasticité de la demande, le gouvernement taxe plus lourdement le marché dont l'élasticité est faible. Il maximise alors ses recettes et minimise la perte sèche. Cet exemple explique pourquoi les taxes sur l'alcool et le tabac sont plus importantes que sur les produits alimentaires.

Bibliographie

M. F Malservisi et Mansour, l'environnement économique de l'entreprise, les éditions économiques enrg, Montréal 1997

Jeffrey M. Perloff, Microeconomics, third edition, Pearson, Addison Wesley, 2004.

Hal R. Varian, Introduction à la microéconomie, de Boeck, 8ième édition 2015

Hal R. Varian, Analyse microéconomique, de Boeck 2ième édition 2008

Carl P Simon et Lawrence Blume, Mathématiques pour économistes, de Boeck, 1ière édition 2010

Table des matières